KB027373

아동복지론 5판

공계순 · 박현선 · 오승환 · 이상균 · 이현주 공저

CHILD WELFARE

학지사

5판 머리말

『아동복지론』이 출간된 지 16년, 4판이 나온 지 6년 만에 5판이 나오게 되었다. 그동안 우리 사회와 아동복지를 둘러싼 환경에는 많은 변화가 있었다. 세계 최저의 출산율과 가장 빠른 고령화로 인해 아동의 중요성에 대한 사회적 인식이 높아졌다. 그러나 한편으로는 사회경제적 양극화의 심화, 가족 해체의 증가, 학대 및 폭력의 증가 등으로 인해 아동의 건강한 성장에 방해가 되는 요인이 증가하고 있다. 그로 인해 가족, 사회, 국가가 함께 아이를 낳고 키우는 시스템을 확립하여 아동이 안전하고 건강하게 성장할 수 있는 환경을 조성하는 노력이 중요해졌다.

이번 개정판이 나오기까지는 이전 개정 때와 달리 기간이 좀 더 지체되었다. 개정의 필요성을 절감하면서도 차일피일 미루었는데, 이제는 더 이상 개정을 미룰 수 없을 정도로 아동복지의 제도, 서비스, 실천방법 등에서 많은 변화가 있어 개정을 하게 되었다. 5판은 그동안 아동복지와 관련하여 변화된 실태를 반영하고, 4판에 대해 독자 여러분이 조언해 주신 점과 저자들이 대학에서 교재로 사용하면서 생각한 점을 반영하여 보완하였다. 전체적으로 책의 구성은 크게 달라지지 않았으나 장마다 관련된 아동복지 정책 · 프로그램 및 실천방법 등의 변화를 반영하여 내용과 통계를 수정하고, 기존의 그림과 표를 삭제하거나 새로이 추가하였으며, 주요한 개념을 보다 잘 이해할 수 있도록 내용을 보충하여 설명하였다.

이 책은 제1부 '아동복지의 이해', 제2부 '아동복지의 제 접근', 제3부 '아동복지의 실천분야', 제4부 '아동복지의 미래'로 구성되어 있다. 제1부에서는 아동복지의 기초가 되는 아동의 개념과 권리, 아동복지의 개념과 원칙, 아동복지의 대상과 서비스, 아동의 발달, 아동복지의 변천과정을 살펴보았다. 제2부에서는 아동복지에 대한 직접실천에서의 실천과정과 개입기술 그리고 아동복지 정책과 프로그램에 대해서 살펴보았다. 제3부에서는 다양한 아동복지 실천분야를 살펴보았는데, 빈곤아동, 아동학대, 아동복지와 비행문제, 장애아동, 이혼가정과 아동, 아동양육시설보호, 입양과 가정위탁, 아동보육에 대해 다루고 있다. 제4부에서는 아동복지의 전망과 과제에 대해서 살펴보았다.

책의 내용을 개정했음에도 불구하고 저자들은 여전히 미흡함을 느끼고 있다. 우리 사회의 변화와 더불어 책의 구성도 일부 변경해야 할 것으로 생각하고 있다. 늘 촉박하게 이루어지는 개정 작업을 벗어나, 이제는 우리나라 아동복지가 지향해야 할 방향과 구체적인 노력의 초점을 제대로 반영할 수 있는 개정 작업이 필요하다고 본다.

5판이 출간될 수 있도록 도와주신 학지사의 김진환 사장님과 편집부의 유가현 선생님을 비롯한 많은 분에게 깊은 감사를 드린다.

2019년 9월

저자 일동

1판 머리말

아동복지는 과거에 비하여 세상으로부터 많은 관심을 받고 있다. 이제 서점을 가면 아동복지 관련 서적도 적지 않게 만날 수 있다. 그럼에도 불구하고 저자 일동은 아동복지를 다루는 책 한 권을 하나 더 세상에 내어놓기로 하였다. 아동복지에 대한 애정과 아동복지에 대한 그간의 저자들의 생각을 함께 하고자 하는 욕심에서 연유한 것이다.

이 책은 아동 및 아동복지에 대해 이해를 높일 수 있는 이론적 배경과 실천방법 및 아동복지현장의 사업에 관한 내용을 담고 있다. 저자들은 아동복지를 연구하고 가르치는 사람들로서 그동안의 교육경험을 토대로 아동복지 관련 과목의 교재로 사용하는 것을 목적으로 이 책을 기획하고 집필하였다. 아동복지를 배우는 학생뿐만 아니라 아동복지에 관심이 있는 교사, 자원봉사자, 사회복지사 등에게도 도움이 되리라 생각한다.

이 책을 집필하는 데 있어서 주요하게 고려한 점은 아동의 욕구와 문제에 대해 거시적인 접근과 미시적인 접근이 다 포함되도록 하며, 아동복지에 관한 우리나라의 현실과 제도를 가능한 한 많이 다루려고 하였다는 점이다. 아동복지가 사회복지전공 및 관련 전공에서 다루어지고 있으나 아동의 문제에 대한 기본이해와 제도적 접근만을 주로 다루고 있어서 아동복지현장에서 전문가가 아동과 가족에게 직접서비스를 제공하는 과정에서 알아야 할 지식과 기술에 관한 내용은 부족한 편이었다. 또한 아동복지의 이론이나 제도가 외국의 것을 소개하는 경향이 많아서 우리나라 아동복지의 실태와 현장에서 필요한 지식은 충분히 다루어지지 못한 점이 있었다. 이 책은 이러한 점들을 조금이나마 보완하려고 노력하였다.

이 책의 구성은 제1부 아동복지의 이해, 제2부 아동복지의 제 접근, 제3부 아동복지의 실천분야, 제4부 아동복지의 미래로 구성되어 있다. 책의 내용구성은 한국사회복지교육협의회의 사회복지교과목지침서의 아동복지론을 참고하였으며, 오늘날의 사회적 변화와 아동의 욕구를 고려하여 결정된 것이다. 제1부에서는 아동복지의 기초가 되는 아동의 개념과 권리, 아동복지의 개념과 원칙, 아동복지의 대상과 서비스, 아동의 발달, 외국과 우리나라의 아동복지 변천 등에 대해서 살펴보았다. 제2부에서는 아동복지에 대한 직접실천에서의 실천과정과 개입기술, 그리고 아동복지 정책과 프로그램에 대해서 살펴보았다. 제3부에서는 다양한 아동복지 실천분야를 살펴보았는데, 빈곤아동, 아동학대, 아동의 비행, 장애아동, 이혼가정과 아동, 아동양육시설보호, 입양과 가정위탁, 아동보육 등을 다루고 있다. 아동복지의 대상이 되는 실천분야는 이외에도 다양하나 타 과목에서 다루어질 수 있다고 여겨지는 분야는 책의 분량상 제외되었다. 제4부에서는 아동복지의 전망과 과제에 대해서 살펴보았다.

저자들은 1년간 여러 차례의 회의와 원고의 검독을 거치면서 우리가 가지고 있는 지식과 기술을 전하려고 노력하였다. 공동작업을 하는 과정에서 서로에게서 배우기도 하고 혼자서 하기 어려운 부분은 협력해서 발전시키면서 기쁨과 보람의 좋은 시간을 가졌다. 그럼에도 불구하고 미흡한 부분이 아직 많다. 이 책이 보완될 수 있도록 아동복지에 관심을 갖고 실천하시는 많은 분들의 훌륭한 조언과 애정 어린 비판을 기대한다. 모든 아동의 삶이 행복해지는 그날을 기다리며, 아동복지의 발전을 위하여 조그만 돌 하나를 쌓는 심정이다.

이 책이 나올 수 있도록 도와주신 학지사의 김진환 사장님과 편집부 여러 선생님에게도 감사를 드린다.

2003년 8월

저자 일동

차례

제3부 아동복지의 실천분야

제4부 아동복지의 미래

제 1 부

아동복지의 이해

제1장

아동복지의 기초

아동복지를 이해하기 위한 첫 출발은 아동을 이해하는 것과 아동복지의 기본 개념을 파악하는 것이다. 역사적으로 아동에 대한 인식은 다양하게 변화해 왔는데, 오늘날에는 아동이 발달하는 존재이고 독립된 인격을 가진 권리의 주체라고 이해하고 있다. 아동복지는 아동의 지위가 향상되고 복지사회에 대한 관심이 증가하면서 사회가 아동의 기본적인 욕구를 보장하고 그들이 건전하게 성장하고 발달할 수 있도록 제반 노력을 기울이면서 등장하게 되었다. 아동복지를 실현하기 위해서는 갖추어야 할 전제 조건과 원칙이 있다. 이 장에서는 아동에 대한 기본 이해를 위해서 아동의 개념과 아동의 권리를 살펴보고, 또한 아동복지의 개념, 아동복지의 필요성, 아동복지를 이루기 위한 전제 조건과 아동복지의 원칙 등에 대해서도 살펴보기로 한다.

1. 아동에 대한 이해

아동복지를 이해하기 위해서는 우선 아동을 이해할 필요가 있다. 아동의 의미를 고려할 때는 일반적으로 아동의 연령적 범주가 어디까지인가라는 문제와 아동은 어떤 존재로 개념화해야 하는가라는 문제가 부각된다.

1) 아동의 연령적 구분

아동은 발달심리학적인 면과 사회제도적 측면에서 연령을 범주화할 수 있다. 인간발달에 관한 연구는 아동의 연령을 유아기, 학령전기, 아동기, 청소년기 등으로 구분하지만 발달연구의 내용과 학자에 따라서 다르게 구분하는 경우도 많다.

우리나라의 경우 법의 종류에 따라서 규정하는 연령과 대상아동의 호칭도 아동, 미성년, 청소년 등으로 다르다. 또한 법률의 특성에 따라서 아동의 분별력, 판단력, 신체적 능력 등을 고려하여 연령의 구분을 더욱 세분화하고 있다. 「민법」에서는 19세 미만을 미성년자로 규정하고 있고, 「아동복지법」에서는 18세 미만을 아동으로 규정하고 있다.

이 책에서는 아동을 18세 미만인 자로 정의하기로 하겠다. 우리의 언어습관에 따르면 일반적으로 아동은 영유아나 초등학교에 다니는 어린이를 의미하며, 10대의 아동은 청소년이라고 부르고 있어서 18세 미만인 자를 아동으로 선뜻 받아들이기 어려운 면이 있다. 그러나 모든 국가의 아동복지법의 모법이 되는 국제 아동권리협약에서도 아동을 18세 미만인 자로 정의하고 있으며, 청소년 역시 신체적 · 정신적 · 사회적으로 건전한 성장과 발달을 위하여 사회적인 보호와 책임이 여전히 필요하다는 점에서 따로 구분하지 않고 아동의 범주에 포함하기로 한다.

2) 아동의 현대적 개념

아동에 대한 견해는 시대적 · 사회적 배경에 따라 다르게 발전해 왔다. 고대사회에서는 아동을 대를 잇기 위한 수단이나 경제적 가치로 인식하였다. 중세에는 인간은 원죄를 갖고 태어나기 때문에 어려서부터 엄격한 체벌을 통하여 개조해야 한다고 생각하였고, 따라서 아동의 자율성이 부인되었다. 또한 아동을 성인의 축소물로 생각하여 아동은 성인에 비하여 덩치만 작을 뿐 성인과 다를 바가 없다고 여겼는데, 이는 아동에게 많은 부담과 멍에를 지게 하였다.

르네상스기 이후 아동에 대한 관심이 증가하기 시작하였고, 17세기에 로크(Locke)는 아동이 기본적으로 악하지 않으며 백지와 같은 상태로 태어나서 학습이나 경험의 영향에 따라 각기 다른 인간으로 자란다는 견해를 주장하였다. 18세기에 루소(Rousseau)는 아동을 자연 그 자체 또는 자연의 일부로 보는 자연주의 아동관을 제창하였다. 그는 아동은 옳고 그름의 감각이 자연적으로 길러지고 선천적으로 타고난 순서에 따라 성장하고 발달한다고 보았다.

근대에 들어서자 프뢰벨(Fröbel)은 아동이 성인과 다르며 독자적인 심리적 세계를 가지고 있다고 보았다.

현대에 이르러서는 아동을 인간의 존엄성과 타고난 잠재성을 가진 존재로 간주하고 있다. 현대적 관점에서 이해하는 아동을 개념화하면 다음과 같다(조성연 외, 2002).

(1) 발달하는 존재로서의 아동

아동은 살아 있는 유기체로서 계속적으로 변화, 성장 및 발달해 가는 존재다. 아동은 성인의 축소판이 아니며, 연령이 증가함에 따라 신체적 · 인지적 · 정서적 및 사회적 측면에서 양적 · 질적으로 변화해 가는 존재로서 각 발달단계의 특성이 있다. 아동발달의 다양한 영역은 상호 의존적이며, 발달은 이전 단계에서 획득한 성숙에 연이은 과정이다. 아동에게 성장 · 발달의 힘이 잠재되어 있다 하더라도 그 잠재력이 최대한 발휘되기 위해서는 성장을 보장할 수 있는 환경이 시기적절하게 조성되어야 하는데, 특히 가정이 아동의 보호와 사회화의 시발점이 된다.

(2) 전인(全人)으로서의 아동

아동은 통합된 전체로 보아야 한다. 아동발달을 논할 때 편의상 신체 · 운동발달, 사회 · 정서발달, 인지 · 언어발달 등으로 설명하고 있으나, 이는 각각의 발달이 분리된 것이 아니라 역동적으로 상호 관련된다는 것을 말한다. 예를 들어, 지능발달은 모든 발달영역과 관련되므로 지적인 발달만을 강조할 경우 바람직한 교육적 효과를 기대할 수 없다는 것이다.

(3) 독립된 인격체로서 권리의 주체인 아동

아동은 어른이나 부모에게 예속된 존재가 아니라 독립된 인격을 가진 권리의 주체로 인식되고 있다. 이제까지 아동을 보호의 대상으로만 여겨 오다가 20세기에 이르러서는 아동의 권리에 관한 국제적인 선언이나 협약 등을 통하여 아동에게 양육, 발달, 보호, 기초교육, 참여 등의 권리를 조건 없이 부여하고 있으며, 아동 관련 정책이나 제도를 확립할 때 구체적인 권리가 실현될 수 있도록 노력해야 한다고 밝히고 있다.

(4) 독자적 존재로서의 아동

모든 아동은 발달하는 속도, 능력, 성격 등이 각기 다른 독자적인 존재이다. 아동은 그의 발달수준과 능력에 비추어서 이해되어야 하며 또한 아동에 대한 기대는 그 아동의 수준에 적절한 것이어야 한다. 아동의 독자성은 아동의 자기다움을 나타내는 것으로 다른 아동과 비교하여 우열을 따져서는 안

되며, 아동에게 도움을 제공할 때도 아동이 처한 상황과 문제에 맞는 원리와 방법으로 도움을 제공하는 개별화가 이루어져야 한다.

2. 아동의 권리

오늘날 아동은 독립된 인격을 가진 권리의 주체로 인식된다. 아동의 권리는 아동의 제반 욕구가 사회에 의하여 인식되고 주장된 것으로 아동복지의 이념적 기초가 된다. 또한 아동권리의 실현은 아동복지의 중요한 목표이자 과제이기도 하다.

1) 아동권리의 속성과 내용

아동은 성인에 비해서 미숙하며 사회적인 힘이 없기 때문에 권리를 갖는다는 점이 납득되지 않을 수도 있다. 그러나 권리는 그 형태와 종류를 막론하고 인간의 존엄성 사상을 근거로 하고 있으며, 아동이 누리는 권리는 권리의 천부성과 보편성에서 기인한다(김정래, 2002). 천부성은 권리의 소유자가 힘을 소유한 자, 청구 행위를 할 수 있는 자 그리고 의무관계에서 권리를 향유한 자만이 권리를 갖는다는 고전적인 권리설을 부정하는 것으로 아동이 권리의 주체임을 정당화시켜 주는 근거가 된다. 보편성이란 예외나 정도의 차이를 인정하지 않는 것인데, 이는 아동이 연령적 · 정치적 제약과 경제적 무능 같은 제한과 영향을 받지 않으며 아동이 성인과 똑같은 권리를 누릴 수 있는 권리의 주체임을 정당화하는 단초가 된다.

아동이 갖는 권리의 내용은 3P의 개념, 즉 제공–보호–참여의 개념으로 이해될 수 있다. 제공(provision)이란 아동의 생존에 필요한 인적 · 물적 자원을 제공받고 사용할 수 있는 권리를 말한다. 예를 들면, 이름과 국적을 가질 수 있는 권리, 교육 및 보건서비스를 받을 수 있는 권리, 여가 및 문화생활을 누릴 수 있는 권리, 장애인 및 난민아동의 보호 등이 포함된다.

보호(protection)의 개념은 열악하고 유해한 환경으로부터 보호받아야 하며 이를 향유할 권리를 말한다. 예를 들면, 신체적 · 성적 학대로부터 보호받을 권리, 문제 있는 부모로부터 분리가 가능한 권리가 해당된다.

참여(participation)의 개념은 아동이 자유롭게 의사결정을 하고 자신의 삶을 결정하는 데 간섭을 받지 않고 참여할 수 있는 권리를 말한다. 예를 들어, 아동 개인의 생활양식과 관련하여 두발이나 의상을 선택하는 데 개인적인 선호를 따라 스스로 결정하거나, 중요한 집안일에도 아동이 자기 의사를 반영할 수 있도록 하는 것이다.

이와 같은 3P의 아동권리 개념은 아동권리 신장의 단계를 나타내기도 한다. 아동권리를 인식하기 시작한 초기에는 아동이 보호의 대상이었던 반면, 이제 아동은 성인과 평등한 고려의 대상이 되고 있다. 아동의 권리를 온전하게 보장하기 위해서는 소극적인 권리뿐만 아니라 참여를 통하여 실질적인 권리도 보장하는 적극적인 권리도 고려하여야 하는 것으로 발전하였다.

2) 국제 아동권리협약

1989년 국제연합(UN)에서 채택한 아동권리협약(Convention on the Rights of the Child)은 아동의 권리문제에 대한 체계적이고 종합적인 권리규범이다. 우리나라는 1990년 협약에 서명하였고, 1991년 우리나라의 현행 관련법들과 저촉되는 일부 조항을 유보[1]하는 형태로 비준하여 협약 실행의 당사국이 되었으며, 협약은 국내법과 동일한 효력을 지니게 되었다.

아동권리협약은 역사적으로 매우 획기적인 의의를 지니고 있다. 아동권리협약 이전에도 아동의 권리에 관한 선언이나 권리규범이 있었으나 구속력과 강제성이 미약하고 상징적인 의미만을 주는 경우가 대부분이었다. 그러나 아동권리협약은 법적 구속력을 갖는 국제규범으로, 18세 미만의 모든 아동을 보호대상으로 함과 동시에 적극적인 권리의 주체로 인정하는 아동권리에 관한 국제문서이다. 아동권리협약은 아동권리에 대해 총체적으로 접근하고 있고 권리들은 상호 지지적이면서 연관된 것으로 아동의 존엄성과 발달을 실현하는 데 반드시 필요한 것들로 구성되어 있다고 평가되고 있다(김정래, 2002).

(1) 아동권리협약의 주요 원칙

아동권리협약은 무차별의 원칙, 아동이익 최우선의 원칙, 아동의 생명존중 및 발달보장의 원칙, 아동의사존중의 원칙이라는 4개의 일반 원칙을 중심으로 하고 있다.

① 무차별의 원칙(제2조)

아동과 그의 부모 또는 법적 후견인의 인종, 피부색, 성별, 언어, 종교, 정치적 의견 또는 다른 의견, 국적, 민족, 사회적 출신, 재산, 장애, 출생 혹은 기타의 지위에 따른 차별을 금지하고, 아동의 부모, 후견인 또는 가족구성원의 신분, 활동, 견해 또는 신념을 이유로 모든 형태의 차별과 처벌로부터 아동을 보호한다는 원칙이다.

---

1) 1991년 우리나라가 아동권리협약을 비준할 당시 유보한 조항과 이유는 다음과 같다.

ⓐ 부모 면접권 보장: 「민법」에서는 부모의 면접권만을 보장할 뿐 아동의 부모 면접권은 보장되어 있지 않다.

ⓑ 관계 당국의 허가를 통한 입양만 인정: 「민법」에 따르면 당사자의 합의나 「호적법」에 따른 입양 신고가 가능하다.

ⓒ 상소권의 보장: 비상계엄과 군사재판에서 단심재가 인정되고 상소권이 제한된다.

세 가지 유보조항 중 2013년 법개정을 통해 현재 상소권의 보장조항만이 유보된 상황이다.

② 아동이익 최우선의 원칙(제3조)

이 원칙은 아동권리협약의 중심 원칙으로 볼 수 있다. 공공 또는 민간 사회복지기관, 법원, 행정당국 또는 입법기관 등에서 실시하는 아동에 관한 모든 활동에서 아동의 최상의 이익을 최우선적으로 고려하고, 아동에 대해 법적 책임이 있는 사람의 권리와 의무를 고려하여 아동복지에 필요한 보호와 배려를 보장하며, 이를 위하여 입법적 · 행정적 조치를 비롯한 모든 적절한 조치를 취하여야 한다는 내용이다.

③ 아동의 생명존중 및 발달보장의 원칙(제6조)

모든 아동이 고유의 생명권을 가지고 있음을 인정하고 아동의 생존과 발달을 최대한 보장하여야 한다는 원칙이다.

④ 아동의사존중의 원칙(제12조)

자신의 견해를 형성할 능력이 있는 아동 본인에게 영향을 미치는 모든 문제에서 자신의 견해를 자유스럽게 표현할 권리를 보장하며, 아동의 견해에 대하여 아동의 연령과 성숙도에 따라 정당한 비중이 부여되어야 한다는 원칙이다. 아동에게 영향을 미치는 어떤 사법적 · 행정적 절차에서도 아동이 직접 또는 대표자나 적절한 기관을 통하여 자신의 의사를 표현할 기회가 주어져야 한다고 규정하고 있다.

(2) 아동권리협약상의 아동권리

일반 원칙을 토대로 하여 제시되어 있는 구체적인 권리는 시민권과 자유에 대한 권리, 가정환경 및 대리보호에 대한 권리, 기초보건 및 복지에 대한 권리, 교육 · 여가 및 문화적 활동에 대한 권리, 특별보호조치에 대한 권리의 다섯 가지 유형으로 나눌 수 있다(조홍식, 2000). 구체적인 권리들을 살펴보면 다음과 같다.

① 시민권과 자유에 대한 권리

- **이름과 국적을 가질 수 있는 권리**: 아동은 출생 후 즉시 등록되어야 하고, 출생 시부터 성명권과 국적 취득권을 가지며, 가능한 한 자신의 부모를 알고 부모에 의하여 양육되어야 한다.
- **신분을 보존할 수 있는 권리**: 당사국은 위법한 간섭 없이 국적, 성명 및 가족관계를 포함하여 법률에 따라 안정된 신분을 보존할 수 있는 아동의 권리를 존중한다.
- **표현자유의 권리**: 아동은 표현의 자유를 갖는다.
- **사상, 양심 및 종교 자유의 권리**: 당사국은 아동의 사상, 양심 및 종교의 자유에 대한 권리를 존중하여야 한다.
- **결사와 집회 자유의 권리**: 당사국은 아동의 결사의 자유와 평화적 집회의 자유에 대한 권리를 인정한다.
- **사생활보호의 권리**: 어떠한 아동도 사생활, 가족, 가정 또는 통신에 대하여 자의적이거나 위법적인 간섭을 받지 아니하며, 또한 명예나 신망에 대한 위법적인 공격을 받지 아니한다.
- **정보접근의 권리**: 당사국은 아동이 다양한 국내적 · 국제적 정보원으로부터의 정보와 자료, 특히 아동의 사회적 · 정신적 · 도덕적 복지와 신체적 · 정신적 건강의 향상을 목적으로 하는 정보와 자료에 대한 접근권을 가지도록 보장하여야 한다.
- **고문 및 기타 비인도적 취급을 받지 않을 권리**: 어떠한 아동도 고문 또는 기타 잔혹하거나 비인간적이거나 굴욕적인 대우나 처벌을 받지 아니한다.

② 가정환경 및 대리보호에 대한 권리

- **부모의 지도와 책임을 받을 권리**: 당사국은 부모 또는 현지 관습에 따라 인정되는 확대가족이나 공동체의 구성원, 법정 후견인 또는 기타 아동에 대한 법적 책임자들이 아동의 능력발달에 상응하는 방법으로 적절한 감

독과 지도를 행할 책임과 권리 및 의무를 가지고 있음을 존중한다. 당사국은 부모 쌍방이 아동의 양육과 발전에 공동책임을 진다는 원칙이 인정받을 수 있도록 최선의 노력을 기울여야 한다.

- **부모로부터의 분리가 가능한 권리**: 당사국은 법률 및 절차에 따라서 분리가 아동의 최상의 이익을 위하여 필요하다고 결정하는 경우 외에는 아동의 의사에 반하여 부모로부터 분리되지 아니하도록 보장하여야 한다. 그러한 결정은 부모가 아동을 학대하거나 유기하는 경우나 부모가 별거하여 아동의 거소에 관한 결정이 내려져야 하는 경우와 같은 특별한 경우에 필요할 수도 있다.
- **가족재결합의 권리**: 가족의 재결합을 위하여 아동 또는 그 부모가 당사국에 입국하거나 출국하기 위한 신청은 당사국이 긍정적이며 인도적인 방법으로 신속하게 취급하여야 한다.
- **아동을 위한 양육비 회수의 권리**: 당사국은 국내외에 거주하는 부모 또는 아동에 대하여 재정적으로 책임 있는 자로부터 아동양육비의 회수를 확보하기 위한 모든 적절한 조치를 취하여야 한다.
- **가정의 보호를 받지 못하는 아동의 권리**: 일시적으로 또는 항구적으로 가족환경을 박탈당하거나 가족환경에 있는 것이 스스로의 최상의 이익을 위하여 허용될 수 없는 아동은 국가로부터 특별한 보호와 원조를 부여받을 권리가 있다.
- **입양에서 아동이익 우선의 권리**: 입양제도를 인정하거나 허용하는 당사국은 아동의 이익이 최우선적으로 고려되도록 보장하여야 한다.
- **불법 해외이송 및 미귀환에 대한 권리**: 당사국은 아동의 불법 해외이송 및 미귀환을 퇴치하기 위한 조치를 취하여야 한다.
- **아동학대로부터의 보호 및 신체적 · 심리적 · 사회적 회복의 권리**: 당사국은 아동이 부모, 법정 후견인 또는 기타 양육자의 양육을 받고 있는 동안 모든 형태의 신체적 · 정신적 폭력, 상해나 학대, 유기나 유기적 대우, 성적

학대를 포함한 혹사나 착취로부터 아동을 보호하기 위하여 모든 적절한 입법적 · 행정적 · 사회적 및 교육적 조치를 취하여야 한다. 여하한 형태의 잔혹하거나 비인간적이거나 굴욕적인 대우나 처벌 또는 무력분쟁으로 희생된 아동의 신체적 · 심리적 회복 및 사회복귀를 촉진하기 위하여 모든 적절한 조치를 취하여야 한다.

- **양육 및 보호기관에 대한 심사권**: 당사국은 양육 · 보호 또는 신체적 · 정신적 건강을 위한 치료목적으로 관계당국이 양육 조치한 아동이 본인에게 제공되는 치료 및 양육지정과 관련된 여타 모든 사정을 정기적으로 심사하는 것에 대한 권리를 가짐을 인정한다.
- **보육서비스 제공**: 당사국은 아동의 양육책임 이행에서 부모와 법정 후견인에게 적절한 지원을 제공하여야 하며, 아동보호를 위한 기관, 시설 및 편의의 개발을 보장하여야 한다.

③ 기초보건 및 복지에 대한 권리

- **보건서비스를 받을 권리**: 당사국은 최상의 건강수준을 향유하고, 질병의 치료와 건강의 회복을 위한 시설을 사용할 수 있는 아동의 권리를 인정한다. 이 권리를 이행하기 위하여 당사국은 아동의 사망률 감소, 산모의 출산 전후 건강관리, 기초건강관리, 환경오염 방지 등을 위해 적절한 조치를 취하여야 한다.
- **장애아동의 권리**: 정신적 · 신체적 장애를 가진 아동은 존엄성이 보장되고 자립이 촉진되며 적극적 사회참여가 조장되는 여건 속에서 충분히 품위 있는 생활을 누려야 한다. 당사국은 아동의 여건과 아동양육자의 사정에 적합한 지원이 아동과 그의 양육자에게 제공될 것을 장려하고 보장하여야 한다.
- **사회보장 및 아동보호시설에 대한 권리**: 모든 아동이 사회보험을 포함한 사회보장제도의 혜택을 받을 권리를 가지며, 이의 실현을 위하여 필요한

조치를 취하여야 한다. 당사국은 취업한 부모의 아동들이 아동보호를 위해 자격을 갖춘 편의 및 시설을 이용할 수 있는 권리가 있음을 보장하기 위하여 모든 적절한 조치를 취하여야 한다.

④ 교육 · 여가 및 문화적 활동에 대한 권리

- **생활수준에 대한 권리:** 당사국은 모든 아동이 지적 · 신체적 · 정신적 · 도덕적 · 사회적 발달에 적합한 생활수준을 누릴 권리를 가짐을 인정한다.
- **교육목표에 대한 권리:** 당사국은 다음과 같은 아동교육목표를 달성해야 한다. 아동의 잠재력의 최대 개발, 서로 다른 출신, 언어, 가치 및 문명에 대한 존경심 개발, 사람과의 관계에서 이해, 평화, 관용, 양성평등, 우정 등에 입각한 자유사회에서의 책임 있는 삶에 대한 준비 등이다.
- **교육을 받을 권리:** 아동의 교육에 대한 권리를 인정하며, 기회균등의 기초 위에서 점진적으로 이 권리를 달성하기 위하여 초등교육은 무상으로 하고 일반교육과 직업교육을 포함한 다양한 형태의 중등교육은 장려하는 조치를 취하도록 하고 있다.
- **여가 · 오락활동 및 문화적 활동에 대한 권리:** 당사국은 아동이 휴식과 여가를 즐기고 자신의 연령에 적합한 놀이와 오락활동에 참여하고 문화생활과 예술에 자유롭게 참여할 권리를 인정하며, 이 권리를 촉진할 수 있는 적절하고 균등한 기회를 제공할 것을 장려한다.

⑤ 특별보호조치에 대한 권리

- **법적 분쟁상의 아동에 관한 권리:** 난민아동, 전쟁 시의 아동, 위급한 상황에 처한 아동, 자유가 박탈된 아동 등에 대한 보호와 권리, 아동에 대한 사형 및 종신형의 금지에 대한 권리, 사회복귀 지원에 대한 권리가 포함된다.
- **착취상황하의 아동에 대한 권리:** 아동의 노동력 착취, 성적 착취와 학대, 마

약과 향정신성 물질로부터의 보호, 기타 형태의 착취로부터의 보호에 대한 권리 등을 포함하고 있다.

3) 우리나라 아동의 권리

(1) 아동의 권리에 관한 명시

우리나라 아동이 누려야 할 기본적 권리의 내용은 어린이헌장과 청소년헌장에 나타나 있다. 대한민국 어린이헌장은 전문과 11개 조항으로 되어 있는데, 무차별원칙과 인간존엄성이 포함되어 있으며 건전한 가정에서의 보호, 영양, 교육, 문화, 놀이 및 오락, 학대와 노동으로부터의 보호, 장애아동의 보호 등에 관한 권리가 명시되어 있다. 청소년헌장은 1990년 5월에 처음 제정・공포되었으며, 1998년 10월에 청소년의 주체적 삶과 자율성을 강조하는 새로운 내용으로 개정・선포되었다. 헌장에 포함된 청소년의 권리는 생존의 보장과 성장의 권리, 차별받지 않을 권리, 폭력으로부터 보호받을 권리, 사적인 삶의 권리, 생각과 느낌의 권리, 모임활동의 권리, 배움의 권리, 일과 직업의 권리, 문화예술 활동의 권리, 정보접근의 권리, 민주적 참여의 권리 등이다. 어린이헌장과 청소년헌장은 우리 사회의 아동에 대한 다짐과 약속을 나타내고 있으나 선언적 의미가 강하다.

아동복지에 관한 우리나라의 기본 법률인 「아동복지법」은 목적, 기본이념, 책임 등을 명시하여 아동의 기본적인 권리를 나타내고 있다. 아동이 건강하게 출생하여 행복하고 안전하게 자라나도록 복지를 보장하기 위하여 국가와 지방자치단체는 물론 모든 국민과 보호자가 노력을 해야 한다고 명시하고 있다. 기본이념은 아동은 어떤 종류의 차별도 받지 않아야 하며, 안정된 가정환경에서 자라야 하고, 모든 활동에서 아동의 이익이 최우선적으로 고려되어야 한다고 되어 있다. 「아동복지법」은 아동권리협약의 중요 이념을 반영하면서 아동의 생존권, 생활권, 발육권을 명시하고 있다.

(2) 우리나라 아동권리의 문제점

우리나라 아동의 권리가 어떻게, 어느 정도 실현되고 있는가는 국내법과 동일한 효력을 가지고 있는 국제 아동권리협약의 실행 정도에 대한 평가를 통해서 알아볼 수 있다. 협약의 규정에 의하면 협약 당사국은 자국의 아동권리의 실천현황과 개선내용에 관한 국가보고서를 정기적으로 국제연합에 제출하게 되어 있으며, 유엔아동권리위원회는 보고서를 토대로 아동의 권리상황을 심사하고 정부가 노력을 강화해야 할 것을 권고하고 있다. 우리나라는 2008년에 제3 · 4차 통합 국가보고서(대한민국정부, 2008)를 제출했으며, 유엔아동권리위훤회에서는 제출된 국가보고서에 대해 2011년 심사를 실시하여 우리나라 아동권리에 대한 문제점을 지적하고 필요한 조치를 권고하였다(유엔아동권리위원회, 2011). 2017년에는 제5 · 6차 통합 국가보고서를 유엔아동권리위원회에 제출하였으며, 심사과정 중에 있다. 제3 · 4차 통합국가보고서의 주요 분야별 권고사항의 내용을 간추리면 다음과 같다(보건복지부 한국아동권리모니터링센터, 2011).

① 일반이행조치

2차 보고서에 대한 위원회의 권고사항 중 여전히 이행이 되고 있지 않은 일부 사항(특히 국가인권위회 내 아동권리분과위원회 설치, 체벌에 대한 전면금지, 고도의 스트레스를 줄이기 위한 교육정책)에 대해 필요한 조치를 촉구하였다. 2008년 이후 아동정책조정위원회가 운영되지 않았고, 보건복지부와 여성가족부 등 각기 다른 정부부처에서 아동 및 청소년 관련 정책이 이루어져 정책 분절이 일어났으므로, 아동정책위원회를 복구하거나 적절한 관련기구를 설립하고, 정부부처 간 및 지역단체 간에 아동권리 관련 기능과 관계를 명백히 하라고 권고하였다. 한국아동권리모니터링센터가 설립되고 옴부즈퍼슨(ombudsperson)이 위촉되어 있으나 국가적 수준에서 협약의 이행을 감시할 수 있는 체제를 갖추지 못하였으므로 센터와 옴부즈퍼슨제도가 명확한 임무권한을 갖도록 법적 지위를 분명히 하고 효과적으로 운영될 수 있도록 충분한 인적 · 기술적 · 재정적 자원을 제공하라고 하였다. 대한민국의 경제발전 수준에 비추어 아동에 대한 자원 할당의 수준이 매우 낮으며 지역 간 편차가 매우 심하다고 지적하고, 국가예산을 수립하는 데 아동권리접근법을 활용할 것을 촉구하였다.

② 일반원칙

다문화가정, 이주노동자가정 · 탈북자가정 · 난민가정 출신 아동, 장애아동, 청소년 미혼모들이 국가지원조치에서 배제되는 등 차별을 받고 있음을 지적하면서, 차별금지법을 신속히 제정하고, 취약계층과 소수집단의 아동에 대한 차별적 태도를 근절하기 위한 모든 조치를 취하며, 미혼모에게 충분한 지원을 제공할 것을 촉구하였다. 아동의 높은 자살률에 대한 우려를 표명하며, 아동자살 위험요인에 대한 연구와 제도적 · 행정적 방안, 심리상담서비스 및 사회복지요원의 지원을 권고하였다. 아동과 관련되거나 아동에게 영향을 미치는 모든 법률, 행정, 사법절차, 모든 정책, 프로그램 및 사업에 아동이익 최우선의 원칙이 적용되도록 노력할 것을 권고하였다. 아동에게 영향을 미치는 결정에 있어서 15세 미만 아동의 견해가 고려되지 않고 있는 것에 대해 우려를 표명하며, 「아동복지법」에 아동에게 영향을 미치는 모든 문제에 아동 자신의 견해를 자유롭게 표현할 권리를 포함하도록 개정하고, 학교를 포함한 행정기관과 법원에서 아동에게 영향을 미치는 모든 사안에 대해 아동의 견해가 존중되도록 하는 조치를 권고하였다.

③ 시민권과 자유

출생신고에 아동의 생물학적 부모에 대한 정확한 명시가 보장될 것을 촉구하였다. 종교기관에서 운영하는 사립학교에서 종교의 자유가 존중되도록 하며, 아동이 교내외의 정치활동에 참여하거나 학교운영위원회에 실질적으로 참여하는 등 집회와 표현의 자유를 완전히 누릴 수 있도록 할 것을 촉구하였다. 가정, 학교 및 모든 여타 기관에서 체벌을 명백히 금지하도록 관련 법률과 규정을 개정하라는 국가인권위원회의 권고를 이행하고, 체벌에 관한 태도를 변화시키기 위하여 공공교육 캠페인을 실시하며, 학교체벌에 대한 대안인 그린마일리지제도를 장려하고, 아동이 체벌사례를 신고할 수 있는 제도를 마련하라고 하였다. 아동 학대 및 방임을 포함한 모든 형태의 아동에 대한 폭력을 철폐하기 위하여 신고에 대한 법적 의무를 강화·확대하고, 아동보호전문기관을 더 설립하며, 피해자에 대한 충분한 지원 및 재활이 되도록 인적·기술적·재정적 지원을 할 것을 권고하였다.

④ 가정환경과 대안돌봄

대안돌봄시설의 서비스 질에 대해 체계적으로 정기적인 검토를 하고, 대안돌봄시설 내 아동학대 관련 진정접수 및 조사제도를 보장하며, 학대 피해자들에 대한 회복지원서비스를 이용할 수 있도록 하고, 대안돌봄환경 내 아동이 부모를 찾거나 부모와 연락을 유지할 수 있는 충분한 지원을 고려하도록 권고하였다. 입양과정에서 아동의 나이와 성숙도를 고려해 아동의 견해에 적절한 중요성을 부과하며, 아동이익 최우선의 원칙이 준수되도록 하고, 청소년 미혼모의 동의가 있어야만 그 자녀를 입양 보낼 수 있고, 해외입양을 포함한 모든 입양이 명확한 임무권한을 가진 중앙기구의 허가에 따라 이루어지도록 하며, 국제입양 관련 아동보호 및 협력에 관한 1993년 헤이그협약 비준을 고려하라고 권고하였다.

⑤ 장애, 기초 보건 및 복지

장애아동에 대한 정부지원이 저소득가정에만 제공되고, 물리치료 및 직업훈련 관련 비용은 포함되지 않으며, 장애아동, 특히 여성장애아동이 교육을 받는 데 있어 겪는 어려움, 특수교사의 부족, 장애아동이 비장애아동과 분리되어 교육받는 사실들에 우려를 표명하면서, 모든 장애아동에 대한 지원, 장애아동의 교육욕구를 충족시킬 수 있는 조치의 강화(특수교사의 수 증가 및 교사와 감독관에 대한 적절한 훈련), 「장애인 등에 대한 특수교육법」의 효과적 이행을 위한 충분한 예산과 인력지원 및 통합교육을 촉구하였다.

총예산 대비 보건예산 비율이 낮은 수준이어서, 보건예산 수준을 상당 수준 늘리고, 저소득가정이 무상으로 의료체계에 접근할 수 있도록 공공의료시설체계를 구축하며, 전 지역에 소아과 진료 및 응급진료가 제공될 수 있도록 중소지역병원에 지원을 늘리는 조치를 권고하였다. 아동의 정신건강 상태가 악화되고 있는 것에 대해 우려를 표명하면서 아동 우울증 및 자살의 근본 원인에 대한 철저한 조사에 기반을 두어 아동정신건강관리정책을 개발하도록 권고하였다. 아동의 건강하지 않은 식습관에서 비롯된 비만, 아동 및 청소년의 흡연율과 음주율의 증가, 인터넷 중독, 높은 청소년 임신율 및 낙태율 등에 대해 우려를 표명하면서, 아동건강에 부정적인 영향을 미치는 식품의 판매를 규제하고, 담배, 알코올 및 인터넷 중독을 야기할 수 있는 건강상의 위험에 대한 인식을 제고하기 위하여 언론을 통한 정보 및 교육 캠페인을 늘리고, 교육과정 내 성교육 프로그램이 체계적이고 신뢰할 수 있는 방식으로 진행되도록 조치할 것을 촉구하였다.

대한민국 「헌법」에 아동복지 증진의 의무가 규정되어 있지 않은 것에 대해 우려를 표명하며, 적절한 수준에서 구체적이고 의무적인 아동복지재원 배정에 관한 조항이 법률에 포함되도록 법을 개정할 것을 촉구하였다.

⑥ 교육, 여가 및 문화활동

교육제도 내 극심한 경쟁에 대해 우려를 표명하며, 현 교육 및 관련 시험제도를 평가하고, 공교육을 강화하기 위한 노력을 증진하며, 여가, 문화 및 오락활동에 대한 아동의 권리를 보장하고, 학생 간 괴롭힘을 방지하고, 외국출신 아동에게 관심을 기울이는 조치를 강화할 것을 촉구하였다.

⑦ 특별보호조치

난민 및 망명희망자의 자녀를 포함하여 대한민국에서 태어난 모든 아동이 등록되도록 할 것을 촉구하며, 망명희망자와 인도적 지위자의 가족에게 충분한 재정적 · 사회적 지원을 제공하고 이러한 상황에 처한 아동이 대한민국 국민과 동일하게 교육에 접근할 수 있도록 할 것을 권장하였다. 불법체류자를 포함한 이주아동이 교육에 접근하고 실질적으로 교육을 받을 수 있도록 보장하는 정책과 전략을 개발하고 채택하도록 권고하였다.

근로아동의 수가 증가하고 있고 근로아동의 문제가 악화되고 있는 것에 대해 우려를 표명하면서, 아동노동을 야기하는 근본적인 사회경제적 요인을 해결하기 위한 조치를 취하고, 야간근무 금지의 효과적인 시행과 최저임금 지급 등의 18세 미만 청소년의 근로기준을 엄격히 시행하며, 변칙적 노동관행을 규제하는 것을 법으로 정하고, 근로환경 전반을 포괄적으로 감시할 수 있도록 하며, 근무환경에서 성추행문제를 다루고 방지할 효과적인 조치를 권고하였다.

아동성폭력 급증과 높은 음란물 소비율, 아동성착취에 대한 낮은 기소율 등에 대해 우려를 표명하였으며, 아동성폭력 예방을 위한 적절한 조치, 아동성범죄자에 대해 범죄의 심각성에 걸맞은 처벌, 여아뿐 아니라 남아에게도 재활서비스의 제공이 이루어지도록 할 것을 권고하였다.

3. 아동복지의 개념과 의의

1) 아동복지의 개념

아동복지의 개념을 이해하기 위해서는 아동복지가 사회복지의 한 분야로서 그 대상이 아동에게 초점을 둔다는 점에서 출발해야 한다. 사회복지는 산업화로 사회문제가 심각해짐에 따라 문제의 해결과 예방을 위하여 사회적 서비스를 조직화하기 위하여 나타난 사회제도이다. 사회복지는 사회구성원들의 사회적 욕구를 충족하여 사회성원의 복리를 향상하려는 목적으로 이루어지는 제반 시책으로서 입법, 프로그램, 급여와 서비스 등을 포함한다(김상균 외, 2001).

아동복지의 개념은 지난 1세기에 걸쳐 아동을 둘러싼 환경의 변화와 더불어 아동의 사회적 · 법적 지위의 향상 및 복지사회에 대한 관심의 증가로 나타났다. 과거에는 아동을 성인의 소유물이나 축소물로 인식하였으나, 20세기에 이르러서는 아동을 고유한 욕구와 존엄성을 가진 독립된 인격체로 인식하였다. 이에 사회는 아동의 기본적인 욕구를 보장하고, 그들의 잠재능력을 최대한 발휘할 수 있도록 하며, 건전한 성장과 발달을 이룰 수 있도록 여러 가지 노력을 기울이기 시작하였다.

아동복지 문헌에 나타난 아동복지에 관한 정의는 매우 다양하며 각 정의는 강조점이 조금씩 다르다. 외국 학자들의 정의를 보면, 프리들랜더(Friedlander, 1980)는 "아동복지란 단지 빈곤, 방치, 유기, 질병, 결손 등을 지닌 아동 또는 환경에 적응하지 못하는 비행아동에게만 관심을 두는 것이 아니라, 모든 아동이 신체적 · 지적 · 정서적 발달에서 안전하고 행복할 수 있도록 위험으로부터 보호하기 위하여 공적 · 사적 제반 기관에서 실시하는 사회적 · 경제적 · 보건적인 모든 활동을 포함한다."라고 정의하고 있다. 카두신과 마틴(Kadushin & Martin, 1988)은 아동복지를 넓은 의미와 좁은 의미로 구분하여 정의하였는데, 넓은 의미는 모든 아동의 행복을 위해서 그들의 신체적 · 사회적 · 심리적 발달을 보호하고 촉진하기 위한 모든 대책을 말하며, 좁은 의미는 특수한 욕구를 가진 아동과 가족을 대상으로 사회복지기관을 비롯한 특정기관에서 제공하는 서비스를 말한다. 마이어(Meyer, 1985)는 "아동복지란 지속적인 사회체계의 하나로서 아동의 복지를 증진하기 위한 사회제도이며, 하나의 전문직으로서 사회복지의 한 분야이다."라고 정의하고 있다.

우리나라 『사회복지사전』에서는 아동복지란 일반적으로 특수한 장애를 가진 아동은 물론 모든 아동이 가족 및 사회의 일원으로서 육체적으로나 정신적으로 건전하게 성장 · 발달할 수 있도록 지역사회나 사회복지 분야에 있는 공 · 사 단체나 기관들이 협력하여 아동복지에 필요한 사업을 계획하며 실행에 옮기는 조직적인 활동을 의미한다고 규정하고 있다(대구대학교 사회복지연구소, 1995). 김현용(1997)은 아동복지를 가족이 정상적인 보호와 사회화 기능을 수행할 수 없을 때 국가와 그 사회제도가 후원하고 승인하고 직접 실천하는 구체적이고 명백한 정책과 서비스체계라고 정의한다. 장인협과 오정수(1999)에 따르면 사회제도로서의 아동복지는 사회구성원으로서 아동의 기본적인 욕구를 충족시키고 건전한 성장과 발달을 도모하기 위하여 여러 가지 활동을 가능케 하는 공적인 방법과 절차를 말하는데, 이 방법과 절차는 아동과 관련된 법령, 공공과 민간 기관의 조직, 사회복지 전문직과 같은 제도화된 실천방법을 다 포함하고 있다.

이상의 정의들을 보면, 아동복지는 협의의 개념과 광의의 개념이 있다. 협의의 개념은 아동이 특별한 장애가 있거나 가족이 아동을 보호하고 양육하는 기능을 제대로 이행하지 못할 때 특수 욕구를 가진 아동과 가족을 위해서 전문기관이 행하는 조직적인 활동을 말한다. 광의의 개념은 모든 아동이 건전하게 성장하고 발달할 수 있도록 하기 위해 아동과 관련된 경제, 교육, 보건, 노동 등의 여러 분야에 걸쳐 국가와 사회단체 및 개인이 행하는 입법, 프로그램, 서비스 등을 포함한 모든 노력을 말한다.

2) 아동복지의 의의

아동복지의 필요성은 세 가지 관점에서 그 의의를 찾을 수 있다. 첫째, 아동 개인의 입장에서 한 인간으로서의 기본적인 생활에 대한 보장, 둘째, 사회적인 입장에서 국가발전을 위한 인력의 보호, 셋째, 앞으로 발생할 수 있는 사회문제의 예방이다(성영혜, 김연진, 1997).

(1) 아동의 기본적 생활의 보장

인간이 자립하여 사회적 인간으로서 생활하기까지에는 장기간에 걸친 보호와 양육이 필요하다. 출생에서 2세 정도까지의 영아기에는 가장 기본적인 음식물 섭취와 배설물의 통제도 혼자 힘으로 하기 어려워 타인의 도움 없이는 생존이 거의 불가능하다. 유아기와 학령기에는 이런 기초적인 생활은 가능하지만 외부의 위험에 안전할 수 없고, 노동력도 없어서 의존적일 수밖에 없다. 청소년기의 아동은 신체적 · 지적 발달이 성인에 가까워지나 심리적으로 불안정하고 사회적으로 책임 있는 역할을 기대하기에는 아직 미숙하여 여전히 사회의 보호와 지도가 필요하다.

오늘날 가족의 기능이 약화되면서 아동 양육과 보호의 책임을 사회가 맡게 되었다. 예전에는 부모와 가족이 성장 기간 동안 생활을 보장하였으나 가족 구조가 다양해지고 가치관이 변화하면서 부모나 가족이 아동을 제대로 양육하지 못하는 경우가 늘고 있다. 한부모가족 또는 재결합가족이 늘어나고, 취업모가 증가하고 있고, 경제적 어려움으로 인해 아동을 유기하기까지 한다. 현대 가족 구조와 기능의 약화로 야기되는 문제는 개별 가족의 차원에서 해결할 것이 아니라 사회나 국가적인 차원에서 예방책과 대책을 세워야 한다는 견해가 지배적이다. 부모나 가족이 어떤 사유로 아동 보호와 양육의 책임을 다하지 못할 때 사회가 그 부모와 가족을 도와서 아동이 기본적인 생활을 영위할 수 있도록 보장하는 것이 아동복지의 의의이다.

(2) 국가인력의 보호와 육성

어린이는 미래사회의 주역으로, 이들을 어떻게 보호하고 양육하는가는 우리 사회의 장래와 밀접한 관련이 있다. 아동을 심신이 건강하고 지식과 인격을 갖춘 성인으로 성장하게 하는 것은 미래사회를 이끌어 갈 훌륭한 인적 자본을 확보하는 것이다. 아동기는 전 생애에 걸쳐서 기초가 되는 매우 중요한 시기로서 이 시기를 놓치면 성인기에 회복할 수 없는 부분이 있다. 예를 들어, 아동기 때 영양결핍으로 체격이 빈약한 경우 성인이 되어 영양이 충분해도 신장을 보충하기 힘들며, 아동기에 주 양육자와 애착이 형성되지 못한 경우 성인기의 대인관계에서도 어려움을 겪을 수 있다. 따라서 국가인력의 양성은 아동기부터 시작되어야 한다.

오늘날 우리 사회는 출산율이 급격히 줄어들고 있어서 앞으로 증가하는 노령인구를 고려하면 미래의 인적 자원이 부족해질 상황에 놓여 있다. 뿐만 아니라 산업화와 도시화가 심화되는 현대사회의 특성은 아동의 건강한 발달에 결코 우호적이지 않다. 특히 빈곤으로 인해 아동이 교육, 의료, 문화 등에서 박탈을 경험하는 경우 국가의 적절한 아동복지대책이 없이는 인적 자원의 질이 향상되기 어렵다. 우리나라에서 경제적 어려움을 겪는 아동에 대한 공적 부조나 영유아에 대한 보호와 교육에 관한 제도는 아동을 미래사회의 주역으로 인식하고 이들을 보호·육성하려는 노력의 일환이라고 볼 수 있다. 따라서 아동복지는 아동을 유능한 사회성원으로 성장하게 하는 사회제도로서의 의의가 있다.

(3) 사회문제의 예방

아동의 욕구가 적절히 충족되지 않으면 건전한 성장과 발달이 어려울 뿐만 아니라 사회적인 문제를 야기할 수도 있다. 아동은 성인과 마찬가지로 생리적인 욕구를 가지고 있을 뿐 아니라 장난감을 갖고 놀거나 놀이터에서 놀이를 함으로써 즐거움을 누리고자 하는 욕구도 있다. 아동은 스스로 욕구를 충족할 수 없으므로 부모나 사회가 이를 충족해 주어야만 한다. 아동이 성장하는 환경의 결함 때문에 욕구가 제대로 충족되지 못하면 신체적으로 이상이 생기거나, 정서적으로 불안정해지며, 가출하는 등 행동상의 문제가 나타날 수 있다. 빈곤가정이나 결손가정에서 욕구를 충족하지 못하고 잠재력을 실현할 기회를 박탈당한 아동이 사회문제를 일으키는 사례는 종종 접할 수 있다.

아동기의 욕구좌절로 인한 어려움은 아동기에만 끝나는 것이 아니라 성인기에 이르기까지 영향을 미치는 것으로 알려져 있다. 아동기의 경험이 성인기의 정신건강에도 영향을 줄 뿐만 아니라 욕구좌절로 인한 부정적인 행동의 반복은 성인으로서 사회에 적응할 수 있는 기회를 제한하고, 이는 또 다른 문제를 발생시킨다. 따라서 아동의 욕구를 충족시키려는 사회적 노력인 아동복지는 아동이 일으킬지 모르는 사회문제를 미연에 방지하기 위해서 필요하며 또한 중요하다.

4. 아동복지의 전제조건

아동복지가 실현되기 위해서는 아동의 건전한 성장과 발달에 필요한 욕구가 충족되어 아동이 지니고 있는 잠재 능력을 최대한 발휘할 수 있도록 하는

표 1-1 아동복지의 전제조건

Key(1909)	미국 『사회사업백과사전』(1965)	Fredericksen & Mulligan(1972)	아동권리협약(1989)	장인협, 오정수(2001)
• 튼튼하게 태어날 권리 • 건전하게 양육받을 권리 • 정상적인 가정생활을 누릴 권리 • 교육받을 권리 • 도덕적 · 정신적 훈련을 받을 권리 • 유희나 오락을 즐길 권리	• 가족생활 • 부모의 보호 • 적절한 가정경제와 주거 • 건강과 의료보호 • 교육 • 유희나 교우 • 윤리적 표준 • 이념과 가치 • 교육적 · 직업적 지도 • 법적 보호 등	• 부모 역할이 준비된 부모 • 경제적 안정 • 보건 • 교육 • 종교 • 놀이 • 유해한 노동에서의 보호 • 특수욕구 아동에 대한 서비스	• 시민권과 자유권 • 가정환경 및 대리보호에 대한 권리 • 기초보건 및 복지에 대한 권리 • 교육, 여가, 문화활동에 대한 권리 • 특별보호조치에 대한 권리	• 안정된 가정생활 • 경제적 안정 • 보건 및 의료보호 • 교육 • 노동 • 오락 • 특수보호

기본 요소가 갖추어져야 한다. 아동복지의 실현을 위해서 필요한 기본 요소는 여러 학자가 제시하기도 하였으며, 아동의 권리에 관한 선언이나 법에 따라서도 제시되고 있다(〈표 1-1〉 참조). 이들을 종합하여 이 책에서는 아동복지의 기본 전제로서 안정된 가정과 부모, 경제적 안정, 교육, 보건과 의료, 놀이와 여가, 유해노동으로부터의 보호, 특별보호를 중심으로 알아보기로 한다.

1) 가정과 부모

안정된 가정생활과 바람직한 부모역할은 아동발달에 가장 기본이 되는 요소이다. 아동은 일차적으로 부모와 가족으로부터 생존에 필요한 생리적 욕구를 충족하며, 정서적인 인간관계를 경험하고, 사회화의 기초를 형성한다. 따라서 긴급하거나 부득이한 경우가 아니면 아동은 가정에서 이탈되어서는 안 되며, 가정이 없는 아동에게는 가정을 만들어 주어야 한다. 그러나 가정이라고 해서 모든 가정이 동일한 것은 아니다. 또 가족의 사회경제적 지위, 가족의 형태, 부모의 자녀양육방식 또는 부모-자녀의 상호작용에 따라서 아동의 발달은 영향을 받는다.

오늘날 가족은 과거에 비해서 구조와 기능 면에서 많은 변화를 겪고 있으며 가족 내 아동양육의 체계가 약해지고 있다. 단적인 예를 들면, 가족해체의 증가로 가족의 안정성이 상당한 위협을 받고 있는 가운데 부모가 이혼하면서 양측 모두 양육권을 포기하여 보육원에 아동을 맡기는 사례가 증가하고 있다. 또한 부모들은 적은 수의 자녀를 양육하는 데 정성과 열의를 보이고 있으나 그 양육방식이 잘못된 줄 몰라서 부모와 자녀 간에 정서적 긴장관계가 발생하거나 아동이 바람직하지 못한 행동을 하기도 한다. 이와 같은 현대가족의 특징은 아동복지의 전제 조건으로서 안정된 가정의 중요성을 더욱 강조하게 한다.

아동복지가 이루어지기 위해서는 아동이 살고 있는 가정의 생활을 보호,

보장 및 강화하고 가족구성원의 사회적 기능수행이 원활하도록 지지하는 가족정책과 가족복지서비스가 제공되어야 한다. 부모가 부모로서의 역할을 잘 수행하기 위해서는 먼저 부모 자신의 욕구를 충족하여 자녀의 욕구에 효과적이고 긍정적으로 반응하여야 하며, 좋은 부모가 되기 위해서는 양육의 어려움에 대한 심리적인 준비를 하고 양육방식에 대한 지식과 기술을 배워야 한다. 가족문제에 대해 사후복귀적이기보다는 예방적 차원에서 가족수당, 공적 부조, 취업모에 대한 대책 등과 같은 제도적 · 거시적 · 환경적 차원에서의 대책이 있어야 하며, 특수한 욕구를 가진 가족구성원의 특별한 문제를 다룰 수 있는 가족상담, 가족치료, 가족보존서비스 등이 제공되어야 한다. 가정과 부모가 없는 아동에 대한 서비스는 가능한 한 가정적인 보호형태를 띠는 그룹홈이나 가정위탁 서비스가 필요하다.

2) 경제적 안정

아동의 성장과 발달은 가정생활의 경제적 여건에 상당히 좌우된다. 경제적 불안정으로 인해 가족이 해체되기도 하고, 부모의 아동양육방식에 부정적인 영향을 받게 되며, 아동의 기본적인 욕구인 의식주도 해결하기 어려워질 수 있다. 빈곤한 가정의 아동은 영양실조에 걸리거나 비위생적 환경으로 질병에 걸리기 쉬우며, 질병에 걸리더라도 제대로 치료받지 못한다. 부모의 교육에 대한 관심의 부족과 교육기회의 박탈로 지능발달이나 학업성취도가 저조할 수 있고, 욕구충족의 좌절로 우울한 증상이나 비규범적인 행동이 나타나기도 한다. 한편 세계 각지의 수많은 아동이 빈곤 때문에 열악한 노동환경에서 노동착취의 대상이 되거나 미성년자로서 병역을 강요당하고 있다.

빈곤가정의 아동에 대해 국가는 공적부조, 사회보험, 아동수당제도 등을 통하여 경제적 안정에 도움이 되도록 하여야 하며, 부모에게 취업훈련과 취업알선을 통하여 고용의 기회를 확대해야 한다.

3) 교육

모든 아동은 타고난 잠재력을 최대한 계발하여 능력을 발휘할 수 있도록 사회적 기회가 주어져야 한다. 교육은 아동의 성장과 발달을 돕는 다양한 지식과 자원을 제공하며 올바르게 성장하도록 이끌어 준다. 아동의 발달에 맞는 교육의 기회가 박탈될 경우, 아동 자신의 욕구충족이 이루어지지 않을 뿐만 아니라 사회적으로도 능력 있고 자질을 갖춘 인적 자원이 부족해지게 된다.

우리나라 「헌법」 제27조에서는 "모든 국민은 능력에 따라 균등하게 교육을 받을 권리를 가진다."라고 명시하여 초등교육과 중등교육을 의무교육으로 하고 있다. 초등교육 이전의 유아에 대한 교육도 조기교육의 중요성이 강조되면서 사회적으로 많은 관심의 대상이 되고 있다. 우리나라 교육은 입시 위주의 교육으로 사교육 의존도가 높고 전인교육에 실패했다는 우려의 목소리가 높다. 유아들을 대상으로 한 조기교육은 일부 계층에서는 교육기회가 제한되는가 하면 또 한편에서는 과도한 교육열로 발달에 맞지 않는 학습을 강요하여 유아들이 스트레스를 받고 있다. 교육은 아동의 전인적인 교육을 목표로 하며, 성장과정과 능력에 적합하게 일관성과 다양성을 유지하면서 아동 개개인의 고유한 인격과 개성을 형성해 가도록 도와주어야 한다.

특수한 장애를 지닌 아동은 조기에 특수교육을 받을 수 있도록 교육제도가 마련되어 있어야 한다. 발달장애, 지체장애, 청각장애, 시각장애, 정서장애 등을 가진 아동에게 교육적 재활을 비롯한 각종 재활서비스를 조기에 제공하여 자신의 능력을 최대한 향상시키고 발휘하도록 하며, 사회생활에 적응해 가도록 해야 한다.

4) 보건과 의료

아동복지의 기반은 아동의 건강에 있으며, 아동의 건강은 어머니의 건강과 밀접한 관련이 있다. 아동의 건강은 모체의 영양, 질병, 심리적 상태에 따라 영향을 받으므로 건강한 아동의 출생을 위해서는 태아기 때부터 모자보건을 위한 대책이 마련되어 있어야 한다. 특히 경제적 어려움, 산모의 연령, 약물 오용 등으로 건강이 우려되는 임산부와 아동에 대해서는 특별한 대책이 필요하다. 아동이 자라는 동안 성장·발육의 증진과 질병의 조기발견 및 치료를 위해서 정기적인 건강검진과 예방접종이 이루어지도록 해야 하며, 학교나 보육시설에서는 적당한 위생과 보건 시설을 갖추어야 한다. 우리나라의 경우 예방 차원의 의료서비스는 의료보험이 적용되지 않기 때문에 산전관리를 위한 검사나 예방접종이 경제적으로 부담되는 가정의 아동은 필요한 보건의료서비스를 제대로 받지 못하는 문제가 있다.

아동의 건강은 신체적 건강뿐만 아니라 정신적 건강도 매우 중요하다. 아동이 자신과 타인을 있는 그대로 수용하고 사고, 정서, 행동 면에서 자율성과 통합성을 갖고 삶을 살아갈 수 있도록 도와주어야 한다. 오늘날 아동은 부모의 과잉기대와 지나치게 경쟁적인 학교 분위기 속에서 상당한 스트레스를 받고 있으며, 이로 인해 분노, 과잉행동, 파괴적인 행동, 도벽, 학습장애, 성격장애, 우울증, 열등감 등의 정신병리를 겪는 아동이 증가하고 있다. 아동기의 문제행동과 정신병리는 아동 자신뿐만 아니라 그들을 돌보는 사람에게도 어려움을 주며, 그대로 방치할 경우 청소년 비행에 관한 서비스를 받을 필요가 늘어나거나, 성인기에도 문제행동과 정신병리가 지속되어 다음 세대의 건강과 행복도 해치게 된다(신현순 역, 2000). 따라서 아동의 문제행동과 정신병리를 조기에 발견하고 최적의 시기에 전문적인 도움을 받을 수 있도록 해야 한다.

5) 놀이와 여가

아동은 놀이를 통해서 여러 가지 발달을 이루어 간다. 아동은 즐겁게 뛰어노는 가운데 건강해지며 각 신체기관이 조화롭게 발달하고, 놀이를 통해서 실제 사물에서 벗어나 추상적이고 자유롭게 사고해 나갈 수 있다. 놀이는 협상하기, 협동하기, 타인의 생각과 감정을 이해하기와 같은 중요한 사회적 기술을 습득할 수 있는 맥락을 제공해 주며, 아동이 지닌 정서적 관심이나 문제를 탐색하고 극복하도록 해 준다.

오늘날 부모들은 놀지 말고 공부하라고 하면서 놀이의 중요성을 경시하고 있다. 아이들이 뛰놀 수 있는 학교 운동장은 좁아졌고, 아동은 여러 종류의 유해한 놀이에 노출되어 있다. 아동들에게 놀이를 통해서 신체적 · 지적 · 사회적 · 정신적 관심을 추구할 기회를 일찍부터 주어야 하며, 놀이 및 여가 시설이 아동의 연령과 활동 종류에 맞게 지역에 골고루 설치 · 운영되어야 한다. 또한 아동이 여가생활을 건전하게 할 수 있도록 전문적인 지도도 받을 수 있어야 한다.

6) 유해노동으로부터의 보호

모든 아동은 연소노동과 유해노동으로부터 보호되어야 한다. 아동은 성인에 비해서 임금이 싸고 더 복종적이고 체형이 작으며 행동이 빨라서 산업화와 도시화 과정에서 아동노동이 증가하였다. 2017년 국제노동기구(International Labour Organization: ILO)는 전 세계적으로 5~17세 아동 2억 1,800만 명이 노동자로 살고 있으며, 이 중 1억 5,200만 명은 정신적 · 육체적 건강을 위협하는 고강도 · 장시간 노동을 강요받고 있다고 보고하였다(ILO, 2017). 아동노동의 71%는 농업분야이며, 그 다음 서비스업 17%, 제조업 12% 순으로 나타나고 있다. 우리나라의 경우 청소년의 아르바이트가 늘어나고 있지만 이들의 권리가 보호되지 못하여 임금체불, 초과근로, 신체적 학대 및 성희롱과 같은 부당한 대우가 문제가 되고 있다.

연소노동은 아동의 건강과 신체적 · 정신적 · 도덕적 발달에 나쁜 영향을 끼친다. 어른에 맞추어진 작업환경과 작업과정에 대한 지식 부족 등으로 인해 아동은 어른보다 더 많은 사고와 질병을 겪으며, 신체의 일부가 기형적으로 자라게 되고, 매춘업에 종사하는 경우 에이즈(AIDS)로 목숨까지도 위태로워진다(ILO, 2017). 노동으로 교육의 기회를 박탈당하고 이 때문에 아동은 장래에 보다 안전하고 수입이 보장되는 직업에 종사할 기회를 잃게 되는 것이다. 노동하느라 놀이와 운동의 기회를 거의 갖지 못한 아동은 동기, 관심, 상상이 부족하고 미래에 대한 전망도 없다.

아동을 노동착취로부터 보호하기 위해서는 일하는 아동, 아동의 가족, 지역사회뿐만 아니라 국가적인 차원, 더 나아가 국제적인 차원에서 경제적 · 사회적 · 문화적 접근이 필요하다. 아동노동을 근절하기 위해서 경제적 발전이 이루어져야 하며, 아동노동의 유해성에 대한 대중의 인식이 필요하다. 보다 직접적으로는 아동노동에 대한 규제와 보호를 법적으로 규정하고 이를 반드시 준수하도록 하는 것이다. 우리나라의 경우 「근로기준법」에서 15세 미만 근로자의 채용금지, 보건상 유해 및 위험 사업에 여자와 18세 미만자의 채용금지, 15세 이상 18세 미만자의 1일 7시간, 1주일 40시간 초과근무 금지 등을 명시하고 있다. 「아동복지법」에서도 아동의 노동과 착취에 관련된 금지행위를 명시하고 있다.

7) 특별보호

아동복지가 모든 아동의 복지를 실현하기 위한 것이나 특수한 욕구를 가진 아동에 대해서는 사회적으로 특별한 보호가 마련되어야 한다. 신체적 · 정신적 · 심리적 · 행동적 장애를 가진 아동에 대해서는 조기발견과 함께 특수보호 및 치료의 기회가 있어야 하고, 저소득층의 아동에 대해서는 교육이나 보건 면에서 특별한 고려가 있어야 한다. 사회문화적으로 소수집단에 속하는 외국인노동자나 탈북자 가족의 아동이 겪는 사회심리적 문제에 대해서도 대책을 마련하여 이들이 잘 적응할 수 있도록 해야 한다.

5. 아동복지의 제 원칙

아동의 건전한 성장과 발달을 위해서는 다양한 사회정책과 직접적인 서비스가 필요하다. 아동을 대상으로 한 정책과 복지서비스를 펼칠 때는 앞서 살펴본 아동권리협약의 주요 원칙이 반드시 지켜지도록 해야 할 것이다. 또 고려해야 할 원칙으로는 권리와 책임의 원칙, 보편성과 선별성의 원칙, 개발적 기능의 원칙, 포괄성의 원칙, 전문성의 원칙 등이 있다(장인협, 오정수, 2001).

1) 권리와 책임의 원칙

아동은 아동, 부모, 사회의 조화 속에서 건전하게 육성될 수 있다. 이 세 가지는 각각의 권리와 책임을 확립하고 상호의 권리와 책임에 대한 인정과 상호작용을 통하여 균형을 유지하도록 해야 한다. 이 중 어느 한 부분의 권리나 책임에서 야기되는 갈등 혹은 지나친 요구는 아동에게 어려움을 가져다줄 수 있다.

아동은 부모와 상관없이 한 인간으로서 독자적인 권리를 가지고 태어났다. 아동은 생존하고 발달하기 위해서 의식주를 제공받고, 건강하고 위생적인 삶을 누리며, 교육적이고 문화적인 생활을 할 권리를 가지고 있다. 아동의 권리는 아동의 권리에 관한 선언이나 법률에 나타나 있는데, 아동복지의 이념적 기반이 되므로 아동복지사업을 전개하는 데 가장 중요시되어야 한다. 또한 아동은 권리를 가지고 있는 동시에 책임도 가지고 있다. 아동은 스스로 자기 자신의 발달을 촉진하고자 능동적으로 노력해야 하며, 그들을 양육하는 성인들의 합리적인 요구와 기대를 받아들여야 한다.

아동양육의 일차적인 권리와 책임은 부모에게 있다. 부모는 아동이 생활하는 제반 환경을 마련하고 일상적인 상호작용을 통해 아동의 발달에 지대한 영향을 미친다. 부모는 아동의 생활방식과 행동기준을 결정할 권리를 가지며 동시에 아동을 사회에 필요한 올바른 인간으로 양육할 의무와 아동의 사회적 행동에 대해 책임을 진다. 부모가 아동의 권리를 보호하고 노력하는 것은 당연하나 부모가 양육의 의무를 다하지 못했을 때는 양육 자체만 부모의 권리라고 할 수 없으며 아동의 최상의 이익을 위해서 부모의 권리가 제한당할 수 있다고 여겨지고 있다.

사회와 국가는 아동의 복지를 증진시키기 위한 권리와 책임을 가지고 있다. 국가는 아동복지정책의 개발을 위한 입법 권한과 실제적인 대책을 수행할 권리와 책임을 갖는다. 의무교육을 통해서 아동의 교육권을 보장하고, 통제력을 행사하여 아동에게 술과 담배를 파는 행위를 금지하는 등 유해한 환경으로부터 아동을 보호한다. 또한 부모가 양육의 의무를 제대로 수행하지 못했을 때는 아동이 위탁가정이나 아동생활시설의 보호를 받도록 한다.

2) 보편성과 선별성의 원칙

아동복지의 대책에는 보편주의 원칙과 선별주의 원칙이 다 적용될 수 있다. 보편주의는 사회문제란 사회체제가 불완전하고 불공평한 데서 발생하고, 사회문제를 예측할 수 있고 공공의 노력으로 예방할 수 있다고 보며, 사회문제가 특정 계층의 사람들에게 특수하게 발생하는 것은 아니라는 관점에서 출발한다(김상균 외, 2001). 따라서 아동복지대책에서 보편주의 원칙을 적용하는 것은 아동의 성별이나 부모의 사회계층적 지위 등에 상관없이 모든 아동에게 급여나 서비스를 제공하는 것을 말한다. 예를 들어, 우리나라에서 실시하는 무상의무교육, 가족수당, 아동수당이나 아동에 대한 보건서비스 등이 포함된다. 보편주의 원칙에서 제공되는 급여나 서비스는 조세에 따라 재정이 충당되므로 누진적 조세구조일 경우 소득계층 간의 재분배 효과도 볼 수 있다.

선별주의는 자발적이든 비자발적이든 간에 개인적 결함으로 파생되는 문제를 보완하거나 해소하기 위하여 사회로부터 최소한의 보호를 받지 않을 수 없는 상태에 놓였을 때 도움을 제공하는 것을 말한다. 따라서 가족이나 시장경제와 같은 주요 제도들이 제대로 그 기능을 수행하게 되면 사회복지활동은 필요치 않고 급여와 서비스는 일시적 · 보충적 · 잔여적 성격이 강해진다. 선별주의 원칙이 적용되는 예는 빈곤계층의 아동 또는 장애아동과 같이 범주화해서 서비스를 제공하는 경우이다. 선별주의 원칙에 따른 급여와 서비스는 시혜적이고 열등처우의 원칙이 불가피하므로 낙인에 따른 수치심을 초래할 수 있다.

앞서 다루어진 아동의 여러 권리가 실현되고 아동복지를 이루기 위한 전제조건이 갖추어지기 위해서는 선별주의적 접근만으로는 어렵다. 앞으로 아동에 대한 대책은 보호와 치료 중심의 보충적인 성격을 벗어나서 예방과 개발중심의 방향으로, 모든 아동을 대상으로 이루어져야 할 것이다.

3) 개발적 기능의 원칙

아동복지에서 개발적 기능의 원칙이란 사후대책적인 기능이 주가 되는 과거의 복지지향적 아동복지체계가 아닌, 예방적이며 의도적인 변화를 가져올 수 있는 개발지향적 아동복지체계를 형성함을 말한다. 그동안 우리나라 아동복지의 주요 사업은 고아나 기아, 특별보호가 필요한 아동을 대상으로 한 시설보호나 거택보호 중심의 구호적이고 사후대책적인 방식이 지배적이었다. 그러나 오늘날 사회의 변화와 더불어 가족 및 아동을 둘러싼 환경이 변화함에 따라 욕구가 다양해졌으며 아동의 권리에 대한 인식이 증가하여 아동복지에 대한 기대가 높아졌다. 예를 들어, 과거에 보육서비스는 어머니가 일하는 가난한 가정의 아동에게 필요한 서비스였다. 그러나 이제는 여성의 사회참가율이 높아지고 아동의 조기교육에 대한 관심이 증가하면서 보육서비스에 대한 욕구가 증가하고 있고, 국가는 여성인력을 활용하여 국가경쟁력을 높이려면 보육서비스를 개선해야 한다. 앞으로 아동복지대책은 사회적·경제적 여건의 변화 속에서 아동의 욕구나 문제가 어떻게 변화할 것인가를 정확히 예측해 이루어져야 하며, 사회 전체적 개발체계와 보조를 맞추어야 한다.

4) 포괄성의 원칙

포괄성의 원칙이란 아동복지를 달성하기 위해서는 경제, 교육, 보건, 주택, 노동 등 여러 분야의 포괄적인 대책이 아동 관련 정책과 서비스에 수반되어야 함을 말한다. 아동의 신체, 정서, 인지, 사회성 등의 발달은 각각의 발달이 분리된 것이 아니라 역동적으로 상호 관련되어 있으므로 아동의 욕구에 대해서 통합적인 관점으로 접근하여야 한다. 아동에 관한 제도나 프로그램을 운영하는 정부조직이 아동에 관한 일부 영역만을 소관사항으로 여겨 각기 문제를 중점적으로 처리하거나 다른 곳으로 전가하게 되면 아동의 중요한 욕구가 제대로 다루어지지 않거나 중복되어 처리될 수 있으므로 관련 부서의 유기적인 협조체계가 이루어져야 한다. 가족과 아동에게 직접적인 서비스를 제공하는 기관은 아동이 필요로 하는 다양한 욕구를 충족시킬 수 있도록 지역사회 내 관련기관 간의 연계망을 구축해야 한다.

5) 전문성의 원칙

아동의 건전한 성장과 발달을 위해서는 아동을 위한 전문기구와 전문인력이 필요하다. 아동은 성인과 다른 사고방식과 의사소통방법을 가지고 있으며 끊임없이 변화하고 성장하는 과정에 있다. 또한 오늘날 우리가 당면한 아동들의 문제는 점점 복잡해지고 다루기 어려워지고 있다. 그러므로 아동에 대한 전문지식과 기술 없이는 아동을 제대로 이해하지 못하며 아동이 겪고 있는 문제를 완화하거나 해결하는 데 도움을 줄 수 없다.

아동복지는 사회복지 실천현장의 중요한 한 부분이었으나 아동을 대상으로 한 사회복지 실천방법에 대한 교육과 훈련의 기회는 많지 않았다. 따라서 아동 관련 정책을 개발하고 프로그램을 기획하며 실천할 수 있는 전문가의 양성이 필요하다.

연구문제

1. 오늘날 일반적으로 우리나라 사람들이 인식하고 있는 아동의 특성이나 개념은 어떠한지 조사해 봅시다.
2. 유엔아동기금(UNICEF)에 따르면 2000년에 전 세계의 약 5천만 명으로 추산되는 아동의 경우 출생신고조차 하지 못했습니다. 출생신고가 이루어지지 않은 경우에 아동에게 나타날 수 있는 문제나 위험은 무엇인지 알아봅시다.
3. 여러분은 우리나라에서 아동의 권리 중 가장 시급히 실현되어야 할 영역은 무엇이라고 생각하는지 토의해 봅시다.
4. 아동복지의 필요성을 현대사회의 특성과 관련하여 토론해 봅시다.
5. 어린이의 놀이는 학습에 아무런 도움이 되지 않으며 방해가 된다고 말하는 사람들이 있습니다. 이에 대한 여러분의 의견은 어떠한지 발표해 봅시다.

제 2 장

아동복지의 대상과 서비스의 분류

이 장에서는 아동복지의 주요 대상이 누구인지, 이들에게는 어떠한 서비스가 제공되는지 살펴보고자 한다. 원칙적으로 아동복지의 대상은 모든 아동과 그 아동이 속해 있는 가정이다. 하지만 사회복지의 전통적인 대상분류 기준인 선별주의와 보편주의 원칙을 적용할 경우, 우선적인 보호를 필요로 하는 요보호아동과 그렇지 않은 일반아동으로 분류할 수 있다. 이 중 아동복지서비스의 주된 대상인 요보호아동의 구체적인 유형과 특성을 중점적으로 살펴보려 한다.

아동복지서비스는 서비스 제공장소와 서비스 제공기능에 따라 분류할 수 있다. 서비스 제공장소에 따라서는 크게 재가서비스와 가정외 서비스로 분류되며, 서비스 제공기능에 따라서는 지지적 · 보충적 · 대리적 서비스로 분류된다. 이와 관련해 각 서비스 분류기준의 구체적인 내용을 살펴보고, 현재 우리나라에서 제공되는 아동복지서비스의 내용에 대해 알아보고자 한다.

1. 아동복지의 대상

1) 우리나라 아동인구의 변화추이

우리나라의 총인구는 1980년 3,812만 명에서 1990년 4,286만 명, 2000년 4,727만 명으로 완만하지만 지속적으로 증가하였으며, 2011년 5,073만 명, 2015년에는 5,152만 명, 2018년 5,182만 명에 이르고 있다. 이에 비해 아동인구수는 1980년 1,747만 명(전체인구 대비 45.8%)을 차지하였다가, 1990년에는 1,541만 명(전체인구 대비 36.0%)으로, 2000년에는 1,403만 명(전체인구 대비 29.7%)으로 감소하였다. 이러한 감소세는 2000년대 들어 가속화되어 2011년 아동인구는 1,000만 명 아래인 992만 명(전체인구 대비 19.6%), 2015년 896만 명(전체인구 대비 17.4%), 2018년 817만 명(전체인구 대비 15.8%)으로 급격히

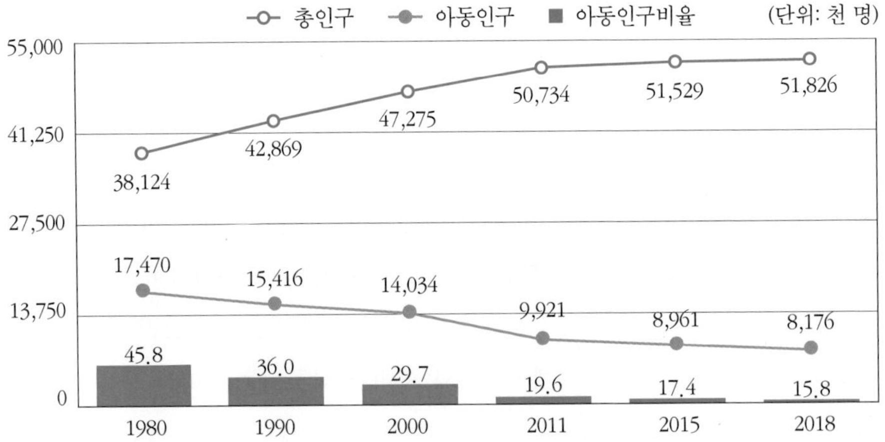

그림 2-1 우리나라 아동인구의 변화추이

출처: 주민등록통계(각 연도).

주: 2000년 이전 아동인구수는 19세 이하 인구수. 2011년 통계부터는 「아동복지법」상 아동연령(0~17세) 인구수.

감소하였다.

이처럼 아동인구수는 감소하고 있지만, 아동의 일차적인 보호 · 양육을 책임지는 가정의 해체현상은 점차 증대되고 있는 실정이다. 통계청(2017)이 발표한 자료에 따르면, 2016년 이혼한 부부는 107,328쌍이다. 인구 1,000명당 이혼건수를 의미하는 조이혼율(crude divorce rate)은 2.1로, 하루 평균 294쌍이 이혼하고 있다고 볼 수 있다. 이러한 비율은 1992년 이혼건수 53,000쌍, 조이혼율 1.2에 비해 2배 이상 증가한 것이다.

또한 혼인건수 대비 이혼건수의 비율이 1980년에 6.6%(혼인부부 403,031쌍, 이혼부부 23,662쌍)였던 것에 비해, 2016년에는 38.1%(혼인부부 281,635쌍, 이혼부부 107,328쌍)에 달해 전통적인 정상가족의 상이 많이 퇴색해지고 있음을 보여 준다. 이러한 가족의 해체현상은 결국 사회적 보호가 필요한 아동의 수를 계속 증대시키고 있다. 다만, IMF 외환위기 이후 증가추세를 보이던 이혼건수가 최고에 달했던 2003년의 166,617건에 비해 감소세를 보인 점은 주목할 만하다. 그런데 2000년대 들어 가속화된 저출산기조는 결혼건수의 감소로 이어지고 있다. 2016년 결혼은 281,635건으로 2003년 결혼 302,503건에 비해 7.4%의 감소율을 보이고 있기 때문이다.

이혼의 증가는 그 자체로 문제이기보다는 이혼으로 인한 취약가구의 증가로 이어질 가능성이 크다는 점이 문제이다. 이혼, 사별, 별거와 같은 가족의 해체로 빈곤에 처할 경우, 아동은 경제적 결핍과 가족기능의 결핍이라는 이중고에 시달릴 수 있다. 이와 관련하여 저소득 한부모가족은 2006년 140,188세대에서 2017년 181,023세대로 29.1%의 증가율을 보였다. 이 중 모자가족은 저소득 한부모가족의 78.0%를 차지하는 141,207세대였고, 부자가족은 21.0%를 차지하는 38,880세대로 나타났다(보건복지부, 2018). 한부모가족과 함께 가족해체로 인해 새로이 등장한 아동 관련 가족형태는 조손(祖孫)가구이다. 조부모와 손자녀로 구성된 조손가구가 저소득 한부모가족에서 차지하는 수는 2008년 2,203가구에서 2014년 5,060가구로 2.3배가량 증가하였다. 이러한 한부모가족과 조손가족의 증가는 이들 가족형태에서 성장하는 아동의 발달을 위해 필요한 사회복지서비스의 제공이 중요해질 것임을 시사한다.

또한 여성의 사회진출이 증가하면서 어머니가 맡고 있던 전통적인 자녀양육의 역할을 대신해 줄 보육서비스에 대한 욕구도 점차 커져 가고 있다. 1990년 48,000명의 아동을 보육하는 데에 그쳤던 1,919개소의 보육시설은 2000년 보육아동 686,000명, 보육시설 19,276개소, 2016년 보육아동 1,451,215명, 보육시설 41,084개소로 확대되었으며, 앞으로도 자녀양육의 부담을 덜어 줄 보육서비스에 대한 욕구는 계속 커질 것으로 전망된다. 이렇듯 전통적 가족의 해체, 여성의 사회진출 증대, 새로운 성윤리와 결혼관에 따른 한부모·미혼가정의 증대는 아동인구의 감소에도 불구하고 아동복지서비스가 필요한 대상과 영역을 오히려 확대시킬 것으로 예상된다.

마지막으로, 최근 들어 우리나라 사회의 가족구조에 새로운 형태로 등장한 것이 다문화가족이다. 2016년 기준 다문화가족의 아동 수는 201,333명으로 집계되고 있다. 이는 2007년의 44,258명에 비해 불과 10년 만에 4배 이상 증가한 것이다. 다문화가족 자녀 중 6세 미만 아동은 전체 다문화가족 자녀의 56.4%를 차지하는 113,506명이다. 다음으로 많은 연령대는 만 7세부터 12세 이하로 28.2%인 56,768명을 차지하고 있다(여성가족부, 2017). 이러한 다문화가족 아동의 증가세와 연령대분포를 고려할 때, 향후 10년 이내에 다문화가족 아동을 위한 복지서비스의 폭발적인 증가를 예측해 볼 수 있다.

2) 아동복지의 대상체계

아동복지의 대상체계는 원칙적으로 아동과 그 부모 및 가정이다. 아동복지의 대상체계에 아동의 부모 및 가정이 포함되는 이유는 발달단계 특성상 아동의 건강한 발육과 성장을 위해서는 보호·양육의 역할을 담당하는 보호자가 필요하기 때문이다. 그리고 이러한 보호·양육의 일차적 책임은 아동이 속해 있는 가정과 부모에게 있다. 이를테면 부모와 가족에게 제공되는 현물·현금·가사보조·상담·치료 등의 서비스는 아동이 일차적인 서비스의 수급자는 아니지만, 이를 통해 아동을 보호하는 가족체계의 건강성·안정성을 확보할 수 있다는 점에서 궁극적으로는 아동의 복지증진에 기여한다고 볼 수 있다. 따라서 아동복지서비스는 아동중심적인 동시에 가족친화적인 서비스로 제공되어야 한다.

한편, 아동복지의 대상체계는 사회복지서비스 또는 급여(benefit)의 할당원칙으로 제시되는 보편주의와 선별주의에 의거해 구분될 수 있다. 기본권으로서 모든 사람이 사회복지급여를 받을 수 있다는 보편주의에 의거할 경우, 아동복지의 대상체계는 모든 아동과 그 부모 및 가정이라 할 수 있다. 보편주의에 입각한 대표적인 아동복지서비스는 영국과 일본 등에서 실시하고 있는 아동수당제도를 들 수 있다. 이는 모든 아동에 대해 동일한 수준에서 할당이 이루어짐을 의미하며, 낙인의 문제를 최소화하고 사회적 통합을 극대화할 수 있다는 장점을 가지고 있다(박정호, 2001).

반면, 자신의 욕구를 스스로 충족시키는 것이 불가능한 한계집단(marginal of population)에게 집중적으로 급여가 제공되어야 한다는 선별주의를 따를 경우, 아동복지의 대상체계는 보호대상아동(요보호아동)과 그 가족이 될 것이다. 선별주의에 기반을 둔 대상체계를 따를 경우, 욕구를 충족하지 못한 대상자에게 보다 우선적이고 더 집중적인 서비스를 제공함으로써 희소한 공공자원을 효율적으로 활용할 수 있고 사회의 긴장감과 적대감이 감소된다는 점에서 사회적으로 더 효과적일 수 있다(박정호, 2001).

(1) 보호대상아동과 지원대상아동

아동복지서비스는 아동의 욕구와 문제를 해결하기 위한 서비스이다. 이러한 욕구와 문제는 일차적으로 가정에서 해결할 수 있지만, 이러한 욕구를 충족시키거나 문제를 해결할 가정이 부재한 경우나 개별 가정의 능력으로 해결할 수 없는 경우가 발생할 수 있다. 이러한 상황에 처한 아동을 보호대상아동이라 할 수 있다. 보호대상아동은 과거 보호를 필요로 하는 아동을 뜻하는 요보호아동이라는 용어가 「아동복지법」 개정에 따라 바뀐 것이다.

현재 우리나라 「아동복지법」에서는 '보호대상아동'을 보호자가 없거나 보호자로부터 이탈된 아동, 또는 보호자가 아동을 학대하는 경우 등 보호자가 아동을 양육하기에 부적당하거나 양육할 능력이 없는 경우의 아동으로 규정하고 있다(「아동복지법」 제3조 제4항). 이때 보호자는 친부모만을 의미하지는 않으며, 친권자, 후견인, 아동을 보호·양육·교육하거나 그 의무가 있는 자 또는 업무·고용 등의 관계로 사실상 아동을 보호·감독하는 자를 의미한다.

장인협과 오정수(2001)는 보호가 필요한 아동을 다음과 같이 분류한 바 있다.

첫째, 양육환경상의 보호가 필요한 아동이다. 가족의 구조와 기능이 결손되어 건강한 양육환경에서 성장하기 힘든 아동으로, 구체적으로는 빈곤가정 아동, 결손가정 아동, 부모부재 아동 등이 포함된다.

둘째, 신체적·정신적·정서적으로 문제나 장애를 지닌 아동이다. 이 아동들은 자신들이 가진 독특한 심신상의 결함으로 정상적인 사회참여에 제한을 받고 있고, 독립적인 인격체로서의 존엄성을 침해당하고 있다. 장애아동은 크게 신체장애아동·정신장애아동·정서장애아동 등으로 분류될 수 있다.

셋째, 사회적·법적 보호가 필요한 아동이다. 가출아동·비행아동 등이 포함된다.

넷째, 특별보호를 요하는 아동이다. 학대 및 유기된 아동, 미혼모의 아동 등이 포함될 수 있다.

보호대상아동과 함께 아동복지의 주요한 대상이 되어야 할 아동은 지원대상아동이다. 지원대상아동(「아동복지법」 제3조 제5항)은 조화롭고 건강하게 성장하는 데 필요한 기초적인 조건이 갖추어지지 아니하여 사회적·경제적·

정서적 지원이 필요한 아동을 말한다. 대표적인 지원대상으로는 드림스타트 지원아동을 들 수 있다. 드림스타트는 「아동복지법」에 근거해 실시하고 있는 취약계층 아동통합서비스 지원사업이다. 이 사업은 아동성장 및 복지여건이 취약한 가정을 선정해 그 가정의 지원대상아동과 가족을 대상으로 보건, 복지, 보호, 교육, 치료 등을 종합적으로 지원하는 통합서비스를 제공하고 있다.

(2) 일반아동

일반아동이란 아동이 속한 가정에서 제공되는 보호 이외의 다른 특별한 보호를 받지 않고 생활할 수 있는 아동을 의미한다. 따라서 우선적으로 사회적인 보호와 책임이 필요한 보호대상(요보호)아동과는 명확히 구분되는 아동의 개념이라 할 수 있다. 하지만 일반아동은 현재 심각한 문제가 없다는 개념이지 앞으로도 문제를 경험할 가능성이 전혀 없다는 의미는 아니다. 이에 보호대상아동이 경험하는 문제의 예방적 차원에서 아동복지서비스의 필요성은 일반아동에게서도 충분히 찾아볼 수 있다. 즉, 아동의 건강한 발달과 성장을 위해 모든 가족에게 제공되어야 할 다양한 아동복지서비스의 대상은 바로 일반아동인 것이다. 예를 들어, 모든 아동에게 제공되는 아동수당, 무상교육, 육아휴직, 보육서비스는 일반아동을 위한 대표적인 아동복지서비스라 할 수 있다.

우리나라의 경우 지금까지는 보호대상아동을 대상으로 한 복지서비스는 꾸준히 발전하고 증가하여 왔지만, 일반아동을 대상으로 한 복지서비스는 그다지 발전하지 못했다고 할 수 있다. 개별 아동 및 그 가족의 결함을 확인하려는 진단적 감별(diagnostic differentiation)과 자산조사에 기반을 두어 보호가 필요한 아동을 선정하는 선별주의적 · 잔여적 복지개념에서는 욕구가 충족되지 못한 것의 원인을 개인의 능력이 부족하고 기회를 제대로 활용하지 못한 것으로 본다.

하지만 점차 사회제도가 미비해지고 부적절성으로 인한 욕구의 미충족이 늘어나고 있다. 이러한 사회제도의 부적절한 대응으로 인한 욕구의 미충족을 모든 아동과 그 가족이 경험할 수 있는 정상적 과정으로 보는 제도적 개념으로서의 아동복지로 발전시켜야 한다. 그럴 경우 아동, 취업모, 해당 지역사회의 주민 등 아동과 부모가 갖는 조직적 지위(organic status)와 귀속적 욕구(attributed need)에 따라 모든 아동과 가족이 아동복지의 대상이 될 수 있으므로 특정 집단이 갖는 낙인이나 열등감 · 소외감의 문제가 해결될 수 있을 것이다(박정호, 2001).

한편, 우리나라의 주요한 아동복지 대상아동의 현황을 살펴보면 〈표 2-1〉과 같다.

소년소녀가정의 경우 1995년 15,118명에서 2011년 1,020명, 2016년 92명으로 대폭 감소하였다. 입양아동의 경우 2007년 국내입양아동 수가 해외입양아동 수를 최초로 넘어서면서, 2016년 국내입양아동 수는 546명, 해외입양아동 수는 334명에 달한다. 아동복지시설과 아동양육시설에서 생활하는 아

표 2-1 아동복지의 주요 대상자 현황

(단위: 명)

대상유형		1990년	1995년	2000년	2011년	2016년	시설 수 (2016년 기준)
소년소녀가정		13,778	15,118	9,579	1,020	92	-
입양아동	국내입양아동	1,647	1,025	1,686	1,548	546	10개소
	해외입양아동	2,962	2,180	2,360	916	334	
아동복지시설 보호아동		23,450	18,074	17,720	16,523	13,689	281개소
아동양육시설 보호아동		20,147	15,105	16,293	15,313	12,448	243개소
아동자립지원시설 보호아동		471	620	222	249	230	12개소
아동보호치료시설 보호아동		-	-	460	455	485	10개소
아동일시보호시설 보호아동		-	-	561	361	356	12개소
아동직업훈련시설 보호아동		444	231	184	32	32	1개소
보육시설 보호아동		48,000	293,747	686,000	1,348,729	1,451,215	41,084개소

출처: 보건복지부(2017) 및 통계자료.

동의 수는 2016년 각각 13,689명과 12,448명으로 1990년 이후 지속적인 감소추세를 보이고 있다. 이는 아동인구의 감소와 함께 시설보호 이외의 형태로 아동을 보호하는 체계가 확대되었기 때문이다. 보육시설 보호아동의 수는 1990년의 48,000명에서 2016년 1,451,215명으로 30배 이상의 증가추세를 보이고 있으며, 보육시설의 수는 1990년 1,919개소에서 2016년 41,084개소로 21배 이상의 가파른 증가세를 보이고 있다.

2. 아동복지서비스의 분류

아동복지서비스는 서비스를 제공하는 장소에 따라, 서비스가 수행하는 주기능에 따라, 또는 서비스가 수행하는 방어선의 위치에 따라 분류될 수 있다.

1) 서비스 제공장소에 따른 분류

서비스 제공장소에 따른 분류는 아동복지서비스를 직접적으로 제공받는 아동이 어떠한 장소에서 생활하고 있는가에 따라 분류하는 것이다. 아동이 원가정에서 생활하면서 제공받는 서비스인 재가서비스(in-home service)와 원가정을 떠나 시설이나 다른 가정에서 생활하면서 받는 가정외 서비스(out of home service)로 나뉠 수 있다(장인협, 오정수, 2001).

(1) 재가서비스

재가서비스는 가족의 구조적 결손이 없지만 심각한 스트레스나 역기능의 위험요소를 가지고 있을 때 제공된다. 또한 한부모가족이나 조손가족과 같이 구조적 결손을 경험하면서 가족기능의 원활한 수행이 어려울 경우에도 제공될 수 있다.

재가서비스는 가정이 아동의 양육과 발달에서 차지하는 몫이 큼을 감안할 때, 원가정의 기능 중 결핍된 부분을 지지하거나 보충해 줌으로써 원가정의 해체나 붕괴를 막아 주는 기능을 수행한다. 아울러 해당 가정의 강점을 지원하여 특정 시점에서의 위기를 극복할 수 있는 자원의 역할을 수행할 수도 있다.

(2) 가정외 서비스

가정외 서비스는 아동이 원가정을 떠나 일정 기간 동안 시설, 위탁가정 등에서 생활하면서 제공받는 양육 및 보호 서비스를 의미한다. 또한 원가정에서 생활하지만 특정 시간 동안 가정 밖의 시설에서 양육과 보호를 받는 것 역시 가정외 서비스에 해당될 수 있다. 예를 들어, 취업모가정의 경우 어머니가 직장생활을 하는 동안 보육시설 등에서 아동이 보호·양육서비스를 제공받을 수 있다.

2) 서비스 기능에 따른 분류

서비스 기능에 따른 분류는 아동이 속해 있는 원가정에 대해 서비스가 수행하는 기능이 분류의 기준이 된다. 이러한 분류에 따르면 아동복지서비스는 지지적 서비스, 보충적 서비스, 대리적 서비스로 구분된다(Kadushin & Martin, 1988). 이들 서비스는 상호 배타적인 것은 아니며, 보완되거나 중첩될 수 있는 성질을 가지고 있다.

(1) 지지적 서비스

지지적 서비스(supportive service)는 가족과 부모-자녀관계 체계가 구조적으로 손상되지는 않았지만, 스트레스에 노출될 경우 아동복지에서의 초기문제를 다루는 제일 방어선 역할을 한다. 이를테면 스트레스가 지속될 경우 이혼, 별거, 유기 등의 구조적 결손이 발생할 수 있다. 이러한 결과가 발생하는 것을 막기 위해 부모-자녀관계에서의 긴장을 감소시킬 수 있도록 가족이 가지고 있는 강점을 지원하고 강화시킬 필요가 있다. 즉, 지지적 서비스는 아동이 속해 있는 원가정의 구조를 침해하지 않으면서 그 가정의 기능이 원활하게 수행될 수 있도록 지원해 주는 외부의 서비스를 의미한다. 가정기반(home-based)서비스와 아동보호서비스가 그 예가 될 수 있다.

지지적 서비스는 사회가 도움이 필요한 가족에게 적절한 서비스를 제공할 의무가 있다는 것을 전제로 한다. 하지만 어떠한 가족은 아동의 건강과 복지에 필요한 사회적 자원을 충분히 갖고 있지 못할 수도 있다. 그런데 그 가족의 아동이 문제를 보이면 일반적으로 사회는 해당 가족에 대해 비난을 하고

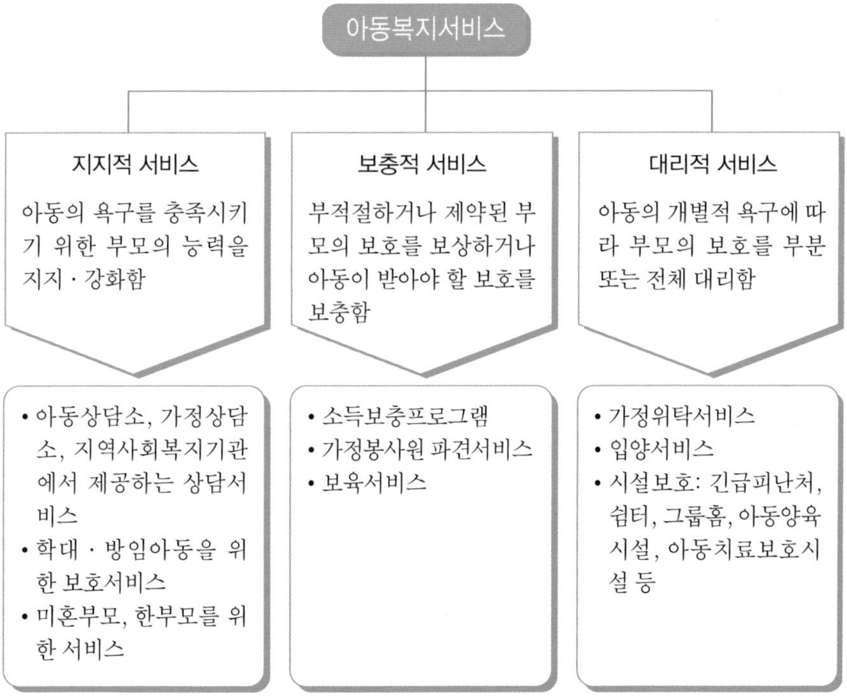

그림 2-2 카두신의 아동복지서비스 유형 분류

출처: Kadushin & Martin (1988), p. 29에서 수정.

원인을 묻는다. 즉, 상당한 사회적 지지가 없이는 어떠한 가족도 수행하기 힘든 과업에 대해서도 사회는 해당 가족이 일차적으로 문제를 해결해야 할 책임이 있다고 기대하는 것이다. 하지만 특별한 욕구와 문제를 가지고 있는 아동의 경우, 그 가족이 모든 것을 책임지기에는 어려움이 있을 수 있다. 이에 가정기반서비스는 가족이 필요한 다양한 지지를 제공하는 데 목적을 두고 있다. 즉, 아동복지대상자의 다양한 욕구를 충족시키기 위해 포괄적이고 다면적이며 집중적인 서비스를 제공하는 것이다. 아울러 가정기반서비스는 부모가 자신의 역할을 이행할 수 있도록 부모를 강화하고 지지하는 서비스이지, 부모의 책임을 떠맡는 것은 아니다. 따라서 지지적 서비스는 가족체계 외부에서 제공되는 것이라 할 수 있다.

(2) 보충적 서비스

보충적 서비스(supplementary service)는 부모의 보호, 양육의 질이 부적절하거나 제약되어 있을 때 이를 보충할 수 있도록 제공되는 서비스이다.

보충적 서비스는 부모의 사망, 유기, 이혼, 별거 등으로 인해 부모의 역할이 영구적으로 수행되기 어려울 때나 교도소 수감, 질병, 직업상의 이유 등으로 인해 일시적으로 부모의 역할수행이 힘들 때 제공될 필요가 있다. 부모의 중요한 역할 중 하나는 아동이 건강하게 발달할 수 있는 환경을 제공하고 보장하는 것이다. 그런데 자본주의 사회에서 이러한 역할을 수행하기 위해서는 가족이 일정 정도의 소득을 가지고 있어야 하고, 부모가 소득원으로서의 역할을 수행해야 한다. 그런데 부모의 실직, 장애, 사망으로 인해 가족소득원이 상실된 상황에 처한 가족의 아동은 건강한 발달을 위한 기본적인 토대가 흔들릴 수 있는 위험에 처하게 된다. 따라서 사회보험제도와 공적부조 같은 소득보충프로그램은 부모의 소득창출 역할을 보충한다는 의미에서 중요한 보충적 서비스라 할 수 있다.

소득보충프로그램이 전통적인 임금소득자로서의 역할을 수행하는 아버지의 부재에 대응하는 서비스라 한다면, 가정봉사서비스는 아동보호와 가사유지와 관련된 전통적인 어머니 역할의 부재에 대응하는 것이다.

보충적 서비스는 가족의 사회적 체계 안으로 들어와 제공된다는 점에서 지지적 서비스와 대별된다. 즉, 보충적 서비스는 부모의 역할 중 일정 부분을 대신 수행한다. 이에 보충적 서비스가 제공되는 기간에는 가족은 친부모와 서비스 제공기관이 수행하는 보충적 부모가 함께 있는 구조를 갖게 된다.

(3) 대리적 서비스

대리적 서비스(substitute service)는 부모의 역할 전부가 상실되었을 경우 아동에게 부모를 대신하여 제공되는 서비스를 의미한다. 즉, 아동이 속한 원가정이 완전히 해체되어 일시적으로 또는 영구적으로 부모 중 누구도 아동에게 보호 및 양육의 기능을 수행할 수 없을 경우에 제3의 가정이나 시설이 이 기능을 대신하는 서비스를 제공하는 것이다. 대리적 서비스에는 입양, 가정위탁, 시설보호 등의 서비스가 포함될 수 있다.

가정위탁서비스(foster care)란 자신의 가정에서 도저히 양육하기 어렵거나 시설보호가 불가능하거나 바람직스럽지 못할 때, 일정 기간 동안 타인의 가정에서 제공하는 대리보호를 의미한다. 따라서 계획된 기간이 지나 위탁의 사유가 된 상황이 해소되면 아동이 다시 친부모의 가정으로 돌아갈 수 있다.

입양서비스는 법적 · 사회적 관계에 따라 영원한 친자관계를 맺는 것이다. 이에 친부모가 가지고 있던 아동의 현재와 미래에 대한 모든 권리와 의무가 소멸되고, 행정적 · 법적 권한에 따라 혈연관계가 없는 타인에게 양육의 권리와 의무가 이양되는 것이다.

카두신의 아동복지서비스 분류모형은 전통적인 잔여적 모형(traditional residual model)으로 평가된다(Lindsey, 2005). 이 모형의 기초가 되는 잔여적 관점에서는 사회가 아동의 물질적 · 정서적 · 사회적 욕구를 위해 필요한 기회를 모든 가족에게 제공하고 있기에 아동양육의 실패는 부모의 실패이거나 가족의 문제 때문이라고 본다. 따라서 문제의 해결을 위한 서비스 개입은 아동이 정상적으로 성장하는 데 충분할 정도로 부모 또는 가족의 기능을 회복·변화시키는 것에 초점을 둔다. 그 결과, 카두신은 지지, 보충, 대리라는 3개의 연결된 서비스 접근을 제시하였지만, 잔여적 모형하에서 아동복지서비스의 핵심은 대체적 서비스로 집중될 수밖에 없다. 제한된 자원의 효율적 배분을 위해 지지적 서비스나 보충적 서비스보다는 문제가 심각해진 후에 개입하는 대리적 서비스를 선호하기 때문이다.

3) 방어선의 위치에 따른 분류

이 분류는 주커먼(Zuckerman, 1983)이 제시한 것으로 앞의 카두신(Kadushin & Martin, 1988)의 분류와 많은 부분이 중복된다.

(1) 제1차 방어선(first line of defense)

가정은 아동에게 부적응과 발달상의 문제를 막아 주는 일차적인 방어선의 기능을 수행한다. 만약 가정이 아동의 기본적 욕구를 충족시킬 수 없는 위험에 처하거나 부모-자녀의 관계에 장애가 있을 경우는 가정의 기능을 회복, 유지 및 강화하기 위한 서비스를 제공해야 한다. 이러한 점에서 지지적 서비스와 많은 부분이 중복된다고 볼 수 있다.

(2) 제2차 방어선(second line of defense)

가정의 기능이 원활하게 수행되지 못할 경우 아동이 속한 원가정을 대신할 수 있는 다른 보호의 장이 필요하게 된다. 이러한 경우 원가정과 가장 유사한 환경을 만들어 주는 것이 제일 바람직하다. 가정생활의 환경에 가장 가까우면서 지역사회에 대한 자유로운 접근이 보장되는 보호의 장이 제2차 방어선으로 제공되어야 한다. 이러한 제2차 방어선의 대표적인 형태로는 보육, 가정위탁, 입양 등의 서비스가 있다. 즉, 지지적 서비스의 제공으로 가정의 기능이 회복 · 강화되지 않는다면 다음의 방어선으로서 가정의 기능과 역할을 보충하는 서비스를 제공해야 함을 의미한다.

(3) 제3차 방어선(third line of defense)

아동의 원가정과 대리가정을 통해 보호 · 양육서비스를 제공할 수 없는 경우는 시설에 수용하여 집단적인 보호를 제공할 수밖에 없다. 제3차 방어선은 원가정을 대리한다는 점에서는 제2차 방어선과 동일하지만, 원가정과 가장 유사한 환경이라기보다는 집단적 생활환경 아래에서 서비스가 제공된다는 것이 차이점이라 할 수 있다.

시설보호는 소규모의 아동으로 구성된 그룹홈에서 대규모 보육시설까지 규모와 형태가 다양하다. 대부분의 시설보호서비스는 공공기관과 민간복지기관이 운영하며, 공공재원의 지원을 받고 있다.

4) 우리나라 아동복지서비스의 현황

우리나라 「아동복지법」 체계에서 운영하는 아동복지 시설 및 기관의 유형을 살펴보면 보호자가 부재한 아동들을 위한 아동양육시설, 아동일시보호시설, 공동생활가정, 아동자립지원시설이 있으며, 문제행동이나 학대로 인해 치료가 필요한 아동을 대상으로 하는 아동보호치료시설, 지역사회 단위에서 종합적인 아동복지시서비스를 제공하는 지역아동센터 등이 있다. 이러한 시설들은 주로 요보호아동을 대상으로 한다고 볼 수 있다. 반면, 아동상담소, 아동전용시설은 요보호아동뿐만 아니라 일반아동 전체를 대상으로 운영되는 아동복지시설이라 할 수 있다. 이들 시설의 유형별 주요 목적은 〈표 2-2〉에 제시된 바와 같다.

표 2-2 아동복지시설의 유형 및 주요 업무

유형		목적 및 주요 업무
생활시설	아동양육시설	• 보호대상아동을 입소시켜 보호, 양육 및 취업훈련, 자립지원 서비스 등을 제공하는 것을 목적으로 하는 시설
	아동일시보호시설	• 보호대상아동을 일시 보호하고 아동에 대한 향후의 양육대책 수립 및 보호조치를 행하는 것을 목적으로 하는 시설
	아동보호치료시설	• 불량행위를 하거나 불량행위를 할 우려가 있는 아동으로서 보호자가 없거나 친권자나 후견인이 입소를 신청한 아동 또는 가정법원, 지방법원소년부지원에서 보호 위탁된 19세 미만인 사람을 입소시켜 치료와 선도를 통하여 건전한 사회인으로 육성하는 것을 목적으로 하는 시설 • 정서적 · 행동적 장애로 인하여 어려움을 겪고 있는 아동 또는 학대로 인하여 부모로부터 일시 격리되어 치료받을 필요가 있는 아동을 보호 · 치료하는 시설
	공동생활가정	• 보호대상아동에게 가정과 같은 주거여건과 보호, 양육, 자립지원 서비스를 제공하는 것을 목적으로 하는 시설
	자립지원시설	• 아동복지시설에서 퇴소한 사람에게 취업준비기간 또는 취업 후 일정 기간 동안 보호함으로써 자립을 지원하는 것을 목적으로 하는 시설
이용시설	아동상담소	• 아동과 그 가족의 문제에 관한 상담, 치료, 예방 및 연구 등을 목적으로 하는 시설
	아동전용시설	• 어린이공원, 어린이놀이터, 아동회관, 체육 · 연극 · 영화 · 과학실험전시 시설, 아동휴게숙박시설, 야영장 등 아동에게 건전한 놀이 · 오락, 그 밖의 각종 편의를 제공하여 심신의 건강유지와 복지증진에 필요한 서비스를 제공하는 것을 목적으로 하는 시설
	지역아동센터	• 지역사회 아동의 보호 · 교육, 건전한 놀이와 오락의 제공, 보호자와 지역사회의 연계 등 아동의 건전육성을 위하여 종합적인 아동복지서비스를 제공하는 시설

지원 시설	아동보호 전문기관	• 아동학대 신고접수, 현장조사 및 응급보호 • 피해아동 상담 · 조사를 위한 진술녹화실 설치 · 운영 • 피해아동, 피해아동의 가족 및 아동학대행위자를 위한 상담 · 치료 및 교육 • 아동학대예방 교육 및 홍보 • 피해아동 가정의 사후관리 • 자체사례회의 운영 및 아동학대사례전문위원회의 설치 · 운영 • 그 밖에 대통령령으로 정하는 아동학대예방사업과 관련된 업무
	가정위탁 지원센터	• 가정위탁사업의 홍보 및 가정위탁을 하고자 하는 가정의 발굴 • 가정위탁을 하고자 하는 가정에 대한 조사 및 가정위탁 대상 아동에 대한 상담 • 가정위탁을 하고자 하는 사람과 위탁가정 부모에 대한 교육 • 위탁가정의 사례관리 • 친부모 가정으로의 복귀 지원 • 가정위탁 아동의 자립계획 및 사례 관리 • 관할 구역 내 가정위탁 관련 정보 제공 • 그 밖에 대통령령으로 정하는 가정위탁과 관련된 업무
아동정책 수행평가 시설	아동권리 보장원	• 아동정책에 대한 종합적인 수행과 아동복지 관련 사업의 효과적인 추진을 위하여 필요한 정책의 수립을 지원하고 사업평가 등의 업무를 수행 • 중앙입양원, 중앙아동보호전문기관, 중앙가정위탁지원센터, 지역아동센터중앙지원단, 드림스타트사업지원단, 아동자립지원단, 디딤씨앗사업지원단, 실종아동전문기관 등 중앙지원조직을 통합운영

출처: 「아동복지법」(2019년 7월 16일 시행).

2016년 「아동복지법」 개정을 통해 아동보호전문기관과 가정위탁지원센터가 새로이 아동복지시설로 지정되었다. 또한 지역단위에서 아동복지업무를 수행하는 아동복지시설 및 사업을 지원하는 중앙지원조직들이 2019년 신설된 아동권리보장원으로 통합되었다. 중앙입양원, 중앙아동보호전문기관, 중앙가정위탁지원센터, 지역아동센터중앙지원단, 드림스타트사업지원단, 아동자립지원단, 디딤씨앗사업지원단의 7개 중앙지원조직을 새로이 신설해 공공기관으로 운영되는 아동권리보장원으로 통합하였다.

한편 아동복지시설은 고유한 업무 이외에 아동가정지원사업, 아동주간보호사업, 아동전문상담사업, 학대아동보호사업, 공동생활가정사업, 방과후 아동지도사업 등을 수행하고 있다. 이러한 사업의 주요한 내용은 〈표 2-3〉에 제시된 바와 같다.

표 2-3 아동복지사업의 유형

유형	목적
아동가정지원사업	지역사회 아동의 건전한 발달을 위하여 아동, 가정, 지역주민에게 상담, 조언 및 정보를 제공하는 사업
아동주간보호사업	부득이한 사유로 가정에서 낮 동안 보호를 받을 수 없는 아동을 대상으로 개별적인 보호와 교육을 통하여 아동의 건전한 성장을 도모하는 사업
아동전문상담사업	학교부적응아동 등을 대상으로 올바른 인격형성을 위한 상담, 치료 및 학교폭력예방을 실시하는 사업
학대아동보호사업	학대아동의 발견, 보호, 치료 및 아동학대의 예방 등을 전문적으로 실시하는 사업
공동생활가정사업	보호를 필요로 하는 아동에게 가정과 같은 주거여건과 보호를 제공하는 사업
방과후 아동지도사업	저소득층 아동을 대상으로 방과후 개별적인 보호와 교육을 제공하는 사업

출처: 「아동복지법」(2012년 8월 5일 시행).

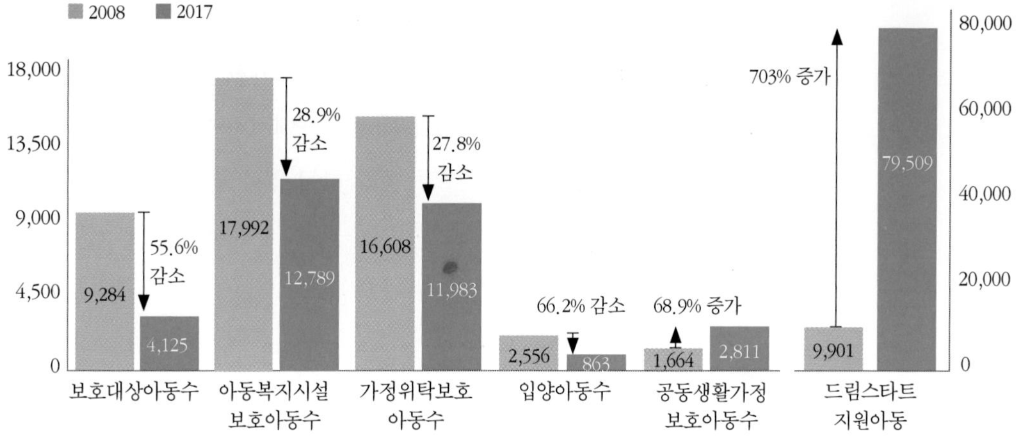

그림 2-3 최근 10년 동안의 보호 및 지원대상아동 변화추이(2008~2017)

출처: 보건복지부(2018). 통계로 보는 사회보장 2018.
주: 드림스타트 지원아동은 2018년 통계치임.

참고로 지난 10년 동안 아동복지사업의 대상아동의 변화추이를 살펴보면 보호대상아동은 2008년 9,284명에서 2017년 4,125명으로 55.6%가 감소하였다. 보호대상아동에게 주로 이루어지는 시설 및 가정위탁보호의 규모 또한 지난 10년 동안 아동인구의 감소추세에 따라 줄어들었다. 아동복지시설 보호아동수는 2008년 17,992명이었으나 2017년 12,789명으로 28.9% 감소하였다. 가정위탁보호아동 역시 2008년 16,608명에서 2017년 11,983명으로 27.8% 감소하였다. 또 입양아동수 역시 2008년 2,556명에서 2017년 863명으로 66%가량 감소하였다. 이는 아동인구가 지난 10년 동안 28% 정도 감소하면서 전반적인 보호대상아동의 감소가 이루어진 것으로 보인다. 반면, 공동생활가정 보호아동수는 2008년 1,664명에서 2017년 2,811명으로 68.9% 증가하였다. 공동생활가정 보호아동의 증가는 지역사회 안에서 가정과 유사한 형태로 보호를 제공하고자 노력하면서 이루어진 변화로 보인다.

지난 10년 동안 아동복지사업의 대상아동 규모에서 주목해야 할 변화는 지원대상아동의 증가다. 지원대상아동에게 실시하는 대표적인 아동복지사업은 드림스타트다. 드림스타트 지원아동은 2008년 9,901명에 불과했지만, 2018년 79,509명으로 큰 폭으로 증가하였다. 이는 우리나라 아동복지사업이 보호자의 부재 또는 무능에 초점을 둔 보호대상아동에서 아동이 처한 가족의 취약조건을 보완 · 개선시키려는 방향으로 변화하고 있음을 보여 준다.

연구문제

1. 우리나라 아동복지 대상아동과 관련하여 영향을 미치고 있는 사회적 변화요인은 무엇이 있는지 알아봅시다.
2. 학대 · 방임아동에게 주어지는 아동보호서비스는 지지적 · 보충적 · 대리적 서비스의 분류기준 중 어느 하나에만 포함시키기 어려울 수 있습니다. 아동보호서비스 중 이들 세 가지 서비스에 해당되는 서비스는 어떠한 것들이 있는지 알아봅시다.
3. 현재 우리나라 「아동복지법」상 설치 · 운영되는 아동복지시설의 유형 중 한 곳을 정한 뒤, 구체적인 해당 시설의 현황을 인터넷, 아동복지시설편람 등을 이용해 확인해 봅시다.

제 3 장

아동의 발달

아동발달에 대한 총체적인 이해를 위해서는 아동의 연령에 따라 발달이 어떻게 이루어지는가와 다양한 영역에서의 발달이 어떻게 유기적으로 연관되는가의 두 가지 측면에서 이해가 이루어져야 한다. 무엇보다 연령별 아동발달에 대한 포괄적인 기준을 알아야만 동일한 사건이나 행동이 어떤 연령에서는 문제가 되지만 다른 연령에서는 보편적인 특성일 수 있음을 이해할 수 있기 때문이다. 특히 아동기에 나타나는 문제행동이나 증상을 포착하기 위해서는 무엇이 정상적인 발달단계에 근거한 특성인지를 사정할 수 있어야 한다.

이에 이 장에서는 기존 이론들에서 아동발달에 대한 논쟁이 어떠한 구도로 이루어져 왔는지 개괄적으로 살펴보고, 아동의 신체적 · 언어적 · 인지적 · 사회적 발달이 연령별로 어떻게 이루어지는지 논의한다. 또한 각 영역에서의 발달과 관련된 주요 특성 및 이상 조짐에 대해 살펴본다.

1. 아동발달이론

1) 정신분석학 이론

정신분석학적 관점은 프로이트(Sigmund Freud)의 심리성적 이론으로부터 기원한다. 이 이론은 인간은 타고난 성 본능과 공격 본능에 따라 움직이며 이 본능은 통제되어야만 한다고 설명하고 있다. 프로이트는 성격의 세 구성요소인 원초아, 자아, 초자아가 나타나고 통합되어 가는 과정을 5개의 심리성적 발달단계인 구강기, 항문기, 남근기, 잠복기, 생식기로 설명하면서 생후 5년 동안 뚜렷한 성격형성의 결정기를 거친다고 주장했다(송길연 외 공역, 2001).

정신분석학적인 관점에서는 불안의 개념이 행동장애를 설명하는 데 매우 중요한 역할을 한다. 불안은 수용될 수 없는 원초아의 충동이 의식 밖으로 나오려고 한다고 자아에게 위험 신호를 보내는 것이다. 불안을 다루기 위해 자아는 억압이나 투사 같은 방어기제를 만드는데, 이러한 방어기제가 적응적일 수도 있지만 심리적인 징후를 만들어 내기도 한다.

한편, 에릭슨(Erik Erikson)의 심리사회적 이론은 기본적으로 정신분석학적 관점에 기반을 두지만 프로이트의 이론을 전 생애적으로 확장한 이론이다. 따라서 생애 초기 성 본능에 대한 초점을 상대적으로 축소하고 환경적 · 사회문화적 결정요인을 더욱 강조하는 입장이다. 에릭슨에 따르면 사람은 영아기의 '신뢰 대 불신'에서 시작하여 노년기의 '통합 대 절망'까지 일련의 8개의 심리사회적 갈등을 거치며 전 생애적으로 발달한다. 아동 및 청소년기에 해당하는 발달단계는 유아기의 신뢰 대 불안 단계, 초기 아동기의 자율성 대 수치심 단계, 학령전 아동기의 주도성 대 죄의식 단계, 학령기의 근면성 대 열등감 단계, 청소년기의 자아정체감 대 자아정체감 혼란 단계로 구분된다.

이러한 단계이론들은 인간의 성장과 발달이 정해진 순서에 따라 이루어진다고 강조한다. 또한 특정 발달단계의 행동특성은 그것이 나타날 수 있는 심리적 구조가 일정 정도 형성되었을 때 가능한 것이라고 주장한다. 따라서 각 발달단계는 질적으로 차이가 있는 행동특성에 따라 구분된다는 것이다.

2) 행동주의 이론

행동주의 이론에서는 인간의 모든 행동은 자극과 반응의 연합이며 이는 외적 조건과 경험으로 형성된다고 주장한다. 왓슨(John B. Watson)이나 스키너(B. F. Skinner)는 영아가 지속적인 행동을 학습하여 습관을 발달시킨다고 주장했다.

따라서 행동주의 이론에서는 관찰 가능한 사건과 경험을 강조하였다. 단계론적인 입장과 달리 행동주의 이론에서는 학습이 전 생애에 걸쳐 계속되고, 그래서 성격이 어떤 연령에 완성되는 것이라고 보지 않았다. 아동기 행동문제나 장애도 다른 행동이 학습되는 것과 같이 같은 방법으로 학습되는 것이라고 보았다.

좋은 행동을 칭찬하면 좋은 행동이 일어날 가능성이 증가한다는 것(정적 강화: 반응 후에 그 반응이 수반되는 자극이 제시되어 그 반응의 빈도를 증가시킴), 부모가 나쁜 행동을 무시하면 행동이 감소하는 것(소거: 반응 후에 오는 강화가 더 이상 제시되지 않으면 학습된 반응의 약화가 일어남), 아동이 싸움을 하면 벌을 세움으로써 싸우는 행동을 조절하도록 하는 '처벌'의 개념 등이 행동주의 이론에서 나온 개념들이다.

사회기술훈련과 같이 역할극과 모델링 등의 실제 경험과 훈련을 통해 익숙해지도록 원조하는 개입방법들도 이러한 행동주의적 관점에 근거한 방법들이다.

3) 인지발달이론

피아제(Jean Piaget)의 인지발달이론은 아동의 인지발달을 적응능력의 발달로 보고 이 과정을 '동화와 조절'이라는 개념으로 설명하려고 했다. 즉, 아동은 자신의 '이해의 틀(인지도식)'로 특정한 현상을 이해하고 해석하는데(동화), 때로 이러한 기존의 이해의 틀에 맞지 않는 현상에 부딪혔을 때 자신의 인식의 틀을 바꾸는 형태(조절)로 적응과정이 이루어진다는 것이다. 이와 같이 동화와 조절 과정을 통해 이루어지는 인지도식의 구축은 불균형상태를 해결하고 환경에 성공적으로 적응할 수 있도록 해 준다.

피아제는 인지발달이 불변의 순서로 이루어진 4단계, 즉 감각운동기, 전조작기, 구체적 조작기, 형식적 조작기로 이루어진다고 보았다. 그에 따르면 사람은 어떠한 인지발달단계에 해당되는가에 따라 다양한 사건을 어떻게 해석하며 경험으로부터 무엇을 배울 수 있는지가 달라진다.

4) 기타 관련 이론

(1) 동물행동학적 이론

동물행동학적(또는 진화론적) 이론에서는 인간은 자연선택을 통해 진화된 다수의 적응적 속성을 가지고 태어나며 생후에는 적응을 돕는 방식으로 발달이 이루어지게 된다고 한다. 동물행동학자들은 인간의 적응적 특성들이 대부분 발달에 결정적으로 중요한 시기, 즉 결정기 동안 발달한다고 주장한다(Shaffer, 1999; 송길연 외 공역, 2001). 아동의 생물학적 성숙을 주장한 게젤(Arnold Gesell)의 영향을 받은 동물행동학(ethology)의 대표적 학자는 볼비(John Bowlby)다.

(2) 생태학적 체계이론

브론펜브레너(Urie Bronfenbrenner)의 생태학적 체계이론은 발달을 항상 변화하고 있는 사람과 항상 변화하고 있는 환경 간에 이루어지는 상호작용의 산물로 본다. 그는 인간을 둘러싼 환경을 미시체계 · 중간체계 · 거시체계로 구분하고, 이 각각의 체계는 서로 다른 체계와 상호작용하며, 인간과 상호작용하여 발달에 중요한 영향을 준다고 생각했다(Bronfenbrenner, 1995).

(3) 적응유연성 이론

정상적인 발달에 관한 이론적 논의는 친숙한 반면에 장애의 발달과 관련된 이론적 관점은 상당히 제한적이었다. 그러나 최근 들어 학자들은 아동의 장애행동을 초래하는 요인들을 이해하는 데 상당한 관심을 기울이고 있다. 초기에는 주로 장애 발생의 예측요인에 초점을 둔 '위험이론'이 주된 논의를 이루었다. 즉, 위험요소를 예측하고 감소시키는 것이 특정 장애의 발생 가능성을 줄이는 것이라는 논의이다. 그러나 이러한 논의로는 고위험 상황에서도 뛰어난 적응능력을 보이는 아동들을 설명하지 못했다.

이러한 논의과정에서 등장한 것이 적응유연성(resilience) 이론이다. 이 이론에서 위험요인(risk factor), 보호요인(protective factor), 적응유연성은 아동의 발달과 정신병리를 이해하는 데 핵심적인 개념이다. 위험요인은 행동상의 문제 또는 손상을 일으킬 가능성을 증가시키는 변인이다. 어떤 사람들은 위험요인에 취약하고 영향을 크게 받는 데 반해, 어떤 사람들은 유연하게 적응하면서 건강한 기능을 유지한다.

이와 같이 적응유연성은 위험요인으로부터 자신을 보호하는 능력이나 삶의 불운을 이겨 내고 회복하는 능력을 의미한다. 이러한 능력의 기저에는 보호요인이 있다. 위험요인으로부터 보호해 주고 완충해 주는 요인이 존재하는 것이다. 흔히 적응유연성은 개인이 가지고 있는 특성이라고 생각하는 경향이 있다. 시련을 극복하고 일어서는 아동들이 특징적으로 가지고 있는 인

내심과 용기, 낙관적인 사고관 등 때문일 것이다. 그러나 이러한 아동들의 개인 특성은 적응유연성을 설명하는 보호요인의 일부일 뿐이다. 이 외에도 민주적인 양육태도나 부모의 지지, 건전한 성인 역할모델 등과 같은 가족적·사회환경적 보호요인이 있다.

2. 아동발달이론에 대한 쟁점

발달이론은 발달이 ① 천성으로 된 것인지 아니면 양육으로 된 것인지, ② 인간이 자신의 발달에 능동적으로 기여하는 것인지 아니면 수동적으로 기여하는 것인지, ③ 발달은 양적이고 연속적인 과정인지 아니면 질적으로 구별되는 일련의 발달단계를 거치는 비연속적인 과정인지에 대해 다양한 입장을 취하고 있다(송길연 외 공역, 2001). 그러나 대부분의 현대 발달학자는 인간발달을 전체적으로 적절하게 설명하는 단일 이론은 없다는 것에 동의하며, 다양한 이론이 각각 인간의 발달과정을 이해하는 데 상이하게 공헌하는 점이 있음을 강조한다.

1) 천성 대 양육

인간발달이 타고난 생물학적인 힘으로 된 결과인가 아니면 양육, 즉 환경으로 된 결과인가에 대한 논란은 거듭되고 있다. 물론 발달의 상이한 측면에 따라 천성(nature)과 양육(nurture)의 상대적 기여가 달라진다는 것이 최근 학자들의 일반적인 입장이다. 따라서 양육이냐 아니면 천성이냐의 논쟁보다는 이 두 가지의 영향이 어떻게 상호작용하여 발달된 변화를 가져오는지에 대해 논의하는 것이 생산적일 것이다.

2) 능동 대 수동

아동은 환경을 다루고 선택하며 결정하는 능동적인 존재인가 아니면 환경으로부터 일방적으로 영향을 받는 수동적인 존재인가라는 상반된 관점이 존재한다. 아동을 수동적인 존재로만 인정한다면 아동발달의 모든 책임을 주변 환경, 특히 주 양육자의 책임으로 돌릴 수밖에 없을 것이다. 그러나 실제 동일한 부모 또는 동일한 환경에서도 다르게 발달하는 것이 사실이고, 아동 스스로의 능동적인 선택과 자질이 환경의 영향을 촉진 또는 완충시킨다. 아동이 환경의 영향을 받는 것은 사실이지만 환경을 조성하는 데도 능동적인 역할과 책임을 갖는다는 것이다.

3) 연속성 대 비연속성

이는 인간의 발달이 점진적인가 또는 급진적인가, 나아가 발달의 변화가 양적인가 또는 질적인가라는 두 가지 측면의 질문을 내포하는 문제이다. 연속성 이론가들은 일반적으로 발달적 변화가 양적이라고 생각하는 반면에 비연속성 이론가들은 그 변화가 질적이며 급진적으로 이루어진다고 본다. 즉, 발달단계를 강조하는 입장에서는 각 단계를 거치면서 질적으로 현격하게 상이한 변화가 있음을 주장한다. 한편, 연속적인 측면을 강조하는 입장에서는 아동들이 연령이 많아짐에 따라 점점 더 커지고 빨라지며, 세상에 대한 지식을 더 많이 습득하게 되는 과정에 주목한다.

이러한 이론적 논쟁에 근거하여 인간발달이론을 정리하면 〈표 3-1〉과 같다.

표 3-1 주요 발달이론의 기저에 있는 철학 요약

이론	능동 대 수동적인 사람	연속 대 비연속적 발달	천성 대 양육
정신분석학 이론	능동적: 아동은 선천적 본능에 따라 움직인다.	비연속적: 심리성적 발달(프로이트)이나 심리사회적 발달단계(에릭슨)를 강조한다.	천성과 양육 모두: 생물학적 힘(본능성숙)이 심리성적 단계와 심리사회적 위기를 촉진한다. 부모의 양육행동의 실제가 이러한 단계들의 결과에 영향을 준다.
행동주의 이론	수동적: 아동은 환경에 따라 형성된다.	연속적: 학습된 반응(습관)의 점진적인 부가를 강조한다.	양육이 가장 중요: 생물학적 영향보다는 환경적 입력이 발달과정을 결정하는 것이다.
피아제의 인지발달이론	능동적: 아동은 자기, 타인, 그리고 자기들이 적응하는 환경에 대해서 보다 정교한 이해를 능동적으로 구축한다.	비연속적: 질적으로 구별되는 인지 단계의 불변적 순서를 강조한다.	천성과 양육 모두: 아동은 환경에 적응하려는 선천적 욕구를 가진다. 또한 욕구는 적응적 도전을 제공하는 자극적 환경에 따라 발달하기도 한다.
동물행동학적 이론	능동적: 인간은 적응적 발달 결과를 촉진하는 방향으로 프로그램화되어 있고 행동한다.	양자 모두: 적응행동은 연속적으로 부가되나 일부의 적응능력은 발달의 민감기 동안에 급격히 나타난다.	천성: 적절한 환경이 성공적인 적응에 필요하기는 하나 생물학적으로 프로그램된 적응행동이 보다 강조된다.
생태학적 체계이론	양자 모두: 인간은 자신의 적응적 발달 결과에 영향을 미치는 환경 맥락과 능동적으로 상호작용한다.	양자 모두: 항상 변화하는 개인과 항상 변화하는 환경 간의 상호작용은 양적인 발달 변화를 가져온다. 그러나 비연속적인 개인적 사건 또는 환경사건(예, 빈곤, 부모의 이혼)이 갑작스러운 질적 변화를 만들 수 있다.	양육: 개인의 속성들이 환경에 영향을 줄 수 있음을 인정하지만 환경 맥락의 영향을 보다 강조하는 입장이다.
적응유연성 이론	양자 모두: 인간은 환경의 위험요인으로부터 영향을 받지만 자신의 보호요인을 동원해 능동적으로 대처해 나간다.	양자 모두: 연령에 따른 양적인 발달 변화를 인정하되, 비연속적인 개인적 사건, 환경사건의 중요성을 강조한다.	천성과 양육: 타고난 보호요인, 위험요인의 중요성을 인정하되, 좋은 환경의 양육에 따라 현격한 발달차이가 올 수 있음을 강조한다.

출처: 송길연 외 공역(2001), p. 73에서 재구성.

3. 아동발달의 특성

아동기에는 다양한 영역에서 동시적으로 발달이 이루어진다. 따라서 각 영역의 발달이 다른 영역에 어떠한 영향을 미치는지 이해하는 것이 아동의 발달을 총체적으로 이해하는 데 도움이 된다.

1) 신체 및 운동 발달

(1) 신체발달 과정

아동의 신체적인 성장은 수정된 순간부터 일반적인 원리를 따라 예측 가능한 방식으로 이루어진다. 성장은 머리에서 아래쪽으로 진행되고, 신체의 중심부에서 바깥으로 이루어진다. 이 과정은 가슴과 몸통이 팔다리, 손가락, 발가락보다 먼저 성장하는 태아기의 발달에 그대로 나타난다.

신체 각 부위는 일생을 통해 서로 다른 속도로 발달한다. 예컨대, 골격과 근육과 내장기관은 유아기와 아동 초기에 급속도로 성장하며, 아동 중기에는 성장이 느려졌다가 청소년기에 다시 성장 속도가 빨라진다. 뇌는 출생 시의 무게가 성인의 25%가량 되므로 다른 기관에 비해서 상당히 큰 편이고, 5세경이면 뇌가 성인 뇌 무게의 약 95%에 이르게 된다. 생식기관은 청소년기 이전에는 서서히 발달하다가 청소년기에 들어서면서 급속히 성장하며, 스무 살 무렵이면 기초적인 신체적 성숙은 거의 다 이루어진다(서봉연, 이순형, 1998).

(2) 운동발달 과정

운동발달도 보편적인 순서로 이루어진다. 수의적 운동은 머리에서 아래쪽으로 진행되는 두미(頭眉)원리를 따르므로 다리보다 팔을 먼저 사용할 수 있게 된다. 신체 말부보다 중심부를, 그리고 소근육보다 대근육을 더 빨리 통제한다(조희숙 외, 1994). 따라서 아이들이 연필을 사용하기 시작할 때 마치 주먹을 쥐듯이 손 전체로 연필을 쥐고 팔 전체를 사용해서 쓰다가, 나중에는 점차 손가락을 이용해서 연필을 쥐고 손목 근육을 가지고 사용할 수 있게 되는 것이다.

신경조직 및 지각 시스템이 발달함에 따라 아기는 생후 1~2개월이 지나면 자신의 몸을 어느 정도 가눌 수 있게 된다. 대개 2~6개월이 되어 척추를 회전할 수 있는 능력이 생긴 아기들은 몸을 뒤집을 수 있다. 통상 7~8개월 때 기초 운동요령을 완전히 터득하고 나면 기는 연습에 착수한다(서봉연, 이순형, 1998). 일부 유아는 이런 기는 법을 익히지 못하고 엉덩이나 배를 끌며 이동한다. 유아들에게는 기는 행동 자체가 중요한 것이 아니다. 즉, 그들은 '다른 곳으로 이동하기 위해 기는 것'이다. 이는 양팔이 없는 선천적 장애아가 다른 아동이 손을 쓰는 법을 익힐 때 발로 쥐고 만지는 법을 비약적으로 익히는 것과도 같은 이치이다.

첫 발걸음을 떼는 놀라운 변화는 10~17개월에 이루어지고, 만 3세가 되어야 평균대 위에서 발을 바꾸며 걸을 수 있는 정도의 균형감각이 생긴다. 혼자 옷을 벗는 것은 만 3세가 지나야 가능하며, 혼자 옷을 입는 것이 부분적으로나마 가능한 것은 4세경이다. 혼자 신을 신거나 옷을 입을 수 있는 능력이 생기는 것은 만 5~6세, 즉 유치원 정도의 연령이 되어야 한다(Wingert & Underwood, 1999).

(3) 신체 및 운동 발달의 이상 조짐

최근의 연구들에서는 개인에 따라 앉거나 기고, 걷거나 말하는 데 필요한 신경-근육 연계능력을 갖추는 시기가 다르기 때문에 유아들의 발육에 대해 '빠르다' 또는 '늦다'는 판단이 무의미하다는 주장을 하는 경우가 많다(Wingert & Underwood, 1999).

그럼에도 불구하고 신체 및 운동 발달과 관련된 포괄적인 발육기준은 아동의 장애를 조기에 발견하는 실마리를 제공할 수 있다는 점에서 여전히 중요하다. 예컨대, 뇌와 신체의 완벽한 연동작용과 균형감각을 갖는 데 필요한 기간은 개인에 따라 다르다. 그러나 생후 3~4개월 정도 되면 아기는 팔뚝으로 몸을 일으켜 지탱할 수 있고, 17개월 정도가 되면 걸음을 걸을 수 있다고 한다. 최근 우리나라 새내기 엄마들 사이에서는 백일 사진을 백일 때 찍지 않고 백일 지나 한 달쯤 뒤에 찍는 것이 유행이라고 하는데, 이는 백일 이후 한 달 정도 지나면 발육이 다소 늦는 아기라도 대부분 자기 머리를 꼿꼿이 들고 팔로 몸을 지탱하면서 오랫동안 방긋방긋 웃을 수 있기 때문이다. 따라서 백일이 훨씬 지나도록 자신의 머리를 가누지 못하거나 두 돌이 지난 후에도 일어서려는 모습을 보이지 않거나 하는 것은 이상발달 조짐으로 볼 수 있다.

대부분의 유아가 걸음마를 배우는 것은 모방이나 학습의 결과가 아니라 그런 기능을 할 수 있는 해부학적 · 생리학적인 조건이 발달함에 따라 스스로 터득하는 기술이기 때문에, 포괄적인 발육기준에 현저하게 뒤떨어지는 경우는 일단 신체 및 운동 발달의 이상 조짐으로 받아들이고 전문적인 발달검사를 받아 보는 것이 좋다.

2) 인지발달

(1) 인지발달 과정

아동들은 부모를 비롯한 여러 사람과 상호작용하고 다양한 대상을 경험하면서 세상을 이해하는 방법을 학습하게 된다. 이와 같이 아동의 논리적인 사고의 발전과정을 피아제는 감각운동기, 전조작기, 구체적 조작기, 형식적 조작기로 구분하였다(최순남, 2002).

① 감각운동기

출생부터 2세 정도까지의 감각운동기 유아들은 감각경험과 운동행동을 조절하는 것을 배운다. 물리적 대상물과 상호작용함으로써 유아는 세계에 대한 중요한 지식을 획득한다. 이 기간 동안 유아들은 자신의 행동과 그 행동의 결과 사이의 관계를 발견하기에 분주하다. 예컨대, 그들은 어떤 물건을 잡으려면 어떻게, 얼마나 멀리 손을 뻗어야 하는지를 깨닫기 시작한다.

이 단계의 중요한 발달적 특징은 대상영속성(object permanence)의 개념을 획득하게 된다는 것이다. 즉, 물건이 보이지 않는 것처럼 감각적으로는 존재하지 않을지라도 그 물건이 계속 존재하고 있다는 것을 인식하게 된다.

② 전조작기

2세에서 7세 정도의 전조작기 아동들은 언어와 같은 상징적 기호를 사용하면서 사고능력에서 큰 진보를 보인다. 상징놀이를 하고 상징적 용어로 사고할 수 있지만 보존의 개념을 습득하지 못한 상태로 수, 크기, 무게의 변화에 따른 조작은 하지 못하는 단계이다. 예컨대, 둥그런 찰흙 두 덩이를 가지고 어느 쪽이 더 무거운가를 물으면 둘이 같다고 대답하지만, 한 덩이를 가늘고 길게 만들고 물어보면 둥글게 그대로 둔 찰흙덩이가 더 무겁다고 대답하는 것이다.

③ 구체적 조작기

7세에서 12세까지의 구체적 조작기 아동은 보존개념을 획득하고 논리적으로 조작할 수 있으며 사물들 사이의 관계를 이해한다. 이 시기에는 분류도 할 수 있고 나열도 할 수 있다. 그러나 아직 추상적 개념이나 철학적 개념에 대한 사고는 미숙한 단계이다.

이 시기의 아동은 사람들이 서로 다른 견해를 가질 수 있음을 이해함으로써 자아중심성을 탈피해서 자신의 행동을 결정하기 시작한다. 이러한 인지발달은 사회적 사고와 인간관계 성숙의 기초가 된다.

④ 형식적 조작기

12세 이후의 청소년기에 이르면 상징적 추론이 가능하다. 이 시기의 아동은 가설을 상정하고 체계적으로 검증할 수 있을 뿐 아니라 가능한 해답을 논리적으로 검토할 수 있다. 지능검사의 개념에 따른 인지적 능력은 10대 후반에 가장 뛰어나서 기계적인 암기나 지적 과제 수행 속도 등이 엄청나게 발달한다. 그러나 판단, 추론, 창의성 등의 인지능력은 전 생애를 통해 발달한다.

(2) 기억의 발달

아동이 특정 정보에 주의를 기울이고 습득하게 되면 이를 보유할 방법을 찾아야 한다. 이와 같이 기억이란 정보를 저장하고 인출하는 과정이다.

기억의 종류에는 사건기억(event memory)과 전략적 기억(strategic memory)이 있다. 즉, 어디 갔던 일 등과 같이 일어난 사건에 대한 자연스러운 자서전적 기억이 사건기억이라면, 전략적 기억은 전화번호, 극장 가는 길과 같이 의도적으로 보유하거나 인출하려는 기억이라고 할 수 있다(송길연 외 공역, 2001).

따라서 전략적 기억은 학습성취와 유관한 기억으로, 그것의 효율적인 사용은 연령에 따라 증가한다. 이에 반해 사건기억이나 사적인 자서전적 기억은 의도적이지 않기 때문에 생애 초기의 기억들은 성장하면서 상당 부분 상실된다.

일반적으로 아동의 증언기억의 정확성은 연령에 따라 증가한다. 어린 아동은 나이 든 아동보다 외부 압력의 영향을 받기가 더 쉬워 오류기억을 형성하는 경향이 있기 때문이다. 따라서 아동학대와 같은 사건의 법적인 절차에서 아동 증언의 정확성을 증가시키는 방법은 아동이 심문받는 횟수를 제한하고, 유도질문을 피하며, 심문자를 단순히 만족시키기 위한 대답을 추측하지 않도록 아동을 주의시켜야 한다(Poole & Lindsay, 1995).

(3) 지능의 발달

지능지수(IQ)는 성인기에 이르면 비교적 안정적인 속성이지만 많은 경우 아동기를 거치는 동안 상당한 변화를 나타내게 된다. 지능지수가 시간경과에 따라 등락을 보인다는 사실은 지능지수가 선천적인 사고 및 문제해결 능력을 측정하는 것이 아니라 지적 수행을 측정하는 것임을 시사한다. 안정적이고 적절한 자극을 제공하는 가정환경에서 성장한 아동들은 시간경과에 따라 지능지수가 안정성을 보이거나 증가하는 경우가 많다. 반면에 빈곤계층과 같이 소외되고 열악한 환경에서 성장한 아동들은 지능지수에서 누적적인 결손을 보이기도 한다(조희숙 외, 1994).

(4) 인지발달의 이상 조짐

인지발달의 이상 조짐은 지능이나 학습수행 정도가 평균에 못 미쳐서 학습 및 생활에 적응문제를 보이는 경우를 들 수 있다. 지능이 평균에 못 미치는 경우를 지적장애라고 하면, 학습수행의 이상 조짐을 보이는 경우는 학습장애라고 할 수 있다.

① 지적장애

지적장애는 다양하게 정의되고 있지만 미국정신지체협회(American Association on Mental Retardation: AAMR)의 정의에 따르면, 지적장애란 적응행동에 결함을 가지고 있고, 발달기간 중에 드러나며, 일반적인 지적 능력이 유의미하게 평균에서 뒤떨어져 있는 상태를 의미한다. 학교생활을 잘하는 아동을 지능지수에 상관없이 지적장애로 보는 데는 문제가 있다는 지적도 있다. 사실 지능이라는 것이 아동의 생활환경이나 건강상태에 따라 아동기를 거치면서 30~40점 정도는 변할 수도 있고, 누가 어떻게 검사했는가에 따라 아동의 지능에 현저한 차이를 보이기도 한다는 것을 간과해서는 안 된다(정명숙 외 공역, 2001).

② 학습장애

일반적으로 학습장애라는 용어는 학습부진, 학습지진과 혼용되기도 하였다. 학습장애아동이 지능검사에서 보통 이상의 수준을 보이는 반면에, 학습지진아동은 80 이하의 낮은 지능을 보이고 그 외의 다양한 영역에서의 발달도 느리다. 이에 비해 학습부진아동은 정서적인 문제나 환경적 적응문제가 있어 갑자기 학업성적이 하락한 경우에 해당한다.

학습장애는 정상 지능이고 대체적으로 적응능력이 있으면서도 읽기, 쓰기, 계산 등 특정 부분에서 특별한 어려움을 겪는 경우이다. 또한 정서나 사회환경적인 문제가 없음에도 학습과 연관된 뇌기능 장애 내지 발육지연 장애로 학업성취가 떨어지는 아동들이다. 흔히 학습이 본격화되는 학령기에 발견된다.

학습장애에는 지각장애, 뇌손상, 미세뇌기능장애, 난독증, 난서증 등이 포함되지만 시각장애, 청각장애, 운동장애, 정서장애, 환경 및 문화 실조 등으로 인한 학습문제를 지닌 아동들은 포함되지 않는다(Wicks-Nelson & Israel, 2000; 정명숙 외 공역, 2001).

3) 언어발달

(1) 언어발달의 과정

의사소통기술의 발달은 어느 면으로 보나 극적인 과정으로서 학습 및 인지와 밀접한 관련이 있다. 언어에 필요한 기술로는 소리를 구별하고 내는 능력, 낱소리를 단어로 연결시키고 단어를 문법에 맞는 문장으로 연결시키는 능력, 언어에서 의미를 도출하는 능력, 메시지가 전달되는 사회적 맥락을 파악하는 능력 등이 있다(조희숙 외, 1994; Shaffer, 1999; 송길연 외 공역, 2001).

인간은 생애 초기부터 언어를 위한 준비가 시작된다. 출생 직후 아동의 울음은 전혀 분화되지 않은 반사적인 울음이다가 생후 1~2개월부터 분화된 울음(differentiated crying)이 나타나기 시작한다. 즉, 울음의 음조와 강도로 배가 고픈지, 고통스러운지, 졸리거나 관심이 필요한지 같은 것을 표현하기 시작하는 것이다. 2개월경부터 시작되는 의미 없는 옹알이도 이후 대화의 기초가 된다.

6개월 정도부터가 자신이 소리를 만들어 내서 연습하는 시기로서 '므므, 바바' 등의 반복적 소리를 낸다. 생후 8개월이 되면 자신의 소리와 다른 사람의 소리를 식별하면서 모방하기 시작하는데, 완전하지는 않지만 '맘마' 등의 간단한 어휘를 말할 수 있다.

9~15개월쯤 되면 한 마디의 언어로 다양한 의미를 함축하는 식의 언어를 구사하게 된다. 즉, '엄마'라는 말은 '엄마 빨리 와.' '엄마 좋아.' 등의 다양한 의미로 사용된다. 18~20개월이 되면 두 단어를 결합하면서 자신의 의사나 감정을 의미 있게 표현하기 시작한다.

학령전기(2~5세) 동안 아동의 언어는 점차 성인의 것과 더 유사해지는 방향으로 발달한다. 이 시기의 아동들은 점차 긴 말을 하게 되고, 평서문, 의문문, 부정문, 명령문, 복합문, 관계문 등으로 변화시킬 수 있는 변형문법의 규칙을 학습한다.

학령기에 들어가면서 아동의 인지능력과 언어기술이 풍부해진다. 그리고 이에 따라 언어를 사회적 의사소통 도구로 사용하는 역량도 함께 발달하게 된다. 단순한 말이 아니라 특정 주제를 놓고 타인과 대화를 할 수 있는 능력이 생긴다.

(2) 언어발달의 이상 조짐

여타의 발달과 마찬가지로 언어습득도 개인차가 있지만, 3세 이후에도 언어발달의 문제가 계속된다면 읽기, 쓰기, 생각하기 능력에 영향을 미칠 수 있다. 일반적으로 연령별로 보았을 때 3개월 정도의 아이가 얼러도 돌아보지 않고, 6개월 정도의 영아가 소리에 반응하거나 옹알거리지 않는 것은 이상신호가 왔음을 의미한다. 7~12개월의 영아가 이름을 불러도 반응하지 않거나, 첫돌이 지난 아이가 그림책을 보면서 이름을 말해 줘도 무엇을 가리키는지 이해하지 못하며, 말을 시작해도 음소를 정확히 발음하지 못하거나 알아듣기 힘든 말을 할 때 문제가 된다(Cowley, 1999).

전문가들은 위와 같은 현상이 유치원에 갈 때까지 계속될 경우 언어치료를 받을 것을 권한다. 언어는 지적 기능과 관련이 있는 동시에 사회적 활동이기도 하다. 언어손상은 학업문제, 사회적 상호작용의 문제, 사회적 고립, 자아존중감 저하를 가져오기 때문이다.

그러나 언어장애로 진단 내리는 데는 상당한 임상적 주의가 요구된다. 흔히 의사소통장애라고 분류되는 장애는 음성학적 장애, 표현성 장애, 수용-표현성 장애로 구분되며, 지능이나 감각기관의 손상 또는 환경의 불충분한 자극이 원인이 아닌 의사소통의 문제로서 일상의 기능을 방해할 만큼 심한 손상이어야만 언어장애로 진단되기 때문이다(Wicks-Nelson & Israel, 2000; 정명숙 외 공역, 2001).

① 음성학적 장애

음성학적 장애는 언어를 말할 때 실수하고 왜곡하고 부정확한 소리를 내는 장애이다. 심한 아이들은 3세경부터, 그렇지 않은 경우는 6세경에 해당 연령에 부적절할 정도로 특정 음을 내지 못하거나 다른 음으로 대치하는 모습을 보인다.

② 수용성 언어장애

수용성 언어장애는 타인의 의사를 이해하는 데 어려움이 있는 장애이다. 아동은 말에 반응하지 못하고, 듣지 못하는 것같이 보이며, 부적절하게 반응하거나 텔레비전에 흥미를 보이지 않기도 한다. 수용성 언어장애가 언어장애 중에서도 가장 심한 언어장애 유형이다. 언어를 이해하지 못하면 표현하는 데도 어려움을 겪게 되기 때문이다.

③ 표현성 언어장애

표현성 언어장애는 타인의 언어를 알아듣고 이해는 하지만 자신의 의사를 표현하지 못하는 장애이다. 표현성 언어장애는 어휘력, 문장구조 같은 언어의 생성과 관련된 장애로 극히 제한된 어휘력과 단순한 문장을 말한다. 일반적으로 표현성 장애가 더 보편적으로 일어나는 장애이다(Whitehurst & Fischel, 1994).

4) 정서발달

(1) 정서발달 과정

정서의 이해와 표현은 아주 일찍부터 시작한다. 아주 어린 유아들도 정서를 표현하며, 자신을 돌보아 주는 사람의 정서 표현에 적절하게 반응한다. 유아기 정서반응의 일반적인 특성은 정서상태의 지속시간이 짧고, 격렬하고 폭발적이며, 표현의 빈도도 잦다는 것이다. 예컨대, 유아들은 작은 일에도 많이 좋아하고, 화가 났다가 금세 풀어지기도 한다(서봉연, 이순형, 1998).

① 불안 및 공포

돌이 지난 아이들은 자신이 보지 못했던 물건이나 낯선 사람 또는 상황에 대해 공포를 느끼며, 만 2세가 되면 더욱 심해져서 낯선 소리에 대한 공포(청각적 공포)가 심해지고 어두운 곳을 무서워하게 된다. 만 3세가 되면 시각적인 것에 더 공포를 느껴서 무서운 얼굴의 아저씨나 커다란 짐승 등을 보면 공포를 표시한다. 그러다가 5세가 되면 더 이상 겁을 내지 않고 공포가 없어지는 듯하다가 상상력이 발달하는 6세경이 되면 다시 많아지는 양상을 보인다. 이 시기의 아동은 상상 속의 대상, 즉 도깨비, 유령, 괴물 등을 무서워하는 경향이 있다(서봉연, 이순형, 1998).

이와 같이 학령전기에서 아동전기에 이르는 아동들은 여러 가지 근원에서 비롯되는 불안과 공포심을 경험하며, 대부분 상상에 근원을 둔 비합리적인 사고가 보편적이다. 따라서 이 시기의 부모는 이러한 아동의 불안과 공포에 대해 공감적인 태도로 수용해 주고 이해해 주어야 하며 강제로 금지하거나 놀려서는 안 된다.

② 분노

분노의 표출은 폭발행동, 떼쓰기, 침묵, 고집부리기, 말 안 듣기 등으로 나타난다. 돌이 지나고 3세에 이르는 시기에 떼쓰기가 빈번해지고, 특히 화가 나서 바닥에 뒹구는 것 같은 행동(temper tantrum)이 자주 나타난다. 그러나 점차 언어능력이 발달하면서 온몸으로 불특정인에게 분노를 표현하기보다는 분노 대상자에게 직접 언어적으로 화를 내게 된다.

③ 기쁨

출생 직후 유아의 웃음은 배냇짓이라고 하는데 정서의 의미는 없고 반사적인 근육활동일 뿐이다. 그러다가 점차 눈을 맞추고 기쁨의 의미로 미소를 짓게 된다. 2세경까지는 기쁨이 웃음이나 동작으로 표현되는데, 3세경부터는 언어가 발달함에 따라 말로 표현하게 된다. 기쁨을 유발하는 자극은 어린 아기일 때는 생리적 · 감각적 · 운동적인 것이지만 점차 사회적 인간관계에서 유발되는 사회적 자극이 첨가된다(서봉연, 이순형, 1998).

(2) 기질과 정서발달

기질이란 타고난 행동 성향을 가리키는 용어로 성격에 대한 생물학적 접근에서 주로 활용하는 개념이다. 기질이라는 용어는 개인의 정서적 반응양식 또는 환경과 상호작용하는 데서의 행동양식을 의미하는 용어로 사용되어 왔다. 최근에는 기질을 정서성, 활동수준, 사회성에서의 개인차로 보는 관점도 있다(Prior, 1992). 즉, 기질은 타고난 성격적인 측면과 정서적인 특성을 모두 가리키는 말로 혼용되어 왔다.

일반적으로 아동은 기질에 따라 세 가지 유형, 즉 순한(easy) 아이, 까다로운(difficult) 아이, 둔한(slow-to warm) 아이로 구분된다. 순한 기질의 아동은 차분하고 전형적으로 긍정적인 감정을 보이며, 새로운 경험에 매우 개방적이고 습관도 규칙적이며 예측 가능하다. 한편, 까다로운 기질의 아동은 적극적이고 민감하며 불규칙하다. 이들은 일상에서의 사소한 변화에도 매우 강하게 반응하고 새로운 상황에 대한 적응력도 떨어진다. 부정적 기분, 자극에 대한 강렬한 반응, 불규칙한 수면 등의 특성을 가지고 있다. 둔한 기질의 아동은 활발하지 못하고 성미가 까다롭고 새로운 상황에 느리게 반응한다. 지나치게 둔하고 느리게 반응하는 것이 특징이며, 낯선 것에 대해 반응하긴 하되 비교적 부드럽게 반응한다. 그러나 어떤 아동들은 이러한 기질 중 어느 것에도 해당하지 않고 자신만의 독특한 기질 패턴을 보이기도 한다(Caspi, Elder, & Bem, 1988).

이러한 기질적 특성은 유년기를 통하여 성인기까지 지속되며, 한 개인이 주변 사람이나 사물에 반응하는 방식에도 영향을 미칠 뿐 아니라 역으로 다른 사람이 그에게 반응하는 방식에도 영향을 미친다(조희숙 외, 1994). 예컨대, 까다로운 아이는 더 많은 부모의 관심과 주의를 받을 수 있지만 처벌을 받을 가능성도 높아지고, 순한 아이는 외부의 관심이나 자극을 유도하지 않으므로 발달이 늦어질 수도 있다.

(3) 정서발달의 이상 조짐

아동의 정서문제는 가벼운 우울부터 정상적인 관계를 형성하지 못하는 심각한 문제에 이르기까지 다양하다. 아동기에 나타날 수 있는 대표적인 정서적인 장애들은 다음과 같다(정명숙 외 공역, 2001).

① 주의력결핍 과잉행동장애

이 장애는 주의력결핍이 주요 증상이다. 주의가 산만하고 불안정하며 충동적이고 욕구불만을 잘 견디지 못한다. 끊임없이 말하고 부산스럽게 돌아다니며 안절부절못하고 하나의 활동이나 과제에 지속적으로 집중할 수 없으며 항상 무엇인가를 하고 있다. 7세 이전의 아동에게서 부주의와 충동성의 문제가 적어도 6개월 이상 지속적으로 나타났다면 전문가의 진단을 받아 볼 필요가 있다.

② 우울증

참기 힘들 정도의 불행한 기분을 지속적으로 경험함으로써 삶에 문제가 생기는 것을 의미한다. 성인과 달리 아동의 우울은 짜증스러운 듯한 표현으로 나타나기도 한다. 우울증으로 진단된 아동은 쾌감의 상실뿐 아니라 사회적 위축, 낮아진 자존감, 주의집중 결핍, 학교 성적의 하락, 수면 · 식사 · 배설 등과 같은 생리적 기능의 변화, 신체적 고통 등의 특성이 나타나며, 심한 경우 자살을 시도하기도 한다. 유아기나 아동기에는 발병 가능성이 높지 않지만 왕따와 같은 극심한 스트레스 상황에서 나타나기도 한다.

5) 사회성 발달

(1) 애착과 사회성 발달

초기 주 양육자와의 안정적 애착은 이후의 사회적 관계의 토대가 되기 때문에 아동의 사회성 발달을 이해하기 위해서 애착발달 과정과 영향에 대해 보다 구체적으로 살펴볼 필요가 있다.

① 애착발달 과정

생애 첫해 동안 영아는 주 양육자와 친밀한 애정적 결속을 형성한다. 생후

6주 정도까지의 초기 영아는 대부분의 자극에 미소를 지어 호의적인 반응을 보이고 어떠한 저항도 보이지 않는다. 6주 이후 6, 7개월까지는 사물보다는 사람들에 대해 더 많이 미소 짓는다. 3~6개월에는 친숙한 사람에 대해 더 많이 웃음을 보여 주지만 아직 낯선 사람에 대한 반응은 나타나지 않는다.

7~9개월 정도의 특수 애착 단계가 되면 주된 애착대상자와의 분리에 대해 저항하고 낯선 이를 경계한다. 우리나라에서는 백일 사진 찍기보다 돌 사진 찍기가 더 힘들다고들 하는데, 이는 백일 때는 아이들이 대부분 낯을 가리지 않는 데 반해 돌 때는 낯을 가리기 때문이다. 즉, 특수 애착 단계에 이른 것이다. 이렇게 초기 애착이 형성된 이후에는 아버지, 형제, 친인척, 조부모 등의 다수의 사람과 애착이 형성되는 다인수 애착 단계에 이르게 된다.

② 애착의 유형과 장기적 영향

에인스워스(Ainsworth)는 낯선 상황에서 유아와 어머니 간의 상호작용과 분리 과정을 관찰함으로써 안정애착, 양가적 애착, 회피애착, 혼란애착이라는 네 가지 주요 애착유형을 발견했다. 안정애착을 가진 유아는 낯선 상황에서 어머니 근처에 머물다가 환경탐색에 나서기 시작하고, 어머니가 떠나거나 없어졌을 때 울거나 힘들어하기도 하지만 일단 어머니가 다시 돌아오면 긍정적으로 반응하고, 바로 안정이 되는 모습을 보인다. 그러나 양가적 애착을 가진 유아는 자지러지게 울면서도 막상 어머니가 와서 안아 주려고 하면 분노를 표현하고 쉽게 달래지지도 않는다. 회피애착을 가진 유아는 감정이나 고통을 거의 나타내지 않고, 어머니와 접촉하는 것을 회피하고, 어머니 외의 환경에 관심과 주의를 기울인다. 마지막으로, 혼란애착을 나타내는 유아는 병적이고 학대가 심한 환경에서 성장한 경우가 많다. 위로와 안정이 필요할 때 양육자에게 안기려고 하다가도 화를 내거나 피하는 것과 같은 모순되는 행동을 나타낸다. 감정표현을 아예 하지 않거나 매우 느리다(정명숙 외 공역, 2001).

생애 초기의 애착이 중요하게 다루어지는 이유는 이 행동이 이후의 행동과 상관이 있기 때문이다. 안정적인 애착을 경험한 아동은 이후 또래관계에서도 친구와 긍정적으로 상호작용하며 적응적인 성향을 보이는 데 반해, 불안정한 애착을 경험한 아동은 부적응 행동과 문제를 보일 가능성이 높다(Dunn & McGuire, 1992).

일반적으로 부모가 아이의 요구에 민감하게 반응하고 주변세계를 탐색할 기회를 충분히 준다면 안정애착이 촉진된다. 그러나 아이의 기질과 부모의 특성이 상호작용하여 애착형성에 영향을 미치기도 한다. 순하고 잘 웃는 아이일수록 부모가 긍정적인 양육행동을 할 가능성도 높아지기 때문이다. 따라서 안정애착 형성의 책임을 무조건 양육자에게 돌리거나 반대로 무조건 자녀의 기질 탓으로만 돌릴 수도 없는 것이다.

(2) 자신과 타인에 대한 이해 발달

사회성 발달은 연령이 증가하고 인지가 발달해 가면서 자신과 타인을 어떻게 이해해 가고 효과적인 사회적 상호작용능력을 갖추어 가는가와 관련된다(송길연 외 공역, 2001).

① 자기개념의 발달

대부분의 발달론자는 영아가 자기개념이 없이 태어나며 2~6개월에 걸쳐 점차 외부환경과 스스로를 구별할 수 있게 된다고 가정한다. 18~24개월경이 되면 유아는 자기를 인식하기 시작하며 점차 나이가 들면서 나이와 성별 등과 같이 사회적으로 의미 있는 차원으로 스스로를 범주화하게 된다.

3~5세 정도 되면 유아는 자신을 육체적 특성, 소유물, 활동 등과 같이 매우 구체적으로 서술하는 데 초점을 둔다. 그러다가 8세경이 되면서부터 아동은 심리적 특성으로 스스로를 서술하기 시작한다. 청소년들은 자신의 성향적 특성, 예컨대 특성, 신념, 태도, 가치 등과 같이 좀 더 통합되고 추상적인

자기개념을 갖게 된다(Asendorph, Warkentin, & Badoniere, 1996).

② 타인에 대한 이해 발달

사회성이 발달한다는 것은 타인과 상호작용하는 능력이 발달함을 의미하며, 이를 위해서는 상대방의 느낌이나 생각에 대한 이해가 필수적이다.

타인에 대한 이해력이 어떻게 발달하는가를 살펴보면, 7~8세 이하의 아동은 자신을 설명할 때와 같이 구체적이고 관찰할 수 있는 용어로 다른 사람을 특징짓고 설명하는 경향이 있다. 가령, 5세 아동이 아빠에 대해 설명할 때 "우리 아빠는 키가 커." "우리 아빠는 힘이 세."와 같이 말하고, 성격과 같은 특성에 대해서는 거의 언급하지 않는다. 이와 같이 어린 아동은 타인을 서술하기 위해 심리적 용어를 사용할 때 개인의 지속적인 성격 특성보다는 그가 최근에 보인 행동에 대한 특성을 더 잘 기술한다(Ruble & Dweck, 1995).

학령기에 들어서면서 아동은 점차 심리적 구성체를 활용하고 행동적 · 심리적인 비교를 하게 된다. 즉, "그 애는 우리 반에서 그림을 제일 잘 그려."와 같은 행동 비교에서 점차 "그 애는 정말 화가 같아."와 같은 심리적 구성체로 지속적인 인상을 전달할 수 있게 되고, 결국 "그 애는 우리 반에서 가장 예술적인 기질이 뛰어난 애야."와 같이 심리적 비교를 할 수 있게 된다. 6~8세 아동이 행동 비교를 한다면 12~16세 아동은 의미 있게 심리적 비교를 사용하는 것으로 보고되고 있다(송길연 외 공역, 2001).

이와 관련해 피아제는 3~6세 아동은 전조작적인 사고 특성상 구체적 특징에 의존하고, 7~10세의 구체적 조작기 아동은 자아중심성에서 서서히 벗어나면서 외양이 변화해도 달라지지 않는 본질이 있음을 인식하는 보존개념을 이해하기 때문에 심리적 비교가 가능해진다고 설명한다. 12~14세의 형식적 조작기에 들어가면서 추상적인 사고와 상대에 대한 공감능력이 보다 발달하기 때문에 심리적 비교가 가능하다는 것이다.

(3) 또래 간 상호작용과 사회성 발달

초등학교 정도의 아동들은 또래 간 상호작용과 놀이활동을 통해 다양한 역할을 경험하면서 사회성이 발달한다. 놀이를 하는 동안 또래 간 갈등이 야기될 수도 있는데, 이러한 경우 아동은 계속 놀이를 하기 위해서는 자신의 입장과 친구의 입장을 조정하는 것을 학습해야 한다. 이와 같이 동등한 위치에서 경험하는 또래 간 접촉이 대인 간 이해능력 발달에 중요한 영향을 미친다.

일반적으로 아동은 단순히 아는 또래보다 친한 친구를 더욱 솔직하게 대하며 친구와의 갈등을 해결하기 위해 더욱 동기화되는 경향이 있다. 따라서 또래 간 인기는 사회적 경험을 평가하는 편리한 측정치가 되기도 한다. 인기 있는 아동은 그렇지 못한 아동보다 광범위하고 다양한 또래와 더 자주 상호작용을 하기 때문이다(LeMare & Rubin, 1987).

(4) 사회성 발달의 이상 조짐

사회성 발달의 이상 조짐은 아동기 초기에는 애착관계의 문제나 기질적 문제로 인한 자폐성 장애 등으로 나타나고, 학령기 아동에서는 주로 따돌림과 같은 또래관계의 문제로 나타나기도 한다.

① 반응성 애착장애

주 양육자와의 애착문제로 정서적 · 사회적 발달에 이상징후가 후천적으로 생기는 경우이며, 방임이나 학대의 결과로 나타날 수 있다. 언어발달이 매우 늦고 또래 간 상호작용이 전혀 안 되어 자칫 잘못하면 자폐증으로 오해받기도 한다. 그러나 자폐증과는 달리 후천적인 문제이므로 치료에 대한 반응이 매우 극적으로 나타나기도 한다. 가능한 한 조기에 발견하여 놀이치료나 부모교육 등을 병행하면 좋은 예후를 보인다.

② 자폐증

생후 30개월 이전에 발생하며, 청각과 시각에 대해 비정상적으로 반응한다. 상대의 말을 그대로 따라 하는 반향어를 쓴다거나 변화에 극도로 저항하며, 비정상적으로 같은 동작을 반복하는 등의 기묘한 행동을 보이고, 사회적 반응이나 언어적인 의사소통이 심각하게 결여되는 등의 모습을 보일 때 자폐증을 의심해 볼 필요가 있다. 자폐증의 원인은 잘 알려져 있지 않지만 생물학적으로 보려는 경향이 많다.

③ 또래관계의 문제

또래관계에서 무시 또는 거부를 당하는 아동들은 다양한 임상적인 문제를 호소하는 경우가 많다. '왕따'와 같은 문제를 겪거나 또래로부터 따돌림을 당한 소녀들에게서는 우울증이나 불안장애와 같은 내면화된 문제가 두드러지게 나타난다.

따돌림을 받게 되면, 어린 연령의 아동에게서는 아예 낯선 상황에 접근하려고도 하지 않는 회피적인 특성이 나타나기도 한다. 이러한 경향이 상당 기간 지속되어 심하게 위축된 상태로 계속될 때는 주의 깊은 관심이 필요하다. 사회적으로 위축되고 철회된 아동들은 그렇지 않은 아동들보다 공포반응을 보다 많이 발달시키는 것으로 나타났으며, 이러한 공포는 불안장애로 연결될 가능성이 있다.

따라서 또래 간에 거부가 지속되고 상호작용이 극도로 위축되어 나타난 경우는 우울증, 불안장애와 같은 장애에 대한 의학적 치료뿐 아니라 궁극적으로 사회기술을 증진시켜 주기 위한 심리사회적인 도움이 필요하다.

연구문제

1. 아동발달이론들의 3대 쟁점에 대한 관점(〈표 3-1〉)을 비교 검토하고 아동발달에 대한 자신의 관점은 어떠한지, 그러한 관점을 가지게 된 계기와 근거는 무엇인지 생각해 봅시다.
2. 아동의 신체, 언어, 인지, 정서, 사회성 등 각 영역별 발달이 어떻게 상호 유기적으로 관련되는지 비교하고, 구체적인 사례를 통해 논의해 봅시다.
3. 고위험 상황에서 현저하게 높은 적응을 보이는 특성에 대한 강조, 즉 적응유연성 관점이 아동복지 실천에 주는 함의를 토론해 봅시다.
4. 아동발달의 이상 조짐들에서 다루어진 다양한 '아동기 행동장애'에 대해 보다 자세하게 자료를 수집해 보고 알아봅시다.

제 4 장

아동복지의 변천과정

이 장에서는 외국과 우리나라의 아동복지의 변천과정을 살펴보고자 한다. 이를 통해 아동의 지위와 처우가 시대별로 어떻게 달라지고 있는지, 아동복지의 주요한 서비스가 어떻게 시작되었는지를 확인하고자 한다. 외국의 아동복지 역사를 통해서 중세시대까지는 소유물로 취급받았고 산업혁명 시기에는 값싼 노동력의 착취를 위해 이용되었던 아동이 근대사회에 들어와 고유한 인격체로 인정받고, 나아가 권리의 주체로서 자리 잡게 된 과정을 알아보고자 한다. 그리고 우리나라의 아동복지 역사를 돌아봄으로써 주요한 복지 정책과 제도의 도입 및 형성 과정을 확인하고, 현재의 아동복지제도가 나아가야 할 방향성에 대해 살펴보고자 한다.

1. 외국의 아동복지 변천과정

1) 산업화 이전의 아동복지

산업화 이전의 사회에서는 아동의 욕구와 능력이 성인의 그것과 별로 다를 게 없다고 생각했다. 따라서 아동의 문제에 대한 사회의 인식은 다른 인구대상층의 문제와 분화되지 않은 상태에 머물렀고, 이는 아동에 대한 열악한 처우로 이어졌다. 산업화 이전의 주요한 사회구조는 장원제도로 대표되는 엄격한 신분계급사회였다. 이러한 사회구조에서 아동은 가장 하찮은 사회적 지위를 차지할 수밖에 없었다. 영주들은 오직 장원제도를 유지하는 데 필요한 노동력과 군사력의 차원에서 아동의 존재에 가치를 부여했을 뿐이었다(장인협, 오정수, 1999). 따라서 산업화 이전의 사회에서 일부 상류층의 자제를 제외한 대부분의 아동은 소유물로 취급당했다. 즉, 평균적인 가정에서 가족구성원의 지위는 수 세기 동안 아버지, 가축, 어머니, 아동의 순으로 아동이 가장 하위로 매겨졌다(Despert, 1965). 17세기 프랑스에서 아동에 대해 조사한 연구에 따르면, 당시 아동의 지위는 과도기적인 존재로 완전한 동물도 아니고 그렇다고 완전한 사람도 아닌 존재로 여겨졌다(Hunt, 1969; Kadushin & Martin, 1988).

한편 1601년 제정된 영국의 「구빈법」은 성인빈민뿐만 아니라 요보호아동에 대한 규정도 포함하고 있어 아동복지의 기원이라고 평가받고 있다(장인협, 오정수, 1999). 「구빈법」에는 요보호아동을 양육할 의사가 있는 사람에게는 무료나 유료로 아동을 위탁시킬 수 있는 조치가 마련되었으며, 일할 수 있는 아동 · 청소년은 도제(apprentice)로 보내 기술을 연마하거나 혹은 가사를 돕게 하였다. 이 법이 갖는 아동복지적 의의는 아동의 복지에 대한 국가의 책임을 최초로 규정한 점과, 빈곤가정 아동을 위해 위탁보호제도와 도제제도를 마련하였다는 점을 들 수 있다. 특히 위탁보호는 시설수용아동의 수를 감소시켰을 뿐만 아니라 가정적 분위기에서 비교적 안정된 생활을 할 수 있게 해 주었다. 또한 도제제도는 빈곤아동을 위한 의식주 등 생활상의 어려움을 해결하는 데 그치지 않고, 직업적 능력을 길러 사회적으로 자립할 수 있는 기반을 조성하였다. 그러나 아동의 인권을 무시하고 아동의 노동력을 착취하는 것과 같은 문제도 적지 않게 발생하였다(주정일 외, 1992: 표갑수, 2000에서 재인용).

산업화 이전의 사회에서 신분계급이 낮은 아동은 농노가 되어 노동력을 착취당하는 경우가 많았다. 심하게 착취당한 나머지 생명을 잃는 경우도 발생하였다. 이에 대해 종교단체나 가톨릭교회가 중심이 되어 나서서 생명을 빼앗는 행위를 죄악으로 여기고 이를 금지하려는 노력이 시작되었으며, 가난하거나 의지할 곳이 없는 아동들을 보호하기 위해 교회시설을 활용하기 시작하였다(장인협, 오정수, 1999).

이상과 같이 산업화 이전 사회에서는 신분에 따라 일부 아동의 권리만 인정되었고, 대부분의 아동은 가족, 장원의 단순한 부속물로 취급당하였다. 그리고 종교단체의 활동을 통해 아동보호의 첫 출발이 이루어지기 시작했다. 그러나 이 시기에 이루어진 아동보호활동은 대부분 단순한 동정적인 감정에 근거를 둔 종교적 자선행위였고, 개인의 욕구나 권리에 기반을 두는 근대적 의미의 전문적 아동복지사업은 아니었다(장인협, 오정수, 1999).

2) 산업화 이후의 아동복지

(1) 근대 산업사회

근대 산업사회에 접어들면서 농노제도와 장원제도로 대표되던 이전의 봉건제도 사회는 급속히 붕괴되기 시작했다. 그러자 곧 대규모 이농민이 발생하였고, 도시인구는 급격히 늘어나기 시작했다. 그 결과, 과거 사회구조에서는 찾아보기 힘들었던 빈곤, 실업, 노사문제, 주택문제 등 다양한 사회문제가 발생하기 시작했다.

아동문제에 대한 인식 또한 변화하기 시작했다. 아동을 단지 축소된 성인으로 인식했던 과거와 달리, 성인과는 다른 욕구와 능력을 가졌고, 생애주기에서 성인기와 구분되는 독특한 시기를 통해 성장한다는 점을 점차 인정하기 시작했다.

이러한 사회적 인식과 상황의 변화를 통해 아동의 문제와 관련된 최대의 관심사는 집단적인 수용보호의 효율성에 대한 비판으로 집중되었다(장인협, 오정수, 2001). 19세기 중반까지 고아나 유기된 아동은 시설에 수용하여 보호하는 것이 전부였다. 고아나 유기아동들은 구빈원(almshouse)에 수용되었는데, 이곳에서의 생활은 열악하였고, 많은 수용아동이 사망하기도 했다. 이에 1851년 빈민생활조건개선협회(Association for Improving the Conditions of the Poor: AICP)는 노숙아동과 방임아동을 보호하는 아동시설(Juvenile Asylum)을 세우기도 하였다. 또한 도로시아 딕스(Dorothea Dix)와 같은 개혁가들이 중심이 되어 아동시설의 참혹상을 사회에 알려서 정부차원의 개선이 이루어지기도 하였다(Costin, Bell, & Down, 1991; Rose & Fatout, 2003).

이러한 노력의 결과로 점차 아동시설은 성인과 아동을 혼합 수용하던 것에서 벗어나 아동중심 시설로 발전하기 시작했다. 하지만 아직까지 전문적인 측면에서의 발전은 이루어지지 않았다(장인협, 오정수, 2001). 아동들을 장기간 수용하는 경향은 이후에도 계속되었는데, 그 이유는 당시 공공학교 교육체계가 확립되지 못해 수용시설이 요보호아동에게 적절한 교육을 제공하는 수단이 되어야 한다는 인식 때문이었다.

한편, 19세기 후반부터 미국에서는 구빈원으로부터 아동을 구출하는 운동의 하나로 위탁가정 운동이 전개되었다. 1853년에 뉴욕에서 설립된 아동구호협회(Children Aid Society)는 위탁가정 서비스를 실시한 최초의 기관으로서 위탁가정 프로그램의 모델이 되었다. 당시 아동구호협회는 뉴욕의 노숙아동과 요보호아동을 중서부 지역의 농가로 보내는 활동을 전개하였다. 그 결과, 수천 명의 아동이 도시의 슬럼지역에서 구출되었다. 하지만 서부로 보내진 많은 아동이 그곳에서도 적절한 양육환경을 찾지 못했다는 비판을 받았다(Rose & Fatout, 2003).

위탁가정 운동은 구빈원의 혼합수용 보호와 대규모 집단수용 보호의 폐단에 대한 인도주의적 비판에서 출발하였다고 볼 수 있다. 그러나 이 운동은 아동의 의식주와 자립의 기회를 제공해 줄 가정을 찾아 연결해 주는 것에만 초점을 두었다. 그래서 아동의 욕구에 따라 선별적으로 위탁가정을 선택하기보다 위탁가정의 필요에 따라 위탁가정보호가 결정되는 경우가 더 많았다(장인협, 오정수, 2001).

19세기에는 아동의 노동문제가 아동문제에 관한 또 다른 이슈였다. 산업혁명 이후 기계제 생산양식의 도입으로 도제제도에 기반을 둔 아동의 노동형태는 사라지게 되었으나, 산업혁명 초기의 주요한 산업이었던 면방직 공업에 필요한 값싼 노동력으로 주로 아동을 활용하게 되었다. 또한 공장에 고용되어 장시간 노동을 해야 하는 아동 이외에도 상업이나 가사노동으로 혹사당하는 아동은 신체에 위험을 주는 열악한 노동조건 속에서 일하는 경우가 많았다(장인협, 오정수, 2001).

이에 아동의 노동을 규제하는 많은 법이 제정되었는데, 이를 살펴보면 다음과 같다(표갑수, 2000).

영국에서는 1802년에 「옥면공장 등의 도제의 건강 및 품성을 위한 법률」이 제정되었는데, 이 법은 세계 최초로 연소 공장노동자의 노동시간을 규제하고, 최소 수준의 위생과 교육을 보장하는 법령이었다. 1819년에는 「공장법(Factory Act)」이 제정되어 취업연령을 최저 9세로 정하였고, 9세 이상 16세 미만의 아동은 하루 12시간을 초과할 수 없다고 규정하였다. 이후 1833년에 「공장법」이 개정되어 9세 미만 아동의 노동을 금지시켰고, 9세 이상 13세까지의 아동에게는 주당 48시간, 하루 최고 9시간으로 노동시간을 제한하여 아동을 보호하였다. 그 후 프랑스에서는 1841년, 스웨덴에서는 1881년, 미국에서는 1895년에 근로아동을 위한 관계법을 제정하여 최저 근로연령을 상향 조정하고, 아동의 노동을 제한하는 직업의 종류를 규정하기 시작하였다.

(2) 현대 산업사회

20세기는 종종 '아동의 세기'로 불리기도 한다. 이 시기에 아동을 고유한 인격체로 받아들이고 이들을 위한 다양한 사회적 제도가 마련되었기 때문이다. 20세기 들어 이루어진 아동복지의 주요한 변화상을 미국을 중심으로 살펴보면 다음과 같다.

먼저 아동복지에 대한 국가의 책임이 강조되기 시작했는데, 대표적인 것이 1909년 미국에서 열린 백악관회의(White House Conference)이다. 이 회의에서 당시 대통령이었던 루스벨트는 아동을 위한 부모역할의 중요성과 가정생활의 중요성을 언급하면서 다음의 세 가지 원리를 제시하였다(표갑수, 2000).

첫째, 가난하다는 이유로 아동이 가정으로부터 이탈되어서는 안 된다. 둘째, 가정을 떠나야만 하는 이유가 확실한 경우는 차선책으로 잘 선정된 위탁가정이 바람직하다. 셋째, 필요에 따라 시설을 이용할 경우는 소숙사형태(cottage system)가 좋으며 아동의 의존성이 나타나지 않도록 해야 한다.

이후 연방정부에 아동문제를 전담하는 아동국을 설치하고, 아동노동과 비행 등 아동에 관한 업무를 담당하도록 하였다. 아울러 10년마다 백악관회의를 열어 변화하는 사회에서의 아동복지정책을 모색토록 하였다.

다음으로, 아동복지의 대상을 요보호아동에 국한하지 않고 일반아동으로 확대하는 보편주의적 아동복지제도가 도입되었다. 이와 관련해 1933년에는 「아동청소년법(Children and Young Persons Act)」이 제정되었다. 이 법은 비행청소년뿐만 아니라 일반 아동 및 청소년의 복지와 사회참여를 활성화시키는 것을 목적으로 제정되었다. 아동복지에 대한 국가적인 책임이 강조되고, 복지대상이 일반아동까지 확대됨에 따라 복지대책의 일환으로 아동수당제도 및 가족수당제도가 도입되었다. 아동수당은 가족수당제도의 체계 내에서 또는 독자적인 영역으로 발달하였는데, 영국은 1946년에 제정된 가족수당제도의 개선책으로 1974년 모든 아동을 대상으로 하는 「아동수당법」을 제정하였다(표갑수, 2000).

한편 위탁가정과 아동시설이 요보호아동을 보호하는 가장 발전된 형태로 자리를 굳혀 갔다. 20세기 초반에 이 두 제도의 상대적인 장점에 관해 논란이 제기되기도 하였으나, 두 제도가 아동복지의 향상을 위해 효과적으로 협력되고 조정되어야 한다는 것으로 결론지어졌다. 20세기 중반 이후 위탁가정보호와 아동시설은 아동의 개별적인 욕구에 맞게 보다 효과적으로 대처할 수 있도록 발전하였다. 즉, 대규모 아동시설은 가정형태의 소규모 시설로 발전하였고, 위탁가정과 시설의 특성을 동시에 갖춘 소규모 가정시설이 개발되었으며, 특수아동의 욕구를 충족시키기 위한 특별 위탁가정이 개발되었다(장인협, 오정수, 2001; Costin, 1985).

또한 1970년대 들어 시민권운동과 여성운동에 자극을 받아 '아동권리' 운동이 등장하였다. 이와 관련해 아동보호재단(Children Defense Foundation)과 같은 아동 관련 단체들이 결성되었고, 미국시민자유연합(American Civil Liberties Union)은 『아동권리보고서(Children's Rights Report)』라는 월간소식지를 발간하기도 하였다. 1959년에 국제연합(UN)이 '아동권리선언'을 선포한 이후, 1979년은 아동의 해로 지정되었다. 또한 국제연합은 1959년 '아동권리선언'을 채택한 후 30년이 지난 1989년에 국제 아동권리협약을 통과시켰다. 이 협약에 포함된 아동의 권리는 크게 세 가지이다(이대근, 2001). 첫째, 제공(provision)과 관련된 권리이다. 이는 아동이 필요로 하는 인적 · 물적 자원을 제공하고 이를 사용할 권리를 의미한다. 둘째, 보호(protection)와 관련된 권리이다. 이는 아동이 위험하고 유해한 행위로부터 보호받을 권리를 가지고 있음을 의미한다. 예를 들어, 상업적 또는 성적 착취, 육체적 · 정신적 학대, 전쟁참여 등으로부터 보호받을 권리가 이에 해당된다. 셋째, 참여(participation)의 권리이다. 이는 아동이 자신의 인생에 영향을 미칠 중대한 결정에 대해 알

권리가 있음을 의미한다. 이와 관련해 아동은 성장과 더불어 책임 있는 성년기에 대한 준비로 사회활동에 참여할 기회를 더욱 많이 가져야 한다.

그러나 이렇게 아동권리 옹호운동이 진전되면서 아동에 대한 권리인정과 특혜부여는 부모의 권리와 관련해 제로섬(zero sum)의 문제를 가져오기도 하였다. 즉, 부모의 권리와 반대편에 서 있는 아동권리의 신장은 필연적으로 부모가 가지고 있던 아동에 대한 통제 정도와 특권을 감소시키는 결과를 가져오기 때문이다. 이에 역사적 변천과정을 검토해 볼 때, 아동권리는 증진되고 부모가 아동에 대해 가지고 있던 권리는 감소되는 방향으로 전개되어 왔다고 볼 수 있다(Kadushin & Martin, 1988).

20세기 이후 이루어진 아동복지서비스의 발전을 요약하면, 집단적 수용보호에서 소규모의 수용보호로, 시설보호중심에서 재가보호와 지역사회의 보호 강조로, 포괄적인 서비스에서 분화된 다양한 서비스로, 그리고 비전문적 서비스에서 전문적 서비스로 발전되고 있다고 볼 수 있다(장인협, 오정수, 2001).

2. 우리나라의 아동복지 발달

아동(兒童)의 한자어를 살펴보면 '아(兒)'는 '숨구멍 신(囟)'과 '사람 인(人)'의 결합이다. '숨구멍 신'은 아기의 머리가 봉합되지 않은 상태여서 숨 쉴 때마다 머리가 움직이는 모습을 형상화한 것이다. 그렇기에 아(兒)는 아직 정수리가 붙지 않은 사람인 '어린아이'를 뜻한다. 또한 '동(童)'은 '무거울 중(重)'과 죄를 뜻하는 '신(辛)'의 결합으로, '중죄를 짓고 관직을 박탈당하여 노예가 된 남자'를 뜻한다. 그러한 연유는 그 사람의 미숙함과 경솔함 때문일 것이므로, 동(童)은 '미성년' '아이'의 뜻까지 포함하게 되었다. 따라서 아동은 그 어원적 의미에서 '미숙하다'와 '다스려야 할 대상'이라는 의미를 가지고 있다고 할 수 있다(동아일보, 2001. 5. 3; 박정란, 서홍란, 2001). 이러한 아동의 어원은 우리나라의 근대화 이전의 아동복지사업이 가진 특성을 고스란히 반영하는 것이라 할 수 있다.

1) 전통사회의 아동복지사업

삼국시대를 기술한 『삼국사기』에 따르면, 신라 제3대 유리왕 5년(서기 28년)에는 관가에서 병든 사람, 자활하지 못하는 사람과 함께 고아들에게 식량을 지급하였으며, 백제에서는 온조왕 33년(서기 15년)에, 고구려는 태조왕 56년(서기 108년)에 재해를 당한 사람들 속에 아동을 포함하여 관곡을 배급하였다고 기록되어 있다(구자헌, 1972). 고려시대에는 불교가 융성함에 따라 불교의 기본정신인 자비사상에 입각하여 고아 및 기아와 빈곤아동들이 사찰에서 위탁형태로 보호를 받았다. 제6대 성종 13년(서기 994년)에는 고아에게 10세까지 식량을 지급하였고, 그 후에는 원하는 곳에 거주하게 하였다(표갑수, 2000). 하상락(1989)은 이를 우리나라 최초의 시설구제라 평가하고 있다.

이후 충목왕 3년(서기 1347년)에는 관립의 영아원이라 할 수 있는 해아도감(孩兒都監)을 설치하여 유아들을 보호 · 양육하였다. 또한 전쟁과 흉년으로 걸식하는 아동들을 수용 · 양육하여 승려 또는 사역승으로 양성하였고, 자녀가 없는 민가에서는 양자녀 또는 노비로 삼기 위해 민간수양이 행해졌다. 하지만 고아의 민간수양을 빙자하여 인신매매나 유괴, 약탈 등이 성행하는 폐단도 많았다(박정란, 서홍란, 2001; 윤욱, 1992; 표갑수, 2000).

조선시대에는 고려시대보다는 진일보하여 고아와 기아 및 빈곤아동에 대한 법령을 제정하였다. 제22대 정조 7년(서기 1783년)에 반포된 「자휼전칙」은 우리나라 전근대시대의 대표적 아동복지법령이라 할 수 있다(박정란, 서홍란, 2001). 「자휼전칙」은 흉년이 들어 기근이 심할 때 유기를 당한 아이나 극빈아동 및 부랑아동을 관가에 유양하거나 민간에 수양하도록 허가하는 법이었다. 유기아는 0~3세의 아동으로 자력으로 생존이 불가능한 아동이 해당되었으며, 행걸아는 4~6세, 7~10세로 세분해 급여를 제공했다고 한다. 구휼대상아동에게는 민가에 자식 또는 노비로 수양되는 민가수양과 진휼청 외창문 밖에 간이 주거시설로 움집을 마련해 수용·보호하는 진휼청 유양의 제도가 시행되었다. 이러한 제도는 아동구제사업에 대한 국가의 책임과 역할을 일정 부분 인정하였다는 점에서 그 의의를 찾아볼 수 있다(하상락, 1989).

2) 근대적 아동복지사업

조선시대 말부터 대한제국기까지 정치적 격동기와 맞물리면서 정부의 구제사업은 거의 공백기였다고 할 수 있다. 이 시기 아동복지분야에서 두드러진 활동은 서양선교사들의 자선사업이었다(박정란, 서홍란, 2001).

근대적 아동복지사업은 조선 말 고종 25년(서기 1888년) 3월에 프랑스 교회가 서울 명동에 천주교회 고아원을 개설한 것을 시작으로, 고종 32년(서기 1895년) 3월 인천에 천주당부속 고아원을 설립하였고, 광무 10년(서기 1906년) 3월에는 독지가 이필화가 경성고아원을 설립하는 등 근대적 성격을 띤 아동복지사업이 시작되었다(표갑수, 2000). 특히 경성고아원은 황실하사금과 정부보조금, 기부금으로 설립되어 당시 정부의 관심이 높았던 사업 중 하나였음을 알 수 있다(박정란, 서홍란, 2001).

일제시대로 접어들면서 아동복지는 공적 사회사업의 확대로 일정 부분 진전된 모습을 보였으나, 여전히 아동은 미래의 병력 또는 노동력으로 취급당해 최소한의 보호와 구제만이 제공되는 것에 머물렀다. 1910년대에는 조선총독부 산하에 제생원이 설립되어 빈곤아동과 맹아들의 교육과 자활을 지원하였다. 제생원의 양육부는 이필화가 설립한 경성고아원을 인수하여 운영하였고, 광복 후 국립육아원의 전신이 되었다. 수용아동에 대한 처우는 대개 정서적 안정을 위한 가정적 분위기가 중시되었고, 남아를 중심으로 한 영유아의 원외보육과 8세 이후 원아에 대한 학과교육과 실과교육으로 이루어졌다. 또한 현 국립 서울맹학교의 전신이 되는 맹아부는 빈곤한 맹농아를 급비생과 자비생으로 나누어 모집하여, 맹아에게는 안마를, 농아에게는 재봉과 편물 등 수예를 교육하게 하였다(박정란, 서홍란, 2001).

한편 아동보호를 위한 민간차원의 운동이 활발하게 일어났는데, 그 대표적인 운동이 천도교에서 펼친 소년운동이었다. 천도교의 소년운동은 봉건시대의 아동관을 불식하고, 시대에 맞는 새로운 아동관을 계몽하는 일에 힘썼으며, '어린이'라는 순 한글말을 만들어 보급하고, '어린이날'을 제정하는 등 아동문화를 확산시키는 한편, 민족독립운동의 성격을 지닌 사회운동의 성격을 띠고 있었다. 특히 '천도교 소년회'와 '불교소년회' '조선소년군'이 중심이 되어 발족한 '조선소년운동협회'는 1923년 5월 1일 제1회 어린이날에 '소년운동 선언'을 발표하였는데, 이것은 아동의 인권을 보호하고자 한 우리나라 최초의 아동권리선언이라 할 수 있다(박정란, 서홍란, 2001). 이 선언에는 어린이를 종래의 윤리적 억압에서 해방시키고 완전히 인격적으로 대우할 것, 어린이를 종래의 경제적 억압에서 해방시켜 만 14세 이하 아동에 대한 유상 또는 무상의 노동을 금지할 것, 어린이에게 안심하고 즐겁게 뛰놀 수 있는 가정 또는 사회시설을 설립할 것 등의 내용을 담고 있다. 하지만 이러한 소년운동은 일제의 끊임없는 탄압과 어용소년단체의 출현과 장려, 내부적으로는 사회주의 계열과 민족주의 계열 간의 분열 등으로 1930년대 들어 급속히 축소되면서 소멸되었다.

한편, 1921년 미국의 감리교 선교사들이 설립한 태화사회관은 초기에는 교육사업에 치중했지만, 태화진료소를 중심으로 점차 아동보건과 사회사업을 전개하였다. 아동건강진단의 실시와 가정방문을 통한 위생교육, 육아법 등을 보급하였고, 빈곤아동을 위한 탁아사업, 무료목욕사업, 우유급식사업 들을 실시하였다. 태화사회관을 중심으로 결성된 '경성연합 소아건강 구제회'는 세브란스병원, 동대문부인병원, 태화진료소를 거점으로 지역의 아동보호활동을 전개하였다. 태화사회관은 이후 일제의 종교탄압으로 인한 선교사 추방, 재산 몰수 등의 시련을 겪게 되었고, 결국 시국에 맞지 않는다는 이유로 일제가 완전중지명령을 내리고 말았다(박정란, 서홍란, 2001).

3) 해방 이후의 아동복지

(1) 사회구호적 차원의 아동복지사업

사회구호적 차원의 아동복지사업은 1945년부터 1960년까지의 기간에 이루어졌으며, 이 기간 동안 한국전쟁을 거치면서 수많은 전쟁고아와 기아와 부랑아가 발생하였다. 이에 국가 및 국내외 민간단체는 많은 아동보호시설을 설립하여 응급구호를 하였다. 이러한 수용시설 중심의 아동보호사업은 1950년대에 급속하게 증가하였는데, 1945년 42개소였던 아동시설은 1959년 475개소로 늘어났고, 당시 전체 시설 가운데 70%를 차지할 정도였다. 1960년 이전까지 아동복지는 국가책임의 원칙이 정착되지 못했고, 전문화된 서비스를 제공받을 수 없었으며, 빈곤계층의 아동을 대상으로 민간과 해외 원조에 의존해 운영되는 사회구호사업이 대부분이었다(장인협, 오정수, 2001; 표갑수, 2000).

전쟁고아 등 긴급구호 대상자가 증가하자 정부는 아동시설을 인가시설로 하고 지원과 감독을 강화하였다. 이에 따라 아동시설이 영아원, 육아원, 감화원 등으로 구분되어 정체감을 형성하게 되었다. 아울러 18세 미만 아동의 노동을 규제하였다. 미군정의 아동노동법규(1946) 제정에 따라 상공업체 고용금지(14세 미만), 중공업체 또는 유해업체 종사금지(16세 미만), 위험직종 또는 유해직종 종사금지(18세 미만), 그리고 일일 노동시간의 제한(16세 미만 8시간 이내) 등이 규정되었다.

또한 「20세 미만 비행소년의 보호를 위한 법률」이 제정되었다. 반사회적 성향을 가진 20세 미만 소년의 생활환경 조성과 성행교정을 위한 보호처분을 행하고, 형사처분에서 특별조치를 하기 위한 「소년법」이 제정되었다.

1950년대 말까지 계속된 요보호아동 대책은 민간자원의 활용을 강조한 응급적 시설수용 중심의 아동구호정책이었다. 이 시기는 이전의 일제강점기와 한국전쟁을 겪으면서 고아와 기아, 미아의 발생이 매우 심각하였지만 요보호자에 대한 사회의 지원여력은 턱없이 부족한 상태였다. 따라서 아동복지는 고아, 기아, 미아로 그 대상을 한정하고 이들에 대한 응급적 시설구호를 주요 전략으로 채택할 수밖에 없었다. 또한 아동보호를 위한 자원도 정부의 재정적 능력이 부족하였기에 대부분을 민간에 의존하고 있었다.

그리하여 아동보호에 대한 국가책임보다는 민간자원의 동원과 시설의 재정적 자립을 강조하였다. 1947년 미군정 당시 각 도지사에게 지시된 보건후생부장의 통첩을 보면, “국가재정상 수많은 요보호아동에 대해 전적으로 국비를 보조하는 것은 불가능하므로 관민의 유지들과의 긴밀한 조직적 연락하에 당해 시설의 지역별 또는 개별적 후원단체를 구성하게 하여 인적 · 물적 자원을 유감없이 발휘하여 당해 시설로 하여금 자급자족하도록 극력 추진할 것”(후생시설 운영강화에 관한 건)이라 되어 있다. 이는 당시의 시설지도 방침이 지역사회의 자발적인 자선활동을 권장하는 데 치중했음을 알 수 있다(구자헌, 1970: 199; 이혜경, 1993: 202에서 재인용). 이러한 전략은 결과적으로 아동복지에서 외원에 대한 의존을 불가피하게 만들었다.

국가책임의 사회적 보호가 미비한 가운데 다수의 외국민간원조기관이 국내에 들어와 활동하였는데, 기독교아동복리회(C.C.F.: 철수 후에 한국어린이재단, 한국복지재단으로 명칭 변경), 선명회세계본부(철수 후 최근 월드비전으로 명칭 변경) 등의 외원단체의 아동후원사업이 전개되었다. 이러한 외원 중심의 아동복지시설은 1960년대까지 지속되었다.

(2) 잔여적 아동복지정책기(1960년대 초~1970년대)

1960년대 초 「생활보호법」과 「아동복리법」이 제정되어 요보호아동에 대한 국가책임의 원칙이 처음으로 법제화되었다. 당시 복지입법의 대부분은 정권의 정당성을 확보하기 위한 것으로 경제성장에 부정적인 영향을 주지 않도록 그 한계를 두고 있었다(장인협, 오정수, 2001).

아동복지의 경우도 공비부담의 극소화와 요보호아동의 발생예방을 정책의 기조로 하였다. 이러한 목적을 달성하기 위하여 가정보호가 강조되었는데, 가정보호는 비용이 덜 들고 가정이 아동양육에 가장 훌륭한 환경이라는 점에서 기인한 것이었다. 좀 더 실질적인 측면에서 보호를 강화하고 가정의 책임을 강조함으로써 정부의 아동보호에 대한 부담을 줄이고 경제성장을 위한 투자에 장애가 없도록 하기 위한 측면이 컸다.

「아동복리법」의 내용에서도 성장론에 기초한 잔여적 아동복지관과 가정보호의 강조가 표현되고 있다(이혜경, 1993). 「아동복리법」의 보호대상은 '보호자로부터 유실, 유기 또는 이탈되었을 경우, 보호자가 아동을 양육하기에 부적당하거나 양육할 수 없는 경우'로 명확히 한정하여, 이 법에 따른 아동복지제도는 사후조치적이고 잔여적인 성격을 갖고 있음을 명시하고 있다. 또한 시와 도에 아동복리위원회를 설치하고 아동복지지도원을 두어 아동지도에 필요한 가정환경 조사, 입양위탁업무, 거택구호에 관한 업무 등 요보호아동의 탈시설화와 제반 아동복리 증진에 관한 업무를 담당하게 하였으며, 보육시설 외에 아동상담소 등 다양한 시설과 일시위탁보호제도를 두었다. 다시 말해서, 요보호아동을 무차별적으로 시설에 수용·보호하는 것이 아니라 아동의 개별적인 요구에 따라 다양하고 적절한 보호를 행한다는 취지로 아동상담소 외에 10여 종에 달하는 아동복지시설을 설치하고, 시설보다는 가정에서 보호받게 한다는 취지로 입양과 위탁보호 및 탁아 서비스를 권장하였던 것이다. 1961년에는 「고아입양특례법」이 제정되어 아동을 원가정에서 보호할 수 없는 경우 다른 가정에서라도 보호하게 하려는 정책적 의지를 담아내었다.

이 시기의 아동복지정책은 요보호아동을 대상으로 한 매우 제한적인 보호

대책이었다. 당초 법안에 있었던 모든 아동의 건전육성이란 규정은 국가재정의 어려움을 이유로 제외되어 버렸고, 대신 법의 대상이 요보호아동으로만 제한되어 입법되었다(장동일, 1996: 339). 이 역시 당시의 아동복지정책이 국가의 책임을 최소화하는 방향으로 추진되었음을 시사하는 것이다. 따라서 1970년대 말까지는 법적으로나 실제 행정에서 요보호아동만을 대상으로 하면서 개인의 책임을 강조하는 잔여적 아동복지정책의 시기였다고 볼 수 있다.

아동복지시설의 수와 수용아동인구는 1960년대에도 계속 증가하였고, 1967년의 568개 시설, 수용인구 65,212명을 고비로 1970년대 이후에는 점차 감소하는 추세를 보였다. 또한 이 시기 들어 외원기관의 철수 및 사업축소로 말미암아 아동보호에 대한 국가개입이 점차 늘어나게 되었다. 재정적 측면에서는 1960년대까지 외원이 아동복지시설 운영재원 중 50%를 넘고 있었으나, 1970년대부터는 외원단체가 점진적으로 철수하면서 상대적으로 국가보조가 증가하기 시작하였다(표갑수, 2000). 1960년대와 1970년대에는 국내와 해외 입양사업이 확대되었지만, 국내입양의 어려움으로 인해 국내입양아동의 수는 정체된 반면에 해외입양아동의 수는 계속 증가하였다. 또한 산업화와 경제성장으로 인한 여성 취업인구의 증가는 보육서비스의 증가를 가져왔다. 그러나 1970년대까지 우리나라 아동복지는 일반아동을 대상으로 한 보편적 서비스로 발전하지 못하였고, 보호를 필요로 하는 아동을 중심으로 하는 선별주의 원칙에 기초한 잔여적 형태의 서비스였다(장인협, 오정수, 2001).

(3) 통합적 아동복지정책의 모색기(1980~2000년대)

1970년대 후반부터 산업화, 도시화, 핵가족화, 가치관의 변화로 소년소녀가장문제 및 가출아동, 부랑아동, 비행아동, 정서장애아동, 신체장애아동의 문제뿐만 아니라 저소득층 또는 일반가정의 방치된 아동문제 등 광범위하고 다양한 아동문제가 등장하게 되었다. 그뿐 아니라 여성의 사회참여가 늘어나고 보편주의 원칙에 입각한 전 국민의 의료보장과 소득보장이 중요한 국가정책의 영역이 되면서 아동복지에서도 그 대상이 요보호아동뿐 아니라 일반 가정 아동에게까지 보편화되어야 한다는 새로운 아동복지관이 대두되었다. 도시로 이주한 가정, 핵가족, 취업모가정 등 일반가정 아동을 위한 발전적이고 예방적인 복지프로그램의 필요성이 주장되었다.

한편, 외국의 원조도 우리나라의 경제력 신장을 의식하여 1970년대 중반부터 줄이기 시작하면서 국가가 더 이상 아동복지의 책임을 민간으로 미루기 어려운 상황이 되었으며, 국가경제적으로도 실제 아동복지에 대한 국가의 책임을 수행할 수 있는 기반이 마련되기 시작하였다(이혜경, 1993).

이에 변화된 가정과 아동의 욕구에 부응하여 「아동복리법」을 전면 개정하여 1981년 4월 13일에 「아동복지법」을 제정하였다. 1960년대 초의 「아동복리법」은 그 당시의 시대적 요청에 따라 빈곤아동, 보호자가 없는 아동 등의 요보호아동을 주된 대상으로 하였으나, 새로운 「아동복지법」은 적극적인 사회복지법으로서 요보호아동을 포함하여 모든 아동을 대상으로 아동이 가진 문제의 해결과 동시에 건전하게 자랄 수 있도록 하는 지원을 목적으로 반영하고 있다(현외성, 2001: 434-435).

대표적으로 아동상담소를 법정기관으로 지정하고, 일반아동의 문제를 예방하고, 요보호아동의 발생을 막기 위해 모에 대한 보호를 포함하는 등 이전보다는 적극적으로 아동의 복지를 보장하고자 하는 내용이 포함되었다.

1980년대 중반 이후로 갈수록 기혼여성의 취업확대에 따른 탁아수요 증가에 대응하고 아동의 건전한 육성을 위하여 탁아시설의 설치에 대한 관심이 높아졌다. 이러한 과제에 대처하기 위해 1989년 9월 「아동복지법 시행령」 중 일부가 개정되었다(장동일, 1996: 339-340). 그 내용은 다음과 같다.

아동복지시설의 종류에 아동을 보호・양육하는 탁아시설이 추가되었다. 저소득층의 생활자립기간 조성을 위하여 탁아시설의 장은 아동입소 시에 「생활보호법」이 정하는 생활보호 해당자의 자녀를 우선적으로 입소시키도록 했다. 탁아시설 중 신고하여 아동을 보육할 수 있도록 하는 가정탁아제도를 신설하여 주민의 탁아시설 이용편의를 증진하도록 하였다. 그리고 간호사, 보육사 등 아동복지시설에 두어야 할 종사자의 수 및 자격을 현실에 맞게 조정하였다.

「아동복지법 시행규칙」도 1990년 1월 9일에 보건사회부령 제839호로 제정되었는데, 여기에는 시설탁아 및 가정탁아시설의 시설기준을 정했다. 그러나 1991년 1월 「영유아보육법」의 제정으로 탁아와 관련된 내용은 「아동복지법」에서 분리되었으며, 시설탁아 및 가정탁아시설은 아동복지시설에서 제외되었다(장동일, 1996: 340). 기존 보육시설의 기능이 미흡하고 보육시설이 절대적으로 부족함에 따라 전반적인 보육사업을 개선할 필요성이 생긴 것이다. 또 기존의 보육사업이 관련 부처의 난맥상으로 어려움에 처했던 점을 반영해 「영유아보육법」을 제정하여 당시 보건사회부로 행정소관을 일원화함으로써 보육사업의 체계화와 보육시설의 조속한 확충이 가능하게 되었다.

이 시기는 외원의 감소와 국가의 지원강화 그리고 일반아동의 복지까지 도모하는 아동복지로의 변모를 시도한 시기라고 정리할 수 있다. 실제 아동복지에 대한 국가의 절대적 지원수준은 이 시기에 꾸준히 상승하였으며, 「아동복지법」에 일반아동의 복지를 위한 내용들이 포함되기 시작하였다.

1970년대를 고비로 아동복지서비스의 운영과 관련된 국가의 책임은 계속 증대하였는데, 1990년도의 아동복지시설 재정구조를 살펴보면 정부지원 65.0%, 자체수입 15.8%, 민간보조 12.0%, 기타 7.3%의 비중을 보여 과거 외원기관 중심에서 국가 중심의 운영체제로 전환되었음을 알 수 있다(표갑수, 2000). 이러한 변천과정에서 우리나라의 아동복지는 시설수용보호, 입양사업, 영유아보육사업, 아동결연사업, 가정위탁 등의 서비스로 제공하는 형태로 형성되어 왔다. 과거 아동복지의 주류를 형성하였던 시설수용보호사업은 점차 퇴조하고, 가정과 지역사회 중심의 보육서비스, 국내입양, 가정위탁, 재가복지서비스의 의의와 중요성이 강조되고 있다(장인협, 오정수, 2001).

(4) 보편적 아동복지정책 도입 및 공공성의 강화기(2000년대~)

국가중심의 운영체제를 강화하였지만 여전히 선별적 복지의 성격이 강했던 우리나라 아동복지정책은 2000년대 들어 아동복지사업분야를 확대하면서 사각지대에 놓였던 다양한 아동복지의 문제를 해결하고자 하였다.

2000년「아동복지법」을 전부개정하면서 실질적으로 운영되지 않았던 아동복지시설 유형을 정리하고, 아동복지시설의 종류를 새로이 규정하였다. 아울러 1990년대까지 자녀의 훈육문제로 간주하던 아동학대 문제에 대해 적극적인 공적 개입이 필요하다는 인식의 전환과 함께 그 대응책으로 아동보호전문기관을 신설하고 아동학대 신고의무조항을 도입하였다. 아동학대 신고의무제는 모든 국가가 채택해 운영하지는 않고 있다. 영국과 북유럽 국가들의 경우, 아동학대 신고의무제를 채택하지 않고 있다. 우리나라가 신고의무제를 채택한 배경에는 아동보호정책의 이전대상 국가로 미국을 선택했고, 신고의무제를 강력하게 운영하는 미국식 아동보호체계를 받아들였기 때문이다. 또한 2000년「아동복지법」전부개정을 통해 아동에 관한 모든 활동에서 아동의 이익이 최우선적으로 고려되어야 한다는 조항을 신설해 아동이익 최우선 원칙을 명확하게 확인하였다.

2004년「아동복지법」개정을 통해 아동정책 수립 및 관계부처의 의견조정, 정책의 이행감독, 평가를 수행하는 아동정책조정위원회를 국무총리 소속하에 설치하였다. 또 공동생활가정과 지역아동센터를 새로이 아동복지시설로 규정하였고, 2005년 가정위탁규정을 신설하고, 가정위탁지원센터를 설치해 요보호아동의 시설보호중심 기조를 변화시키는 기반을 마련하였다.

「아동복지법」은 2011년 다시 전부개정되었고, 수요자 중심의 정책수립을 위해 5년마다 아동종합실태조사를 실시하고, 5년주기로 아동복지기본계획을 수립해 체계적인 정책수행을 위한 기반을 마련하였다. 또한 지방자치단체 내에 아동복지심의위원회를 설치해 요보호아동의 보호조치, 서비스 지원 대상자의 선정을 수행하도록 해서 아동보호조치의 공공책임성을 강화하였다. 아울러 취약계층아동의 공평한 출발기회 보장을 위해 드림스타트, 아동발달계좌사업인 디딤씨앗통장, 자립지원 등의 법적 근거를 마련하였다.

아동보호전문기관과 가정위탁지원센터는 2016년「아동복지법」개정을 통해서 아동복지시설로 새로이 규정되었다. 2018년「아동복지법」개정을 통해 아동권리보장원을 신설하였다. 아동권리보장원은 공공기관의 성격을 가지는 법정기관으로 아동분야 주요 사업의 중앙지원조직인 중앙입양원, 중앙아동보호전문기관, 중앙가정위탁지원센터, 지역아동센터중앙지원단, 드림스타트사업지원단, 아동자립지원단, 디딤씨앗사업지원단, 실종아동전문기관 등을 통합 운영한다. 민간위탁으로 운영해 온 중앙지원조직을 하나의 공공기관으로 통합해 운영함으로써 최소한 아동분야 사업의 중앙지원체제를 공공화하였다는 점에서 의의가 있다.

이상과 같이 2000년대 우리나라 아동복지에서 발견할 수 있는 주요한 흐름은 사각지대에 놓여 있던 취약계층아동과 가족에 대한 복지 제도와 서비스를 강화해 아동복지 정책과 프로그램의 외연을 확장한 것이라 볼 수 있다. 이와 함께 무엇보다 2000년대 들어 주목해야 할 가장 큰 변화는 보편적 아동복지정책의 도입이다.

저출산고령화사회로의 전환이 가속화되면서 보육의 국가책임을 강화하고 영유아중심으로 보육서비스를 대폭 확대하는 기조가 강조되면서, 무상보육지원을 과감하게 도입하였다. 2013년 전 계층을 대상으로 한 보육료 및 양육수당 지원제도를 실시하였고, 3~5세 영유아에게 공통의 보육교육과정을 제공하는 '누리과정'을 도입하였다. 또한 보육의 공공성을 강화하고 효과적인 보육서비스 제공을 위한 보육체계를 개편해 보육과 관련한 보편서비스 제공과 국가책임의 원칙이 확고하게 자리 잡게 되었다.

이와 함께 보편적 아동복지정책의 대표적 형태라 할 수 있는 아동수당제도가 2018년 도입되었다. 하지만 완전한 보편주의 지급방식이라고 볼 수는 없는 선별적 아동수당제도가 도입되었다. 소득재산 기준 하위 90% 가정에서 자라는 만 6세 미만의 아동에게만 지급하는 제도였기 때문이다. 이 방식은 이내 아동수당의 기본원칙인 보편지급을 따르지 않고 있으며 대상아동의 선정과정에 소요되는 비용이 과다하게 든다는 비판이 거세게 제기되었다. 그리하여 2019년부터는 만 6세 미만의 모든 아동에게 월 10만 원을 지급하는 보편지급으로 개편하였고, 2019년 9월부터는 만 7세 미만으로 연령을 확대해 운영한다. 아동수당의 도입은 우리나라가 본격적으로 보편적 아동복지의 시대로 접어들었음을 의미한다.

아동수당제도의 도입은 아동복지예산이 상당한 규모로 확장되는 데 크게 기여하고 있다. 2011년 아동복지예산은 1,691억 원으로 영유아보육예산 2조 4,783억 원, 노인복지예산 3조 7,145억 원, 장애인복지예산 6,475억 원에 비해 현저하게 왜소하였다. 아동 1인당 복지예산이 불과 2만 원에 그쳐 노인 1인당 예산규모 85만 원, 영유아 1인당 예산규모 82만여 원과 비교할 바가 아니었다(국회보건복지위원회, 2011). 하지만 아동수당제도가 도입된 2019년 아동복지예산은 보육 관련 예산을 제외한 규모가 2조 5,170억 원으로 대폭 늘어났다. 이는 전체 사회복지예산 60조 7,895억 원 대비 4.1%에 해당한다.

표 4-1 2019년 아동·청소년 복지예산 규모

구분			2018년 예산	2019년 예산안	증감	증감률(%)
보건복지부	총지출(A)		632,870	723,758	90,888	14.4
	사회복지(B)		526,662	607,895	81,233	15.4
타 부처	일부 기금(C)		648	686	38	5.9
아동·청소년	금액(D)		12,781	25,170	12,389	96.9
	비중	D/(A+C) (%)	2.0	3.5		
		D/(B+C) (%)	2.4	4.1		

출처: 보건복지부(2018). "사람중심의 포용적 복지국가 구현을 위한 2019년 복지부예산편성."

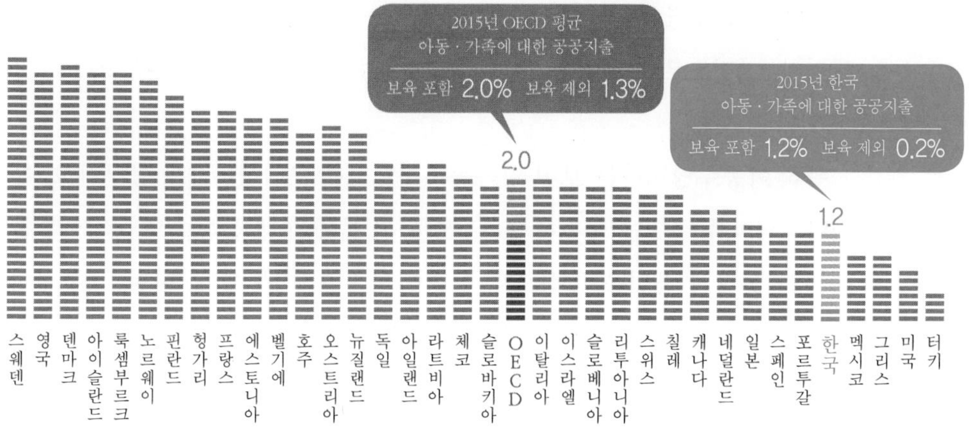

그림 4-1 OCED 국가의 아동 · 가족에 대한 공공지출(단위: GDP 대비 %)

주: 2015년 기준 가족분야 사회복지지출에서 영유아보육을 제외한 수치.
출처: 보건복지부(2018). 통계로 보는 사회보장 2018. OCECD, Family Database.

이러한 아동복지예산의 증액은 그동안 자신의 입장을 강력하게 대변할 수 있는 통로가 부족해 인구규모에 비해 복지예산이 턱없이 부족했던 문제를 일정 정도 해결해 주었다고 볼 수 있다. 그럼에도 아동수당제도는 장기적으로 16세 또는 18세 미만의 모든 아동연령대로 확대할 필요가 있으며, 아동의 기본권리를 보장하는 기존의 정책 및 프로그램을 충실히 수행하기 위해서는 더 많은 예산이 필요하다.

실제 2015년 기준으로 우리나라는 GDP 대비 아동 및 가족을 위한 복지비용 지출비율은 1.2%로 OECD 회원국 가운데 매우 낮은 수준을 기록하고 있다. 이는 스웨덴, 덴마크 등 주요 복지국가에 비해 크게 낮은 수치이며, 포르투갈, 이탈리아 등 남부유럽 국가의 평균치에도 미치지 못하는 실정이다. 그나마 보육지출비용을 합할 경우 OECD 회원국 평균치인 2.0%의 절반수준에 그치고 있지만, 이를 제하면 OECD 회원국 평균지출비용인 1.3%에 크게 못 미치는 0.2%로 떨어진다. 이는 OECD 평균지출비용의 15%에 불과한 실정이며, 우리나라보다 낮은 지출비율을 보인 국가는 멕시코, 그리스, 미국, 터키 뿐이다. 아동수당제도를 기점으로 해서 아동복지지출비용이 큰 폭으로 증가했지만, 진정으로 행복한 아동의 삶을 보장하기에는 여전히 부족하다고 볼 수 있다.

특히 아동수당이라는 보편적 아동복지제도를 도입했음에도 불구하고, 우리나라의 아동복지는 여전히 요보호아동의 문제에 대응하는 사후적이고 잔여적인 성격의 사업을 중심으로 이루어져 있기 때문이다. 아동은 현재의 20%에 불과하더라도 국가 미래의 100%라는 말처럼 국가가 아동의 삶과 성장을 책임지는 아동복지에 대한 인식의 대전환이 필요하다. 민간위탁에 의존하는 대부분의 아동분야 사업 중 아동의 생명권, 발달권과 직결되는 사업의 경우 앞으로 취약한 공공성을 강화하는 다양한 노력이 필요하다. 그러한 점에서 우리나라 아동복지와 관련한 국가 책임성과 공공성의 강화는 완료형이 아니라 여전히 진행형이다.

연구문제

1. 외국의 아동복지 발달과정에서 찾아볼 수 있는 소규모 시설보호, 지역사회중심 보호, 포괄적이고 다면적 서비스 제공, 아동권리의 강조라는 방향성에 비추어 볼 때, 현재의 우리나라 아동복지제도는 어떠한 정도에 이르고 있는지 논의해 봅시다.
2. 국제 아동권리협약과 관련해 우리나라의 아동권리 이행수준은 어떠한 수준에 이르고 있는지 관련 자료를 조사한 후 논의해 봅시다.
3. 우리나라 아동복지의 발전에 중요한 영향을 미친 외원기관의 활동에 대해 조사한 후, 이들이 미친 긍정적 영향과 부정적 영향에 대해 논의해 봅시다.
4. 보편적 아동복지의 대표적 형태인 아동수당제도를 둘러싼 쟁점을 조사한 후, 그 제도가 실질적으로 아동과 가족의 삶에 가져올 긍정적 효과가 무엇인지 논의해 봅시다.

제 2 부

아동복지의 제 접근

제 5 장

아동복지의 실천과정과 기술

아동복지의 실천과정이란 아동과 가족 또는 그들의 집단을 대상으로 하는 사회복지 실천과정으로서 사회복지 실천의 원리와 가치가 그대로 적용된다. 단, 아동의 발달단계별 특성과 부모체계의 특성, 해당 가족의 발달주기 등을 세심하게 고려하여야 할 것이다. 따라서 이 장에서는 아동 및 가족을 대상으로 하는 사회복지 개입 시 각 실천과정별로 강조되는 사회복지사의 활동과 기술들을 설명한다. 이를 위해 전반부에서는 초기 접수상담에서부터 종결까지 실천과정 전반에서 다루어지는 주요 과업을 단계별로 설명하고, 해당 단계에서 유용하게 사용할 수 있는 실천기술을 소개한다. 후반부에서는 아동을 대상으로 하는 집단개입의 종류를 소개하고, 아동대상 집단 사회복지 실천 시 고려해야 할 지침과 집단 발달단계별 과업을 논의한다.

1. 아동대상의 사회복지 실천과정

1) 초기 접수상담

초기 접수과정은 클라이언트와 사회복지사 간에 이루어지는 최초의 대면 접촉이다. 이 시기의 가장 중요한 과업은 일차적으로 클라이언트의 문제와 욕구를 파악하고, 아동과 부모의 기대가 본 기관의 목적과 기능에 부합하는 것인지 확인하는 것이다. 따라서 이 단계에서는 서비스 제공 여부와 형태 등을 결정하는 것이 가장 중요한 과업이다. 또한 최초의 만남이 이루어지는 시기이므로 이 단계에서 초기 저항을 효과적으로 다루면 이후의 실천과정에도 도움이 될 수 있다.

(1) 문제 및 욕구 확인

대부분의 아동의 경우 스스로 문제를 파악해서 오는 경우보다는 부모의 강권에 못 이겨 따라나서거나 아예 부모만 방문하는 경우도 많다. 이러한 경우 부모를 대상으로 면접이 이루어지는 경우가 많으며, 부모의 방문동기와 기대 등을 명료화하는 것이 중요하다.

초기 접수과정에서는 부모에게 어떠한 이유로 기관에 왔는지(문제), 무엇을 기대하는지(욕구)를 질문하는 것이 좋다. 이러한 질문을 통해서 아동에 대한 부모의 걱정이 적절한 내용과 수준인지, 기관을 통해서 해결될 수 있는지를 가늠할 수 있다. 예컨대, 어떤 부모들은 걱정이 지나치거나 아동발달에 대한 지식이 부족해서 문제시하는 경우도 있다. 배변훈련을 잘 끝내고 그 이후 한 번도 실수한 적이 없는 아동이 동생이 태어난 후에 소변 가리기를 계속 실수한다면 이는 놀랄 만한 사건이 아니다. 물론 이것은 새로 태어난 아기에 대한 질투의 표현이며 아기가 받고 있는 부모의 관심을 자신에게 모으려는 시도일 것이다. 그러나 이러한 행동이 4~5주 계속될 때는 검사가 필요할 수도 있다.

문제가 비롯된 외부의 스트레스원이 분명하고 포괄적인 발달기준에 근거할 때 충분히 있을 수 있는 정도의 퇴행행동일 경우는 병리적인 관점보다 무엇이 그런 행동을 야기했는지에 초점을 둘 필요가 있다.

한편, 클라이언트가 보는 문제와 사회복지사가 보는 문제가 불일치하는 경우가 있다. 예컨대, 여러 기관에서 판정받았음에도 불구하고 아동의 장애를 받아들이지 못하는 부모가 장애인복지관에 내원해서 아동의 발달검사만을 원하는 경우, 사회복지사는 너무나 자명한 장애를 두고 반복해서 발달검사를 하기보다 가족상담, 부모교육 등이 필요하다고 판단할 수 있다. 그러나 이러한 경우에도 개입하는 것은 클라이언트가 제기하는 문제나 욕구에서 시작해서 전문가가 필요하다고 생각하는 문제로 초점을 점진적으로 이동하는 것이 바람직하다.

(2) 서비스 제공 가능성과 개입형태 결정

기관에 따라서는 초기 접수상담만을 담당하는 사회복지사가 별도로 있는 경우도 있다. 이러한 경우는 대략적인 욕구와 문제 파악이 간단하게 이루어져서 이후 실제로 개입할 사회복지사와 연결해 주는 다리 역할만 한다. 그러나 우리나라의 사회복지기관에서는 초기 접수부터 개입, 종결에 이르기까지 동일한 사회복지사가 하는 것이 일반적이다. 이러한 경우 초기 접수과정이 사회조사 과정이라는 초기 상담과정으로 자연스럽게 연결된다.

만일 해당 기관이 아동상담소와 같은 임상적인 상담기관이고 아동에게 그러한 상담치료가 필요한 경우라면 이 과정에서 치료의 형태와 방법들이 결정되기도 한다. 물론 이 시기의 결정은 아동에 대한 평가가 정교화되면서 얼마든지 변화할 수 있는 융통성 있는 결정이다.

그러나 문제의 성격이나 제공받고자 하는 서비스의 내용이 기관의 목적이나 기능에 부합하지 않는 경우도 있다. 이러한 경우는 그 이유를 설명해 주고, 관련된 다른 기관에 대한 정보를 제공하거나 의뢰를 하게 된다. 의뢰가 형식적으로만 이루어지지 않기 위해서는 가능한 한 구체적이고 적극적으로 정보를 제공해 주는 것이 바람직하다. 예컨대, 단순히 기관명만을 알려 주기보다는 기관의 위치나 연락처, 클라이언트가 받을 수 있는 서비스 내용 등을 구체적으로 알려 주는 것이 좋다. 이와 같이 초기과정에서는 문제와 욕구를 파악하고, 지속적으로 전문적인 개입이 필요한지 아니면 일회적으로 부모에게 아동발달에 대한 정보를 제공해 주어야 하는지 등을 판단해야 할 것이다.

(3) 초기 저항 다루기

아동의 초기 저항을 효과적으로 다루기 위해서는 아동이 보이는 저항의 의미와 양상을 이해하고, 우호적인 상담 분위기를 제공하며, 아동이 상담과정에 대해 좀 더 이해할 수 있도록 도와주는 것이 필요하다.

① 아동 저항의 표출 양상

일단 해당 서비스가 제공될 수 있다는 전문적인 판단이 내려지고, 초기 실천 국면으로 들어서게 되면 가장 중요하게 대두되는 문제가 저항의 문제다. 아동의 불안과 저항이 어떻게 표출되고 어떻게 다루어지는 것이 바람직한지가 초기단계에서 가장 중요한 실천적 문제이다. 아동대상 실천에서 보이는 아동의 저항 표출방법은 성인의 그것과 다소 상이하다. 아동의 저항은 말하기를 거부하고, 문제가 없다고 부정하며, 쓸데없는 주제를 말하는 것으로 표현되기도 한다. 때로 눈을 마주치지 않고, 약속시간을 어기고, 부정적인 몸짓이나 적대적인 표정 또는 행동을 보이기도 하며 책상 뒤에 숨기도 한다. 이외에도 아동들은 매우 다양한 방식으로 자신의 저항을 표현하게 된다.

유능한 사회복지사라면 아동이 처음 기관을 방문할 때 갖게 되는 두려움, 걱정 및 질문 등을 전적으로 이해해야 한다. 상담과정에 아동을 참여시키기 위해서는 무엇보다 아동 스스로의 동기와 흥미를 유발하고 유지하는 노력이 필수적이며, 이를 위해 해당 아동의 발달수준도 반드시 고려해야 할 것이다.

② 우호적인 상담 분위기 제공

상담장소를 우호적이고 안락하며 편안하게 만들어야 한다. 아동들은 상담과정에서 일관성 있는 규칙을 경험함으로써 행동의 결과를 예측할 수 있는데, 이는 편안함을 조성하는 기반이 된다. 동일한 시간과 날짜를 정하여 규칙적으로 상담약속을 하여야 한다. 상담시간에는 전화나 노크 소리 등으로 방해받아서는 안 된다. 또한 약속시간에 기다리게 해서도 안 된다. 이렇게 세심한 주의를 기울일 때 아동은 자신이 가치 있고 중요하다고 여기게 된다.

③ 상담과정에 대한 설명

아동에게 상담이란 무엇인지와 상담으로부터 무엇을 기대해야 할지를 이해시키는 일은 매우 중요하다. 초기면접에서 사회복지사는 아동에게 상담과정 및 사회복지사의 기대를 설명해 주어야 한다. 상담에 대한 설명은 아동의 발달수준에 따라 짧고 간단하게 이루어져야 한다. "네가 전학 온 뒤로 기분이 매우 좋지 않아졌다는 말을 엄마에게 들었어."와 같이 시작할 수도 있다. 이러한 예에서 사회복지사는 아동에게 자신이 아동의 문제를 이미 알고 있고 이야기를 들을 준비가 되어 있음을 알릴 수 있다. 또한 사회복지사는 도우려는 사람이지 벌주려는 사람이 아니라는 것도 알려 주고, 부모나 선생님의 관심사를 알려 준다. 예컨대, "엄마가 걱정하시더라. 네가 학교에 계속 가지 않으려는 이유를 알아야 널 도와줄 수 있을 것 같아서 나에게 부탁을 하신 것 같아. 상담은 네가 속상하거나 힘든 일을 이야기할 수 있는 시간이야. 선생님과 이야기를 하면서 마음도 편해지고, 좋은 해결방법도 함께 생각해 볼 수 있단다."라고 할 수 있다(천성문 외 공역, 2001).

④ 행동 제한과 선택기회의 균형

사회복지사는 아동을 다룰 때 상담시간에 필수적인 규칙, 즉 행동의 한계를 정하고 아동에게 그래야 하는 이유와 그렇게 하지 않았을 때의 결과를 알려 줘야 한다. 잘못된 행동은 적절하게 제지함으로써 바로잡는 것이 바람직하다(천성문 외 공역, 2001).

그러나 아동이 받아들이기 힘든 제한과 규칙 등을 무리하게 적용하여 아동이 상담을 통해 너무 많은 것을 포기하고 잃어버려야 한다는 오해를 하지 않도록 해야 한다. 이러한 오해를 예방하기 위해서는 아동이 선택할 수 있는 기회를 주는 것이 좋다. 예컨대, 초기에 상담실에 자신의 장난감을 가지고 와서 노는 아동에게 집에서 가지고 놀던 장난감을 가져오지 않도록 무조건 제한하기보다 그 장난감이 아동에게 주는 의미를 이해하고 공감해 주는 것이 더 좋다.

⑤ 비밀보장에 대한 설명

아동들은 상담내용의 비밀보장에 대해서 알고 싶어 한다. 비밀보장이 지켜지기 힘든 예외적인 경우, 예컨대 사회복지사가 상담 중 학대를 발견하여 보고하거나 위기개입을 위한 외부 전문가를 요청할 수도 있지만 이러한 경우에도 아동이나 부모에게 설명해서 동의를 구하는 것이 좋다. 이러한 경우를 제외하고는 상담내용이 확실히 비밀보장이 된다는 것을 아동에게 말해 주어야 한다. 예컨대, '네가 말해도 좋다고 하지 않는 한 어떠한 것도 다른 사람에게 말하지 않겠다.'고 안심시킬 필요가 있다(이부덕 외 공역, 1996).

2) 사회조사

사회조사는 아동문제와 관련된 다양한 사실을 수집하는 단계이다. 이후의 사정평가의 기초가 되는 구체적인 사실들을 수집하는 것이다. 주로 아동의 생육사에 관련된 내용과 아동문제와 관련된 가족정보를 수집하는 것으로 요약된다. 이러한 생육사에 대한 정보는 부모나 조부모 등의 주 양육자로부터 얻기 때문에 이들의 협조가 필수적이다. 특히 부모가 기관의 서비스에 대해 어떠한 태도를 갖느냐가 아동에게도 결정적인 영향을 미치며, 실제적으로 많은 정보를 제공하는 필수적인 정보원이다. 따라서 이들의 심리적 상태나 반응을 이해하고 다루어 주어야만 타당하고 신뢰할 만한 정보를 수집할 수 있다.

(1) 생육사 조사

① 생육사 정보수집의 기본적인 태도

아동들은 자신의 어려움이나 욕구, 문제의 발달력 등을 효과적으로 표현하기 어려우므로 부모가 가장 중요한 정보원 중의 하나가 된다. 부모로부터 정보를 수집할 때는 가능한 한 명확하고 구체적으로 하되, 부모에게 비위협적으로 정보를 수집하는 것이 중요하다. 예를 들어, 부모가 '아이를 통제하기 어렵다.' 혹은 '아이에게 불끈하는 성질이 있다.'와 같이 단순히 설명하기보다는, 부모에게 선행사건과 그 행동의 결과를 포함한 구체적 행동의 예를 물어보아야 한다. 또한 부모가 아동의 행동을 다루기 위해 어떤 노력을 했는가에 대한 정보를 수집해야 한다. 완벽한 발달력에 대한 정보수집은 발달영역에서 중요한 정보를 제공할 뿐만 아니라 아동의 문제에 대한 부모의 기대와 지각을 알 수 있게 한다(Braswell & Kendall, 1988).

② 생육사 조사 내용

양쪽 부모 각각의 원가족 내 성장배경을 조사하고, 만남에서 결혼하기까지의 과정이 어떠했는지를 질문한다. 아동을 임신했을 때 원하는 임신이었는지, 임신기간 중에 신체적 · 정신적 어려움은 없었는지 등 임신과 관련된 내용 및 조산은 아니었는지, 자연분만이었는지, 출생 시 건강상태는 어떠했는지 등 아동의 출생에 대한 정보를 질문한다. 때때로 몇 번 임신했는가와 같은 간단한 질문을 통해 사산이나 유산의 경험을 밝히기도 한다. 아동의 출생 이전에 그러한 사실이 있었던 것은 아동에 대한 과잉보호나 거부의 가능성을 탐색하는 실마리를 제공한다. "아무개가 아기였을 때 어땠나요?"라는 질문은 아동의 수면이나 식사습관에 관한 정보 및 이에 대한 부모의 반응을 알게 해준다. 또한 처음으로 부모와 떨어져 지냈던 캠프나 입학 첫날 경험, 애완동물이나 조부모의 죽음 등 아동의 분리나 상실경험에 대해 자세한 정보를 탐색해야 한다. 아동을 돌봐 준 사람에 대한 정보는 아동이 이런 사람들과 어떤 친밀한 관계를 가졌는지를 알려 줄 뿐만 아니라 아동이 괴롭힘을 당한 경험에 대한 정보를 제공해 줄 수 있다. 그 밖에 문제행동, 감정표현방식, 질병 유무와 종류 등에 대해서도 살펴보아야 한다(이부덕 외 공역, 1996).

(2) 가족관계 및 역동 조사

아동문제를 보다 체계적이고 맥락적으로 파악하고 원조하기 위해 가계도가 활용된다. 가계도를 통해 세대 간 전승되는 독특한 양육방식이나 가족문제를 확인하는 것은 현재의 문제역동을 이해하는 데 도움이 된다. 부모가 자신의 양육방식이나 원가족으로부터 전승받은 문제에 대한 통찰을 얻을 수도 있고, 부모 자신이 아동문제에 어떻게 기여하고 있는지를 인식할 수 있기 때문이다.

토머스(Thomas, 1992)는 가계도 면담을 통해서 자료를 어떻게 분석하고 구조화할 것인가와 관련하여 다음의 질문을 제안한다(천성문 외 공역, 2001).

- **건강:** 가족원에게 나타나는 가장 빈번한 건강문제는 무엇이었나? 이 건강문제를 예방하거나 다루기 위해 어떻게 했는가?
- **구조:** 한부모, 확대가족, 핵가족, 혼합가족 등과 같은 특정 유형의 가족구

조가 가계도에서 반복되었는가?

- **직업**: 가족 내 어떤 직업들이 가장 많았는가?
- **단계**: 가장 다루기 힘들었던 생활주기 단계는 무엇이었는가?
- **사건**: 어떤 인생 사건들이 세대를 통하여 가족기능에 영향을 미쳤는가?
- **삼각관계**: 가계도에서 삼각관계가 존재하는가? 누구와의 관계가 가깝고, 어떤 관계가 소원하며, 누구와 갈등이 있는가? 정서적 단절은 누구와의 관계에서 나타나는가?
- **유형**: 교육이나 직업적 성공, 종교, 정치활동, 알코올이나 마약 사용과 같은 패턴이 반복되는가?
- **크기**: 가족의 크기가 어떠한가? 가족 크기나 불균형 때문에 어떤 스트레스들이 있었는가?

이 외에도 아이와 함께 찍은 가족들의 사진을 가지고 오게 하는 것도 가족 내 상호작용이나 역동을 사정하는 흥미로운 방법 중 하나이다. 자연스럽게 찍은 사진에서 누가 누구 옆에 있는가, 누가 누구의 어깨에 팔을 두르고 있는가, 그들의 접촉은 친밀한가, 누가 누구에게 기대고 있고 누구를 멀리하고 있는가, 누가 행복해 보이고 누가 그렇지 않은가 등을 살펴볼 수도 있다(이부덕 외 공역, 1996).

(3) 다양한 정보원에 대한 조사

정보는 부모뿐만이 아니라 아동으로부터도 반드시 수집되어야 한다. 일반적으로 아동들은 자신의 문제를 설명하는 능력에 어려움이 있기 때문에 아동으로부터 얻는 정보가 별로 유용하지 않다고 생각할 수 있다. 그러나 아동으로부터 수집한 정보는 그 내용의 정확성이나 신뢰성 여부를 떠나 임상적으로 중요한 의미를 갖는다. 아동의 입장에서 문제를 어떻게 지각하는가 하는 것은 궁극적으로 아동행동을 이해하는 기초가 되고, 결과적으로 개입효과에도 영향을 미치기 때문에 계획을 수립할 때부터도 고려되어야 한다(Bierman, 1983).

정확한 사정을 위해서는 다양한 정보원으로부터 정보를 수집해야 한다. 무엇보다 부모의 정보가 중요하겠지만, 아동은 환경과 사람에 따라 다르게 행동할 수 있음을 간과해서는 안 된다. 따라서 아동에 대한 정보수집을 위해 오직 한 정보원에게만 의존한다면 그 아동이 보이는 현재의 행동과 다른 장소에서 보이는 행동을 제대로 이해할 수 없게 된다. 만약 아동이 부모가 아닌 다른 양육자, 예컨대 조부모나 보모 등과 대부분의 시간을 보낸다면 아동에 대한 정보는 주 양육자인 조부모나 보모에게 얻는 것이 바람직하고, 추가적으로 부모면담을 수행해야 할 것이다(박영애 외 공역, 2001).

만약 다양한 정보원으로부터의 정보가 일치하지 않을 경우는 불일치 자체가 중요한 임상적 단서가 되며, 누구의 정보가 보다 일관되며 타당한지를 판단하는 것이 변화의 원동력이나 문제해결의 실마리를 제공하기도 한다. 특히 아동의 정보가 지속적이고 일관되게 주장된다면 5~6세 정도의 학령전 아동의 정보라 할지라도 그 신뢰성에 큰 비중을 두어야 한다.

3) 사정 및 계획

사정 및 계획 단계에서는 이상에서 수집된 사실들을 조직화하여 구체적인 개입의 우선순위를 결정한다. 이러한 자료의 조직화는 다음과 같은 원칙들을 염두에 두고 이루어져야 한다.

(1) 아동발달 관점에 근거한 사정

개입을 위한 아동문제의 사정은 발달의 시각에서 접근해야 한다. 급격한 발달을 경험하는 아동들을 평가할 때 연령에 근거한 포괄적인 발달기준도 중요하지만 아동발달에서의 개인차를 인정하는 융통성도 필요하다. 예컨대,

한 살짜리 아이가 걷지 못하는 것은 걱정할 필요가 없다. 이 연령에서는 걷지 못하는 아이가 많기 때문이다. 그러나 만 두 살이 넘은 아이가 혼자 앉을 수 없다면 그건 문제이다. 대부분의 아이가 이 연령이 되면 혼자 앉을 수 있기 때문이다.

또래와 비교해서 뒤떨어지는 경우뿐 아니라 나이에 맞게 행동하지만 더 이상의 진전을 못하는 경우도 문제가 될 수 있다. 예컨대, '심하게 떼부리기(temper tantrum)'는 세 살짜리 아이에게는 문제가 아닐 수 있지만 열두 살에도 지속된다면 한번 고려해 봐야 한다. 연령기준에 맞는 행동이라고 해도 너무 자주 또는 너무 드물게 일어나거나 너무 강하거나 너무 약할 때, 너무 오래 또는 너무 짧게 지속되는 것은 문제가 될 수 있다. 예컨대, 겁을 내는 것은 문제가 아니지만 너무 자주 지나치게 겁을 내면 문제일 수 있다(정명숙 외 공역, 2001).

사정뿐 아니라 개입 계획의 수립 또한 아동발달론적인 관점에 근거해야 한다. 사회복지 실천이 효과가 있으려면 구체적인 기법이나 방법의 선택이 아동의 인지능력이나 발달단계에 근거해야 하기 때문이다. 예를 들어, 발달단계상 자아중심성을 극복하기에 너무 어린 아동은 다른 사람의 상황을 공감하는 데 어려움이 있다. 따라서 다른 사람의 입장을 이해하거나 그 관점에서 역할을 취할 수 없기 때문에 역할극을 하는 것 자체가 매우 어려울 수 있다(Wadsworth, 1989).

이와 같이 아동발달에 대한 지식은 아동의 초기 사정단계에서뿐 아니라 개입의 방향과 방법을 구체적으로 계획하고 실천하는 데도 필수적이라고 할 수 있다.

(2) '환경 속의 아동' 관점에 근거한 사정

사회복지 실천의 사정은 대상을 막론하고 '환경 속의 인간'이라는 이중적 관점에 근거해서 이루어져야 한다. 아동대상 실천도 예외가 아니다. 아동 개인의 발달에 대한 사정과 더불어 아동이 속해 있는 가정환경, 학교환경, 사회환경에 대한 사정이 동시에 이루어져야 한다.

이와 같이 환경 속의 아동을 사정할 때 또한 주의할 것은 개인과 환경에 대한 위험의 사정뿐 아니라 자원과 같은 보호적 요소에 대한 사정도 함께 포함되어야 한다는 것이다. 이를 통해 사정의 내용을 보다 구체적인 계획으로 연결할 수 있고 병리적인 관점으로부터도 탈피할 수 있기 때문이다.

① 아동 사정

일반적으로 아동의 개인적 발달과 관련하여 사정할 위험요소들은 다음과 같다. 첫째, 선천적인 기형이나 장애가 있어서 의료적 지원이나 특수교육서비스, 수술 지원 등이 조기에 필요한지 사정한다. 둘째, 사회적 · 정서적 · 행동적 문제 징후가 보여서 주의 깊은 관찰이나 심층적인 진단평가가 필요한지 확인한다. 마지막으로 신체적 · 언어적 · 운동적 발달이 기대되는 수준보다 지나치게 늦어서 관찰과 평가가 필요한지 확인한다.

한편, 아동의 개인적 자원과 관련해서는 신체적인 건강, 아동의 높은 지능수준, 성공적인 학업성취 유능감, 삶에 대한 낙관적인 태도, 책임감, 학교에 대한 흥미 등이 포함될 수 있다.

② 환경 사정

아동이 속해 있는 가장 대표적인 환경으로는 가정환경과 학교환경을 들 수 있다. 초기에는 가정환경이 절대적으로 중요하지만 점차 아동이 발달하면서 또래 및 학교환경의 중요성이 강조된다.

우선 가정환경에 대한 사정에 포함되어야 할 항목으로, 첫째, 가정폭력이나 보호자의 정신건강 문제로 건전한 양육이 불가능해서 즉각적인 격리나 의료적 지원이 필요한 경우인지, 둘째, 가정환경이 안전이나 위생상태가 불량해서 물리적 환경에 대한 지원이 필요한지, 셋째, 보호자의 신체질환, 간병 부담 등으로 양육환경에 대한 지원이 필요한지, 마지막으로 가족의 구조적 결손이나 실직, 빈곤 등과 같은 만성적인 위험요소가 있는지 등을 살펴보아야 한다.

다음으로, 학교환경 사정에서는, 첫째, 학교 내 대인관계적인 측면으로서 교사나 또래관계에 대한 사정, 둘째, 학업활동을 적절하게 수행하고 있는가에 대한 사정, 셋째, 학교의 규범을 수용하고 내재화하고 있는지에 대한 사정, 마지막으로 아동이 학교라는 제도에 대해 애착과 흥미를 가지고 있는지에 대한 사정 등이 포괄적으로 이루어져야 한다.

아동과 관련된 환경적 자원 또한 그 범위가 매우 넓고 다양하다. 부모의 동기화나 태도, 성격, 교육수준, 경제적인 능력이나 가족 내의 심리적 지원과 같은 가족자원에서부터 지역사회 내의 상호교류나 자조집단 참여, 장애아동수당과 같은 지역사회 내 자원에 이르기까지 공식적 · 비공식적 자원이 모두 포함된다.

이와 같이 사정 및 계획 단계에서는 현재 아동이 보이는 문제나 환경적 위험요소에 대한 평가뿐 아니라 아동의 개별적 자원은 물론 부모의 심리적 · 사회적 · 경제적 자원, 지역사회의 가용한 물적 · 인적 자원까지도 포괄적으로 고려해야 한다. 개입을 계획하고 실행할 때부터 이러한 사정원칙을 고려한다면 유용한 정보를 수집할 수 있는 기회가 극대화될 것이다.

(3) 실천이론에 근거한 사정

사정단계에서는 수집된 자료에 의미를 부여하는 과업을 수행한다. 즉, 초기과정에서 다양한 방법으로 수집된 자료를 이론적 배경에 따라 분석하고 평가하는 것이다. 사회복지사의 이론적 지향에 따라 보다 관심을 두어야 할 중요한 자료와 부차적인 자료로 우선순위를 결정하게 되며, 문제해결의 실마리와 개입방법을 계획하는 것이다.

따라서 이 단계에서는 사회복지사의 '훈련된 관심사(이론적 지향)', 즉 인간의 행위 및 원조과정에 대한 관점에 의존하여 실천이 이루어진다. 사회복지사에 따라 개인의 변화에 관심을 갖기도 하고, 가족과 같은 해당 체계의 맥락에서 문제를 이해하고 해결하려는 시도를 보이기도 한다. 즉, 놀이치료 등을 통해 아동의 심리사회적 발달을 원조하는 사회복지사도 있고, 가족치료나 부부치료를 함으로써 주어진 체계 내에서의 역기능적인 상호작용과 아동문제 간의 관련성에 보다 관심을 두고 원조하는 사회복지사도 있다.

한편, 아동이나 부모의 감정에 초점을 맞추는 사회복지사들도 있는 반면에 사고나 행동을 강조하는 사회복지사들도 있다. 이들은 사고나 감정, 행동의 세 가지 영역 중에서 하나가 변화하면 다른 두 개의 영역도 변화한다고 믿는 점에서는 같지만, 변화의 최초 실마리가 세 가지 영역 중 어디에 있는가에 따라 의견을 달리하며 실제적인 개입 양상도 달라진다.

아동을 대상으로 하는 사회복지기관에서는 상담가가 어떠한 훈련배경을 가지고 있고 어떠한 이론적 지향과 관점을 지니고 있는가도 중요하다. 그러나 만병통치약인 것처럼 특정 실천이론을 추구하는, 즉 특정 이론의 관점에서 모든 아동의 문제를 평가하는 오류를 범해서는 안 된다. 최근에는 해당 아동의 문제를 설명할 수 있는 보다 최적의 관점과 개입방법을 선택하고, 절충할 수 있는 전문가적 판단이 더욱 중시된다고 하겠다(이상균, 박현선 공역, 2000).

(4) 구조화된 평가도구에 근거한 사정

아동의 문제를 평가하기 위한 많은 측정도구가 있지만 이러한 도구의 대부분은 자기보고에 의존하므로 자신의 정서를 언어적으로 좀 더 잘 표현할 수 있는 학령기의 아동에게만 사용된다. 자기보고식 도구를 수행하기가 어려운 학령전 유아에게는 관찰이나 추론적이고 투사적인 사정을 수행해야 한다. 예컨대, 놀이를 통한 상호작용평가, 발달적으로 민감한 면접, 얼굴표정 그림, 그 외의 구체적인 참조물을 사용한 사정도구를 사용해야 한다. 기관에 따라서는 이러한 검사를 아동발달 심리전문가나 검사전문가에게 의뢰하여 실시한다.

현재 가장 흔히 쓰이고 있는 진단분류체계인 정신질환 진단 및 통계편람(DSM)은 나이 어린 아동의 행동문제에 적절한 지침을 제공하지 못한다. 이러한 진단체계는 극단적인 사례, 즉 지적장애 혹은 자폐증과 같은 중증 발달 및 정서적 결함을 지닌 아동을 제외하고는 취학전 아동에게 사용하기에 상당한 한계가 있다. 따라서 5세 이하 아동에게 예후, 변인 혹은 치료까지도 단정적으로 정의하고 있는 정신질환 진단 및 통계편람(DSM)의 진단명을 엄격하게 적용하는 것은 적절하지 않다(Campbell, 1990). 그러한 진단체계는 문제가 되는 행동이 특정 진단의 기준에 부합하는 증상인지를 판단할 만한 명확한 근거가 거의 없기 때문이다. 따라서 이것이 정상발달 범위 내의 일시 일탈인지 아니면 지속적인 병리의 시발인지를 이해하기 위한 지침이 없기 때문에 과잉진단의 가능성 또한 높다(박영애 외 공역, 2001).

4) 개입

다음은 개입단계에서 활용할 수 있는 구체적인 방법들이다. 아동의 증상이나 문제를 다루기 위해 놀이, 미술, 음악 등의 활동을 치료적으로 활용하는 방법, 복합적 욕구를 가진 아동을 위한 사례관리, 가족환경을 수정하고 개입하는 방법, 성인 역할모델을 활용한 개입방법에 이르기까지 아동을 원조하기 위한 다양한 방법을 살펴보자.

(1) 아동의 증상을 다루는 다양한 치료개입

언어적인 상호작용에 미숙하고, 학대와 같은 심각한 외상을 경험한 어린 아동들에게는 놀이나 다른 매개체를 활용한 치료가 유용할 수 있다.

물론 사회복지사가 현장에서 놀이치료나 음악치료 같은 전문적인 훈련을 필요로 하는 치료기법을 반드시 활용해야 하는가에 대해 회의적인 사람들도 있다. 그러나 최근 아동복지 현장에서는 아동치료 관련 스페셜리스트에 대한 수요가 많아지고 있고, 실제 사회복지사의 상당수가 필요에 따라 이와 같은 훈련을 받거나 받고자 하는 경우도 늘고 있다. 또한 자신이 직접 치료를 수행하지 않더라도 아동 관련 기관 내에서의 효과적인 팀 협력을 위해서 놀이치료, 음악치료, 미술치료에 대한 이해가 필요하다.

놀이치료의 범주를 포괄적으로 보는 학자들에 따라서는 음악치료나 미술치료를 놀이치료의 한 부분으로 간주하기도 한다. 그러나 이는 전문가들의 학문적 배경에 따라 논란이 많은 부분이다. 따라서 이 절에서는 각각의 중요한 특성을 중심으로 개괄적인 수준에서 살펴보기로 한다.

① 놀이치료

아동들의 생활은 대부분 놀이이며, 놀이는 아동에게 여러 가지 측면에서 영향을 미친다. 특히 학령기 이전의 어린 아동은 자아방어기제가 충분히 발달하지 않았기 때문에 감정과 생각이 상당 부분 놀이를 통해서 반영되며, 성인과 달리 놀이나 특정 관심사가 등장하면 관찰자의 존재에 대한 두려움도 경감되고, 존재 자체에 대해 덜 민감해지기 때문에 라포 형성에도 도움이 된다(O'Connor, 1991).

놀이는 스스로 동기화되기 때문에 결과보다는 과정 자체가 중요하며 놀이의 과정을 통해 아동은 내적 욕구를 만족시킬 수 있다. 또한 놀이 자체에서 긍정적인 정서가 수반되고, 자신의 경험을 재현하며, 아동이 스스로 의미를 부여할 수 있는 자유를 주기 때문에 진단적인 동시에 치료적인 효과를 지닌다(천성문 외 공역, 2001).

놀이치료실은 임상가의 이론적 배경, 놀이치료기법, 놀이실을 이용하는 아동의 유형과 연령에 따라 달라질 수 있지만(송영혜, 1998; 이부덕 외 공역, 1996; 천성문 외 공역, 2001), 치료자와 너무 떨어져 고립감을 느끼거나 불안해하지 않으면서도 안전하게 대근육놀이를 할 만한 편안한 크기의 놀이공간을 준비해야 한다.

놀잇감의 선택은 임상가가 주도하여 선택하는 것부터 아동의 욕구에 철저히 근거하여 선택하게 하는 것까지 다양하나, 일반적으로 각 놀잇감의 목적은 유사하다. 공룡, 뱀, 악어와 같이 혐오감을 조장하는 놀잇감이나 무기 등 공격적인 놀잇감은 공격성 해소와 표현에 활용된다. 인형이나 인형집은 가족의 상황을 시연하는 데 도움이 되고 가족 간의 문제나 태도를 드러내도록 할 수 있다. 몇몇 아동은 인형이 사람을 너무 닮아서 자신의 감정을 제대로 표현하지 못하기도 한다. 이들을 위해서는 어미와 새끼로 이루어진 동물 가족 인형 등을 이용하는 게 도움이 된다. 가면과 변장을 위한 옷들과 놀잇감들은 다양한 역할을 수행하는 기회를 제공하고 다양한 관계와 상호작용을 경험하게 하는 장점이 있다. 몸이 약해 병원에 자주 다녔던 아이는 의사 역할을 하면서 병원에서의 불안과 좌절을 투사하고 경감할 수 있다.

임상가는 아동의 놀이를 통해 동시에 사정과 개입을 할 수 있다. 예컨대, 블록 등의 조작과 그림의 정교화 수준을 통해 아동의 인지적인 발달단계를 추정

그림 5-1 놀이치료실

자료: 전북아동보호전문기관.

했다면 이는 놀이를 사정의 기회로 활용한 것이라고 할 수 있다. 그러나 같은 고무 장난감이라도 공격성과 활동성이 강한 아동에게는 보다 딱딱한 것을 제공하고 소심하고 철회된 아동에게는 보다 부드러운 것을 제공하여 놀이를 하게 함으로써 전자의 아동에게는 공격성 해소를 의도하고 후자의 아동에게는 자신감 고취를 의도했다면 이는 개입적 요소가 강하다. 학대와 같은 특수한 문제를 경험한 아동에게 해부학적 인형, 병원, 구급차, 경찰차 등의 놀잇감들이 진단적·개입적 목적으로 모두 활용되는 것도 그러한 예라고 할 수 있다.

② 미술치료

미술치료는 미술활동을 통해 심리치료를 수행하는 것이다. 아동이 그림을 그릴 때는 의식적이든 무의식적이든 간에 아동의 신체적·정서적·인지적 발달의 수준과 성격, 사회적 배경 등이 반영된다(김재은 외, 1997).

미술치료 상황에서 클라이언트를 원조하는 방법은 다양할 수 있다. 아동중심으로 활동이 이루어지면서 임상가는 관찰중심으로 자기 역할을 수행할 수도 있고, 적극적으로 질문하거나 참여하면서 공동 작업을 할 수도 있다. 임상가는 아동이 미술활동을 통해 표현하려는 것을 자유롭게 표현할 수 있도록 원조하고, 일단 작품이 완성되면 표현하고자 한 것을 명확하게 언어화하도록 유도해야 한다. 작품에 대해 이야기를 나누거나 아동에게 작품 속의 인물과 이야기해 보라고 하는 것이 이야기를 이끌어 내는 데 효과적이다. 그러나 미술치료에서 가장 큰 장애는 클라이언트 등이 그림을 그리려 하지 않거나 계속 주저하는 경우이다. 물론 이러한 저항은 아동의 문제나 성격, 연령 등에 따라 다르게 다루어져야 하지만, 일반적인 방법을 소개하면 다음과 같다. 첫째, 완성된 그림을 종용하기보다는 낙서형태의 긁적거리는 정도로 그림을 그리면서 이야기를 해 나가는 방법이다. 특히 그림 그리기에 대한 부담을 가지고 있는 10세 이후 아동들에게 적절할 수 있다. 둘째, 자발적으로 주제를 잡도록 권장하되, 스스로 주제 잡기를 어려워하는 아동에게는 구체적인 주제를

그림 5-2 피학대 아동이 미술치료 과정에서 그린 그림

자료: 전북아동보호전문기관.

주거나 몇 가지 주제를 주고 고르게 하는 것이 좋다. 예컨대, 꿈을 그리도록 주제를 주는 것은 진단적 · 치료적으로 좋은 효과가 있다. 또한 아동들에게 재료를 마음대로 선택하게 하는 방법도 좋다. 예컨대, 그림 그리기에서 연필, 색연필, 사인펜, 물감, 아크릴 물감 등을 다양하게 선택하고 찰흙 만들기나 핑거페인팅과 같은 새로운 소재를 선택하게 해 주는 것도 좋다(김재은 외, 1997).

③ 음악치료

인간은 출생 전 양수환경에서 엄마의 목소리 선율과 심장박동 리듬의 영향을 받으며, 출생기 이후 성장과정에서도 여러 가지 음악적 자극을 경험한다. 이와 같이 아동들은 출생 시부터 다양한 음악적 환경에 놓여 있고, 음악적 경험을 통해 말하기, 추상적 사고, 자기표현, 타인과의 상호작용을 촉진할 수 있다(정현주, 2005). 따라서 음악치료는 아동기 문제를 다루는 데 놀이치료만큼이나 다양하게 활용되고 있다.

음악치료의 궁극적 목적은 음악적 경험에서 얻어지는 다양한 기능 향상이나 심리적 이득을 아동이 속한 환경으로 일반화시키는 데 있다. 음악활동의 속성상, 그리고 아동의 발달이라는 관점에서도 아동복지와 관련하여 음악의 활용과 음악치료적 개입 가능성은 매우 광범위할 수 있다. 그러나 우리나라 현장에서는 주로 신체나 감각상의 장애를 가진 아동이나 자폐아동이나 정신지체 같은 발달장애아동을 대상으로 하는 경우가 많다.

선천적이든 후천적이든 간에 신경계에 손상을 입히는 장애나 외상은 아동발달의 특정 영역에만 영향을 미치는 것이 아니라 광범위하게 확산되어 복합적인 손상을 초래하기 쉽다. 따라서 이러한 아동들을 위한 음악치료의 목표는 교육적 목표, 재활적 목표, 발달적 목표를 동시에 갖게 된다. 이와 같이 광범위한 목표 안에서 음악치료사들은 운동영역, 의사소통영역, 인지영역, 사회영역, 감정영역 등의 발달을 위해 음악에 기초한 다양한 접근법을 사용하게 된다. 예컨대, 음악에 따른 움직임을 통해 신체적인 운동영역을 넓히고, 또래와 악기를 연주하거나 노래를 부르는 등의 활동에 참여하는 것만으로도 아동에게 집단참여의 동기를 부여하고 자기유능감을 높일 수 있다(정현주, 2005).

한편 음악치료를 보다 구체적인 언어치료나 인지적인 목적에서 활용하기도 한다. 기질적인 문제가 없지만 다양한 경험이 없어서 단조로운 소리밖에 내지 못하는 아동들이나 정신지체와 같은 기질적인 문제로 음역 자체가 좁은 아이들은 언어적 상호작용에서도 동일한 어려움을 호소한다. 이러한 경우 노래 부르기와 같은 음악적 활동을 이용하여 아동이 소리 낼 수 있는 음역을 넓혀 줌으로써 아동의 언어능력 향상에 도움을 줄 수 있다(강수경, 2001). 또한 언어, 율동, 음악을 종합한 교육용 노래나 즉흥연주를 이용한 활동 등은 학과 관련 정보습득을 촉진하는 인지적 자극이 될 수 있다.

(2) 가족에 대한 개입

아동상담을 위해 필요한 경우 부모와의 별도 면담을 정기적으로 병행해야 할 수도 있다. 환경을 중시하는 사회복지 현장에서는 부모와의 면담이 더욱 강조된다. 단, 부모면담의 병행은 문제의 성격과 아동상담 과정에 따라 융통성 있게 이루어지는 것이 바람직하다.

부모면담을 하는 사회복지사는 부모들이 상처받기 쉽다는 것을 염두에 두면서 공감적으로 면담을 수행하는 것이 좋다. 아동의 발달에 영향을 미치는 개인적 · 환경적 요소가 많음에도 불구하고 대인관계이론을 비롯한 상당히 많은 이론이 아동의 문제를 주로 부모, 특히 주 양육자인 어머니의 영향으로 돌리는 경향이 있었다. 부모들은 이 같은 사실에 대해 죄책감과 책임감을 느끼게 된다. 아동을 다루는 그들의 방식이 잘못되었다고 하더라도 결코 악의로 그런 것이 아니라는 점을 인정해 줄 필요가 있다. 나아가 아동의 문제가 보다 복잡하고 다양한 원인으로 발생한 것임을 설명해 줌으로써 부모의 죄책감을 줄여 줄 수 있다. 또한 아동문제의 근본적인 원인 자체를 밝히는 것에 관심을 갖기보다 현재 그러한 문제를 어떻게 이해하고 어떻게 대처할 것인지를 더 강조해 주어야 한다. 부모들에게 죄책감과 수치심을 자극하는 것은 별 의미가 없을 뿐 아니라 아동을 위한 부모의 치료적인 협조를 얻는 데도 효과적이지 못하다(이부덕 외 공역, 1996).

(3) 가족 외 성인 역할모델을 활용한 개입

아동기에는 발달단계의 특성상 의존적 욕구가 충족되어야만 이후의 성인기를 위한 독립적 기반을 마련할 수 있다. 따라서 부모와 교사 같은 가까운 성인의 역할이 아동의 발달이나 진로에 매우 중요한 영향을 미치게 된다. 그러나 문제를 가진 아동이나 청소년들은 가족 내에 건전한 성인 역할모델이 부재한 경우가 많다. 이러한 경우는 가족 외에서라도 건전한 성인 역할모델과 정서적 결연을 해 줄 필요가 있다.

이러한 문제의식에서 출발한 것이 미국의 '빅브라더 빅시스터(Big Brother, Big Sister)' 프로그램이나 우리나라 청소년위원회에서 시범사업 중인 '청소년 동반자' 프로그램과 같은 멘토링 프로그램이다. 멘토링 프로그램(mentoring program)이란 건전한 역할모델과 아동의 친밀하고 상호적인 관계를 통해 저소득층 가정이나 실직가정 자녀와 같은 고위험 아동과 청소년에게 정서적·사회적 지지와 격려를 제공하는 것이다. 이러한 멘토링 프로그램은 최근 우리나라에서도 후기 아동기나 청소년기의 고위험 클라이언트를 대상으로 활발하게 이루어지고 있다.

멘토링 프로그램에는 프로그램의 직접적 수혜자인 요보호청소년과 직접적 제공자인 성인 역할모델, 마지막으로 이러한 프로그램을 총괄 지원하고 기획하는 전문가집단이 관여하게 된다. 결연관계를 통해 건강한 성인으로서의 역할모델을 제시해 주고, 청소년들과 정기적 만남을 통해 지지와 격려를 제공해 주는 역할모델을 멘토(mentor)라고 부른다. 또한 멘토와의 관계를 통해 자신의 고민과 관심사에 대해 위로, 지지, 격려를 받아 궁극적으로는 자신의 잠재력을 개발하고 건강한 사회인으로 성장해 나가는 청소년들을 멘티(mentee)라고 부르고 있다. 그리고 멘토링 프로그램을 개발하고 기획하는 결연관리자는 도움이 필요한 청소년들과 도움을 주고자 하는 사람들을 맺어 주는 매개 역할과 이후 맺어진 결연관계를 지속할 수 있도록 지원하고 관리하는 역할을 수행한다. 집단 멘토링의 유형도 있지만 멘토링 프로그램의 본래의 개념에 보다 부합하는 것은 일대일 멘토링이라고 하겠다.

(4) 사례관리적 개입

사례관리는 복합적인 욕구나 문제를 가진 클라이언트에게 필요한 다양한 사회적 자원을 연결하고, 연결된 자원을 지속적으로 관리하는 개입방법이다.

장애아동, 학대나 유기를 당해 가족해체에 직면한 아동, 가출이나 비행을 반복하는 청소년 등을 대상으로 사례관리가 이루어질 수 있다. 특히 가정폭력, 보호자의 알코올문제나 정신질환, 가족해체나 빈곤 등이 복합적으로 존재하는 고위험 가정의 아동에 대해서는 현재 특별한 문제가 가시화되지 않은 상황이라고 할지라도 예방적인 관점에서 사례관리가 지속적으로 수행될 필요가 있다.

사례관리자는 생태도 등을 활용하여 욕구와 자원을 지속적으로 사정하고 연결해 주어야 하고, 자원을 연결하는 데 저해가 되는 요소를 찾아 제거해야 한다. 실제 필요한 자원이 존재하지 않는 경우는 보다 적극적으로 자원을 개발하는 역할을 수행한다.

노인이나 장애인 등의 분야에 비해 아동복지분야에서는 사례관리기법이 상대적으로 적게 활용되고 있다. 그러나 사례관리는 사회복지적인 정체성이 분명하게 드러나는 개입방안이고, 요보호아동 중 상당수가 복합문제 가정의 아동이므로 보다 적극적으로 활용될 필요가 있다.

5) 종결

(1) 종결 시점

종결은 의도적이고 계획적으로 이루어지기도 하고 다양한 원인으로 갑작스럽게 이루어지기도 한다. 예컨대, 아동의 이사나 사회복지사의 전직 등 다양한 요인이 의도하지 않은 종결을 초래할 수 있다. 그러나 일반적으로 의도된 종결은 문제가 해결된 시점에 이루어진다. 즉, 사회복지사와 클라이언트가 상담을 통해 성취해야 할 목표를 분명히 정했다면 종결의 시점은 목표가 달성된 때라고 할 수 있다.

(2) 종결에 대한 준비와 개입

의도 여부와 무관하게 아동들에게는 종결이 어려울 수 있다. 아동은 자신에게 관심을 갖고 따뜻한 태도를 보이는 성인에게 애착을 빨리 형성하기 때문이다. 사회복지사와 아동 간의 깊은 신뢰와 우정이 형성되면 어떠한 이유에서건 아동은 자신이 경험한 좋은 관계를 끝내고 싶어 하지 않을 것이다.

따라서 아동에게는 종결이 버려지는 경험이 아닌 아동 자신의 성장과 변화를 의미하는 경험으로 받아들여지도록 재조명해 주어야 한다. 이를 용이하게 하기 위해 아동과 사회복지사는 몇 주 앞서서 종결 날짜에 대해 논의하는 것이 바람직하다. 예컨대, 마지막 3회기 전 정도에 미리 종결을 알려 주고, 사회복지사 스스로 준비하는 것은 물론 아동들에게 충분히 준비시키는 것이 좋다. 아동에게 안전한 환경에서 자신의 슬픔을 표현하고 나누도록 허락하는 것이 필요하기 때문이다.

문제가 재발하면 아동이 어떻게 행동할 것인지에 대한 계획을 세우고 이를 미리 연습해 볼 수도 있다. 아동에게 사회복지사가 아직도 관심을 가지고 있는 사람이며, 필요하면 언제는 도움을 줄 수 있음을 알리는 것이 좋다. 그러나 가능성도 고려해 보지 않고 꼭 다시 만날 수 있다고 섣불리 약속하는 것은 바람직하지 않다. 예컨대, 아동이 멀리 이사를 가야 한다거나 다른 이유 등으로 다시 만날 수 없을 경우에 아동을 당장 안심시켜서 종결하기 위해 거짓말을 하는 것은 좋지 않다. 이보다는 솔직하게 이야기해 주고, 상담과정에서 좋았던 것, 즐거웠던 것, 변화했던 것 등을 되새기게 하며, 파티나 간단한 수료식 등을 통해 성취감을 제고해 주는 것이 좋다.

2. 아동대상의 집단상담

1) 아동대상 집단의 유형

타인의 성장과 변화를 원조하는 목적을 가진 집단들의 유형에 대한 논란은 상당히 많았다. 심지어 교육 및 정신건강 전문가들조차도 지지집단(support group), 집단치료(group therapy), 집단상담(group counseling), 집단지도(group guidance) 등을 불분명하게 논의해 왔다.

미국상담학회의 분과인 집단사회사업전문가협회(Association for Specialists in Group Work: ASGW)는 네 가지 중요한 집단유형에 대해 다음과 같이 설명하고 있는데(ASGW, 1989), 아동대상 집단도 이에 근거하여 구분될 수 있다. 아동과 일하는 사회복지사는 전문적인 경험과 훈련 정도, 기관의 목적과 기능에 따라 차이가 있으나 다음의 네 가지 유형의 집단을 모두 활용한다. 특히 학교에서 활동하는 사회복지사의 경우 과업 및 작업 집단부터 심리치료에 이르기까지 다양한 수준에서 집단을 활용하게 된다(Smead, 1995).

(1) 과업/작업집단

과업 및 작업 집단(task/work group)은 조직이나 지역사회의 집단에서 특정 유형의 목적, 예컨대 학습집단이나 위원회 등과 같이 해당 목적의 과업을 효과적으로 달성하기 위해 집단역학을 활용하는 것이다. 방학 중 과학과제를 자체적으로 학습하고 수행하기 위해 모인 청소년집단, 학교 내 학생 대표로 이루어진 임원회의 등이 이러한 집단이라고 할 수 있다.

(2) 지도/심리교육적 집단

지도집단(guidance group)은 학교세팅에서 자주 활용되고, 심리교육집단(psychoeducation group)은 임상현장이나 병원 등의 현장에서 볼 수 있다. 진단된 인구집단이나 고위험 집단을 대상으로 재발 방지나 예방을 위한 목적으로 집단역학을 활용하는 것을 의미한다. 지도집단이나 심리교육집단을 운영하는 사회복지사들은 인간의 성장이나 발달 지침, 환경 사정, 성원의 역량강화와 같은 개념들을 활용한다. 고등학생을 대상으로 한 성교육집단, 소아당뇨 환자들을 위한 식이요법 훈련집단 등이 그 예이다.

(3) 상담/대인관계 문제해결 집단

상담 또는 대인관계 문제해결 집단(counseling/interpersonal problem-solving group)은 소위 집단상담이라고도 한다. 과업집단이나 지도/심리교육 집단이 내용지향적인 데 반하여 집단상담은 과정지향적이다. 인간이 살아가면서 부딪히는 생활사적인 문제들을 해결하기 위해 사회복지사와 집단성원 간의 관계와 과정을 활용하는 것이다. 집단상담에서 자주 다루어지는 생활사적인 문제는 이혼, 분노, 슬픔과 상실, 대인관계, 자존감 등이다. 학교나 아동·청소년기관에서 자주 활용되는 집단이다.

(4) 심리치료/성격재구조화 집단

심리치료와 성격재구조화 집단(psychotherapy/personality reconstruction group)은 심각한 심리적인 문제의 치료 또는 성격이나 행동의 주요 변화에 초점을 둔다. 다수의 죽음이나 불안정한 가족사로 심각한 심리적 외상을 반복적으로 경험한 아동들을 위한 집단치료가 그 예라고 할 수 있다. 이 유형의 집단은 학교와 같은 세팅보다는 임상장면에서 자주 활용된다. 따라서 이러한 집단을 수행하기 전에 사회복지사는 정신건강에 대한 교육과 심도 깊은 슈퍼비전 교육을 받아야 한다.

2) 아동대상 집단상담의 실천과정

(1) 준비단계

집단이 형성되기 전 단계로, 집단을 준비하고 계획하며 예비 성원에게 개별적인 홍보와 오리엔테이션을 제공하는 시기이다(김명권 외 공역, 2001; 김혜란, 홍선미, 공계순, 2001; Smead, 1995).

① 집단에 대한 계획

집단에 대한 계획서를 준비하고 홍보하며, 집단구성원의 선별과 집단구성원에 대한 최종결정을 내리는 시기이다. 그 대상이 아동이므로 필요하면 부모의 동의서를 받는 것이 좋다(AGSW, 1989).

집단의 크기와 시간, 장소 등과 관련된 결정도 이 시기에 이루어진다. 집단의 크기와 시간은 아동들의 연령에 따라 달라질 수 있다. 일반적으로 아동이 어릴수록 집단은 더 작아지고 회기시간은 더 짧아진다. 어린 클라이언트를 대상으로 집단을 하기 위해서는 굳이 조용히 해야 할 필요가 없고, 자유롭게 돌아다닐 수 있는 장소인지, 장소 안에 파손되거나 위험한 물건은 없는지, 비밀보장을 할 수 있는 구조인지 등을 살펴야 한다(김명권 외 공역, 2001).

준비단계에서는 총체적인 준비가 이루어지지만 이후의 각 회기에서도 철저하게 준비해야 한다. 아동이나 청소년을 대상으로 하는 집단상담은 성인집단보다도 면밀하고 세심하게 준비하여야 한다. 부주의한 준비로 자칫 산만하게 진행되지 않도록 조심해야 한다. 그러나 집단의 과정에서는 '지금 여기'에서 일어나는 자연스러운 상황에 맞게 집단 형식과 주제를 융통성 있게 조정해야 한다. 어떤 일이 발생해도 미리 준비된 계획대로 무조건 추진하는 것은 피하도록 한다. 철저하게 계획하고 준비하되, 창의적이고 융통성 있게 진행해야 하는 것이다.

② 오리엔테이션과 정보제공

성인집단과 마찬가지로 아동집단에서도 아동들은 집단의 목적과 의도가 무엇인가, 집단에서 무엇이 일어날 것인가, 성원과 리더에게 무엇을 기대하는가를 알아야 한다. 이러한 정보는 아동이 이후의 집단과정에서도 적극적으로 참여할 수 있게 도와준다.

아동의 발달적인 한계 때문에 아동의 눈높이에서 충분한 정보를 제공하고 이해시킨다는 것은 상당히 어려운 일이지만 이를 위해 노력하는 것이 중요하다. 예컨대, 글을 읽을 줄 아는 학령기의 아동들에게는 흥미를 끌 수 있는 형태의 유인물을 만들어서 집단 오리엔테이션을 해도 좋다. 학령전 아동과 같이 집중도가 떨어지고 글을 읽지 못하는 아동들은 그들이 좋아하는 캐릭터가 나오는 시청각자료나 인형 등을 만들어서 설명해도 좋다.

이러한 정보제공 과정에서는 아동뿐 아니라 보호자의 집단참여에 대한 동의가 필요하다.

(2) 초기단계

집단구성원의 참여가 결정되고 최초로 집단이 형성되는 시기이므로 아직 집단으로서의 속성보다 구성원 개개인의 목적과 느낌이 강한 단계이다. 사회복지사는 집단의 응집력과 매력을 증진시키기 위해 기본적인 구조화를 하고, 안전한 집단 분위기를 만들며 개인목표와 집단목표를 연결할 수 있도록 적극적으로 개입하게 된다(김명권 외 공역, 2001; 김혜란 외, 2001).

① 집단 구조화하기

아동들이 집단에서 반드시 지켜야 할 기본 규칙이 있음을 이해하도록 해야 하며, 실제 집단 규칙을 정하고 강화하는 데 아동들을 참여시켜야 한다. 어떤 규칙을 정할 때 독단적인 방법이 아닌 상호적인 협의를 통해 하는 것이 바람직하나, 때때로 전문가는 일정한 정도의 단호함을 보이는 것도 필요하다. 예를 들어, 집단 회기를 떠난 집단원에게 돌아오는 것을 허락하지 않는 규칙이 있는 경우 '한 번만 더' 기회를 달라는 집단원의 요구를 수용하지 않도록 주의한다. 아동이나 청소년들은 전문가가 말하는 것이 무엇을 의미하는지를 빨리 간파한다. 집단 내에서 성원으로부터 전문가로서의 권위를 얻고 존경을 받는 것은 신뢰하는 관계에서도 중요한 의미를 지닌다.

② 안전한 분위기 형성하기

자기개방의 수위를 적절하게 조정하여 안전한 분위기를 형성해야 한다. 가족과 연관되는 다양한 사적인 문제에 대해서 얼마나 자기개방을 하도록 할 것인지를 결정하기 위해서는 집단의 목적과 목표를 고려해야 한다. 어느 정도의 개방이 바람직한지 단언적으로 말하기는 매우 어렵다. 사회복지사는 아동들이 집단에서 개방한 것을 다른 아이들에게 말할지 모르기 때문에 조심할 필요가 있다. 특히 학교현장에서 이루어지는 상담일수록 비밀을 보장하는 것이 매우 어렵다. 이러한 경우 아동들로 하여금 집단 내에서 부모의 사적인 문제나 갈등 등을 자세히 표현하도록 격려하는 것은 바람직하지 않다. 예컨대, 부모의 부부갈등과 싸움에 대해 자세히 이야기하도록 하기보다 아동 자신이 어떻게 느꼈고 영향을 받았는지 이야기하도록 해야 한다. 자기개방의 초점은 부모가 아닌 아동이어야 하기 때문이다(천성문 외 공역, 2001).

③ 개인목표 설정을 격려하기

아동들은 자신이 집단에 기대하는 것이 무엇인지, 자신이 집단을 통해 무엇을 성취할 수 있는지를 잘 모르는 경우가 많다. 자신의 행동이나 문제 중에서 무엇이 변화하기를 바라는지 막연하게나마 이야기할 수 있다면 그러한 내용을 보다 구체화할 수 있도록 원조하는 것이 필요하다. 동질적인 문제를 가진 아동집단에서는 집단 전체의 목표가 개인적인 목표와 명확하게 구분되지 않을 수도 있다. 이러한 경우는 아동들에게 집단의 목표를 직접 이야기해 줄 수도 있다. 그리고 목표를 위해 지금 자신이 여기에서 할 수 있는 일 또는 하고 싶은 일이 무엇인지를 물어봄으로써 개인적인 기대나 목표를 발달시킬 수 있도록 원조한다. 이 과정에서 무엇보다 중요한 것은 아동으로 하여금 집단상담에서 무엇을 기대하고 무엇을 얻을 수 있는지를 알게 하는 것임을 잊지 말아야 한다는 점이다.

(3) 갈등단계

집단이 어느 정도 형성되고 발전하면서 집단성원 사이에 갈등이 생길 수 있다. 갈등의 존재는 집단이 발달한 증거이기도 하므로 갈등 자체를 지나치게 문제시하는 것보다 어떻게 다룰 것인지가 중요하다고 할 것이다. 이 단계에서 다루게 되는 실천적 이슈는 갈등, 문제행동, 침묵 등이다(김명권 외 공역, 2001; Smead, 1995).

① 갈등 다루기

성원 간의 사소한 갈등은 집단을 성장시키는 데 촉진적으로 기여할 수 있으나, 대부분의 경우 집단 내 갈등은 응집력과 집단에의 매력을 저해한다. 일대일 성원 간의 갈등이 있을 때 일방적으로 상담자가 지시하거나 해결을 주도하는 것보다는 집단과정 중에서 자연스럽게 다루어질 수 있도록 격려하는 것이 좋고, 사회복지사는 중립적인 위치에서 갈등해결을 지원하도록 해야 한다.

집단 내에서 부모나 학교와 같은 특정 기관에 반항적인 아동이나 청소년을 무조건 편드는 것은 바람직하지 않다. 이런 행동은 아동으로 하여금 부모보다는 사회복지사에게 더 많이 의지하게 하고, 부모나 교사와의 관계에서 문제를 증폭시킬 수 있다. 그보다는 아동이 부모나 교사에게 느끼는 불만을 토로할 수 있는 기회를 주되 이를 현실적으로 다루어 주고, 아동들이 역할연기를 통해 상대방을 이해하고 공감할 수 있도록 돕는 것이 바람직하다.

중요한 것은 아동들에게 부적응적인 행동을 알려 주고, 자신이나 타인에게 상처 주지 않으면서 자신의 감정을 표현하는 법을 가르치며, 그러한 감정을 표현할 수 있는 분위기를 제공하는 것임을 잊지 말아야 한다.

② 문제행동 다루기

문제행동을 보이는 아동이 있으면 그 아동이 집단에서 보이는 다양한 행동이나 단서에 주의를 기울이고 관심을 보이라. 실제 참여를 주저하거나 집단을 방해하고자 하는 의도인지, 관심을 원하고 보다 적극적인 참여를 위한 기회를 찾고 있는 것인지 판단하기 위해서는 아동 각각의 감정 표현방식과 성격, 집단 내에서의 행동 등에 주의를 기울이고, 그들의 언어를 경청해야 한다.

특정 진단을 받은 아동들에 대해 전문가들이 갖는 편견은 아동들의 장점이나 특성, 관심 등을 발견하는 데 저해요소가 되기 쉽다. 이러한 전문적 편견으로 아동들의 변화 가능성과 능력에 제한을 두어서는 안 된다.

또한 어떤 활동에는 아동들이 참여하지 않을 권리가 있다는 점을 알아야 한다. 아동들이 참여하기를 주저하는 것은 대부분 활동에 대한 이해가 부족해서이지만, 때로는 활동의 내용이 자신들에게 맞지 않는다고 느끼기 때문에 저항하기도 한다. 예컨대, 6세 아동에게 이성과 짝이 되어 손을 잡으라고 하면 저항이 없지만 12세 아동에게 시키면 저항에 부딪히기 쉽다.

③ 침묵 다루기

아동을 대상으로 하는 집단상담에서는 침묵하거나 잘 참여하지 않는 성원을 다루는 방법을 습득해야 한다. 침묵하거나 소극적인 집단원은 집단의 흐름을 언어적으로 방해하지는 않지만 집단원 개인이나 집단 전체에 많은 문제를 초래한다.

이들의 침묵의 의미는 다양할 수 있다. 너무 내성적이어서 먼저 나서기를 꺼리는 것과 같이 비교적 가벼운 이유일 수도 있지만 이야기할 가치가 없다고 저항하는 것일 수도 있고, 적절한 행동이나 말을 몰라서 두려워하는 것일 수도 있다. 또는 비밀이 누설될까 봐 걱정하는 것일 수도 있다.

침묵하는 집단원이 있을 때 중요한 것은 그 집단원을 공격하지 않고 참여하도록 하는 것이다. 그러나 지나치게 반복적으로 참여를 독려하거나 지목해서는 안 된다. 잘못하면 다른 성원과 침묵하는 성원 간에 혐오감이 생길 수도 있고, 사회복지사 스스로도 좌절하기 쉽기 때문이다. 그보다는 침묵의 의미를 탐색하고 조심스럽게 접근하는 태도가 필요하다. 처음에는 소극적인 수준에서나마 참여할 수 있도록 보다 덜 힘든 기회를 제공한다. 예컨대, 집단의 제일 마지막에 느낀 점 같은 것을 이야기하도록 역할을 줄 수 있다. 이 외에도 집단이 시작되면 적어도 한 번씩은 돌아가면서 이야기하는 것을 내부적인 규칙으로 만들 수도 있다. 뭔가 말하고 싶은 것이 있는데 시간이 부족해서 말을 못한 성원이 있거나 주저해서 말을 못한 성원이 있으면 다음 시간에 연결해서 준비해 온 말을 할 기회를 줄 수도 있다(Smead, 1995).

(4) 문제해결단계

집단이 문제해결단계에 도달하면 신뢰와 응집력이 높아지고, 보다 개방적인 의사소통이 가능해지며, 집단 내 상호작용과 피드백이 건전하고 충분하게 이루어진다. 또한 변화에 대한 의지와 희망을 갖고 집단 밖에서도 변화를 시도하고 유지하려는 행동을 보인다(김명권 외 공역, 2001; Smead, 1995).

① 모델링하기

사회복지사는 적절한 행동모델을 보여 줘야 한다. 모델링을 성원, 즉 아동들 중에서 할 수 있으면 바람직하다. 그러나 아동대상 집단에서는 사회복지사가 원하는 바람직한 행동이 출현하지 않을 가능성이 높다. 필요에 따라 사회복지사는 집단의 내용과 관련하여 모델링할 수도 있지만 집단과정에 참여하는 방법을 모델링할 수도 있다. 즉, 어떻게 다른 성원의 장점을 파악해서 지지해 주는지, 조심스러운 직면은 어떻게 하는 것이 좋은지, 자신의 의견은 어떻게 말하는 것이 좋은지 등과 같이 집단과정에 참여하는 방법과 태도에 대해서도 모델링하게 된다.

② 지지와 직면의 균형 이루기

사회복지사는 집단성원 간에 적절한 지지와 직면이 이루어질 수 있도록 원조한다. 효과적인 직면은 활발한 집단활동의 기본적 요소이다. 직면은 성원 간에 이루어질 수도 있고, 사회복지사가 성원에게 할 수도 있다. 말과 행동 또는 이야기한 내용 중에 모순과 불일치가 있음을 보여 줌으로써 스스로 자신의 내적 욕구를 깨닫게 하고, 궁극적으로 자아대면능력을 향상시키는 것이다. 효과적인 직면이 되기 위해서는 충분한 지지를 전제로 서로 간에 일정 정도의 신뢰가 구축되어 있어야 한다. 아동들 간의 직면이 비난이나 책망이 되지 않도록 주의해야 하며, 특히 내성적인 아동에 대해서는 지지적인 기법으로 충분히 집단 분위기를 편안하게 느끼도록 조성하는 것이 더 중요하다.

③ 응집력 향상을 위해 노력하기

문제해결단계의 성원들은 자신들의 공통점을 통해서 문제가 매우 유사하다는 사실에 놀라게 된다. 구체적인 사건이 다를지 몰라도 공통적인 정서를 발견할 수 있기 때문에, 사회복지사는 이러한 정서의 보편성과 공통성에 초점을 두어 성원들의 문제가 서로 연관되어 있음을 강조해 줄 수 있다. 이때 성원들은 그런 감정을 느끼는 것이 자신만이 아니라는 사실을 깨닫게 되는데, 그러한 연대감은 집단이 앞으로 나갈 수 있는 원동력이 된다. 예컨대, 이혼가정 자녀들을 위한 집단상담에서 다른 성원의 말이나 그림을 통해 부모의 이혼에 대해 서로 유사한 감정이 있다는 것을 알게 되는데, 이는 집단을 유지하고 앞으로 나아가게 하는 응집력의 토대가 된다.

(5) 종결단계

종결단계가 되면 집단성원들은 헤어진다는 사실에 대해 다소의 불안과 우울을 경험하고, 집단 밖에서 자신이 배운 것을 적용할 수 있을지 두려워한다.

따라서 아동 집단상담을 종결하는 사회복지사는 특별히 염려되는 성원이 없는지, 상담이 끝나기 전에 다른 성원과 함께 나누고 싶은 느낌이나 생각이 있는지, 헤어짐과 관련된 감정을 어떻게 다루고 있는지 등을 면밀하게 살펴야 한다. 사회복지사는 아동들에게 상담이 끝나는 데서 오는 감정을 표현할 기회를 충분히 주고, 어떠한 변화가 있었고 그 변화의 의미는 무엇인지 확인시켜 줘야 한다. 그리고 상담이 끝나고 집단에서 있었던 일들에 대해 비밀을 유지할 것을 당부해야 한다(김명권 외 공역, 2001).

일반적으로 아동들은 종결에 저항하고, 계속할 것을 조르거나 애원한다. 따라서 무엇인가 끝이 났다는 것을 서로 간에 수용하고, 지금까지의 변화를 성취로 인식할 수 있도록 수료식이나 파티를 통해 종결을 준비하며, 사진 등을 찍어서 기념할 수 있도록 하는 것이 좋다.

연구문제

1. 자신의 생육사와 가계도에 대한 조사를 수행해 보고, 아동발달적인 관점에서 분석해 봅시다.
2. 역할극을 통해 아동의 초기 저항을 다루는 방법을 연습해 봅시다.
3. 각자 놀이치료실이 있는 사회복지현장을 방문하여 주요한 장비와 놀잇감 현황들을 촬영해 오고, 각자 촬영해 온 사진들을 동료들과 비교해 봄으로써 다양한 놀이치료 현장의 특성을 분석해 봅시다.
4. 아동을 대상으로 하는 다양한 집단의 예를 우리나라의 현장을 중심으로 생각해 봅시다(지역사회복지관, 아동상담소, 학교, 지역사회정신건강센터, 청소년자원봉사센터, 청소년상담소, 청소년수련기관 등).
5. 아동을 대상으로 하는 집단을 계획하고, 실제 운영을 위해서는 각 집단의 목적에 따라 구체적으로 어떠한 내용이 고려되고 준비되어야 하는지 토론해 봅시다.

아동복지 정책과 프로그램

아동의 건전한 양육은 아동이나 그 가족의 과제로 한정되는 것은 아니다. 산업화와 현대화를 경험하면서 가정의 존재와 기능으로만 아동의 적정보호를 보장할 수 없는 변화들이 나타났다. 아동의 생활은 아동과 가족뿐 아니라 전 사회의 역할로부터 점점 더 크게 영향을 받게 되었다.

아동은 한 사회의 미래이다. 아동의 불행은 아동과 가족뿐 아니라 그 사회의 미래에 적지 않은 악영향을 미치게 된다. 아동의 건강한 성장이 있어야만 사회의 발전을 기대할 수 있게 된다. 따라서 대부분의 국가는 아동의 건강하고 인간다운 성장을 보장하기 위한 법적 · 제도적인 노력을 하고 있다. 저출산의 문제가 심각하게 부상하고 가족의 기능은 약화되고 있는 현재의 우리 상황에서 아동복지정책은 그 중요성이 더 커지고 있다.

1. 아동복지정책의 개념과 구성

1) 아동복지정책의 개념

정책은 특정한 목적을 이루기 위해 필요한 행동들에 관한 원칙(Titmuss, 1979), 지침, 일정한 계획(Kahn, 1979) 혹은 조직화된 노력(Burns, 1961) 등으로 정의된다. 사회복지정책은 "사회복지의 목표를 이루기 위하여 필요한 행동들에 관한 원칙"으로 정의할 수 있다(송근원, 김태성, 1998: 21-22). 하지만 정책은 정부의 정책으로 좁혀 이해할 수 있는데, 마샬(Marshall, 1965)은 "사회정책은 서비스 혹은 소득을 제공함으로써 시민들의 복지에 직접적인 영향을 주는 행위와 관련된 정부의 정책을 의미한다."라고 정의한 바 있다.

아동복지정책은 아동의 복지를 위한 정부의 원칙이나 지침 또는 조직화된 노력으로 정의할 수 있다. 더 구체적으로는 아동의 물질적 · 비물질적 욕구를 충족시키기 위한 법 그리고 법에 기초한 정부의 급여 및 서비스로 제한하여 볼 수 있다. 아동복지정책은 아동복지를 위한 노력 중 정부의 조직화된 노력으로 정의할 수 있으나 아동복지와 동일한 개념으로 혼용되기도 한다. 장동일(1997: 338)은 아동복지를 「아동복지법」과 그와 관련된 법규정에 의해 제공하는 아동을 위한 서비스로 정의한 바 있다. 이러한 혼용은 아동복지정책이 아동복지의 주요 근간이 되기 때문인 것으로 보인다.

아동복지정책에서 그 궁극적인 표적은 아동이지만 아동복지는 가족의 복지와 깊은 관련을 갖는다.[1] 즉, 아동의 복지증진을 위한 정책의 수행은 가족

1) 가족을 사회의 주단위로 전제하고 아동을 가족의 성원으로 보는 전통적인 입장과 달리 아동의 권리를 강조하면서 아동 개인에 대한 정책표적화의 필요성을 주장하는 입장도 있다(Skevik, 2005).

이라는 단위를 매개로 하는 경우가 일반적이다. 이러한 배경에서 아동복지는 아동을 보호하는 가족에 대한 복지를 포함한다. 아동의 복지를 증진시키는 데 있어 가족의 적정한 기능수행이 가장 중요하며 일차적이기 때문에 가족복지정책이 아동복지의 핵심일 수도 있다. 그러나 이러한 논리는 아동복지에 대한 책임이 가족에게 한정됨을 의미하는 것은 아니며 가족의 기능을 강조하여 아동의 복지를 보장할 사회적 책임 및 의무를 도외시하는 맥락도 아니다. 다만 아동복지정책은 가족복지를 위한 제반 정책과 함께 논의되어야 한다는 점을 강조한다. 대부분의 복지국가는 아동을 양육하는 가정을 대상으로 하는 소득보장 등의 사회보장이 아동복지의 주요 축을 형성하고 있다. 우리나라의 아동복지정책의 성격과 한계 등에 대한 검토도 아동과 아동을 보호하는 가족에 대한 정책을 검토함으로써 분명해질 수 있다.

2) 아동복지정책의 구성

사회복지정책의 구분은 학자에 따라 매우 다양하다. 그러나 사회복지정책은 그 특성을 기준으로 사회보험과 공공부조, 데모그란트로 구성되는 사회보장과 사회복지서비스로 구분하여 볼 수 있다. 각각은 재원마련과 대상의 선정 그리고 급여형태와 주된 주체 등이 상이하다.

대부분의 나라에서는 아동복지정책이 아동을 대상으로 하는 데모그란트와 서비스, 그리고 아동을 보호하는 가정을 대상으로 포함하는 사회보험 및 공공부조로 구성된다.

사회보험제도는 일정한 기여금을 납부하고 해당되는 여러 가지 사회적 위험이 발생하여 이를 개인적으로 감당하기 어려운 상황에서 현금 또는 현물을 지원하는 것으로 이해할 수 있다. 사회보험제도는 사회에 따라 기여의 소득비례 정도는 상이하나 기여를 전제로 하고 있으므로 대상자의 기여를 가능하게 하는 소득, 특히 시장을 통한 소득으로부터 영향을 받는다는 공통점을 갖

표 6-1 복지정책의 구성과 특성

범주	사회보험	공공부조	데모그란트	복지서비스
재원	기여	비기여/세입	비기여/세입	비기여, 기여/세입, 민간
대상선정 기준	비자산조사	자산조사	비자산조사	자산조사 또는 비자산조사
	비인구학적	비인구학적	인구학적	인구학적
급여형태	현금, 현물	현금, 현물	현금	주로 현물(서비스)
시장원리	시장에서의 위치 반영	비반영	비반영	공급에서 일부 반영 가능
관리주체	중앙정부	중앙, 지방정부	대체로 중앙정부	중앙·지방정부, 민간

는다. 이러한 연유로 사회보험제도는 비교적 시장의 논리가 강한 사회에서 강조되는 경향이 있다. 아동과 그 가족을 표적으로 하는 별도의 사회보험은 드물다. 그러나 대부분의 사회보험은 소득보장이나 의료보장의 형태로 보험 가입자의 가족 내 아동의 복지를 도모한다. 스웨덴의 경우는 아동을 양육하는 부모를 대상으로 부모보험제도를 시행하고 있기도 하다. 부모보험제도는 기여를 전제로 하는 사회보험이지만 저소득자에게는 일정 수준 최저보장을 병행하고 있다. 영국에서도 출산수당과 미망인연금이 사회보험으로 포함되어 아동복지의 기능을 하고 있다. 우리나라의 경우 아동이 있는 가족만을 대상으로 특화된 사회보험이 발달하지 않았으나 국민연금이나 고용보험은 모든 가구를 대상으로 하므로 당연 아동가구에도 영향을 준다고 할 수 있다.

사회수당제도인 데모그란트는 인구학적 조건이 충족되면 지급되는 일정액의 급여로 기여를 하지 않아도 수급할 수 있으며, 대개 자산조사를 통한 선별과정을 거치지 않는 보편적인 특성을 갖는다. 데모그란트는 보편적인 급여로 비교적 큰 규모의 재원을 필요로 하는 반면, 비용효과성이 낮아서 사회의 경제적 수준과 세제, 비기여 보편 급여에 대한 사회적 합의·수용 수준으로부터 크게 영향을 받는다. 아동복지와 관련하여 유럽의 복지국가들은 아동수당제도를 두고 있어 아동복지의 일차적인 안전망이 되고 있다. 영국의 경우 아동수당과 후견인수당이 있으며, 스웨덴의 경우는 아동을 보호하는 가족을 대상으로 하는 가족수당이 있다. 일본의 경우는 아동수당, 아동부양수당, 특별아동부양수당이 있으나 이 제도들은 실제 자산조사에 기초하여 일정 소득 이하 계층의 아동을 대상으로 하고 있어 공공부조의 성격을 갖고 있다. 우리나라는 재원마련의 어려움과 사회적 합의의 부족으로 아동수당제도 도입을 못해 왔지만, 2018년부터 소득 90% 가정의 만 6세 아동에게 지급하는 아동수당제도를 도입하였다. 하지만 인구학적 조건만을 고려하는 수당제도와 달리 소득기준을 적용한다는 비판을 받았고, 이에 2019년부터 소득기준과 무관하게 모든 아동에게 아동수당을 지급하는 보편적 아동수당제도로 운영되고 있다. 2019년 9월부터는 만 7세 미만의 모든 아동에게 현금지급을 할 것을 원칙으로 하는 보편적 아동수당으로 확대된다.

공공부조제도는 일반적으로 최후의 사회적 안전망 역할을 하는 제도로서 자산조사를 기초로 일정 소득(자산) 이하의 사람들에게만 급여를 제공한다. 공공부조제도에 의한 급여는 데모그란트와 마찬가지로 기여를 하지 않아도 지급되나 자산조사를 통한 선별과정을 거치는 선별적인 급여이다. 따라서 공공부조제도는 비용효과성이 높은 장점을 가지는 반면, 수급자에 대해 낙인을 부과하는 단점을 갖는다. 미국 및 유럽 복지국가에서는 아동을 양육하는 가구의 빈곤문제를 일차적인 소득보장의 대상으로 삼고 있다. 영국의 대표적인 공공부조제도인 소득지원(Income Support)제도도 아동을 양육하는 가정을 주 대상 중 하나로 하고 있다. 미국의 한시빈곤가정지원제도(TANF)는 아동이 있는 저소득가구를 대상으로 하는 대표적인 공공부조제도이고, 의료부조(Medicaid)도 아동이 있는 저소득가구를 대상으로 포함하고 있다. 아동가구를 별도의 공공부조 대상으로 범주화하는 국가가 아니어도 대부분의 국가는 일반적 공공부조제도로 빈곤아동가구의 기초소득보장을 도모한다. 우리나라의 경우도 일반적 공공부조제도인 국민기초생활보장제도를 통하여 빈곤아동가구의 기초 생계를 지원하고 있으며 저소득 모·부자가족지원으로 빈곤아동가구를 재범주화하고 추가적인 지원을 하기도 한다. 하지만 빈곤아동가구로 초점화하는 경향은 아직 약하다.

국민기초생활보장제도는 최저생계비를 기준으로 급여의 수준을 결정하고 있는데, 최저생계비는 표준 4인가구를 기준으로 계측된다. 표준 4인가구에는 아동 2인이 포함되어 있으나 아동의 생계비가 성인보다 낮아 아동에 대한 별도의 부가급여 지급 근거가 약하다. 외국의 경우도 아동은 성인에 비하여 최저생계비가 낮은 수준에서 결정되고 있다. 출산율이 급격하게 떨어지고 아동빈곤율이 높은 우리나라에서 아동을 대상으로 하는 공공부조 성격의 제도적 보완이 필요하다는 지적은 계속되고 있다. 국민기초생활보장제도의 수급률이 전 인구의 약 3% 정도에 머물고 있으며 비수급빈곤층, 빈곤아동가구가 적지 않다는 점이 이러한 지적의 배경이다.

아동복지서비스는 시설보호를 포함하여 아동 및 가족에 대한 상담, 아동문제 예방을 위한 조사, 교육, 취약아동가구의 재가지원 등 현금과 각종 현물지원을 포함한다. 서비스는 현물지원이 주를 이루고 있으며 우리나라 「아동복지법」은 대부분 아동복지서비스와 관련되어 있다. 특히 최근에는 사회서비스의 확대과정에서 아동을 대상으로 하는 각종 서비스가 증가추세에 있으며 이러한 서비스의 주체는 중앙정부가 아닌 지방정부로 변화되어 있다.

우리나라는 2018년 아동수당을 도입해 보편적 아동복지시대로 전환하였지만, 아동복지서비스의 경우 대개 저소득층 아동을 일차 표적으로 하고 있어 잔여적 성격의 아동복지정책을 크게 벗어났다고 보기는 어렵다. 단, 보육서비스만 사회여건을 반영하여 특화됨으로써 그 대상을 크게 확대하고 있는 정도이다. 수당과 공공부조 그리고 사회복지서비스와 같은 다양한 정책을 통하여 아동복지정책이 구성되어야만 아동의 여러 가지 문제에 적절하게 그리고 빈틈없이 대응할 수 있을 것이며, 이러한 정책구성을 마련하는 것이 선진적 아동복지정책으로 가는 길이라 본다.

2.「아동복지법」과 관련법

아동복지 정책 및 프로그램을 수행하기 위해서는 근거법이 있어야 한다. 우리나라의 아동복지를 위한 법은「아동복지법」과, 관련법으로「영유아보육법」「한부모가족지원법」「입양특례법」「보호소년 등의 처우에 관한 법률」「청소년기본법」「청소년보호법」등이 있다. 각 법은 그 목적에 따라 대상으로 하는 아동과 포괄하는 정책내용이 상이하다.

1)「아동복지법」

「아동복지법」은 사회복지서비스에 관한 법이자「사회복지사업법」에 기초하는 특별법으로 볼 수 있으며, 현재 아동복지와 관련하여 기본이 되는 주요 법이다. 동법의 내용은 주로 아동복지서비스를 초점으로 하고 있다. 엄밀하게 말하면 '아동복지서비스법'이 더 적절한 법명일 것이다. 해당 영역에 대해서만큼은「아동복지법」의 기본 내용이 우리나라 아동복지정책의 방향을 대변한다고 보아야 할 것이다.「아동복지법」의 골자는 다음과 같다.

(1)「아동복지법」의 목적, 대상 및 책임주체

「아동복지법」제1조에 따르면「아동복지법」의 목적은 아동이 건강하게 출생하여 행복하고 안전하게 자라나도록 그 복지를 보장하는 것이다.「아동복지법」제3조를 보면 18세 미만의 모든 아동을 대상으로 하고 있다. 법의 목적과 대상으로 볼 때「아동복지법」이 아동의 문제해결과 아동이 건전하게 자랄 수 있도록 지원하는 것을 목적으로 하는 적극적인 성격을 갖고 있음을 알 수 있다.

「아동복지법」상 아동복지의 책임주체는 국가와 지방자치단체, 아동의 보호자 그리고 국민을 모두 포괄하고 있으며 각 주체에 대한 책임을 법에 밝히고 있다. 국가와 지방자치단체는 아동의 건강과 복지 증진에 노력하여야 하며 이를 위한 시책을 시행하여야 한다. 아동의 보호자는 아동을 가정 내에서 그의 성장 시기에 맞추어 건강하고 안전하게 양육하여야 한다. 그리고 모든 국민은 아동의 권익과 안전을 존중하여야 하며, 아동을 건강하게 양육하여야 한다. 아동의 건전한 육성과 행복의 보장이 이제 더 이상 가정의 책임으로 한정되는 것이 아니라 국가와 지역사회 그리고 국민이 함께 노력하여야 하는 것임을 명시하고 있다.

(2) 아동의 보호

아동의 보호와 관련된 것으로는 아동보호를 위한 절대적 금지행위 규정과 요보호아동에 대한 보호조치 규정이 있다.

「아동복지법」 제17조에서는 아동의 건전한 보호와 육성을 위하여 해서는 안 되는 행위에 대하여 규정하고 있다. 아동보호를 위한 절대적 금지행위는 다음과 같다.

① 아동을 매매하는 행위
② 아동에게 음란한 행위를 시키거나 이를 매개하는 행위 또는 아동에게 성적 수치심을 주는 성희롱 등의 성적 학대행위
③ 아동의 신체에 손상을 주거나 신체의 건강 및 발달을 해치는 신체적 학대행위
④ 아동의 정신건강 및 발달에 해를 끼치는 정서적 학대행위
⑤ 자신의 보호·감독을 받는 아동을 유기하거나 의식주를 포함한 기본적 보호·양육·치료 및 교육을 소홀히 하는 방임행위
⑥ 장애를 가진 아동을 공중에 관람시키는 행위
⑦ 아동에게 구걸을 시키거나 아동을 이용하여 구걸하는 행위

⑧ 공중의 오락 또는 흥행을 목적으로 아동의 건강 또는 안전에 유해한 곡예를 시키는 행위 또는 이를 위하여 아동을 제3자에게 인도하는 행위
⑨ 정당한 권한을 가진 알선기관 외의 자가 아동의 양육을 알선하고 금품을 취득하거나 금품을 요구 또는 약속하는 행위
⑩ 아동을 위하여 증여 또는 급여된 금품을 그 목적 외의 용도로 사용하는 행위

아동에 대한 보호조치는 보호를 필요로 하는 아동에 대한 것으로, 시·도지사 또는 시장·군수·구청장은 그 관할구역 안에서 보호를 필요로 하는 아동을 발견하거나 보호자의 의뢰를 받은 때에는 아동의 최상의 이익을 위하여 대통령령이 정하는 바에 따라 다음과 같은 보호조치를 하여야 한다고 규정하고 있다(「아동복지법」 제15조).

① 전담공무원 또는 아동위원에게 보호대상아동 또는 그 보호자에 대한 상담·지도를 수행하게 하는 것
② 보호자 또는 대리양육을 원하는 연고자에 대하여 그 가정에서 아동을 보호·양육할 수 있도록 필요한 조치를 하는 것
③ 아동의 보호를 희망하는 사람에게 가정위탁하는 것
④ 보호대상아동을 그 보호조치에 적합한 아동복지시설에 입소시키는 것
⑤ 약물 및 알코올 중독, 정서·행동·발달장애, 성폭력·아동학대 피해 등으로 특수한 치료나 요양 등의 보호를 필요로 하는 아동을 전문치료기관 또는 요양소에 입원 또는 입소시키는 것
⑥ 「입양특례법」에 따른 입양과 관련하여 필요한 조치를 하는 것

아동에 대한 보호조치는 아동복지를 위한 문제 예방의 내용도 일부 함께 포함하고 있으나 이미 요보호상태의 아동에 대한 일련의 보호조치가 주를

이루고 있다. 단, 시설보호의 경우는 아동 보호자의 의견을 존중할 것도 규정하고 있다.

(3) 아동의 복지를 위한 위원 및 기관 등

2003년 12월 22일 개정된 「아동복지법」에 의거하여 국무총리를 위원장으로 하는 아동정책조정위원회를 두게 되었다. 아동정책조정위원회는 아동의 권리증진과 건강한 출생 및 성장을 위해 종합적인 아동정책을 수립하고 관계부처의 의견을 조정하며 그 정책의 이행을 감독하고 평가하는 것을 목적으로 한다. 상기 위원회를 설치하게 된 구체적인 계기는 국제조약인 아동권리협약의 이행을 점검할 필요성이었다.

그 밖에 일선의 아동복지 수행을 위하여 시 · 도, 시 · 군 · 구에 아동복지 전남공무원을, 시 · 군 · 구에 아동위원을 두도록 하고 있다(「아동복지법」 제13조, 제14조). 아동복지전담공무원은 사회복지사의 자격을 가진 공무원으로 아동에 대한 상담 및 보호조치, 가정환경에 대한 조사, 아동복지시설에 대한 지도 · 감독, 아동범죄예방을 위한 현장 확인 및 지도 · 감독 등 지역단위에서 아동의 복지증진을 위한 업무를 수행한다. 아동위원은 일종의 명예직 혹은 자원봉사자로 관할구역의 아동복지를 위해 아동복지전담공무원 및 행정기관과 협력하면서 아동의 생활상태 및 가정환경 파악, 아동복지에 필요한 원조와 지도를 행한다. 아동의 건강유지를 위하여 보건소의 역할, 아동의 안전을 위하여 학교의 장 등의 역할에 대해서도 규정하고 있다.

(4) 아동복지시설

아동복지시설은 국가 또는 지방자치단체가 아동의 시설보호조치 및 기타의 아동복지사업을 수행하기 위하여 설치한다. 또한 국가 또는 지방자치단체 이외의 자도 관할 시장, 군수, 구청장에게 신고하여 아동복지시설을 설치할 수 있다(「아동복지법」 제50조).

「아동복지법」상 아동복지시설은 다음과 같다(「아동복지법」 제52조 제1항).

① **아동양육시설**: 보호대상아동을 입소시켜 보호, 양육 및 취업훈련, 자립지원 서비스 등을 제공하는 것을 목적으로 하는 시설

② **아동일시보호시설**: 보호대상아동을 일시 보호하고 아동에 대한 향후의 양육대책 수립 및 보호조치를 행하는 것을 목적으로 하는 시설

③ **아동보호치료시설**: 아동에게 보호 및 치료 서비스를 제공하는 시설로서, 다음 두 가지 유형이 있다.

- 불량행위를 하거나 불량행위를 할 우려가 있는 아동으로서 보호자가 없거나 친권자나 후견인이 입소를 신청한 아동 또는 가정법원, 지방법원소년부지원에서 보호위탁된 19세 미만인 사람을 입소시켜 치료와 선도를 통하여 건전한 사회인으로 육성하는 것을 목적으로 하는 시설
- 정서적 · 행동적 장애로 인하여 어려움을 겪고 있는 아동 또는 학대로 인하여 부모로부터 일시 격리되어 치료받을 필요가 있는 아동을 보호 · 치료하는 시설

④ **공동생활가정**: 보호대상아동에게 가정과 같은 주거여건과 보호, 양육, 자립지원 서비스를 제공하는 것을 목적으로 하는 시설

⑤ **자립지원시설**: 아동복지시설에서 퇴소한 사람에게 취업준비기간 또는 취업 후 일정 기간 동안 보호함으로써 자립을 지원하는 것을 목적으로 하는 시설

⑥ **아동상담소**: 아동과 그 가족의 문제에 관한 상담, 치료, 예방 및 연구 등을 목적으로 하는 시설

⑦ **아동전용시설**: 어린이공원, 어린이놀이터, 아동회관, 체육 · 연극 · 영화 · 과학실험전시 시설, 아동휴게숙박시설, 야영장 등 아동에게 건전한 놀이 · 오락, 그 밖의 각종 편의를 제공하여 심신의 건강유지와 복지증진에 필요한 서비스를 제공하는 것을 목적으로 하는 시설

⑧ **지역아동센터**: 지역사회 아동의 보호·교육, 건전한 놀이와 오락의 제공, 보호자와 지역사회의 연계 등 아동의 건전육성을 위하여 종합적인 아동복지서비스를 제공하는 시설

⑨ **아동보호전문기관**: 학대받은 아동의 발견, 보호, 치료에 대한 신속처리 및 아동학대예방을 담당하는 시설

⑩ **가정위탁지원센터**: 보호대상아동에 대한 가정위탁사업을 활성화하기 위해 위탁가정 발굴, 대상아동의 상담, 위탁부모 교육, 위탁가정 사례관리, 아동의 가정복귀지원, 가정위탁아동의 자립계획 및 사례관리 등을 수행하는 시설

⑪ **아동권리보장원**: 아동정책에 대한 종합적 수행과 아동복지 관련 사업의 효과적 추진을 위해 필요한 정책의 수립을 지원하고, 사업평가 등의 업무 등을 수행하는 기관

아동복지시설은 아동의 복지를 위한 구체적인 장이 되고 있으며 필요한 전문인력의 배치와 관련하여 시설종사자의 직종과 수, 그 자격 및 배치기준은 대통령령으로 규정되어 있다.

(5) 아동복지 관련 비용

「아동복지법」에서는 국가와 지방자치단체가 전부 또는 일부를 보조할 수 있는 비용을 규정하고 있다(「아동복지법」 제59조). 비용을 보조하는 경우 보조비율은 관계 시행령을 따르게 되어 있다. 정부보조금은 아동복지시설의 설치 및 운영, 수탁보호 중인 아동의 양육 및 보호관리, 대리양육이나 가정위탁보호, 아동복지사업의 지도, 감독, 계몽 및 홍보, 아동복지전담기관의 설치·운영, 취약계층 아동에 대한 통합서비스지원, 보호대상아동의 자립지원, 자산형성사업, 아동복지단체의 지도·육성 등과 관련된 필요경비로 활용된다. 그 밖에 비용과 관련하여 국유재산의 무상대여 관련 임의조항과 아동복지시

설의 일부 비용에 대한 면세 관련 임의조항이 명시되어 있다.

비용보조는 국가의 아동복지에 대한 책임의 정도를 가장 분명하게 보여 주는 단서가 되는데, 현재 비용보조에 대하여 「아동복지법」은 임의규정으로 하고 있어 국가책임에 대한 미온적인 태도를 보여 주고 있다.

「아동복지법」에는 이 밖에 아동전용시설의 설치 관련 규정과 아동학대 관련 전문기관 설치 및 운영, 긴급전화, 학대신고 관련 규정 등이 포함되어 있다.

2) 아동복지 관련법의 구성과 내용

아동을 대상으로 하는 아동복지 관련법으로는 「영유아보육법」「한부모가족지원법」「입양특례법」「보호소년 등의 처우에 관한 법률」「청소년기본법」「청소년보호법」 등이 있다.

「영유아보육법」은 보호자가 근로 또는 질병, 기타 사정으로 인하여 보호하기 어려운 영아 및 유아를 심신의 보호와 건전한 교육을 통하여 건강한 사회성원으로 육성함과 아울러 보호자의 경제적 · 사회적 활동을 원활하게 하여 가정복지 증진에 기여함을 목적으로 하고 있다. 6세 미만의 취학 전 아동을 대상으로 하는 이 법은 취업모의 증가에 따른 가정 내 아동양육의 취약성을 보완하여 아동의 건전한 양육을 지원하는 것으로 보육정책위원회, 육아종합지원센터, 보육시설 등에 관한 규정을 담고 있다.

「한부모가족지원법」은 한부모가족의 생활안정과 복지증진을 목적으로 한다. 이 법은 생계비, 아동교육지원비, 아동양육비, 직업훈련비와 훈련기간 중 생계비 등으로 구성되는 복지급여에 관한 규정, 한부모가족에 대한 고용의 촉진 및 지원에 관한 규정, 한부모가족복지시설의 설치에 관한 규정을 담고 있다. 모자가족과 부자가족을 함께 강조하고 있으며, 미혼모 및 미혼부에 대한 추가적인 지원을 규정하고 있는 등 보다 현실적인 접근을 하고 있다. 「한부모가족지원법」은 한부모가족에 대한 지원을 통하여 그 가족 내의 아동을 지원하는 근거법이 된다.

「입양특례법」은 요보호아동의 입양을 촉진하고 양자로 되는 자의 보호와 복지증진을 도모하기 위하여 필요한 사항을 규정함을 목적으로 하고 있다. 입양조건, 입양절차, 입양기관, 양육보조금지급과 같은 입양아동에 대한 복지시책 등을 담고 있다.

9세 이상 24세 이하를 대상으로 하는 청소년 관련법은 아동과 청소년의 정의가 연령상으로 상당 부분 중복되어 있으므로 아동의 복지와 밀접한 관련을 갖고 있다. 「청소년기본법」은 청소년육성정책에 관한 기본법으로 청소년육성위원회, 청소년기본계획수립, 청소년수련활동지원, 청소년수련시설, 청소년유해환경규제와 청소년비행예방 등을 담은 청소년복지, 청소년육성기금과 관련된 내용을 규정하고 있다.

「청소년보호법」은 청소년에게 유해한 매체물과 약물 등이 청소년에게 유통되는 것과 청소년이 유해한 업소에 출입하는 것 등을 규제하고, 청소년을 청소년폭력 · 학대 등 청소년유해행위를 포함한 각종 유해한 환경으로부터 보호 · 구제함으로써 청소년이 건전한 인격체로 성장할 수 있도록 함을 목적으로 하고 있다. 구체적으로 청소년유해매체물, 청소년유해업소, 약물, 청소년유해행위규제, 청소년보호위원회 등과 관련된 내용을 규정하고 있다.

「보호소년 등의 처우에 관한 법률」은 청소년이 범죄에 대한 처벌에서도 청소년의 특성과 장래 등을 고려하여 성인과 별도의 조치를 받을 필요가 있다는 전제에서 출발한 법으로, 소년원과 소년분류심사원의 조직과 기능, 기타 소년의 교정교육 등에 관하여 필요한 사항을 규정함을 목적으로 하고 있다. 「보호소년 등의 처우에 관한 법률」은 소년원의 청소년 수용보호, 분류심사, 교정교육, 출원 등과 관련된 규정을 담고 있다.

이 밖에도 아동복지와 직간접적으로 관련을 갖고 있는 법들이 없지 않다. 「아동복지법」 외 관련법은 비교적 아동복지의 특정 영역을 협의로 다루고 있으며 보다 전문화 · 구체화 · 다양화되는 경향을 보인다. 2005년에도 「실종아동등의 보호 및 지원에 관한 법률」이 제정되기도 하였다. 현대의 아동복지는 법에 근거하고 있으므로 아동복지 관련법의 변화 및 내용은 우리나라 아동복지의 현주소를 대변한다.

3. 아동복지 프로그램 현황

아동복지 프로그램은 「아동복지법」과 아동복지 관련법에 기초하여 실제 시행되고 있는 구체적인 제도의 내용들이다. 아동복지는 사회복지분야에서 그 비중이 크지 않았다. 단적으로 예산을 보더라도 아동복지예산은 다른 영역—기초생활보장, 장애인복지, 노인복지, 인구가정, 기타—의 예산보다 사회복지예산에서 차지하는 비중이 가장 작았다.[2] 물론 최근에 들어 아동복지 예산이 사회복지예산에서 차지하는 비중이 빠른 속도로 증가하고 있지만 아직 구성비는 낮다.

아동복지정책에서 공공부조와 보험 등을 제하고 주로 아동복지서비스 프로그램을 중심으로 그 내용을 정리하여 보고자 한다. 아동복지서비스 프로그램은 매년 발간되어 온 보건복지부의 '아동복지사업안내'를 통하여 파악할 수 있다.

1) 목표와 추진방향

아동복지의 최근 목표는 가정중심, 지역사회중심의 아동보호로 변화되고 있으며 요보호아동뿐 아니라 일반아동의 건전육성을 위한 예방적 서비스 강

2) 2011년 아동복지예산은 사회복지분야예산 중 0.52%에 불과했다. 아동수당도입으로 2019년 사회복지예산 중 4.1%로 증가했지만, 타 분야에 비해서는 여전히 낮은 편이다.

화에도 주력하여 아동이 그들의 권리를 존중받으며 성장할 수 있도록 지원하는 것을 강조한다.

이러한 목표를 달성하기 위한 추진방향은 ① 아동의 안전하고 건강한 성장 여건을 조성하고, ② 예방적 서비스 강화로 사후적 서비스 수요를 감소시키며, ③ 가정친화적 아동보호기능을 강화하고, ④ 지역사회 저소득층 아동을 위한 지원체계를 강화하는 것이다(보건복지부, 2006).

아동복지 추진방향을 보면 과거에 비하여 일반아동을 대상으로 예방적 서비스를 강조하고 가정과 유사한 환경을 조성하는 보호가 중심이 되는 변화를 보이고 있다. 그러나 아직까지 아동복지서비스의 실질적 내용은 요보호아동을 대상으로 하는 것이 대부분을 차지하고 있으며, 이러한 특성은 우리나라 아동복지정책의 현주소를 대변하고 있다.

2) 아동복지 프로그램 내용

정부가 추진하는 아동복지 프로그램은 크게 일반아동을 대상으로 하는 예방적 · 보편적 서비스와 요보호아동을 대상으로 하는 사후적 · 선별적 서비스로 구분된다.

(1) 예방적 · 보편적 서비스

예방적 · 보편적 서비스로는 가정 내 안전사고 예방사업, 실종아동 찾아 주기 사업, 아동의 권리보장을 위한 지속적 모니터링과 아동위원 활동 지원 등이 포함된다. 아동의 안전사고에 대응하기 위하여 안전통계 작성, 원인 파악과 대책마련, 교육 및 홍보가 이루어지고 있으며 실종아동 찾아 주기 사업으로 실종아동 찾기 공익광고, 실종아동 발견 가능성이 높은 시설에 대한 주기적 점검을 실시하고 있다. 또한 지역사회에서 아동안전환경의 조성이 가능하도록 아동위원의 활동을 활성화하는 설명회 개최, 포상 등이 이루어지고 있다.

(2) 사후적 · 선별적 서비스

사후적 · 선별적 서비스로는 빈곤아동을 주 대상으로 하는 아동급식지원, 지역아동센터 운영지원, 결연사업, 소년소녀가정 지원과 아동보호를 목적으로 하는 아동학대예방 및 보호서비스, 국내입양활성화 및 입양사후관리서비스, 가정위탁서비스, 그룹홈 운영의 확대지원, 아동시설 지원, 시설 퇴소아동 지원 등이 있다. 예방적인 성격을 더불어 갖고 있지만 아직 그 대상이 고위험군 아동으로 표적화되고 있는 아동보호통합서비스 체계구축도 시도되고 있다. 이는 취약지역의 아동을 대상으로 보호서비스, 방문간호서비스 등을 연계하여 통합서비스를 제공하는 틀로 구성된다.

과거와 비교하여 아동에 대하여 보다 보편적이며 예방적인 서비스가 강조되고 있으며 이러한 변화는 우선 정책방향의 설정 등에서 더욱 선명하게 드러난다. 그러나 앞의 구분에서 보았듯이 아직도 요보호아동에 대한 서비스가 절대적으로 큰 비중을 차지하고 있다. 앞으로 예방적 · 보편적 서비스의 개발은 좀 더 확충되어야 한다.

사후적 · 선별적인 서비스로 한정하여 보아도 그 특성의 변화가 보여 반갑다. 시설아동의 보호환경을 개선하고, 대안적인 아동보호 형태인 가정위탁 및 그룹홈을 활성화하기 위한 노력이 강화되는 등 요보호아동에 대한 보호의 질을 제고하는 발전적 측면이 있다.

4. 아동복지 전달체계

서비스 전달체계는 정책이 구체적인 서비스제공으로 이어지는 과정 또는 구조로, 아동복지 전달체계는 중앙정부에서 지방정부로 그리고 일선의 서비스 전달로 이어진다. 아동복지정책을 담당하는 중앙정부의 해당 부처는 보건복지부와 여성가족부 그리고 교육부 등이다. 보건복지부는 아동의 권리증진,

아동건강 및 안전보호, 아동복지 상담 · 홍보 · 교육, 아동복지 단체 및 시설, 요보호아동 보호, 모자보건, 소년소녀가장세대에 대한 기초생활보장정책 등의 정책뿐 아니라 2008년 초「정부조직법」의 개정으로 여성가족부가 여성부로 축소되면서 여성부가 담당하던 모 · 부자지원 및 시설지원, 자녀양육지원 그리고 보육정책 등도 포괄 담당하게 되었다. 이후 여성부는 다시 2010년 여성가족부로 정부조직을 개편하면서 청소년정책, 청소년 활동진흥 및 역량개발, 위기청소년 보호 · 지원, 다문화가족정책, 아동 · 청소년 성보호 등의 업무를 담당하고 있다. 교육부는 교육격차해소 등 교육복지정책을 주로 담당한다. 보건복지부 외의 여타 부처의 정책들이 아동복지정책에서 차지하는 비중은 과거에 비하여 커지고 있다. 그럼에도 불구하고 아동복지정책의 상당 부분은 보건복지부의 정책으로 남겨져 있다.

아동복지 전달체계에서 중앙정부와 지방정부의 역할은 2005년을 기점으로 크게 변화되었다. 사회복지서비스 중 많은 사업이 지방정부로 이양되었는데 보건복지부의 이양사업 67개 중 아동복지사업도 적지 않다. 아동시설운영, 결연기관운영, 입양기관운영, 아동보호전문기관운영, 가정위탁지원센터운영, 소년소녀가장지원, 가정위탁양육지원, 퇴소아동자립정착금, 결식아동급식, 아동보호전문기관설치, 모자복지시설운영, 모자복지시설퇴소자자립정착금이 지방정부로 이양되었다. 이 사업들은 보건복지부에서 전체적인 가이드라인을 마련하고 이를 권고할 수 있겠으나 이제 지방정부의 자체 계획과 집행의 영역에 놓였다. 이 사업들은 시 · 군 · 구가 계획을 세우고 예산을 편성하며, 집행을 하고 평가를 하여야 한다. 물론 중앙정부의 예산지원이 교부금의 형태로 지속되지만 과거 보조금과 달리 사업별 예산지원이 아니므로 지방정부의 결정권이 커진 것이다.

일선의 아동복지서비스의 제공은 행정자치부의 조직을 통하여 이루어져 왔다. 각 시 · 도 및 시 · 군 · 구에 따라 아동복지 담당부서의 구성과 명칭은 다양하다. 중앙정부, 시 · 도, 시 · 군 · 구를 거친 대부분의 아동복지서비스는 일선 읍 · 면 · 동사무소의 사회복지 전담공무원과 민간 사회복지시설에 의해 아동 및 아동의 가정에 전달된다. 민간 아동복지시설은 아동양육시설을 비롯하여 아동상담소, 아동학대예방센터, 보육시설 등 여러 종류의 시설들이 있으며, 각 시설들은 중앙 부처와 각 지방자치단체의 사업운영 지침에 따라 시설을 관리하고 서비스를 제공하고 있다.

사회복지 전담공무원의 업무는 보건복지부 훈령에 근거하여 정리할 수 있는데, 보건복지부 훈령에서는 사회복지 전담공무원은 기초생활보장업무, 아동복지업무, 노인복지업무, 장애인복지업무, 모자복지업무, 기타 보건복지부 장관이 필요하다고 인정하는 업무를 수행하도록 규정하고 있다. 아동복지업무는 요보호아동에 대한 조사 및 보호의 결정에 관한 사항, 아동상담 지도 등 업무, 후원자개발 등을 위한 업무와, 관련 업무로는 모자가족의 실태조사, 모자가족의 상담지도업무, 모자가족보호에 관한 지원업무 등이 있다.

공공복지 관련 서비스 전달은 아직 별도의 전달체계를 갖고 있지 않으며 행정자치부가 관할하는 지방자치단체의 일반 행정체계에 기초하여 이루어지고 있다. 단, 일선의 서비스 전달이 사회복지 전담공무원이라는 사회복지 전문직에 의해서 이루어지고 있을 뿐이다. 전문직으로서의 사회복지 전담공무원이 배치되고 이들을 통하여 복지업무가 수행되게 된 점은 반가운 일이나, 아직 인력확보가 충분하지 않아 사회복지 전담공무원의 업무량이 많고 이로 인하여 전문성 발휘가 쉽지 않은 실정에 있다. 또한 전문직 인력의 부족으로 지방자치단체의 아동복지 담당자는 일반직이 적지 않은 상태이다.

그러나 사회복지 전달체계, 아동복지 전달체계의 발전을 위한 새로운 대안들이 모색되고 있는데, 시 · 군 · 구 단위로 사회복지업무를 전문화하고 기획능력을 높이려는 조직적 변환으로 사회복지사무소 실험이 있었고, 사회복지사무소의 실험에 기초하여 주민생활을 지원하는 별도의 특화된 국을 신설하는 변화가 2006년부터 시작되어 현재 모든 지방자치단체에는 주민생활지원서비스를 담당하는 별도의 국이나 과의 집합이 구성 · 운영되고 있다. 건강 · 복지 · 교육의 영역을 망라하여 저소득층 아동들이 공정한 기회를 갖도록 한다는 취지에서 경기도 2004년 위스타트(We Start) 사업이 실험되었고 전국 지역으로 확대되고 있다. 이 사업은 실험지역에 위스타트 팀을 두고 빈곤아동가구에 필요한 서비스를 종합적으로 연계 · 제공하는 설계에 기초하고 있다. 민간차원에서 운영되던 위스타트 사업의 취지를 계승해 2007년 '희망스타트' 시범사업을 16개 지역에서 실시하였고, 2008년 드림스타트사업으로 명칭을 변경하면서 2018년 현재 전국 229개 시군구 지자체에서 확대실시하고 있다. 드림스타트 사업은 아동복지분야에서 우리나라 최초로 실시된 공적 서비스 전달체계로 평가된다.

5. 아동복지정책의 한계와 개선방향

1) 아동복지정책의 특성과 한계

「아동복지법」의 가장 앞선 전신이라 할 수 있는 1960년대 초의 「아동복리법」은 그 당시의 시대적 요청에 따라 빈곤아동, 보호자가 없는 아동 등의 요보호아동[3]을 주된 대상으로 하였으나, 「아동복지법」은 적극적인 사회복지법으로서 요보호아동을 포함하여 모든 아동을 대상으로 아동이 가진 문제의 해결과 동시에 아동이 건전하게 자랄 수 있도록 하는 지원을 목적에 반영하고 있다(현외성, 2001: 434-435 참조).

「아동복지법」의 내용변화를 보면 요보호아동에 대한 제도적 대응에서 일반아동의 건전육성과 문제예방으로 강조가 바뀌고 있다. 그럼에도 불구하고

3) 현재 「아동복지법」에서는 보호대상아동으로 정의된다. 법률적 정의는 동일하므로 맥락에 따라 혼용해 사용한다.

실제 아동복지정책의 수행은 아직도 요보호아동에 대한 사후적 개입이 많은 비중을 차지하고 있다. 보편주의를 기조로 한 새로운「아동복지법」의 채택은 실제 아동복지정책상의 변화를 보장하는 것은 아니었다.「아동복지법」이 만들어진 후에도 아동복지사업의 실제 운영에 있어서는 여전히 제한적이고 잔여적인 아동복지정책이 지배적이었으며, 단기적으로는 오히려 법정신과 현실 간의 괴리를 확대시킨 셈이 되었다(이혜경, 1993: 219)는 지적을 면하기 어려운 상황에 있다.

일반아동을 대상으로 하는 실질적인 사업이나 프로그램 개발이 취약한 상황에 대한 반성이 필요하다. 일반아동과 그 가정을 대상으로 하는 지원은 요보호아동의 발생을 사전에 예방하는 의미를 지닌다. 그러나 아동을 보호하고 있는 가정에 대한 지원은 거의 찾아보기 어렵다. 서구의 경우 아동수당, 아동을 보호하는 가족에 대한 수당 등이 아동복지의 상당 부분을 차지하고 있지만 우리나라에서는 아동에 대한 일차적인 안전망으로서 이러한 제도적 장치가 부재한다고 볼 수 있다. 사회복지재원의 차이가 있어 일반 아동양육가정에까지 전면적으로 아동수당을 지원하는 것이 어렵다고 하더라도 저소득 아동양육가정을 대상으로 하는 지원도 찾아보기 어렵다. 빈곤가정 아동에 대한 지원으로 보육료면제와 학비보조가 있을 뿐이다.

요보호아동에 대한 사회적 보호도 아직 가정적인 환경을 확보하지 못하고 있다. 아동에 대한 사회적 보호는 어떤 분야보다도 가정적인 환경의 구성이 절실하다. 그러나 시설보호를 비롯한 사회적 보호의 방식은 전근대적인 성격을 벗어나지 못하고 있다. 서구 복지국가의 아동복지체계 및 내용을 단기간에 수용하기는 어려울 것으로 본다. 그러나 아동복지의 지향을 거듭 분명히 하고 가능한 범위 내에서 그 지향을 좇아 단계적인 발전을 도모하는 노력은 반드시 필요하다.

2) 아동복지정책의 발전방향

(1) 보호대상아동의 발생 예방

일반아동을 위험으로부터 보호하는 프로그램을 강화하고, 아동을 양육하는 가정이 제 기능을 수행할 수 있도록 지원하는 사업의 확충이 필요하다. 기존의 아동상담만으로는 보호대상아동의 발생을 예방하기에는 역부족이다. 아동을 양육하는 가정에 대한 별도의 지원이 희박한 우리나라 상황에서 새로운 노력이 필요하다. 아동양육가정을 지원하는 정책으로 아동수당을 도입하자는 논의가 있어 왔다. 아동수당제도는 아동양육비의 부담을 경감시켜 가정의 빈곤화를 방지하고 아동이 건전하게 육성되도록 돕기 위한 제도이다. 즉, 국가가 부모에게 소정의 양육비를 지급하는 것을 말한다.

아동수당은 아동이 있는 가구에 모두 지급하는 보편적인 지원으로 일차적인 아동복지안정망의 위상을 가질 수 있다. 2018년 드디어 아동수당제도를 도입한 우리나라는 보육료지원 및 가정양육수당과 함께 본격적인 보편적 아동복지로 전환하는 계기를 맞이하게 되었다. 전체적인 복지재원의 한계로 아동수당의 연령대상이 만 7세 미만으로 제한되어 있지만, 향후 대상연령을 확대해 명실상부한 아동수당제도로 확대 개편되어야 할 것이다.

(2) 사회적 보호의 환경변화 도모

아동이 요보호상태에 있어 가정으로부터 적절한 양육을 보장받을 수 없을 때는 사회가 아동의 보호를 책임져야 할 것이다. 그러나 이러한 경우에도 아동의 보호는 가정과 같은 환경을 지향하는 것이 되어야 한다.

가정과 근접하는 위탁보호나 그룹홈 확충, 양육시설을 가정과 유사한 환경으로 조성하는 것 등이 도모되어야 할 것이다. 하지만 2018년 발생한 총 요보호아동 수는 4,592명이었으나 위탁보호는 단지 1,449명, 입양은 243명에게 지원된 반면, 시설보호는 2,894명에 이르렀다. 가정과 같은 보호환경이라는 정책적 슬로건이 실질적인 서비스로 현실화되는 데는 더 많은 과제가 남겨진 것으로 평가된다. 가정과 같은 보호환경 조성과 함께 또 하나 지향하여야 하는 것은 어쩔 수 없이 출생가정 밖에서 보호를 제공하는 경우에도 출생가정과의 유대를 유지하고 가정으로의 복귀 가능성을 높이는 프로그램들을 강화하는 것이다.

(3) 전문성 강화

아동복지에서 또 하나 지향하여야 하는 것은 전문성의 강화이다. 현대사회에서 아동은 다양한 문제를 경험하고 있다. 이러한 사회환경에서 아동의 욕구에 따라 제공하는 프로그램이 다각적인 것이어야 하며 개별 프로그램들은 아동의 문제해결 또는 욕구충족을 위해서 전문성을 확보하는 것이어야 한다.

예를 들어, 비행아동, 정서적 문제 경험 아동, 빈곤아동 등의 문제에 대한 대응에서 사회복지사의 전문성을 강화하는 방안이 마련되어야 하며, 전문성을 강화하는 방안으로 계속교육의 실시, 관련 전문직의 팀접근 강화 등이 적극적으로 검토되어야 한다.

(4) 국가의 의무 강화

아동복지정책과 관련하여 마지막으로 짚고 넘어가야 할 것은 국가의 의무를 강화하는 것이다. 지금까지 아동복지정책이 보여 준 일관된 특성 중의 하나는 국가가 가능한 아동복지에서 그 의무의 수준이나 범위를 최소화하고자 하였다는 것이다. 이러한 특성은 아동복지가 소극적이며 사후적인 한계를 갖게 하는 원천이 되어 왔다. 국가의 의무가 어느 수준에서 인정되고 있는가를 단적으로 보여 주는 법령의 여러 임의조항, 특히 재정적인 지원에서 빈번하게 나타나는 임의조항을 강제조항으로 변경하고 아동복지에서 국가가 주요 주체로서 그 위상을 바로잡아야 할 것이다.

연구문제

1. 「아동복지법」을 읽고 그 특성에 대하여 생각해 봅시다.
2. 아동이 생활하는 가정을 지원함으로써 아동의 복지를 도모하는 제도들은 무엇이고, 어떠한 장점을 갖는지에 대하여 알아봅시다.
3. 2019년 우리나라에도 소득기준을 고려하지 않는 보편적 아동수당을 도입하였습니다. 일각에서는 소득기준을 고려해 소득상위계층 아동에 대한 아동수당지급을 반대하는 주장을 하기도 합니다. 아동수당제도의 특성과 유효성을 고려할 때, 소득기준에 따라 선별하는 아동수당제도과 비교해 보편적 아동수당제도가 가지는 장점과 필요성에 대해 검토해 봅시다.
4. 아동복지 정책과 프로그램 중 예방적 성격을 갖는 것들은 어떠한 예가 있는지 알아봅시다.
5. 아동복지를 위한 자원을 확충하는 방안에 대하여 생각해 봅시다.

제 3 부

아동복지의 실천분야

제 7 장

빈곤아동

빈곤은 단순히 경제적인 궁핍의 문제가 아니라 보다 복잡한 문제이다. 물론 빈곤은 경제적인 문제이지만 그 결과는 아동과 아동을 둘러싼 가정과 사회의 심리적 · 사회적 · 문화적 요소에 막대한 영향을 준다. 예를 들어, 한 가족의 빈곤문제는 부부간의 불화로 인한 이혼, 아동의 비행, 학업 문제 등 단순한 원인에 비해 다양한 결과를 드러낼 수 있다. 대부분의 빈곤문제는 인간의 삶을 황폐하게 만드는 부정적인 결과를 나타낸다. 이렇게 빈곤은 아동에게 정상적인 발달과업을 성취하는 데 장애를 가져올 뿐만 아니라 성인이 되어서까지 부정적인 영향을 미치게 된다. 학교실패, 실업의 가능성, 만성적인 복지의존성, 강력범죄, 무기력감과 절망감 등이 모두 빈곤과 연결되어 있다고 보고되고 있다.

이 장에서는 빈곤의 정의와 빈곤아동의 현황, 빈곤이 아동에게 미치는 영향, 빈곤아동을 위한 사회복지서비스를 살펴본다. 그리고 우리나라 빈곤아동을 위한 복지정책의 현황을 살펴보고 그 개선방안을 검토해 본다.

1. 빈곤의 개념

1) 빈곤의 정의

빈곤은 경제적 특성뿐만 아니라 사회적으로 또는 심리적으로 여러 가지 특성을 가지고 있다. 따라서 경제적 빈곤뿐만 아니라 사회적 특성을 반영한 빈곤의 개념이 필요하다.

(1) 경제적 빈곤

경제적 빈곤은 물질적 필요에 대하여 부족을 느끼는 것으로 정의된다. 이러한 경제적 빈곤개념은 절대빈곤과 상대빈곤으로 나누어 살펴볼 수 있다(서상목 외, 1981).

① 절대빈곤

절대빈곤(absolute poverty)은 가장 역사가 깊고 널리 사용되는 빈곤의 정의이다. 이에 따르면 빈곤은 '한 가구의 소득(또는 지출)이 최저생활을 유지하는 데 필요한 생계비에 미달하였을 경우'로 정의된다. 여기서 빈곤선은 최저생활에 필요한 기본수요를 추정함으로써 정의된다. 이러한 기본수요는, 첫째, 최저생존을 위한 방식, 둘째, 질병보호와 의 · 식 · 주 시설을 포함한 계속적 생존에 필요한 수요, 셋째, 생산적 수요에 필요한 재화나 용역의 기본수요, 넷째, 사회에서의 상대적 · 경제적 위치 및 사회참여도 등을 고려한 기본수요 등의 단계로 구분된다.

② 상대빈곤

상대빈곤(relative poverty)은 한 사회의 기존 생활수준과 직접 비교하여 정의하는 개념이다. 절대빈곤의 추계가 실제적으로 매우 어려우며 상당한 임의성을 내포하기 때문에 상대빈곤의 개념이 널리 사용된다. 상대빈곤을 추정하는 방법으로는 전체 사회의 계층별 소득순서에서 하위층에 해당되는 일정한 비율을 빈곤층으로 정의하는 순수상대빈곤이 있는데 소득 순으로 하위 20% 또는 하위 40%가 가장 보편적으로 사용되는 순수상대빈곤계수이다. 두 번째는 전체 사회에서 평균소득에 해당되는 일정한 비율을 빈곤층으로 정의하는 유사상대빈곤방식이 있는데, 개발도상국의 경우 평균소득의 1/3을 빈곤계수로 정의한다.

(2) 빈곤문화론

경제적인 특성만으로 빈곤을 정의하기에는 불충분하다. 왜냐하면 빈곤은 물질적 자원뿐만 아니라 가정환경, 자원의 보유, 교육 및 직업과 관련된 영역에서의 조건의 차이와 관련되기 때문이다. 따라서 빈곤에 대한 새로운 관점, 즉 빈민들의 생활과 관련되어 소득뿐만 아니라 주거조건, 직업의 안정성 그리고 교육기회 등을 포괄한 사회적 불평등이나 문화 개념의 도입이 필요하다. 이러한 사회적 설명의 대두배경은 바로 도시의 저소득층 밀집지역, 즉 슬럼(slum)에서의 주민들의 생활모습을 설명하는 것과 관련되어 있는 빈곤문화론이다.

빈곤문화론의 핵심은 사회의 주류문화와 달리 빈곤문화가 존재하고, 이러한 문화는 다음 세대로 전승된다는 것이다. 빈곤문화론은 루이스(Lewis)에 의해 1959년 처음 주창되었으며, 멕시코와 푸에르토리코인 가족에 대해 확대되었다. 루이스(1959)는 빈민들은 사회의 대다수의 사람에게서 소외되어 있으며 그 결과 나름대로의 적응행동을 학습해야 하는데 이러한 행동메커니즘이 확장되어 사회의 문화 속의 문화를 형성하게 된다고 주장한다.

루이스(1968)는 빈곤문화의 특징을 일흔 가지의 상호 관련된 사회적 · 경제적 · 심리적 특성으로 설명하고 있는데, 이를 네 가지로 종합하여 살펴보면 다음과 같다.

첫째, 지역사회 내에서 기존 경제 · 사회 · 정치제도에 대한 효과적인 통합과 참여가 결여되어 있다는 점이다. 즉, 노동조합이나 자원봉사활동에 참여하지 않거나 또는 정당에 가입하지 않으며, 병원이나 백화점 등을 거의 이용하지 않는다. 사회제도에의 미참여는 지배계급의 기본적인 기구에 대한 비판적 태도, 경찰에 대한 적대감, 정부기관에 대한 불신, 심지어는 종교에 대한 냉소주의와 관련된다.

둘째, 빈곤문화의 특징은 핵가족이나 확대가족의 범위를 약간 뛰어넘는 최소한의 조직을 특성으로 한다는 점이다. 비록 빈곤지역의 사람들이 사회의 공식적 조직에 참여하지는 않지만 지역사회 공동체 의식을 형성할 수 있는 응집력을 가지고 있다.

셋째, 가족과 성생활 면에서 사회의 다른 집단과 많은 차이를 보이고 있다는 점이다. 성의 조기발현, 사실혼, 가정에 대한 포기 등의 현상이 상대적으로 높게 나타나고 있다.

넷째, 심리적으로 무기력, 의타심 및 열등감을 가지고 있다는 점이다. 빈민들은 체념주의와 숙명주의를 가지고 있어 근로동기나 빈곤탈피 그리고 변화에 대한 동기를 거의 가지지 못한다. 게다가 강한 현실중심적인 생활을 하게 하는 빈곤의 특성은 미래에 대한 계획을 수립하거나 생활에 대한 만족감을 느끼지 못하게 한다.

2) 빈곤아동의 정의

빈곤아동이란 빈곤가정에서 생활하는 18세 미만의 아동이다. 「아동의 빈곤예방 및 지원 등에 관한 법률」 제3조에서는 아동빈곤을 "아동이 일상적인 생활여건과 자원이 결핍하여 사회적 · 경제적 · 문화적 불이익을 받는 빈곤 상태"로 규정하고 있다. 이러한 빈곤아동의 범위는 ①「아동복지법」 제3조 제4호 및 제5호에 따른 보호대상아동 및 지원대상아동, ②「국민기초생활보장법」 제2조 제2호에 따른 수급자인 아동, ③「한부모가족지원법」 제4조 제2호에 따른 한부모가족 아동, ④「다문화가족지원법」 제2조 제1호에 따른 다문화가

표 7-1 빈곤아동의 유형

구분	정의
「아동복지법」	제3조 제4호 '보호대상아동': 보호자가 없거나 보호자로부터 이탈된 아동 또는 보호자가 아동을 학대하는 경우 등 그 보호자가 아동을 양육하기에 적당하지 아니하거나 양육할 능력이 없는 경우의 아동 제3조 제5호 '지원대상아동': 아동이 조화롭고 건강하게 성장하는 데에 필요한 기초적인 조건이 갖추어지지 아니하여 사회적 · 경제적 · 정서적 지원이 필요한 아동
「국민기초생활보장법」	제2조 제2호 '수급자': 이 법에 따른 급여를 받는 사람
「한부모가족지원법」	제4조 제2호 '한부모가족': 모자가족 또는 부자가족 제4조 제3호 '모자가족': 모가 세대주(세대주가 아니더라도 세대원(世代員)을 사실상 부양하는 자를 포함한다)인 가족 제4조 제4호 '부자가족': 부가 세대주(세대주가 아니더라도 세대원을 사실상 부양하는 자를 포함한다)인 가족 제4조 제5호 '아동': 18세 미만(취학 중인 경우에는 22세 미만을 말한다)의 자
「다문화가족지원법」	제2조 제1호 '다문화가족': 다음 각 목의 어느 하나에 해당하는 가족 가. 「재한외국인 처우 기본법」 제2조 제3호의 결혼이민자와 「국적법」 제2조부터 제4조까지의 규정에 따라 대한민국 국적을 취득한 자로 이루어진 가족 나. 「국적법」 제3조 및 제4조에 따라 대한민국 국적을 취득한 자와 같은 법 제2조부터 제4조까지의 규정에 따라 대한민국 국적을 취득한 자로 이루어진 가족

족 아동으로 규정하고 있다.

한편, 정부가 지원하는 '저소득 한부모가족'에는 정부지원 대상인 '저소득 한부모가족'에는 한부모뿐만 아니라 조부 또는 조모가 손자녀를 양육하는 조손가족도 포함된다. 배우자가 있더라도 병역복무, 가출, 노동능력 상실 등의 이유로 실질적인 부양을 받을 수 없는 경우도 지원대상이 된다. 지원대상으로 선정되기 위해서는 연 기준 중위소득이 52% 이하여야 하고(소득기준), 자녀의 나이가 만 18세 미만(재학 시 만 22세 미만)이어야 한다(보건복지부, 2018).

2. 빈곤과 아동발달

1) 빈곤이 아동발달에 미치는 영향

빈곤은 아동이 정상적인 발달과업을 성취하는 데 장애를 가져올 뿐만 아니라 그로 인해 바람직하지 못한 결과를 낳게 되며, 성인이 되어서까지 부정적인 영향을 미치게 된다. 성인초기의 학교실패, 실업의 가능성, 만성적인 복지의존성, 강력범죄, 무기력감과 절망감 등이 모두 빈곤과 연결되어 있다고 보고되고 있다(노혁, 2002). 이렇게 빈곤이 아동에게 부정적 영향을 미치는 이유는 아동들이 타인에게 의존적이므로 아동 스스로가 가족의 경제적 상황을 변화시킬 수가 없어 빈곤에 의해 영향을 받을 수밖에 없기 때문이다. 최근의 연구에서는 빈곤이 아동에게 직접적으로 부정적인 영향을 미치기보다는 부모의 양육행동이나 태도, 또래집단과의 상호작용 그리고 지역사회의 특성 등을 통해 영향을 미치는 것으로 나타나고 있다(정익중, 2003).

빈곤이 아동의 가정생활에 미치는 영향을 살펴보면, 빈곤아동들은 안정된 주거환경을 제공받지 못하거나 적절한 교육환경을 제공받지 못할 가능성이 높다. 빈곤가족은 경제적 이유로 인해 아동에게 공부방 등 적절한 학습공간을 제공하거나 학업에 필요한 물품이나 자료를 제공하지 못해 학업성취를 저해하기도 한다. 즉, 빈곤가족은 책, 장난감, 컴퓨터 등과 같은 물품을 구입할 수 있는 자원이 부족하고 도서관이나 박물관 방문 등의 문화생활의 기회가 부족하기 때문에 인지적으로 자극받을 수 있는 환경에서 성장할 기회가 비빈곤가족 아동보다 더 부족하게 된다.

빈곤아동의 부모들은 생계를 위해 장시간 노동을 하게 되어 피곤하거나 시간이 없어 자녀와의 상호작용이 부족하거나 부적절한 양육태도를 보이게 되어, 아동의 언어나 인지 발달에 부정적인 영향을 미치게 된다.

그리고 빈곤한 사람들은 자신들이 처해 있는 환경을 스스로 통제할 수 없다는 무력감, 수치감 또는 자존감의 상실 등으로 스트레스나 우울증에 빠져들기 쉽다. 이러한 부모의 스트레스와 우울은 부부간 또는 가족 간 갈등을 유발하는 동시에 부모의 양육행동이나 태도에 부정적인 영향을 준다. 즉, 빈곤부모들은 아동의 행동 자체나 친구관계 등에 대한 지도감독을 제대로 하지 못하고, 언어적인 훈계보다는 체벌을 더 자주 사용하며, 아동에 대한 정서적 지지의 수준도 낮은 것으로 나타나고 있다(Conger et al., 1994).

2) 빈곤아동이 경험하는 문제

빈곤아동이 경험하는 문제는 크게 아동의 신체적인 건강, 인지능력, 학업성취, 심리사회적 문제 등으로 나누어 살펴볼 수 있다.

(1) 신체적 건강

비빈곤가족의 아동들과 빈곤가족의 아동들을 다양한 기준을 가지고 비교해 볼 때 빈곤아동들은 신체건강에 있어서 부정적인 결과를 보이고 있다. 미국의 1988년 국민보건조사에 따르면, 비빈곤가족 아동의 경우 유아사망률이

100명당 0.8명인 데 비해 빈곤가족 아동의 경우 1.4명으로 1.7배 높은 것으로 나타났으며, 0세부터 14세까지의 아동기의 사망률은 비빈곤가족은 0.8명인 데 비해 빈곤가족은 1.2명으로 나타났다. 또한 건강상태가 아주 좋다고 부모가 평가한 비율에 있어서 비빈곤가족은 55.2%인 데 비해 빈곤가족은 37.4%에 불과했으며, 지난 1년간 병원에 입원한 기간은 비빈곤가족 아동의 경우 3.8일이나 빈곤가족 아동의 경우는 5.3일로 나타나는 등 빈곤가족 아동이 비빈곤가족 아동에 비해 건강상태가 전반적으로 낮게 나타나고 있음을 보여준다.

(2) 인지능력

빈곤과 아동의 인지능력 발달의 관계를 살펴보면, 빈곤가족의 아동은 비빈곤가족의 아동에 비해 인지능력 발달수준이 낮은 것으로 나타나고 있다. 미국의 1988년 국민보건조사에 따르면, 17세까지 아동기의 인지발달지체 비율을 살펴보면 비빈곤가족 아동은 3.8%이나 빈곤가족 아동은 5%로 높게 나타났고, 학습장애 비율에 있어서도 비빈곤가족 아동은 6.1%이나 빈곤가족 아동은 8.3%로 높게 나타나고 있다.

(3) 학업성취

빈곤가족 아동은 비빈곤가족 아동과 비교해 볼 때 학업성취가 낮은 것으로 나타나고 있다. 미국의 1988년 국민보건조사에서 5세부터 17세까지 아동을 비교해 볼 때, 학년 유급에 있어서는 비빈곤가족 아동의 경우 14.1%인 데 비해 빈곤가족 아동의 경우는 28.8%로 2배 이상 높은 것으로 나타났고, 정학이나 퇴학 등의 학교징계를 경험한 비율에 있어서도 비빈곤가족의 아동은 6.1%인 데 비해 빈곤가족의 아동은 11.9%로 조사되었다.

(4) 심리사회적 문제

빈곤가족 아동의 경우 비빈곤가족 아동에 비해 더 높은 우울이나 불안 등의 내재화 문제와 비행이나 공격행동 등 심리사회적 문제를 경험하는 것으로 보고되고 있다(Brooks-Gunn & Duncun, 1997). 그러나 2003년 우리나라 아동복지학회의 조사에서는 빈곤아동이 일반아동과 비교하여 자아존중감, 심리사회적 적응, 비행경험에서 문제가 없는 것으로 나타나 외국의 연구와는 다른 결과를 보여 준다.

(5) 기타 문제

1988년 미국의 아동학대 조사에 따르면, 고소득층에 비해 저소득층의 아동학대 발생률은 7배나 높았으며, 빈곤가족의 자녀들은 방임되는 경향을 보였고, 발생하는 학대의 수준도 저소득층에서 보다 심각한 것으로 나타났다(Downs et al., 1996).

1988년부터 1991년까지 실시된 미국 NHANES의 조사에 따르면, 지난 1년간 음식부족을 경험한 비율의 경우 비빈곤가족은 1.6%인 데 비해 빈곤가족은 15.9%로 매우 높은 것으로 나타났으며, 24세로 성장한 후에 취업하지 못한 비율의 경우 비빈곤가족은 0.3%이나 빈곤가족은 15.9%로 높게 나타났다.

한편, 국내의 연구(최선희, 김희수, 2004)에서도 빈곤아동은 일반아동에 비해 질병발생률 1.4배, 학력부진 비율 2.2배, 술·담배 등 비행행동 2배, 가출 2배 등 매우 높은 문제행동을 보이고 있는 것으로 나타나고 있다.

3) 한부모가족 아동의 문제

전반적으로 한부모가족은 개인의 적응으로부터 사회인식 및 제도적 차원에 이르기까지 어려움을 경험하고 있다. 즉, 한쪽 배우자의 부재로 인해서 가족생활에서의 변화가 불가피하게 일어남으로써 경제적 빈곤, 가족관계, 자녀양육 및 가사노동의 어려움, 역할수행상의 혼란과 사회적 위축 등의 문제를 수반하고 있는 것이다. 이러한 여러 가지 문제는 가족구성원의 심리사회적 적응과 사회생활과 학업생활 등에 부정적 영향을 미치고 있다.

결손가족 아동에 대한 선행연구들은 가족해체가 아동의 적응에 부정적인 영향을 미치고 있음을 보여 준다(오승환, 2001). 먼저 심리정서적 문제를 살펴보면, 결손가족의 아동은 우울, 불안, 사회적 철회 등의 문제를 경험하고 있는 것으로 나타나고 있다. 또한 교사나 부모들은 정상가족의 자녀에 비해 결손가족 자녀가 더 우울한 것으로 평가하고 있으며, 인지적 및 사회적 능력이 더 낮다고 인식하고 있는 것으로 나타났다.

두 번째, 결손가족의 청소년은 비행과 일탈 그리고 반사회적 행동 등의 문제행동을 더 많이 경험하는 것으로 제시되고 있다. 많은 연구에서 결손가족의 청소년은 정상가족의 청소년에 비해 높은 공격성 및 행동장애 등 행동적 문제를 더 많이 경험하고 있는 것으로 보고되고 있다.

또한 가족결손이 청소년에게 사회적 상호작용의 단절 또는 감소를 초래하여 그들이 대인관계상의 문제를 경험하는 것으로 나타나고 있다. 결손가족의 청소년은 정상가족의 청소년에 비해 낮은 수준의 사회적 기술을 보이고 있으며, 친구가 적고 친구와 보내는 시간이 적은 것으로 나타났다. 가족의 결손으로 인한 가족환경의 변화, 즉 이사 등의 물리적 공간의 변화와 부모의 사망이나 이혼으로 인한 사회적 관계망의 단절은 결손가족 청소년에게 사회적 지지를 감소시키고 대인관계상의 문제를 발생시키게 된다.

그리고 가족결손은 청소년의 학업성적에 영향을 미친다고 제시되고 있는데, 결손가족의 청소년은 정상가족의 청소년에 비해 더 낮은 학업성취를 보이고 있으며, 아동의 IQ를 통제한 전국적인 비교에서도 이혼가족의 자녀가 정상가족의 자녀에 비해 학업문제를 더 많이 경험하고 있는 것으로 나타난 연구도 있다.

3. 빈곤아동의 현황

1) 빈곤아동 현황

빈곤통계는 빈곤의 기준, 이용자료 등에 따라 많은 차이가 있을 뿐만 아니라 정확한 실태조사가 이루어지지 않았기 때문에 빈곤아동의 규모를 정확히 추계하기는 어렵다. 빈곤아동에 대한 추계를 실시한 연구 중에서 김미숙(2008)의 연구에서는 2006년 말 기준으로 볼 때 전체 아동 1,090만 명 중 절대빈곤으로는 5%인 52만 명의 아동이, 상대빈곤으로는 9.7%인 113만 명의 아동이 빈곤선 아래에서 생활하고 있다고 추정하고 있다.

최근 연구(여유진, 2018)에 따르면 중위소득 50% 미만인 상대빈곤을 적용할 때, 아동빈곤율은 2006년 10.1%에서 2016년 6.7%로 감소하는 추세를 보

(단위: %)

그림 7-1 전체빈곤율과 아동빈곤율 추이

주: 전체빈곤율은 개인 균등화된 가처분소득이 중위소득 50% 미만인 인구비율. 아동빈곤율은 동일 기준을 활용해 전체 아동 대비 빈곤아동 수를 계산한 것임.

출처: 통계청(각 연도). 가계동향조사 원자료; 여유진(2018). 아동빈곤의 현황과 정책과제. 보건복지포럼(2018.5)

이고 있다. 2016년 기준 아동인구수 867만 명으로 추계해 보면, 중위소득 50% 기준으로 약 58만 2,000명의 아동이 상대적 빈곤을 경험한다고 볼 수 있다. 중위소득 40% 기준으로는 약 30만 1,000명, 중위소득 60% 기준으로는 103만 4,000명에 해당한다.

일반적으로 아동빈곤율은 전체인구 빈곤율보다 높게 나타난다. 아동빈곤율이 높은 국가의 경우는 더욱 그러하다. 이는 빈곤가구의 아동 수가 많기 때문이다. 하지만 우리나라의 아동빈곤율은 전체인구 빈곤율보다 낮게 나타난다. 이와 관련해서는 노인빈곤율과 1인가구 빈곤율이 높은 점을 이유로 든다. 2011년 OECD 국가의 아동빈곤율을 비교해 보면, 우리나라는 아동빈곤율이 덴마크, 핀란드, 노르웨이, 스웨덴 등 북유럽 복지선진국과 비교해 높게 나타날 뿐, 다른 OECD 국가에 비해서는 상당히 낮은 수준이다.

하지만 외국과 비해 상대적으로 낮은 아동빈곤율을 우리나라 아동빈곤정책의 성공을 보여 주는 지표로 간주하기는 어렵다. 상대적 빈곤의 문제는 절대적 결핍이 아닌 상대적 박탈감의 문제로 보아야 하기 때문이다. 소득이 아

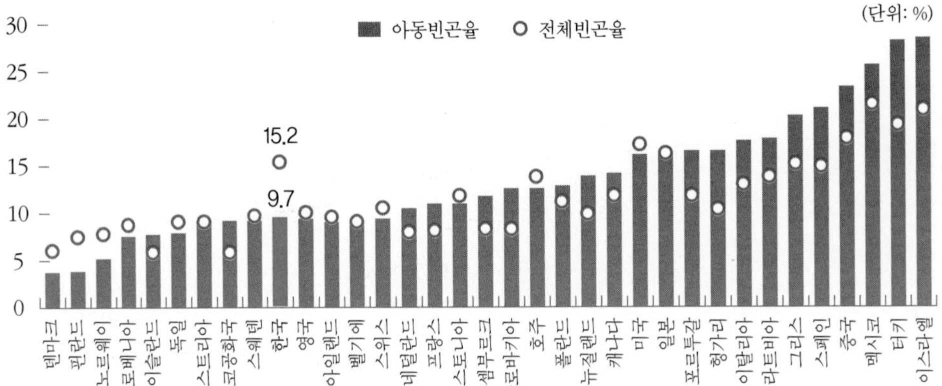

그림 7-2 OECD 국가의 아동빈곤율 비교

주: 중위소득 50% 기준. 2011년 기준.
출처: 여유진 외(2016). 아동의 빈곤예방을 위한 실태연구. 보건사회연구원.

닌 다양한 생활여건과 성장기의 발달기회의 박탈과 빈곤으로 본다면 여전히 아동빈곤의 문제는 심각하다고 볼 수 있다. 특히 빈곤의 대물림 현상이 심화되고 계층이동의 사다리가 취약해지고 있는 것을 볼 때 아동빈곤이 여전히 중요한 문제임을 인식할 필요가 있다.

또한 최후의 사회안전망이라 일컫는 공공부조제도인 국민기초생활보장 수급가구의 아동규모를 살펴보면 2007년 419,230명에서 2014년 251,835명으로 감소하다 2015년 450,946명으로 증가하였다. 2017년 기준으로 국민기초생활보장 수급아동 수는 386,882명에 이른다. 이러한 국민기초생활보장 수급대상아동 수의 증가는 상대적 빈곤기준의 적용과 함께 수급대상가구의 확대에 따른 결과라 볼 수 있다. 빈곤에 따른 상대적 박탈감을 민감하게 체감할 수 있는 10대 아동의 비중이 상당히 높다. 따라서 빈곤아동이 성인기로 접어들면서 빈곤을 탈피할 수 있는 인적자본 형성을 위한 물적 · 복지적 지원이 제공될 필요가 있다.

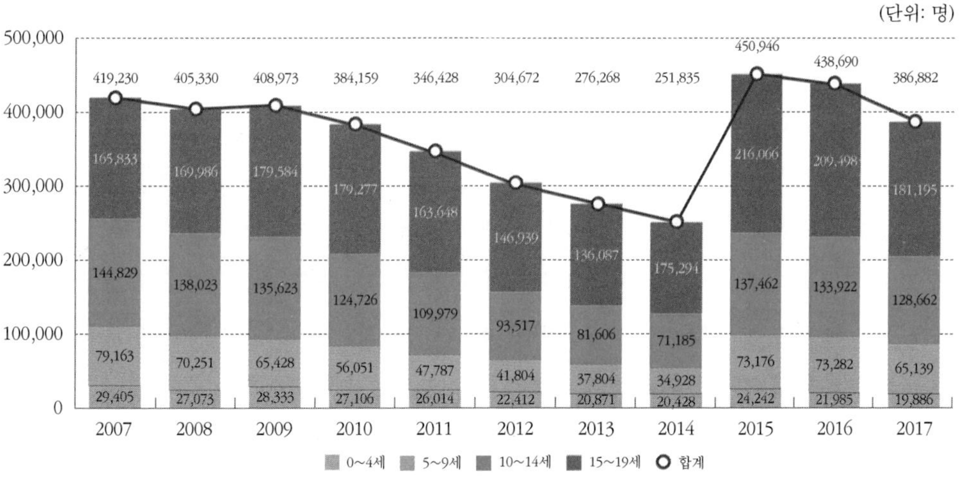

그림 7-3 국민기초생활보장 수급아동 수

출처: 보건복지부(2018). 통계로 보는 사회보장 2018. 국민기초생활보장수급현황, 각 연도.

2) 한부모가족 아동 현황

한부모가구의 수는 2005년 1,370,000가구에서 2010년 1,594,000가구, 2017년 2,127,000가구로 증가하고 있다. 전체 가구에서 한부모가구가 차지하는 비율은 2005년 8.6%에서 2010년 9.2%, 2017년 10.9%로 증가하고 있다. 한부모가구 중 「한부모가족지원법」과 「국민기초생활보장법」 그리고 보훈 등으로 국가의 지원을 받는 저소득 한부모가족은 2005년 124,000가구, 2010년 185,000가구, 2013년 188,000가구, 2017년 181,000가구 등으로 증가하고 있으며, 2017년 전체 한부모가구의 8.5%를 차지하고 있는 것으로 나타나고 있다(통계청, 2017).

한부모가족 중 78% 가까이가 여성가구주 가족으로서 대부분 빈곤, 자녀양육 및 교육의 어려움 등을 겪고 있다.

4. 빈곤아동을 위한 사회복지대책

빈곤아동 · 청소년대책의 필요성은 무엇보다 빈곤의 대물림에서 찾아볼 수 있다. 빈곤은 아동의 신체발육 부진 · 질병 · 장애를 유발할 가능성이 높고, 평생 동안 학습 및 경제활동에 지장을 초래할 수 있다. 또한 부모의 보살핌 부족은 자신감 부족(정서발달 부진) 및 학교부적응으로 낮은 학업성취도를 초래한다. 취학 전 학습준비 부족 및 교육자원에의 접근 제약은 교육과정이 올라갈수록 학업성취 격차를 확대시키고, 지식사회에서 필수적인 고등교육기회를 제한하거나 목표를 상실하게 한다.

빈곤세습은 희망 없는 사회의 지표이며, 사회통합을 저해하는 가장 중요한 원인이다. 가난한 부모는 자녀에 대한 '희망의 끈'을 버리고 빈곤아동은 '미래에 대한 희망'을 버리게 되어 사회통합의 큰 장애가 되고 있다. 따라서 빈곤아동에 대한 정책접근 패러다임의 혁신이 요구된다. 먼저 빈곤아동·청소년의 기본생활보장 차원을 넘어서, 미래의 인적 자원을 개발하고 가난 대물림을 차단하여 희망사회를 건설하는 사회적 투자차원의 정책이 필요한 시점이다.

1) 「아동의 빈곤예방 및 지원 등에 관한 법률」

빈곤아동에 대한 가장 중요한 대책으로는 「아동의 빈곤예방 및 지원 등에 관한 법률」이 있다. 이 법률은 2012년 8월 15일부터 시행되고 있는 법으로서, 빈곤아동이 복지·교육·문화 등의 분야에서 소외와 차별을 받지 아니하고 한 사회의 구성원으로 건강하게 자랄 수 있도록 제도적 기반을 마련하기 위한 목적으로 제정되었다.

이 법에서는 경제적·사회적·문화적·정신적으로 빈곤상태에 있는 아동을 위하여 국가 및 지방자치단체가 빈곤아동정책의 수행에 필요한 법적·제도적 장치를 마련하고 업무수행에 필요한 재원을 안정적으로 확보하기 위해 노력하도록 규정하고 있으며, 빈곤아동이 어떠한 종류의 차별도 받지 않는 필요한 시책을 마련하도록 규정하고 있다.

무엇보다 보건복지부는 빈곤아동의 복지·교육·문화 등의 기본적인 욕구 등에 대한 실태조사를 실시하여 빈곤아동지원에 관한 기본계획을 5년마다 수립하도록 규정하고 있으며, 기본계획에 따라 보건복지부 장관, 시·도지사, 시·도교육감은 연도별 시행계획을 수립·시행하도록 규정하고 있다.

또한 종합적인 빈곤아동정책의 수립 및 관계기관 간의 연계·조정과 상호협력을 위하여 아동정책조정위원회의 분과위원회로 '아동빈곤예방위원회'를 설치하여 기본계획과 추진전략의 수립, 국제조약의 이행·평가 및 조정에 관한 사항을 심의·조정하도록 하였다. 그리고 시·도 및 시·군·구에는 지역아동빈곤예방위원회를 설치하여 지역의 아동빈곤 예방 및 지원에 관한 중요 사항을 심의하도록 규정하고 있다.

2) 드림스타트 사업

드림스타트 사업은 가족해체 및 사회양극화 등에 따라 아동빈곤 문제의 심각성이 대두되고, 빈곤이 아동발달에 악영향을 유발하고 부적절한 양육환경과 기회불평등을 야기함에 따라, 기존의 문제발생 이후의 단편적이고 사후관리적인 아동복지서비스를 탈피하여 사전예방적 통합적 측면의 서비스를 통해 아동의 공평한 기회보장을 제공하기 위하여 아동과 가족에게 초점을 둔 새로운 빈곤아동을 위한 서비스이다.

드림스타트 사업은 저소득 밀집지역에 거주하는 저소득 임산부와 만 12세 이하의 아동가구 전체를 대상으로 아동의 건강 · 복지 · 보육 등 전인적 발달을 지원하며, 부모에게는 양육부담을 완화하고 바람직한 양육기술, 직업훈련, 고용촉진 서비스 등을 지원한다.

2007년에 16개 지역에 시범사업을 실시하였으며, 2008년 32개 지역, 2009년 75개 지역, 2010년 101개 지역, 2011년 131개 지역, 2013년 211개 지역, 2015년 229개 지역으로 확대하여 사업을 실시하고 있다.

사업수행을 위해 시 · 군 · 구 단위의 전담조직인 드림스타트를 설치하고 있다. 이를 통해 지역사회 아동의 신체 · 건강, 인지 · 언어, 정서 · 행동 등의 영역을 포괄하는 통합서비스를 총괄 조정한다. 주요 기능은 ① 지역사회 내 통합서비스 지원이 필요한 아동 발굴, ② 지역자원을 조사 · 발굴하여 서비스 연계망을 구축하고 서비스 전달연계의 중심축 역할 수행, ③ 욕구조사, 위기도 검사를 통한 사례판정 및 연계서비스 기획 · 조정, 사례점검, 재사정 등 통합 사례관리 실시, ④ 사례관리 과정에서의 서비스 개입은 지역자원과의 연계하에 지원 등이다.

드림스타트는 시 · 군 · 구 단위로 빈곤아동이 밀집한 읍 · 면 · 동 등 거점지역에서 운영되며, 구성 및 주요 업무는 〈표 7-2〉와 같다.

표 7-2 드림스타트 구성 및 업무

<table>
<tr><th rowspan="2">구분</th><th rowspan="2">전문분야</th><th colspan="2">구성</th><th rowspan="2">공통업무</th><th rowspan="2">업무</th></tr>
<tr><th>공무원</th><th>아동통합
사례관리사</th></tr>
<tr><td>팀장
(운영 및
관리 총괄)</td><td>행정,
사회복지,
보건(간호)</td><td>공무원
(6급 이상,
1인)</td><td>–</td><td rowspan="4">• 아동통합
사례관리
• 아동학대
신고의무</td><td>• 시 · 군 · 구 드림스타트 사업운영 및 행정 · 예산관리 총괄
• 취약계층 아동가구 조사, 서비스 기획 · 조정 및 서비스 제공 총괄
• 지역사회자원 발굴 · 연계 및 행복e음 승인 등 자원총괄 관리
• 수행인력 및 아동복지교사(지역사회복지사 포함) 관리
• 방과후 돌봄서비스 아동 배치
• 업무 관련 협의회 참석 등</td></tr>
<tr><td>보건
담당자</td><td>보건(간호)</td><td>1인 이상</td><td>1인 이상</td><td>• 건강, 영양 등 방문 보건서비스 지원
• 지역 내 보건 연계망 구축
• 의료 개입 및 응급지원 서비스 등</td></tr>
<tr><td>복지
담당자</td><td>사회복지</td><td>1인 이상</td><td>1인 이상</td><td>• 정서 및 사회성 발달프로그램 지원
• 자원봉사자 및 학교연계 프로그램 관리 등</td></tr>
<tr><td>보육(교육)
담당자</td><td>보육(교육)</td><td>1인 이상</td><td>1인 이상</td><td>• 보육/조기교육 프로그램 지원
• 가정방문 조기교육 수행/관리 등</td></tr>
</table>

주: 각 분야 담당자 최소 1인 이상 배치, 팀장은 각 영역별 업무[보건, 복지, 보육(교육)]를 겸할 수 있음.

3) 지역아동센터 운영

지역아동센터의 뿌리는 공부방으로서, 공부방은 저소득층이 밀집되어 있는 지역에서 민간단체나 개인이 건전한 문화경험 및 민주적 시민을 양성하기 위한 교육을 목적으로 학령기 아동 및 청소년들에게 학습지도와 과제 지도, 특별활동 지원을 하는 것을 중심으로 운영하고 있다. 공부방은, 첫째, 학습지도 공간으로서의 역할, 둘째, 청소년에 대한 보호와 상담의 역할, 셋째, 건전한 문화공간으로서의 역할 등의 주요 역할을 수행하여 왔다(이경림, 2003).

공부방은 2004년 7월 개정된 「아동복지법」에 '지역아동센터'가 명시됨으로써 사회복지시설로 인정을 받게 되었으며, 2004년 7월 '빈곤아동청소년종합대책'의 발표로 인해 정부지원을 본격적으로 받게 되었다. 공부방은 IMF 이후 급증한 결식아동의 문제를 해결하기 위한 노력으로 많은 사회적 관심을 받았으며, 빈곤아동의 결식문제뿐만 아니라 가정의 문제, 지역사회의 문제까지 개입하게 되었으며, 지역의 각종 공공 및 시민사회 단체와 연대하며 아동보육서비스까지 담당하는 역할을 수행하기도 하였다. 현재 지역아동센터는 지역사회 아동의 보호 · 교육, 건전한 놀이와 오락의 제공, 보호자와 지역사회의 연계 등 아동의 건전육성을 위하여 종합적인 아동복지서비스를 제공하는 역할을 수행하고 있다.

2004년 1월부터는 지역아동센터에 대한 국고지원이 실시되기 시작하여 895개소이던 센터가 2005년 1,709개소, 2008년 3,013개소, 2010년 3,474개소, 2017년 4,189개소로 확대 설치되어 운영되고 있다. 2017년 12월 말 기준 지역아동센터를 이용하는 아동을 살펴보면 전국에서 108,578명이 이용하고 있으며, 미취학아동 2,203명, 초등학생 91,818명, 중학생 12,561명, 고등학생 1,996명이 이용하고 있다. 이 중 수급자 및 차상위가구 아동이 53,470명, 다문화 및 장애아동 8,831명, 조손 및 한부모 가족 아동 6,833명 등으로 나타나고 있다(보건복지부, 2018).

지역아동센터의 기능을 살펴보면, 첫째, 지역사회 안에서 아동의 권리보장과 안전한 보호를 도모하고 급식지원으로 결식을 예방하여 취약계층 아동의 지역 내 보호개념을 실현하며, 둘째, 아동의 학습능력 제고, 학교부적응 해소, 일상생활지도, 학교생활의 유지 및 적응력 강화 등 교육적 기능을 수행하고, 셋째, 아동의 심리정서적 안정 및 건강한 신체발달기능을 강화하는 정서적 지원기능을 하며, 넷째, 문화적으로 소외되어 있는 아동에게 다양한 문화체험의 장을 제공하는 문화적 지원기능을 하고, 다섯째, 지역사회 자원 확보, 발굴 및 지원 강화, 지역사회 내 아동문제에 대한 사전예방적 기능 및 사후연계 등의 지역사회 연계기능을 한다.

4) 교육복지우선지역 지원사업[1)]

교육부에서는 빈곤 아동 및 청소년을 위한 중점정책으로서 교육복지투자우선지역 지원사업을 실시하고 있다. 이 사업은 2002년 8 · 15 대통령 경축사에서 발표한 도시 저소득지역 교육환경 개선을 주 내용으로 하는 '도시 저소득지역 교육복지 종합대책 수립계획'을 구체화한 사업으로서, 대도시 내에서 교육 · 문화적 환경이 상대적으로 열악한 지역을 '교육복지 투자우선지역'으로 선정하여 다른 부문보다 많은 정책적 배려와 지원을 함으로써 해당 지역의 교육 · 문화 · 복지 환경과 서비스의 질을 개선하는 것을 주요 골자로 하고 있다. 2011년 보통교부금을 사업재원으로 하는 교육복지우선지역 지원사업으로 전환되었으며, 종래 지역(zone)단위로 사업학교가 선정되었던 지정기준이 취약집단학생이 밀집한 단위학교로 전환되어 지역단위뿐만 아니라 개별 학교단위로도 지역사회와 연계한 사업 추진을 할 수 있도록 변경되어 실시되고 있다.

(1) 의의와 추진배경

교육복지우선지역 지원사업의 의의는 크게 세 가지이다. 첫째, 저소득층 영유아 및 학생(청소년)의 출발점 평등을 통해 교육기회를 실질적으로 보장

---

1) 이 부분은 교육과학기술부(2012)의 교육복지우선지원사업 매뉴얼을 참조하여 정리함.

하는 국가차원의 지원사업이며, 둘째, 저소득층의 교육 · 문화 · 복지수준을 총체적으로 제고하기 위해 학교와 지역사회가 함께하는 사업이고, 셋째, 학교가 중심이 되고 지역사회가 지원하는 지역사회 교육공동체 구축사업이다.

이러한 교육복지우선지역 지원사업의 추진배경으로는 계층 간 소득격차의 심화, 가정의 기능 약화, 급격한 도시화 등이 초래하는 사회통합위기에 학교와 지역사회가 적극적으로 대처할 필요성이 증대되었기 때문이다. 특히 저소득층 밀집지역 학교(초등)의 기초학습부진아 수는 기타 지역의 4~6배로 나타나고 있다. 또한 유아교육 · 보육의 지나친 민간 의존으로 유아단계부터 소득격차에 따른 교육 및 문화적 기회 불평등이 발생할 소지가 커지기 때문에 이에 대한 해결책 마련이 시급한 시점이다.

(2) 목표와 추진전략

이 사업의 정책목표는 통합지원을 통한 아동 · 청소년의 교육적 성취를 제고하고 전인적 성장을 도모하는 것이다. 모든 아동 · 청소년이 일정 학령기에 갖추어야 할 기본생활습관, 기초학습능력, 자기주도적 학습능력, 사회적 관계 형성능력 등을 갖출 수 있도록 하며, 가정-학교-지역사회를 연결하는 통합지원체계 구축을 통해서 학습, 문화 · 체험, 심리 · 정서, 복지 등 아동 · 청소년 삶의 전 영역에서의 필요에 대응한다.

사업대상은 경제적 취약집단을 비롯한 다문화가정 학생, 북한이탈주민 학생, 학업부진학생 등 다양한 수준의 교육적 취약성을 지니거나 교육적 성취에 있어 상대적으로 불리한 상황에 있는 교육취약 아동 · 청소년이 밀집된 학교 및 지역이다. 예전과 달리 취약집단이 밀집한 개별 학교도 사업추진이 가능해지면서 지역접근뿐만 아니라 개별 학교에서 지역사회를 연계하여 사업을 추진하는 접근도 가능하다.

아동의 발달단계에 따른 기본적 욕구를 해결하고 문제를 예방하는 것이다. 이를 위해 취학 전 단계의 영유아에게는 양질의 취학 전 프로그램을 제공함으로써 출발점 단계에서의 교육·문화 접근기회의 형평성을 보장한다. 또한 초등학생에 대해서는 학습결손 예방 및 치유, 방과후 보호 등 기본적 복지서비스를 제공하는 데 중점을 둔다. 중학생에 대해서는 다양한 문화활동을 통한 정서적 함양에 중점을 둔다.

두 번째 목표는 가정의 취약성으로 인한 정서·행동발달상의 문제를 극복할 수 있는 학교 및 지역사회의 교육·문화환경을 조성함으로써 정서적 안정 속에서 성장할 수 있도록 하는 것이다. 또한 건강한 신체발달을 위해 필수적인 복지서비스를 제공함으로써 정상적인 학교생활 및 일상생활을 영위할 수 있도록 하는 것이다.

이러한 정책목표를 달성하기 위하여 두 가지 추진전략을 설정하였다. 첫째, 학교가 지역사회의 구심체로서 지역의 교육·문화·복지환경 개선의 중심적 역할을 할 수 있도록 학교의 기능을 강화하며, 교원의 적극적 참여와 전문성 신장을 위한 근무여건을 마련한다. 둘째, 범운영을 통한 타 지역으로의 확산이라는 단계적 추진계획을 마련하고, 국가(지방자치단체)의 지원이 우선될 수 있도록 제도화한다.

(3) 사업의 진행 실적

2003년 2월 지역별로 교육복지투자우선지역 협의회를 개최함으로써 사업추진을 시작하였고, 1차 시범사업지역으로 서울에서는 4개 지역에서 33개 학교를 시범학교로 지정하였으며, 부산에서는 2개 지역에서 12개 시범학교를 선정하여 총 45개 학교에서 2003년부터 2년간 시범사업이 실시되었다. 2006년에는 사업이 16개 시·도로 확대되어 167개교에서 실시되었으며, 2011년 기준 총 114개 지역교육청의 1,356개교(초등학교 670교, 중학교 681교, 고등학교 5교)에서 사업이 추진되고 있다.

교육복지우선지역 지원사업에 참여하고 있는 학생을 살펴보면, 2007년 326,826명에서 2012년 1,302,250명으로 4배가량 증가하였으며, 국민기초생활수급가정 학생 수는 2007년 35,110명에서 2012년 72,881명으로, 우선지원 학생 수는 2007년 60,897명에서 2012년 292,989명으로 크게 증가하였다(한국교육개발원, 2013).

(4) 사업의 내용

사업의 내용을 살펴보면, 교육취약 아동 · 청소년이 겪는 어려움을 총체적으로 지원 · 해결하기 위해 필요한 모든 영역에서의 지원프로그램을 포괄하고 있다. 주요 영역으로는 학습, 문화체험, 심리정서, 복지 등으로 구분하여

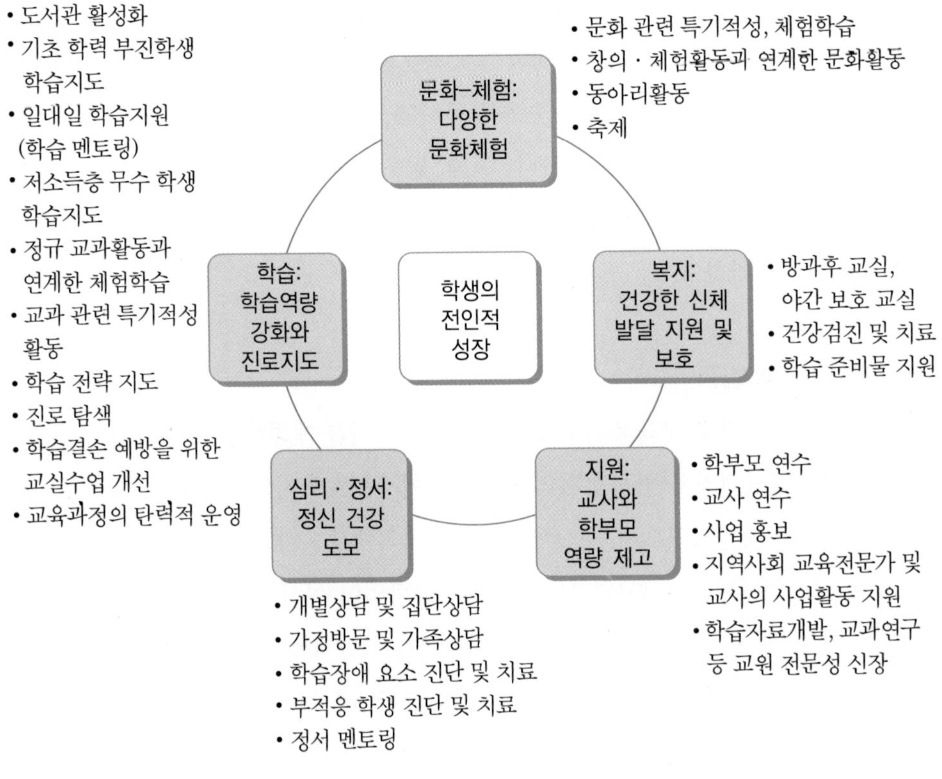

그림 7-4 사업의 주요 영역과 프로그램(예시)

출처: 한국교육개발원(2012). 교육복지우선지원사업 이렇게 합니다. 서울: 한국교육개발원.

다양한 인적 · 물적 자원을 활용한 프로그램으로 운영하며, 일반적으로는 학생들의 전인적 성장에 필요한 영역을 망라하기 위해서 다양한 영역을 추진하며, 사업운영 수준이 높아질수록 영역별로 구분된 프로그램을 발전시켜 우선지원 학생들의 전인적 성장을 고려하며 적합하고 필요한 통합적 접근을 강화한다.

사업의 주요 영역과 프로그램을 살펴보면 [그림 7-4]와 같다.

5) 빈곤 한부모가족 지원사업

여성가족부의 빈곤 한부모가족 지원정책을 살펴보면, 첫째, 양육비 · 교육비 등 경제적 지원, 둘째, 가족역량 강화서비스 제공, 셋째, 복지시설 입소지원 등의 사업이다(여성가족부, 2012b).

(1) 경제적 지원

만 12세 미만 자녀를 대상으로 월 5만 원씩 양육비를 지급하고, 2012년에는 미혼 한부모와 조손가족이 만 5세 이하 자녀를 양육하는 경우 월 5만 원을 추가 지급한다. 또한 고등학생에게는 수업료 및 입학금을 지원하고, 중고등학생 대상 연 5만 원의 학용품비를 2013년부터 지원한다. 그리고 창업이나 사업장 운영에 필요한 자금도 최대 5천만 원까지 연 3%의 저리로 대출을 지원한다.

(2) 가족역량 강화를 위한 가족서비스

가족역량 강화를 위해 건강가정지원센터 등에서는 가족상담, 취업 · 창업 훈련 지원을 실시하고, 특히 미혼모 · 부자가족에게는 전국 17개의 지원기관을 통해 출산비, 자녀 예방접종, 분유, 기저귀 등을 지원하고 있다.

조손가족에 대해서는 손자녀 학습도우미나 생활가사도우미를 가정에 파견하고, 도배 등 주거환경 개선도 지원한다.

또한 이혼절차를 진행 중인 가족에게는 자녀양육비 분담 등을 원만히 합의할 수 있도록 이혼상담서비스를 제공하고, 양육비 청구소송, 자녀인지 청구소송, 자녀양육비 이행확보 소송 등 무료 법률지원서비스도 실시한다

(3) 시설보호

무주택가족은 전국 121개의 한부모가족복지시설에 자녀와 함께 입소하여 2~3년간 생활하면서 심리상담 · 직업교육 등을 제공받고 자립을 준비할 수 있다. 시설 입소자는 월 5만 원의 생활보조비를 받을 수 있다.

(4) 기타 지원

여성가족부 외에 다른 정부부처에서도 저소득 한부모가족을 대상으로 건강보험료 경감(보건복지부), 이동전화요금 감면(방송통신위원회), 임대주택 주거 및 전세자금 대출(국토해양부), 전기 및 도시가스 요금 감면(지식경제부), 자동차 검사수수료 감면(교통안전관리공단) 등 다양한 지원책을 실시 중이다.

또한 24세 이하 청소년이면서 아이를 낳아 키우는 '청소년 한부모'는 더 많은 보호가 필요하므로 최저생계비의 150% 이하 가족을 대상으로 다양한 지원사업을 하고 있다. 자녀 1인당 월 15만 원의 양육비를 지급하고, 청소년 한부모의 검정고시 학습비나 고등학교 수업료, 취업준비 활동 시의 자립촉진수당도 지원한다.

5. 빈곤아동을 위한 정책과 과제

1) 빈곤아동을 위한 종합적인 복지정책 실시

지금까지 우리나라 빈곤 아동 및 청소년을 위한 대책은 요보호아동 · 청소

년 중심의 사후대책으로서 빈곤아동 · 청소년의 입장에서 빈곤의 예방과 탈출을 지원하기 위한 거시적 정책 비전 없이 과제별로 필요에 따라 추진되어 왔다. 그 결과, 서비스 전달체계의 분산화와 파편화의 문제점이 나타나고 있다.

현재 정부의 빈곤아동 관련 정책을 보면 저소득층 빈곤가정에 대한 정책은 아동들을 대상으로 하는 보육프로그램과 결식아동정책, 시설보호에 집중되어 있다. 이에 따라 중등학생과 청소년들에 대한 정부의 정책은 극히 제한적으로 이루어지고 있다. 특히 국가의 청소년예산이 문화관광부의 청소년 건전 육성사업과 수련활동, 수련시설 설치 · 운영에 집중된 가운데, 보건복지부는 청소년 전담부서가 없이 주로 요보호아동에 대한 복지서비스를 담당하고 있다.

둘째, 관련 서비스의 전달체계도 지방자치단체, 학교, 별도의 민간기구 등으로 다원화되어 있으나 연계체계가 미약한 것으로 나타나고 있다. 또한 그 결과로 복지 · 건강 · 교육 · 상담이 연계된 통합적 서비스가 제공되지 못하였다.

따라서 빈곤아동의 문제해결과 자활 · 자립을 위해서는 상대적으로 불리한 여건을 개선하기 위해 교육 · 주거 · 건강환경을 보상하는 지원이 필요하다. 특히 빈곤의 원인 가운데 가장 중요한 변수인 교육수준을 높이기 위해서는 교육 · 복지 · 문화서비스를 포괄적으로 제공해야 효과적이다. 특히 아동기 초기에는 아동의 인지 및 사회 · 정서적 기술이 빠르게 발달하며, 부모 및 가정학습 환경과 아동양육 환경, 보건환경으로부터의 투입이 아주 민감하게 반영된다. 그러므로 빈곤아동에 대한 개입 및 투자도 아동기 초기에 이루어질수록 그 효과 및 효율성이 높아진다. 따라서 빈곤아동에 대한 조기개입 및 투자는 빈곤아동의 문제를 해결하기 위해 필수적이다. 그리하여 빈곤아동문제 조기개입을 위해 드림스타트 사업을 읍 · 면 · 동 단위로 확대 실시하는 것 등이 중요하다.

최근 들어 「아동의 빈곤예방 및 지원 등에 관한 법률」이 시행되어 빈곤아동이 다양한 분야에서 소외와 차별을 받지 않고 우리 사회의 구성원으로 성장하기 위한 제도적 기반을 마련할 수 있게 되었다. 그러나 추진전략의 수립과 추진주체를 지정하지 않는 점 그리고 법 조항에 추상적이고 선언적인 규정이 많아 다분히 선언적인 규정으로 전락할 우려가 많이 있다는 비판도 있다. 이러한 문제점을 극복하기 위해서는 예산이 뒷받침되는 다양한 대안이 마련될 필요가 있다.

또한 빈곤 사각지대 아동에 대한 종합적인 대책마련이 필요하다. 어린이재단의 사각지대 빈곤가구 아동에 대한 연구(2012)에서는 기초보장과 복지서비스에서 '차상위 및 저소득 빈곤가구'가 '수급가구'보다 오히려 자원이 더 부족한 역차별을 받고 있는 것으로 나타났다. 그 결과, 사각지대 빈곤가구는 빈곤한 가계위기 상황으로부터 아동을 보호하는 것이 쉽지 않는 것으로 나타나고 있다. 따라서 기초보장제도의 대상 확대나 차상위계층에 대한 개별급여 시행과 같은 제도적 보완이나 아동수당의 대상연령 확대지급 등의 국가적 차원의 대책이 마련될 필요가 있다. 이와 더불어 민간기관에서도 사각지대 아동을 적극 발굴하여 다양한 복지서비스를 제공함으로써 사각지대 아동들이 건강 및 영양, 정서, 인지, 관계 등에서 총체적인 발달을 이룰 수 있도록 지원할 필요가 있다.

2) 한부모가족 아동을 위한 복지정책 과제

(1) 한부모가족 아동에 대한 복지수준 제고 및 복지대상 확대

한부모가족의 자녀양육 및 교육비 지원 현실화 및 대상아동의 확대가 필요하다. 현재 저소득 한부모가족의 아동양육비로 책정되어 있는 액수는 한 달 평균 5만 원에 불과해 '건강한 아동 양육과 균형 있는 영양공급'이라는 취지에는 매우 불충분하다. 또한 자녀학비지원도 특히 입학금과 수업료가 없는 초등학생의 경우 부대경비의 지원이 필요한 실정이다.

특히 한부모가족의 경제적 자립능력 강화를 위해 국민기초생활보장수급자 결정 시 보다 유연한 기준을 적용할 필요가 있으며, 여성이 생계책임을 지는 경우 소득보장이 더욱 강화되어야 한다.

(2) 한부모 및 자녀에 대한 사회적 인식 개선을 위한 노력

아직도 한부모가족을 결손가정으로 보는 학교나 이웃, 지역사회 등의 인식이 크게 개선되어야만 아동의 적응이 원활해질 수 있으리라 본다. 따라서 이에 대한 교육·홍보 등 적극적인 인식전환 노력이 필요하다.

(3) 한부모가족 문제해결을 위한 관련 법·제도의 정비

법·제도의 정비에는 주민등록제도 개선, 국민기초생활보장제도 보완(「국민기초생활보장법」 내에 한부모가족 지원 근거 마련), 아동지원제도 개선, 자녀양육비 청구, 의료보험제도 보완 등이 포함된다.

(4) 한부모가족을 통합적으로 지원해 주는 가족정책의 실현

현재 각 기관 및 시설에서 제공되고 있는 프로그램 및 서비스는 크게 부모와 자녀 등 대상자를 중심으로 구분되고 있다. 그러나 특히 아동의 경우 가족의 유기체적 기능에 영향을 받고 있고 장기적인 관점에서 잠재력 개발이 보다 중요하다는 점에서 복합적이고 통합적으로 지원해 줄 수 있는 가족정책 서비스와 프로그램의 제공이 필요하다.

(5) 한부모가족 지원을 위한 가족정책 전달체계 활성화

정부 각 부처 소관분야별 한부모가족정책에 관한 협의 및 조정기능을 강화하고 공공과 민간의 상호연계시스템을 구축할 필요가 있다. 특히 여성가족부와 보건복지부의 연계프로그램이 더욱 확대되어야 하고 민간의 아동지원프로그램도 더욱 강화되어야 한다. 특히 가족구성원들의 건강, 직장 및 학교

적응문제, 질병 등 위기를 극복할 수 있도록 체계적이고 종합적인 가족복지 상담 및 치료서비스에 대한 지원체계를 강화해야 한다.

(6) 한부모가족 아동의 적응을 위한 다양한 복지프로그램 개발

한부모가족의 부모자녀관계 교육프로그램 개발, 주간보호, 단기보호 및 방과후 지도시설 확충, 자녀 학업지도 확대 및 다양한 특기적성, 취미교실 프로그램 마련, 자녀의 건강한 성장을 위한 신체적 · 정서적 대안 마련 등이 재검토되어야 한다.

또한 아동의 정서적 · 심리적 안정을 위한 다양한 교육이 이루어져야 하고 아동의 연령에 따라 생애주기별 프로그램이 특성화되어야 한다. 저학년 아동의 경우는 취업에 따른 모의 부재가 주는 영향을 최소화시켜야 하고, 고학년 아동의 경우는 자기조절능력, 독립성 고취 등을 모색하는 프로그램이 필요하다.

연구문제

1. 빈곤아동을 위해 제공되고 있는 사회복지기관의 서비스에 대해 조사해 보고 발표해 봅시다.
2. 빈곤아동을 지원하는 다양한 제도의 특성에 대해 조사해 보고 발표해 봅시다.
3. 한부모가족 아동들의 복지증진을 위한 제도에 대해 논의해 봅시다.
4. 한부모가족 아동의 사회적응을 위한 프로그램에 대해 논의해 봅시다.

제8장

아동학대

아동학대가 사회문제로 인식된 역사는 길지 않지만 아동학대는 가장 인간적이지 못한 행위로, 이에 대한 강력한 대응이 필요하다고 인식되고 있다. 그러나 아동학대가 발생하게 되면, 많은 경우 이에 대한 구체적이고 실질적인 대응과 태도가 관념적인 수준의 부정적인 인식과는 사뭇 다르다.

아동학대가 심각한 사회문제라는 점에 대해서는 인정하여도 정작 발생하는 학대의 실제 사례에 대해서는 유교적 문화의 영향으로 좀 더 관용적인 접근을 하게 되며, 가족의 문제로 한정하고 가족 내의 해결을 기대하는 경향이 있다. 그러나 아동학대는 아동과 그 가족만의 문제가 아니며 안일하고 소극적으로 대응할 것도 아니다. 아동학대에 대하여 바르게 이해하기 위하여 아동학대의 심각성과 사회적 대응의 필요성 그리고 아동학대에 대한 제도적 대안들에 대하여 살펴보고자 한다.

1. 아동학대의 개념과 유형

아동학대에 대한 개념 정의는 여러 측면에서 의미를 갖는다. 개념을 어떻게 정의하는가에 따라 아동학대의 사정이 달라질 수 있고 아동학대의 현황분석, 아동학대에 대한 개입방법 그리고 아동보호정책이 달라지기 때문이다.

1) 아동학대의 개념정의

아동학대에 대한 정의는 일련의 아동보호에 중요한 기반이 되기 때문에 합의된 개념 정의를 찾는 것이 필요하다. 아동학대의 개념정의를 이해하기 위해서는 학대의 정의와 관련된 이슈들에 대한 정리가 필요하다. 정진영(1992: 7-8)은 아동학대 개념정의와 관련된 논점을 세 가지로 구분한 바 있다. 아동학대를 광의로 해석할 것인지 또는 협의로 볼 것인지의 문제가 첫 번째 논점이다. 정진영은 가정 내의 학대에만 국한시킬 것인가 또는 가정 밖에까지 확대시킬 것인가 그리고 학대를 개인의 차원으로 볼 것인가 또는 사회나 제도의 문제로 확대할 것인가와 관련하여 이 논점을 설명하고 있다. 그러나 이 밖에도 신체적 학대 외에 방임이나 정서적 학대를 학대의 범주로 인정할 것인가도 이 논점과 관련될 수 있다. 부모의 행동동기에 초점을 둘 것인가 아니면 아동에게 미치는 결과를 초점으로 할 것인가가 두 번째 논점이다. 즉, 부모를 비롯한 주 보호자의 고의성에 대한 고려가 이 논점의 핵심으로 이해된다. 학대행동의 강도나 크기에 초점을 맞출 것인가 또는 빈도가 더 중요한 기준이 되는가가 세 번째의 논점이다. 이상의 논점들이 아동학대 개념정의가 시대마다, 또한 사회마다 달라지는 제 측면을 구성한다.

아동학대라는 용어는 1961년 미국에서 최초로 사용되었으며, 이때에는 그 기준과 범위에 대한 규정이 용이하고 과학적 연구에 적합하다는 점 때문에 아동학대가 신체적 학대에 국한되었다. 그 뒤 아동학대에 대한 정의는 시대와 사회에 따라, 학자 그리고 목적에 따라 다양하게 이루어져 왔다. 우선 일반적인 아동학대의 개념정의를 살펴보면 다음과 같다.

아동학대는 학대의 범위를 어떻게 잡느냐에 따라 협의의 정의와 광의의 정의로 나눈다. 협의의 정의란 아동학대를 신체적 학대에 한정하여 설명하는 것으로서 비우발적이고 객관적으로 관찰 가능한 상처를 초래하는 행위를 의미한다(National Center on Child Abuse and Neglect, 1978; 허남순, 1993b: 24에서 재인용). 아동학대를 협의로 정의하게 되면 아동학대에 대한 판정에서 모호한 점이 적어서 아동보호체계의 운용이 좀 더 단순화될 수 있다. 그러나 아동학대에 대한 협의의 정의는 상처를 남기지 않는 신체적 학대와 비신체적 학대를 포괄하지 못하며 고의적인 것과 우발적인 것을 제대로 구분하지 못한다.

광의의 정의는 아동학대를 아동발달상의 욕구를 충족시키는 데 실패한 모든 환경이라고 보아 아동방치와 냉대까지도 포함시키고 있다. 폰타나(Fontana, 1973)는 아동의 건강한 발달에 필요한 정서적 · 물질적 요구의 결손은 소극적 형태의 학대이며, 언어적 학대나 구타는 적극적 형태의 학대로 정의하고 있다. 질(Gil, 1970)은 아동의 평등한 권리와 자유를 박탈하거나 아동의 적절한 발달을 저해하는 행위 그리고 방임의 조건과 제도를 모두 아동학대라고 정의하여, 가정 내뿐 아니라 가정 외, 즉 사회나 제도, 기타 환경에서 벌어지는 것까지를 모두 아동학대에 포함시키고 있다.

최근 아동학대의 개념은 신체적 학대뿐 아니라 소극적인 보호의 부작위로 인한 방임과 성적 학대, 정서적 학대까지 포함하는 광의의 개념으로 확대되고 있다(김승권, 조애저, 1998). 아동학대에 대한 광의의 정의는 아동의 성장 · 발달을 보장하고 더 심각한 아동학대의 발생을 예방하는 데 있어 보다 강력한 것이지만, 특정 사회의 가치 또는 문화에서 쉽게 합의되기 어려워 구체적인 정의가 규정되기 전에는 사실상 아동학대 문제에 대응하는 데 큰 도움이 되기 어렵다. 미국에서는 연방정부의 「아동학대 방지 및 치료법」에서 아동학대에 대하여 비교적 명확하게 정의하고 있는데, "어린이의 복지에 책임이 있는 사람으로부터 건강과 복지에 해를 입거나 이를 위협하는 환경 아래에서 신체적 · 정신적 손상, 성적 학대, 방임 혹은 냉대를 받는 것"이라고 정의되어 있다(허남순, 1993b: 25).

우리나라 역시 아동학대에 대한 정의가 연구자에 따라 달리 이루어지고 있지만 최근의 개념정의는 대부분 광의의 정의들이다. 주영희(1984)는 아동학대란 아동을 돌보는 부모 또는 양육자의 의도성 여부나 체벌에 관계없이 아동의 최적 발달을 저해하는 행위라고 정의한 바 있다. 신영화(1986)는 부모나 양육에 책임이 있는 사람이 아동의 적절한 발달을 저해하는 적극적인 행위로 아동학대를 정의하였다.

우리나라에서 아동학대에 대한 공식적인 정의는 「아동복지법」상의 개념정의이다. 「아동복지법」 제3조 제7호에서는 "아동학대란 보호자를 포함한 성인에 의하여 아동의 건강 · 복지를 해치거나 정상적 발달을 저해할 수 있는 신체적 · 정신적 · 성적 폭력 또는 가혹행위 및 아동의 보호자에 의하여 이루어지는 유기와 방임을 말한다."라고 아동학대를 광의로 정의하고 있다. 동법 제17조에서는 "신체에 손상을 주는 신체학대, 성적 수치심을 주는 성희롱, 성폭행 등의 성학대, 정신건강 및 발달에 해를 끼치는 정서학대와 함께 자신의 보호 · 감독을 받은 아동을 유기하거나 의식주를 포함한 기본적 보호, 양육 및 치료를 소홀히 하는 방임"으로 학대의 유형을 비교적 넓게 정의하고 있다.

아동학대에 대한 정의가 비교적 광의로 이루어지고 있지만, 구체적인 개입이나 조치 등은 협의의 아동학대인 심각한 아동학대, 신체적 · 성적 학대에 대한 것으로 좁혀지는 경향이 있다. 그리고 아동학대의 구체적인 정의, 사정도구 등은 위의 개념정의와 달리 사회와 시대의 문화에 민감하여 합의를 위한 또 다른 논의를 필요로 하는 경향이 있다.

2) 아동학대의 유형

아동학대는 신체적 학대, 정서적 학대, 성적 학대, 방임으로 유형을 구분할 수 있다. 유형의 구분은 우리나라와 미국 등의 법적·제도적 관련 규정에서 동일한 내용으로 이루어진 바 있으며, 학대의 내용을 중심으로 구분되어 있어 그 증후와 개입 등을 개별화·전문화하는 데 활용되고 있다.

(1) 신체적 학대

신체적 학대는 일반적으로 '보호자에 의하여 가해진 비우발적인 상해'로 정의되어 왔다(Pecora, Whittaker, & Maluccio, 1992: 143-144). 신체적 학대란 정당한 이유 없이, 또는 이유가 분명하다고 하여도 지나치게 감정적으로 아동을 때리거나 벌하는 것으로서 회초리나 손 이외의 도구를 사용하거나 손바닥, 종아리, 엉덩이 등 이외의 다른 부위를 때리는 모든 행위를 의미한다. 그 외의 잔학한 처벌 또는 벌한 결과 신체적인 상해를 주는 것을 포함하여, 심지어는 과도한 일을 시키는 것까지를 모두 포함하여 신체적 학대라고 할 수 있다(허남순, 1993b: 27).

신체적 학대는 주요 신체적 학대(major physical injuries)와 2차적인 신체적 학대(minor physical injuries)로 구분되기도 한다(Pecora et al., 1992: 96). 주요 신체적 학대에는 골절, 두개골 훼손, 심한 화상 등이 포함되고 2차적인 신체적 학대에는 작은 멍, 약한 화상 등이 포함된다. 신체적 학대는 드러난 신체적인 상처 외에도 심리적인 문제를 남긴다.

(2) 정서적 학대

정서적 학대는 아동의 자아존중감과 정서를 손상시키는 행위로서 직접적인 학대와 간접적인 학대로 나눌 수 있다(허남순, 1993b: 27). 직접적인 학대는 아동에게 습관적으로 소리를 지르거나 무시하는 행동, 폭언 및 계속해서 의식적으로 또는 무의식적으로 아동을 거부하는 행동이나 표정과 언어, 또는 아동의 특별한 정서적인 문제에 대하여 적절한 전문가의 도움을 구하지 않거나 적절히 반응하지 못하는 것 등을 말한다.

간접적인 학대는 아동에게 직접적으로 행하는 것은 아니지만 가족 간의, 특히 부부간의 불화에 따른 구타, 폭언 등으로서 아동에게 정신적인 손상을 가하는 행위를 의미한다.

(3) 성적 학대

성적 학대는 아동에 대한 성적 부당행위, 가해행위로 아동학대 중 일반 성인들의 인식이 가장 부정적이고 민감한 유형이다. 스그로이(Sgroi, 1982)는 아동성폭력을 정서적 · 신체적 · 인지적 발달이 미흡한 아동에게 강요된 성적인 행위로 정의하고 있다. 이용교(1993)는 성학대를 성인이 아동에게 가하는 모든 성적 추행으로 정의하였다.

성적 학대는 다른 사람의 성적 만족을 위하여 아동을 이용하는 성적 착취, 아동을 성적 도구로 이용하는 성적 폭행, 아동을 성적으로 자극하거나 혐오감을 갖게 하는 환경에 처하도록 내버려 두는 성적 노출 등으로 구분되기도 한다(허남순, 1993b). 성적 착취란 외설적인 행위를 시키기 위해 아동을 고용하거나 외설적인 물건을 배포하거나 상업용 포르노 필름 등을 제작하기 위하여 아동에게 자세를 취하도록 하는 데 고의로 협조 · 조장하거나 설득 · 강압하는 것, 또는 그런 필름을 고의로 현상 · 복제 · 인쇄 및 교환하는 것까지를 포함한다. 성적 폭행은 아동을 상대로 강간, 윤간, 근친상간, 남색, 외설적이거나 음란한 행동 및 아동을 지분거리는 행위를 의미한다. 성적 노출은 아동에게 성적 비디오나 그림 및 성관계를 갖는 장면을 보게 하는 행위 등의 것을 포함한다.

(4) 방임

방임은 아동에게 책임이 있는 양육자가 고의로 또는 방심하여 아동이 피할 수도 있는 고통을 겪게 하거나 아동의 신체적 · 지적 능력을 발달시키는 데 필요한 요소들을 제공하지 못한 상태로 볼 수 있다(정진영, 1992: 26). 방임은 신체적 방임과 의료적 방임 그리고 교육적 방임으로 구분할 수 있다. 신체적 방임은 위험한 것을 가지고 놀아도 상관하지 않는 것, 더러운 옷을 입고 있거나 추운 방에서 지내도록 방치하는 것, 늦은 귀가에도 신경 쓰지 않는 것 등이고, 의료적 방임은 몸이 아프다 해도 그대로 방치하는 것 등이다. 그리고 교육적 방임은 학교 준비물을 챙겨 주지 않거나 학교 숙제를 해 가는지 여부에 대하여 신경을 쓰지 않는 것 등이라 하겠다.

3) 문화와 아동학대의 사정

최근에는 아동학대가 아동에게 심각한 문제를 야기하고 사회적으로 그 영향이 확대된다는 인식에서 아동학대가 중요한 사회문제라는 데 대부분 동의하고 있는 듯하다. 그러나 아동학대는 시대나 사회마다 그 정의가 다를 수 있는 모호한 개념이다. 문화의 영향으로 인해 아동학대의 개념은 그 수준과 범위 등에서 달라질 수 있다.

특히 사정과 같이 학대를 구분하는 구체적인 기준은 사회나 시대에 따라 달리 설정될 수밖에 없다. 문화의 영향을 고려하지 않는 아동학대의 기준은 개입의 대상과 방향 등에 오류를 가져올 수밖에 없으며 사회적 기반을 마련하는 데에도 어려움을 겪게 된다. 사회문제에 대한 대응은 현실성이 뒷받침되어야 하기 때문이다.

시대에 따라 아동학대에 대한 인식이 변화되는 것은 아동학대의 역사가 이미 분명하게 보여 주고 있다. 미국의 경우만 보아도 과거 어느 때에는 게으른 아이를 심하게 때려 버릇을 고쳐 주는 것이 부모의 책임이라고 생각한 적도 있다. 그러나 현재 미국사회사업가협회(National Association of Social Workers: NASW)는 모든 신체적인 훈육은 아동에게 해롭다고 규정하고 이를 금지하는 데 목표를 둔 전국적 캠페인에 적극 참여하고 있다(노혜련, 1992: 114).

각 사회의 문화가 아동학대에 대한 이해에 영향을 준다는 것은 몇 가지 다른 예도 찾아볼 수 있다. 캄보디아의 경우 미국 내 어떤 다른 민족보다 비교적 아동학대에 대해 강한 기준을 갖고 있다. 즉, 다른 사회에서 훈육으로 이해하는 것도 아동학대로 받아들이는 경향이 강하다. 캄보디아는 불교 중 테라바다(Theravada)의 전통을 따르고 있어 각 개인의 타고난 운명을 존중하는 인생관을 갖고 있다. 부모라도 고유의 운명을 바꿀 힘을 갖고 있지 못하다고 믿는다. 따라서 체벌이 훈육방법으로 효과가 없으며, 체벌에 대한 부정이 강하다. 또 다른 예로, 한국인이 많이 이주해 거주하는 로스앤젤레스 지역에서는 아직도 한국인 할아버지나 아저씨들이 귀엽다고 남자아이의 성기를 만져 성적 학대로 고소당하는 경우가 드물지 않다(노혜련, 1992: 115-123). 미국의 경우에도 어느 주에서는 아동이 학교에 몇 회 이상 결석하는 경우를 교육적인 방임으로 보기도 하지만 다른 주에서는 그렇지 않으며, 신체적 학대의 경우도 주마다 그 기준이 다소 다르다(Pecora et al., 1992: 144).

이렇듯 동일 국가 내에서도 이러한 문화적 차이가 나타날 수 있다. 우리나라의 경우도 지방에 따라 아동의 훈육에 대한 이해가 달라질 수 있다. 물론 우리나라는 지리적으로 좁아 그 차이가 크게 나타나지 않을 뿐이다.

우리나라도 문화적 요인으로 인하여 아동학대에 대한 구체적인 판단을 함에 있어서는 어려움을 겪는 상황에 있다. 아동학대에 대한 이해의 불일치는 학대에 대한 개입 여부, 개입방식 등에 대하여 동의를 도출하기 어렵게 하고 따라서 다양한 관계자 간의 협력에 장애가 될 수 있으며, 학대에 대한 사후조치에서 가해자의 협조 정도도 학대에 대한 이해 및 수용의 정도에 따라 달라질 수 있다. 서울시립아동상담소의 한 보고서(1992)에서는 "우리 사회에서는 학대에 대해서 사회적인 논의를 거친 정리된 개념이 없기 때문에 학대 여부에 대한 판정 및 개입에 대한 강한 거부감을 느끼고 있다."라고 하면서 학대 사정의 기준마련을 촉구한 바 있다.

우리 사회는 아시아 문화권에 속하며, 유교적 전통이 강하다. 아시아 문화권에서는 부모들이 자녀를 자기 자신의 일부로 보는 경향이 있어 아동의 독립된 권리를 인정하는 수준이 높지 않다. 부모는 자신이 자녀를 위해 무엇이 최선의 길인가를 알고 있다고 생각하기 때문에 당연히 자식이 부모에게 순종하고 부모를 존경할 것을 기대한다. 일반적으로 체벌은 아이들이 규칙에 순종하고 따르는 것을 원하는 문화에서 좀 더 많이 사용되는 듯하다. 따라서 이러한 문화에서는 체벌이 부당한 학대로 인정될 가능성이 보다 낮다.

유교적 전통도 아동에 대한 교육적인 체벌이나 훈육을 위한 폭언 등을 용납하고 오히려 장려하는 문화를 만들어 내었다. '달군 쇠와 아이는 때려야 한다.' '미운 아이는 떡 하나 더 주고, 귀여운 아이한테는 매를 준다.' '사랑의 매'와 같은 문구는 훈육을 위한 체벌을 용인하는 것을 당연하게 만든다. 오히려 체벌을 자식에 대한 부모의 사랑으로 해석하게 한다.

우리나라에서 아동학대에 대하여 어떠한 태도를 갖고 있는지를 조사한 바에 따르면, 신체적 학대유형 중 손이나 회초리로 아동의 손바닥, 종아리, 엉덩이 등을 때리는 행위에 대해서는 학대로 받아들이는 정도가 약하였고, 방임도 학대로 인식하는 수준이 낮았으며, 피해자인 아동들은 비교적 가벼운 신체적 학대를 부모의 훈육차원의 행위로 받아들이는 경향이 있는 것으로 나타났다. 반면 성학대에 대해서는 전반적으로 성인이 아동에 비하여 학대로 인식하는 수준이 높은 것으로 나타났다(김승권, 조애저, 1998).

문화적인 차이가 있음을 인정하는 것은 꼭 모든 문화의 상이한 태도를 수용해야 한다는 의미와는 다르다. 다른 문화의 아동양육방식에 대한 오해로 건전한 관계를 부적절한 것으로 간주하고 개입하거나 또는 낙인을 찍게 되지 않도록 유의할 필요가 있으므로 문화적 차이에 대한 고려가 필요하다는 뜻이다. 그러나 아동의 건강한 성장에 부정적인 영향을 주는 양육문화가 확인된다면 이러한 문화에 대한 사회적인 변화노력을 주도하는 것도 필요하다. 아동학대와 훈육방법 간의 구별을 분명히 하는 것도 역시 중요한 문제로 학대의 성격이 강한 훈육방법의 사회적 수용은 제한하고 보호자와 아동 간의 관계와 아동의 성장에 긍정적인 것만을 훈육으로 한계 지어야 할 것이다.

아동학대에 대한 이러한 판단기준의 차이는 아동학대의 규모를 파악하고 표적이 되는 문제를 구분하며, 구체적인 개입을 하는 데에까지 영향을 주게 된다. 한번 정해진 판정의 기준도 시대에 따라 달라질 것이지만 현재 우리 사회의 적절한 아동학대 기준을 찾는 노력은 지금부터 더욱 강화될 필요가 있다.

2. 아동학대의 결과

아동학대가 심각한 사회적 문제로 간주되는 것은 아동학대가 초래하는 부정적인 결과에서 비롯된다. 아동학대가 아동에게 미치는 영향은 매우 다면적이며 또한 오래 지속된다. 아동학대는 그 영향이 아동과 그 가족에게 미칠 뿐 아니라 학대를 경험한 아동이 건전한 사회인으로 성장하는 데 많은 어려움을 겪으면서 전체 사회로 확대되기조차 한다.

아동학대가 아동에게 미치는 영향에 대해 분석한 연구들은 아동학대가 피학대아동에게 신체적·정서적으로 직접적인 피해를 주는 것 외에도 다양한 부작용을 초래하는 것으로 설명하고 있다. 대부분의 연구에서 지적된 아동학대의 결과는 다음과 같다.

학대를 당한 아동들은 우선 공격적이거나 철회적인 행동 양상을 보이는 특징을 갖는다. 공격적인 행동을 보이는 아동들은 성인의 세계와 사회에 대하여 적대감을 나타내며, 지역사회를 위협하는 비행을 저지르게 되기도 한다. 그들은 말로 자신의 의사를 나타내기보다는 공격적이고 파괴적인 행동을 나타내게 된다. 다른 청소년이나 부모를 살해하는 아동들 중 대부분이 오랫동안 가정에서 학대를 받은 아동이며, 또한 아동기에 학대를 경험하며 성장한 사람은 그렇지 않은 사람보다 자녀를 더 학대하기 쉽다고 보고된 바 있다. 철회적인 행동을 하는 아동들은 자신이나 가족에 대하여 위협적인 행동을 하는 경향이 있다. 그들은 자살을 기도하거나 여러 형태의 자학행위를 저지르기도 한다.

아동학대는 가출하려는 동기를 강화시켜 아동과 많은 문제를 잇는 연결고리가 되기도 한다. 가출아동의 경우 일반아동보다 신체적 학대를 받은 경험이 많았다는 보고가 이를 증명해 준다(신영화, 1986). 이 밖에 학대를 당한 아동들은 불안과 악몽, 공포 등의 정신적인 장애를 나타내며, 특히 이러한 장애는 성적 학대를 받은 아동에게서 더 많이 나타난다.

어린 시절의 성적 학대 경험은 낮은 자아존중감, 죄책감, 불안, 우울, 신체증상, 대인관계에서의 문제, 성문제, 약물남용 등의 다양한 정신병리 증상과 관련이 있다는 연구결과들이 발표되고 있다. 성학대 피해자가 입는 피해의 정도에 영향을 미치는 요소는 많은데, 특히 가해자가 통제력을 사용하면서 폭력이 수반되었는가, 성학대 사실을 알게 된 가족들의 반응이 어떠하였는가에 따라 그 상흔의 정도가 달라진다.

피해자가 무력감을 갖는 정도는 가해자가 폭력을 행사했을수록 더욱 심각해진다. 성학대 피해아동이 함정에 빠진 느낌을 갖는 순간 무력감은 증대되며, 학대에 대해 조금이라도 본인이 통제력을 행사할 수 있는 상황일수록 무력감은 작다고 학자들은 보고한다(Finkelhor, 1979: 183). 가족이나 주변 인물이 무엇인가 부정적인 측면에서 아동에게 죄의식 또는 수치심을 연결시켜 의사소통을 행하게 되면 아동이 학대로 인하여 받는 상흔은 더 강해진다.

학대받은 아동들은 학대로부터의 직접적인 피해를 받는 것은 말할 필요도 없지만 30~50%가 그 후유증으로 정신지체의 현상을 보이게 되고, 그중의 1/3이 언어지체 현상을 보인 것으로 보고되기도 하였다(Kempe, 1976). 학대받은 거의 모든 아동은 자신이 가지고 있는 능력을 발휘하지 못하게 된다. 특히 취학 전의 아동은 언어발달이 늦고, 학령기 아동은 학습에 문제를 갖게 된다(홍강의, 1987). 이것은 지적인 발달의 지연에서도 영향을 받은 것이지만 집중력 장애와 불안, 과잉행동 등의 영향에 의한 것이기도 하다.

아동학대의 경험은 가해자와 피해아동 모두에게 씻기 어려운 부정적인 경험이며, 그 영향은 오랫동안 당사자들을 괴롭히며 남게 된다. 이러한 이유로 아동학대는 예방이 가장 중요하며, 대응의 경우도 피해아동에 대한 신체적·정신적·심리적 치료를 위한 다각적인 개입과 가해자에 대한 개입이 이루어져 아동학대의 영향을 최소화하고 건강한 사회구성원으로 성장할 수 있도록 지원하는 것이 무엇보다 중요하다.

3. 아동학대의 원인

아동학대의 원인은 크게 아동과 부모, 가족, 사회적 요인에서 찾는 것이 일반적이다. 아동 자신의 발달적 특성에서 기인하여 학대가 발생한다고 보는 발달론적 관점, 학대부모들을 비롯한 가해자들의 정신적인 결함, 이상심리적 특성에서 학대의 원인을 찾는 정신병리학적 관점, 가정환경으로 가족배경, 부모의 양육태도, 경제수준 등의 측면을 강조하는 사회심리학적 관점, 아동과 가정을 둘러싼 환경에서 원인을 찾는 사회문화적 관점, 그리고 학대가 일어난 아동과 가족을 둘러싼 체계들 간의 관계에서 원인을 찾는 생태학적 관점이 아동학대의 원인을 설명하는 대표적인 접근이다.

1) 아동 자신의 발달적 특성에 대한 발달론적 관점

이 관점은 아동학대의 주원인을 피학대아동의 특성에서 찾는다. 발달론적 관점은 아동의 신체적·행동적 특성을 통하여 아동이 자신의 학대를 유발시킬 수 있다고 설명한다(Picton & Boss, 1981: 127). 문화에 따라 다를 수 있으나, 피학대아동은 대개 미숙아, 지적장애아동, 장기질환아동, 지체아, 기형아, 심히 고집스럽게 울거나 밤에 잠을 자지 않고 보채는 아기 등 양육의 부담이 크고 보호자에게 심리적인 문제를 초래하는 특성을 갖고 있었다고 본다(곽영숙, 홍강의, 1987: 37-52).

이 관점에서는 아동학대가 성별을 불문하고 모든 발달단계에서 일어나고 발달단계별로 그 양상이 다르다고 본다. 즉, 유아기나 걸음마기에는 양육자와의 애착형성 실패, 학령전기에는 자신감 결여, 적대적 행위, 충동적이고 둔감한 반응, 사회적 요구에 대한 거부, 오이디푸스 콤플렉스에 의한 부모와의 갈등 등으로 부모와 역기능적 상호작용을 하여 학대가 유발된다. 이 관점은 아동의 특성에서 아동학대의 원인을 설명하고 있지만, 아동과 가족을 둘러싼 사회환경의 영향과 애착관계의 형성이 무관하지 않아 사회심리학적 관점과도 연결되는 부분이 있다.

2) 학대부모에 대한 정신병리학적 관점

초창기 전문가들이었던 의사들과 정신의학자들은 아동에 대한 각종 부당행위 사례들을 가해자의 이상성격에 초점을 맞추어 설명하였다(Burgess, 1979; Finkelhor, 1979; Newberger & Newberger, 1981). 이 관점은 학대부모는 공격성, 세상에 대한 잠재적 혐오성, 충동성, 온정 결핍, 합리성 부족, 의존성, 신체적 무능력, 경제적 부양능력 결여, 정신과적 문제 등의 소인을 가졌음을 가정한다.

예를 들면, 가해자들에게 정신적 문제가 있거나 공격적 충동을 억제하지 못하는 성격장애가 있으며, 이러한 문제들이 권리를 침해당했던 아동기를 경험한 성인들에게서 자주 일어난다고 해석하기도 한다. 학대하는 부모들 중 아동기에 학대받은 경험이 있으면 그것이 성격형성에 부정적인 영향을 미친 것으로 설명될 수 있으며, 이 관점에서 보면 사회경제적 · 인구학적 특성은 학대행위 촉진요인일 뿐 직접적인 요인은 아니다.

정신병리학적 접근은 가해자 개인의 성향에 대하여 이해를 하고 가해자들에 대한 임상분석이나 진단, 치료프로그램의 실시, 법적 체계의 구성도 이끌어 낼 수 있게 해 주었다. 그러나 가해자의 외부 변인들을 설명하는 데는 제한적이다.

3) 가정환경에 대한 사회심리학적 관점

사회심리학적 관점은 아동학대의 중요한 원인을 가정환경, 부모의 양육태도, 경제수준 등의 특성에서 설명한다. 가정환경적 특성으로는 부모의 양육에 대한 지식 부족, 부모의 자녀양육 거부 및 포기,[1] 정서적 · 심리적 불안, 자녀양육능력 부족,[2] 부부갈등 혹은 별거, 이혼, 부모의 사회적 고립, 대인관계 결함 등을 예로 들 수 있다. 부모의 양육태도가 적대적 · 통제적 · 비합리적이며 안일한 경우에 아동학대가 자주 발생하며, 그 외에 가정이 폐쇄적 분위기, 갈등적 분위기, 전제적 분위기에 있을 때 아동학대가 많이 발생한다는 설명(표갑수, 1993: 163)도 이러한 관점에 근거하고 있다.

가정경제적 특성에는 낮은 경제수준, 무직, 실직 상태와 그로 인한 무력감, 실패로 인한 좌절감, 스트레스가 관련된다. 이러한 설명은 빈곤선 이하의 저소득계층의 부모가 학대를 할 가능성이 높다는 것을 말해 준다(Picton & Boss, 1981: 125-126). 1997년 이후 우리 사회에 심각한 영향을 주었던 경제위기 때 아동학대가 증가하였다는 일련의 보고도 이러한 설명을 뒷받침해 준다(이현주, 박소영, 2000 참조).

1) 부부관계의 갈등, 별거 혹은 이혼, 원하지 않은 임신, 불법적인 관계에서의 임신 등의 경우가 포함된다.

2) 부모 자신의 장기질환, 정신질환, 신체장애 등이 포함된다.

4) 환경에 대한 사회문화적 관점

사회문화적 관점은 아동과 그 가족이 속한 환경에서 학대의 원인을 찾는다. 지역사회에서 이웃과의 관계, 폭력에 대한 용납수준, 아동에 대한 태도 등이 아동학대에 영향을 준다고 설명한다.

고립과 같은 사회구조적인 스트레스가 아동학대를 유발하는 요인이 될 수 있다. 실업이 된 상태에서 아동학대가 증가한다는 연구와 아동학대가 일어난 가정이 공식적 · 비공식적 지지체계로부터 소외되어 있다는 연구들은 이러한 설명을 뒷받침하여 왔다. 사회적 분위기가 체벌이나 물리적 힘을 사용하는 것을 허용하는 태도를 갖고 있다면 이러한 환경도 아동학대를 유발할 수 있다. 아동을 부모의 소유물로 보는 인식도 아동학대에 영향을 준다. 아동을 독립된 인격체로 보기보다는 부모의 소유로 봄으로써 아동에 대한 부모의 태도는 아동에 대한 부모의 자의적인 반응을 허용하게 되며, 이로써 아동학대의 여지가 커지게 된다.

5) 사회체계에 대한 생태학적 관점

생태학적 관점은 아동학대의 원인을 설명하는 여러 관점을 체계적으로 통합하고 있다. 이 관점에 따르면 사회적 체계는 가족과 지역사회 그리고 사회문화적 사회체계로 구성되어 있다. 생태학적 관점에서는 아동학대가 가족체계, 이웃의 지지체계, 지역사회와 같은 체계 등 체계 간 상호작용 혹은 조건의 결핍에 의해 발생한다고 본다. 가바리노(Garbarino)는 브론펜브레너(Bronfenbrenner)의 생태학적 접근을 아동 학대와 방임에 적용하였다.

아동에 대한 신체학대에 영향을 미치는 요인으로는 가족수준에서는 가족의 가치와 아동양육 상황, 지역사회수준에서는 보건, 복지, 긴급전화, 아동보육 프로그램, 하위규범이나 최근의 이사, 범죄, 사회적 수준에서는 폭력을 허용하는 문화나 아동에 대한 태도 등이 있다. 이 관점은 아동학대에 관련된 광범위한 요소들을 설명할 수 있으나 가설과 진술에 대한 보다 충분한 경험적 근거를 필요로 한다.

4. 아동학대의 실태

아동학대의 현황을 파악하고 설명하는 데 유병률(prevalence)과 발생률(incidence)의 두 가지 용어를 사용할 수 있다. 유병률은 일생에서 아동 학대나 방임을 한 번 이상 경험한 사람의 수를 기준으로 한다. 한편, 발생률은 매년 아동학대예방센터와 같은 아동보호기관에서 아동학대로 판정받은 사례 수를 일컫는다. 즉, 발생률은 아동이 학대 또는 방임된 실제 사례 수를 말하는 것이 아니라 학대나 방임으로 보고된 수를 말하는 것이다(김승권 외, 2003: 61).

아동학대 유병률이나 발생률을 파악하는 데는 한계가 있는 것으로 알려져 있다. 실제 아동학대를 하는 부모의 경우 이러한 사실이 알려지기를 피하고, 아동학대를 당하는 아동의 경우에는 학대에 대한 인식 부족과 기타의 이유로 이를 알리는 것에 취약하기 때문이다. 따라서 아동학대의 실태를 정확하게 파악하는 것은 어렵다. 단지 실태조사나 신고건수 등을 기초로 가능한 수준에서 아동학대를 미루어 짐작하는 실정에 있다.

우리나라 아동학대 유병률에 대한 파악은 아동학대 관련 실태조사를 통하여 이루어지고 있다. 1998년 전국의 만 20세 이상의 남녀 1,000명을 대상으로 실시한 가정폭력실태조사에서는 아동학대 발생을 나타내는 유병률이 2.6%인 것으로 나타났다. 발생유형별로는 신체학대가 학대 발생 중 56.5%, 방임 및 유기가 21.0%, 정서학대가 20.2%, 성학대는 2.6%를 차지하였다. 이 조사결과에 의거하여 약 33만 8천 가구, 44만 9천 명의 아동이 학대를 경험하고 있는 것으로 추정하게 되었다(김승권, 조애저, 1998). 이재연 등(2000)의

조사연구에서는 아동학대의 실태를 파악하기 위하여 18세 미만의 자녀를 둔 1,094가구를 방문하여 부모를 면접하였다. 그 결과에 기초하여 유형별 유병률을 살펴보면, 신체학대는 23.5%, 정서학대는 19.0%, 방임은 20.2%, 성학대는 1.1%, 전체 43.7%로 나타났다. 2000년에 기혼부인들이 있는 가구를 대상으로 한 조사에서는 아동학대 발생이 24.7%인 것으로 나타났다. 이 조사에서 신체적 학대는 83.3%, 정서적 학대는 15.6%였고, 방임은 0.6%에 불과하였다(김승권 외, 2000).

아동학대에 대한 조사결과와 이에 기초한 유병률은 연구에 따라 차이가 있다. 이러한 차이는 조사에 사용된 도구의 내용과 조사대상의 차이에서 연유한 것으로 보인다. 유병률이 적게는 2.6%에서 많게는 43.7%까지 이른다. 아동학대의 실태를 정확하게 파악하기 위해서는 아동학대를 조사하기에 앞서 개념정의를 분명히 하고 그에 기초한 아동학대 사정척도를 표준화하는 작업이 필요하다고 본다. 정확한 아동학대의 현황을 파악하는 것이 아동학대에 대한 제도적 대응을 마련하는 데 중요하기 때문이다.

아동학대 발생빈도는 학대의 심각성을 나타내는 또 다른 지표가 될 수 있는데, 2000년 조사(김승권 외, 2000)에서는 월 1회가 28.8%로 가장 많았으며, 그다음은 2~3개월에 1회 24.5%, 주 1회 20.3% 등의 순이었다. 주 2~3회가 13.6%, 그리고 거의 매일 아동학대가 일어난다는 응답이 4.6%로 아동학대를 일상적으로 반복하여 경험하는 심각한 사례가 적지 않은 것을 알 수 있었다.

한편 2011년 실태조사에서는 우리나라의 연간 아동학대 발생률이 25.3%인 것으로 나타났으며, 아동학대 유형별로는 신체적 학대가 7.1%, 정서적 학대가 10.9%, 방임은 15.4%의 비율로 발생하는 것으로 나타났다. 연령집단별로는 중학생에 대한 학대가 29.5%로 가장 높았고, 그다음은 초등학생에 대한 학대 28.3%, 고등학생에 대한 학대 23.7% 순으로 나타났다. 초등학생은 학대유형 중에서도 방임이 18%로 가장 높았고, 중학생 및 고등학생 또한 다른 학대유형에 비하여 방임의 비중이 가장 높은 것을 확인할 수 있다.

아동학대 신고건수는 과거에 비하여 계속 증가하고 있는데, 6개 시 · 도 아동상담소, 한국아동학대예방협회, 굿네이버스, 한국어린이보호재단의 집계 결과에 기초하여 보면 아동학대 신고건수는 1997년 807건, 1998년 1,238건, 1999년 2,155건이었다(김승권 외, 2003). 전국의 증가된 38개 아동학대예방센터[3]의 아동학대 신고전화 '1391'로 신고 접수된 건수로 보면 2003년 4,983건, 2004년 6,998건, 2006년 8,903건, 그리고 2010년 9,199건에 이른다(보건복지부, 중앙아동학대예방센터, 각 연도).

2014년에 아동학대 사례 수가 처음으로 1만 건을 넘어섰고, 2016년에는 아동학대 사례 수가 누적해 10만 건을 넘었다. 하지만 아동학대 신고사례 수는 아동 1,000명당 4.0에 그쳐 외국과 비교해 현저하게 낮다. 또한 아동학대 사례 수로 집계한 아동학대 발견율은 2014년 1.1을 넘어선 이후 2017년 2.6으로 지속적으로 증가하고 있다. 하지만 아동학대 사례 수는 동일한 피해아동에 대한 복수의 사례를 포함하고 있어, 실제 피해아동 비율보다는 높게 추정된다. 미국의 통계에서 보고되는 1,000명당 피해아동 비율(또는 발견율)은 피해아동 수를 기준으로 집계한 것으로, 우리나라에서 집계한 사례 수와는 다르다.

이에 아동학대 피해아동 수를 살펴보면, 2017년 들어 누적 피해아동 수가 10만 명을 넘어섰다. 2016년 피해아동 수는 14,296명으로 국가아동학대정보시스템을 통해 집계한 이후 처음으로 1만 명을 넘어섰고, 아동인구 1,000명당 피해아동 비율은 1.64였다. 2017년 피해아동 수는 최근 2~3년간 학대사례 수 대비 피해아동 비율이 76~77%로 나타난 점을 고려할 때 17,000여 명으로 추정되며, 아동인구 1,000명당 피해아동 비율은 1.98로 예상된다. 2016년 기

3) 아동권리에 대한 사회적 관심 증대와 더불어 아동권리보호사업이 확대되고 있는 추세이므로 행정상 혼란을 예방하는 차원에서 2006년 4월 1일부터 '중앙아동학대예방센터'가 「아동복지법」상 명칭인 '중앙아동보호전문기관'으로 변경되었다.

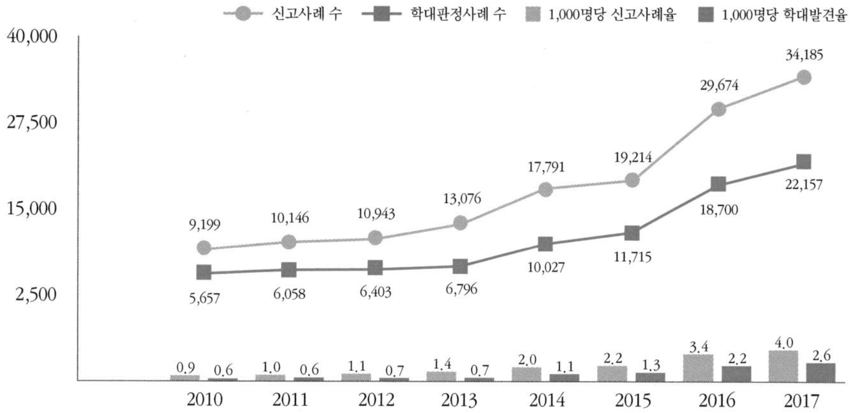

그림 8-1 우리나라 아동학대 신고 및 학대사례 추이: 2010~2017년

출처: 보건복지부, 중앙아동보호전문기관(2017). 2016 전국 아동학대 현황보고서. 2017년 자료는 2018년 3월 기준 속보치.

준 미국의 아동 1,000명당 피해아동 비율 9.1보다는 낮지만, 2010년 이후 지속적으로 증가하였으며 특히 2014년 이후 매우 높은 증가세를 보이고 있다.

학대유형별로 구분하여 보면, 2016년 기준 총 18,700건 중 중복학대가 8,980건, 48.0%로 가장 많았다. 중복학대를 제외하고는 정서적 학대가 3.588건으로 전체 학대 중 19.25를 차지하여 그 비율이 가장 높으며, 방임이 2,924건으로 15.6%, 신체적 학대가 2,715건으로 14.5%, 성적 학대가 493건으로 2.6%였다.

아동학대 신고율이 증가하기는 하였지만 아직도 절대적으로 높다고 할 수 없다. 추정 학대아동의 수에 대비한 아동학대 신고율은 0.9%이고, 아동학대로 판정된 사례율은 0.5%에 불과하다는 보고가 있다(보건복지부, 중앙아동학대예방센터, 2002). 이영분(1998: 136)은 우리나라 성폭력 발생률이 세계 3위이나 신고율은 실제 발생건수의 2.2%에 지나지 않는다고 주장한 바 있다. 아동학대는 파악된 것보다 더 많은 규모가 밝혀지지 않은 채 숨겨져 있다고 본다.

2016년 기준 만 12세 미만의 아동에게 발생하는 학대가 전체의 약 64.7%

를 차지한다. 그리고 가해자가 친부모인 사례가 전체 사례의 80.5%를 차지한다. 이러한 보고내용은 아동학대의 상당 부분이 드러나지 않은 채 진행될 수 있음을 암시한다. 타인의 접근이 어려운 가정 안에서 부모에 의해, 신고 등에 대한 인지수준이 낮은 어린 아동에게 학대가 이루어진다는 점은 아동학대를 밝히려는 사회적 노력이 얼마나 어려운 것인가를 짐작하게 한다.

5. 학대아동에 대한 보호 현황

1) 아동학대 관련 법과 제도

아동학대에 대한 법적 대응은 1981년 「아동복지법」에서 시작되었다고 볼 수 있다. 동법 제17조의 금지행위에 아동학대에 대한 규정을 담고 있다. 법의 내용상 관계공무원, 아동복지전담공무원, 아동위원 등이 금지행위를 위반한 자를 조사할 수 있으나, 위험에 처한 아동의 긴급분리, 학대행위자에 대한 조치 등 적극적이고 전문적인 개입을 위한 제도적 장치는 마련되어 있지 않았다(이배근, 1997).

이후의 아동학대와 관련된 법적·제도적 노력은 아동학대에 대한 민간의 노력으로부터 자극을 받았다. 1993년 한국아동학대예방협회에서 「아동학대방지법」 시안을 발표하고 난 후 한참이 지나서 1996년 보건복지부의 관련 소위원회 구성과 개정안 마련 작업이 있었으며, 1999년 12월 국회본회의에서 아동학대 관련 개정안이 통과되기까지 관련 학회와 단체 등의 적극적인 운동이 뒷받침되었다.

2000년 개정 「아동복지법」이 공포되면서 동년 7월 발효되었다. 개정된 「아동복지법」은 아동을 학대로부터 보호하기 위한 체계를 확립하는 데 초점을 두고 있으며 아동학대 관련 조항이 11개로 증·개설되었다. 동법에서는 아동학대를 광의의 개념으로 정의하고 아동학대 신고의무자를 규정하여 신고를 의무화하였다. 신고의무자는 교사, 의료인, 사회복지시설 종사자 및 아동복지 관련 공무원으로 하고 일반인도 아동학대를 신고할 수 있도록 하였다. 한편, 24시간 운영하는 긴급전화의 설치를 규정하고 아동보호전문기관을 지정하여 아동학대의 접수와 개입을 위한 인프라를 마련하도록 하였다.

학대행위자에 대한 처벌규정도 강화하여 이전의 2년 이하의 징역 또는 200만 원 이하의 벌금형에서 10년 이하의 징역 또는 5,000만 원 이하의 벌금형에 처할 수 있도록 하였다. 이 밖에도 신고가 접수되었을 때 긴급한 치료가 필요하거나 학대에서 안전하지 못하면 치료기관 또는 일시보호기관에 아동을 보호 조치할 수 있도록 응급조치 의무조항을 두고, 아동을 조사하는 과정에서도 상담원이 동석하여 피해아동을 도울 수 있도록 하였다.

「아동복지법」 외에 아동학대 관련법으로는 「아동 · 청소년의 성보호에 관한 법률」이 있다. 이 법은 2012년 12월 개정되어 2013년 6월부터 시행되고 있으며, 보호대상이 되는 아동 및 청소년의 범위를 19세 미만으로 하였다.

특히 2014년 「아동학대범죄의 처벌 등에 관한 특례법」(이하 아동학대 특례법) 제정을 통해 아동학대 행위에 대한 처벌을 가중하고, 적절한 긴급조치 및 보호장치를 마련하였다. 아동학대 특례법은 아동학대는 범죄라는 인식을 명확하게 하고, 아동학대 신고 시 현장에 사법경찰과 아동보호전문기관이 동행 출동하도록 규정하고 있다. 법적 권한의 근거가 취약해 아동학대 현장조사 시 어려움이 많았던 부분을 사법경찰과의 동행조사를 통해 상당 부분 해결할 수 있게 되었다. 또한 심각한 아동학대를 당한 피해아동을 위한 옹호를 강화하고, 필요한 경우 부모의 친권을 제한하거나 정지할 수 있게 되었다. 검찰과 법원이 특례법에 근거한 임시조치를 청구하고 결정하는 데 명확한 법률규정을 둠으로써 신속하게 피해아동을 보호할 수 있게 되었다. 학대행위자에 대한 처벌을 포함해 교육, 상담, 치료에 대한 법적 강제가 가능해져 학대행위자에 대한 아동보호체계의 접근이 수월해졌다. 의료진, 교사, 사회복지사, 아동

돌보미, 학원강사 등 아동학대 신고의무자 범위를 확대하고 신고의무 미행에 대한 벌금을 강화해 사각지대에 놓인 피해아동을 최소화하도록 하였다. 미국의 절반에 가까운 30%대에 머물고 있는 신고의무자의 아동학대 신고비율이 높아질 수 있기를 기대해 볼 수 있다.

2002년의 '어린이 보호 · 육성 종합계획'도 아동학대에 관하여 다루고 있다. 그 내용으로는 아동학대 예방사업을 내실화하기 위한 관련법 개정 추진, 상담원 신분강화, 아동보호를 위한 그룹홈을 시설유형으로 변경, 학대자교육 프로그램 강화, 교육 · 홍보활동의 강화, 홍보대사 위촉 및 공익광고 실시, 아동학대예방 프로그램 및 사정척도의 단계적 개발 추진을 담고 있다. 이 밖에 아동학대예방센터를 확대하는 것과 운영여건을 개선하는 것, 그리고 관계기관 간 협조구축 등을 추진할 것으로 발표되었다. 이러한 내용은 향후 아동보호를 전문적이고 효율적으로 변화시키는 기반이 되고 있다.

2) 아동학대 관련 서비스

2000년 「아동복지법」이 개정되어 아동보호를 위한 법적 근거가 강화되기 전까지는 아동학대 관련 서비스의 제공이 민간의 노력으로 주도되어 왔다. 1979년 한국사회복지협의회에서 아동학대고발센터를 설치하였으나 신고가 들어오지 않아 1년 만에 폐지되었다. 서울 시립아동상담소는 1985년부터 아동권익보호소를 설치하여 운영해 오고 있다. 신고는 부진하여 1992년까지 신고건수가 207건에 불과하며 법적 · 제도적 뒷받침이 미비하여 신고를 받은 경우에도 사건의 처리에 어려움을 겪었다(이영희, 1994; 이재연, 1995: 41에서 재인용).

한국어린이재단에서는 1989년 세계아동기금의 후원하에 한국아동학대예방협회를 창립하였다. 처음에는 전국의 9개 시 · 도 지역사회복지관 내에 '아동학대신고센터'가 개설되었다. 그 기능으로는 아동학대의 발견과 치료, 예방을 목적으로 하는 세미나 개최와 사례발표 등이 중심이 되었다. 1996년부터는 민간기관인 굿네이버스에서 서울 및 전국 지부에 18개의 아동학대상담센터를 설치하여 신고된 아동학대 사례개입, 초등학교를 통한 사례 발견 및 예방, 아동학대 예방교육, 지역사회 차원의 연중 캠페인 등을 실시하여 왔다(김승권 외, 2003: 70).

2000년 「아동복지법」 개정으로 학대받는 아동을 위한 보호체계 설치가 의무화된 후 전국적으로 아동을 위한 서비스체계가 변화되었다. 2000년 10월부터 전국에 17개 아동학대예방센터가 아동보호전문기관으로 설치되었으며 2005년에는 39개소, 2017년에는 60개소로 확대되었다. 그동안 아동학대 예방을 위하여 활동하였던 민간기관이 정부로부터 아동보호전문기관으로 지정받아 아동보호를 수행하고 있는 것이다. 지방아동보호전문기관의 주요 업무는 24시간 긴급전화 운영을 통한 전화상담, 사례접수 및 응급조치, 현장조사 및 가정방문, 가정지원 프로그램의 실시 및 지역자원 연계, 사례판정위원회 관리, 타 기관과 협력체계 구축 등이다.

아동학대와 관련된 신고는 112번을 통해 경찰에 직접 하거나 24시간 운영되는 신고전화 등을 이용하여 할 수 있다. 예를 들어, 아동보호전문기관은 신고전화 1577-1391을 24시간 운영하며, 보건복지콜센터도 이용 가능하여 129번으로 24시간 신고할 수 있고, 기타 긴급전화번호로 119를 이용하여 신고할 수 있다.

2001년부터 중앙아동보호전문기관이 정부에 의하여 민간기관에 위탁 운영되면서 아동보호를 위한 전체적인 체계를 갖추게 되었다. 중앙아동보호전문기관은 아동학대 전산시스템 구축 및 운영, 전국 아동학대 현황보고서 발간, 아동학대 업무 매뉴얼 발간, 아동학대의 발견, 치료 및 예방에 필요한 프로그램 개발·보급, 신고의무자 등 관련 기관 종사자에 대한 교육, 아동학대 관련 각종 연구조사 및 홍보 캠페인 실시, 신고의무자 협의체 구성 및 운영 등을 주요 업무로 하고 있다.

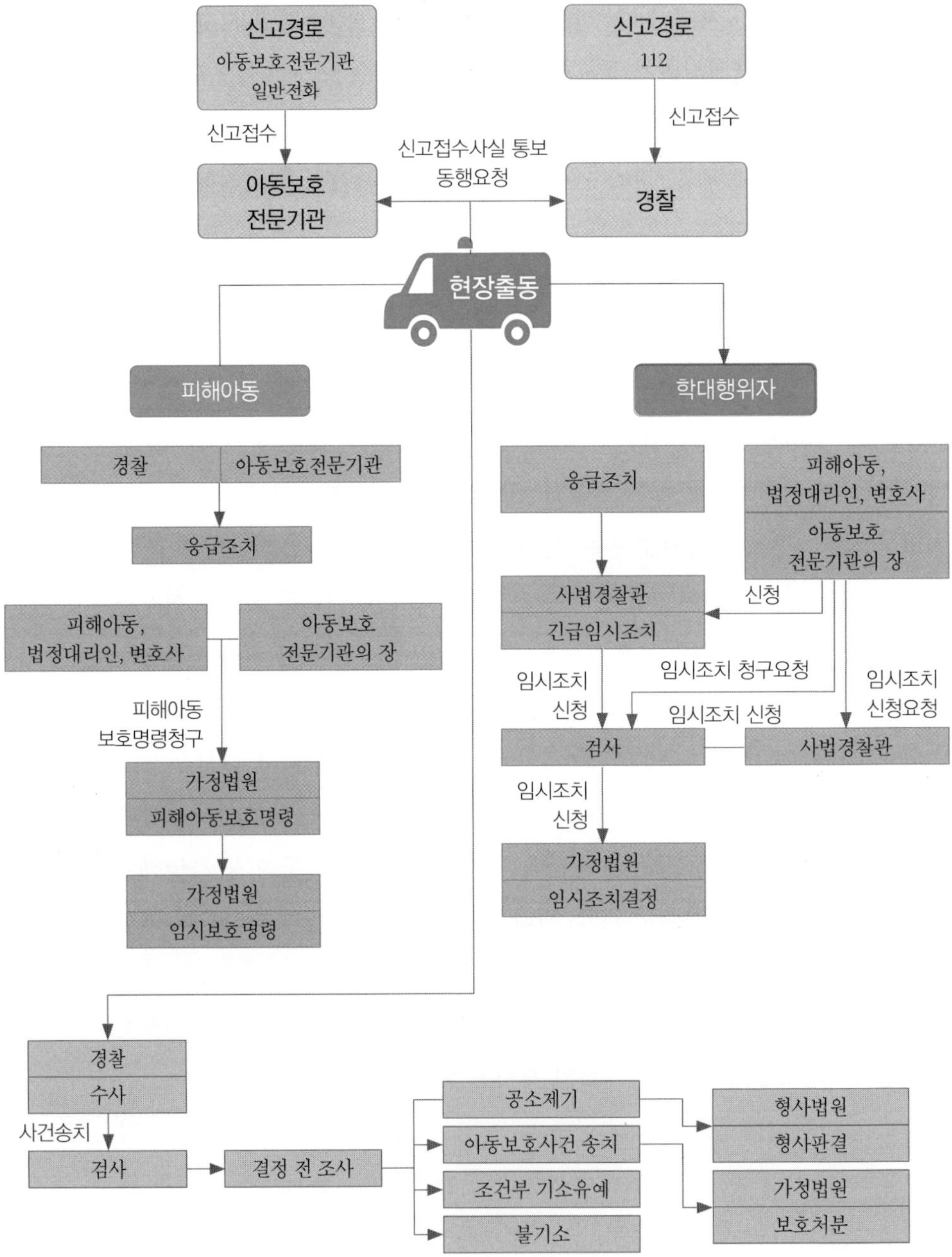

그림 8-2 아동보호전문기관의 업무 흐름

출처: 중앙아동보호전문기관 홈페이지(2019).

구체적인 서비스는 아동학대 신고 후 [그림 8-2]와 같은 과정으로 진행된다. 신고 후 현장 조사 및 사정으로 사례판정이 이루어지면 판정결과에 따라 법적 처리 및 적절한 보호가 이루어진다. 이 과정에서는 아동학대 전문상담원이 활동하는데, 아동학대 전문상담원은 사회복지전공자 또는 아동복지, 심리학 등 관련 분야 전공자들이며 법정 의무교육과정을 이수하고 상담원으로 활동하고 있다(김승권 외, 2003). 서비스 제공이 이루어진 후에는 사후관리가 뒤따른다.

피해아동에 대한 서비스로는 개별상담, 집단상담, 기관상담을 비롯하여 치료, 재학대 예방교육, 일시보호, 가정지원 등이 있으며 일시보호서비스와 개별상담 그리고 교육서비스 제공이 가장 큰 비중을 차지한다. 한편 가해자에 대한 서비스도 피해아동에게 제공되는 서비스와 유사하며, 치료건수의 비중이 높은 것이 서비스 제공의 다른 점이다.

6. 아동학대에 대한 사회복지 실천

아동학대는 다학문적 접근을 필요로 하는 특성을 갖고 있다. 따라서 아동학대와 관련하여 활동하는 전문직은 다양하다. 아동학대에 대한 개입에서 각 전문직들은 제공하는 서비스의 중복 가능성을 이해하고 자신의 특별한 책임이나 역할에 대한 인식을 강화할 필요가 있다. 또한 관련 전문직들 간의 협력과 조정이 이루어지도록 노력하여야 한다.

아동학대에 대한 접근에서 이루어지는 기본적인 개입과정에 대하여 살펴봄으로써 사회복지사들이 아동학대와 관련된 사회복지 실천을 보다 전문화할 수 있을 것이다. 어퀴자와 윈(Urquiza & Winn, 1999)은 아동학대에 대한 개입과정을 평가와 치료과정을 중심으로 상세하게 소개하고 있다. 이들이 소개하는 대강의 내용은 다음과 같다.

아동학대에 대한 평가는 아동으로부터의 정보에 의한 평가, 아동이 그리는 그림이나 로르샤흐(Rorschach) 등을 이용하는 투영적인 평가, 인지적 평가, 임상적 면담, 부모의 보고, 가족평가, 그리고 다른 전문직의 보고, 신체적 평가 등을 이용하는 다각적인 평가를 활용할 수 있다. 평가에서 측면마다 아동의 상태에 대한 평가척도, 가족관계에 대한 평가척도, 위험 정도에 대한 평가척도 등 표준화된 척도를 사용할 수 있다.

치료에서는 치료적인 관계형성이 전제되어야 하는데, 관계형성에서 저항이 나타날 수 있다는 점을 인식할 필요가 있다. 학대의 경험을 다시 떠올림으로써 생겨나는 불안을 모니터하고 관리하는 데 있어 이러한 저항적 행동은 일정한 기여를 한다. 안절부절못하고 어슬렁거리거나, 적절하지 않은 질문을 하거나, 하나의 주제에 머무르는 등의 행동은 모두 아동이 고통스러운 감정이나 사고를 피하는 데 필요한 대처방식으로 이해할 수 있다.

아동의 상태를 이해하는 데 도움이 된다 하여도 치료에 참여하기를 거부하는 아동은 치료를 통해 도움을 받기 어렵다. 따라서 아동의 저항에 대한 적절한 조치가 필요하다. 아동이 치료에 참여하는 것을 좀 더 편안하게 받아들이게 하는 여러 가지 방법이 있다. 아동의 치료에 대한 공포나 좌절에 공감하는 자세를 갖고, 치료가 해당 아동이 정상이 아니라는 것을 의미하지 않는다는 정보를 제공하며, 치료에 대하여 보다 분명하게 하고, 아동에게 유용한 목적을 설정하고, 상담기간에 대하여 계약을 하는 것 등이 그 방법들의 예이다.

치료의 단계는 일반적인 사회복지 실천의 단계와 다르지 않다. 접수(치료에 대한 아동의 욕구 판단), 관련된 개인 및 가족력에 대한 진술확보, 치료계획의 개발, 예후에 대한 판단을 거쳐 치료를 시작하고, 치료는 시작단계, 중간단계 그리고 종료단계로 구성된다. 치료에서는 놀이치료, 개인상담, 집단치료, 가족치료 등 다양한 치료기법이 사용될 수 있다.

치료는 일반적으로 다음의 목적을 달성하고자 한다(Pecora et al., 1992: 256). 첫째, 양육 기술과 능력의 향상, 둘째, 아동의 학교에서의 적응 향상, 셋째, 문제해결기술과 화(anger)의 관리 향상, 넷째, 스트레스 관리능력의 제고, 다섯째, 가족의 사회적 · 물리적인 가용자원의 확대, 여섯째, 배우자 및 확대 가족 관계의 향상, 일곱째, 부모 또는 아동의 신체적 건강증진 그리고 고용, 교육, 훈련 등의 영역에서 아동의 자기만족감 제고 등이다.

7. 아동학대에 대한 사회적 개입의 방향

1) 아동학대의 예방을 위한 노력 강화

아동학대 예방프로그램은 목적과 대상 그리고 서비스 전달시기에 따라 일반적으로 1차, 2차, 3차 예방프로그램으로 나누어진다(공계순, 2000: 4-5). 1차 예방이란 새로운 사례의 발생을 막기 위해 전 인구를 대상으로 하는 전략을 말하는 것으로, 위험요소나 고위험집단에 초점을 맞추는 것은 아니며 어떤 문제의 징후가 이미 나타나기 전에 시행된다. 초산임산부에 대한 예방프로그램이 그 예라 할 수 있다.

2차 예방이란 특정한 문제와 관련된 위험요소를 가지고 있다고 확인된 고위험집단을 대상으로 문제가 발생하기 전에 개입하는 것을 말한다. 예를 들면, 미혼모, 장애아동 등에 대한 예방프로그램들이 있다. 3차 예방은 이미 특정한 문제를 가진 것으로 밝혀진 사람을 대상으로 한다. 3차 예방은 치료와 구분하기 힘들기도 하지만 질병이나 문제의 재발을 막거나 상태가 더 심각해지는 것을 막는다는 의미에서 예방의 한 전략으로 포함하고 있다. 아동학대의 3차 예방프로그램은 아동학대가 있었던 것으로 판명된 가족을 대상으로 아동학대가 재발하거나 아동이 부모로부터 분리되는 상황을 막기 위해 가족에게 서비스를 제공하는 프로그램을 말한다.

아동학대에 대한 가장 적극적이고 경제적인 접근은 예방을 강화하는 것이다. 물론 예방이란 그 효과를 확인하는 것이 어려우므로 강화를 위한 합의를 이끌어 내는 것이 쉽지는 않지만 1차, 2차, 3차 예방프로그램의 적절한 활용이 아동학대에 대한 중요한 대응이 되어야 할 것이다.

아동학대와 관련한 홍보를 확대하고 이를 통하여 아동양육자와 미래의 아동양육자의 인식을 변화시키는 노력은 아동학대를 예방하는 차원에서 반드시 이루어져야 할 것이다. 또한 아동을 대상으로 하는 아동학대 예방교육도 강화하여 아동이 아동학대의 위험으로부터 자신을 지키고 또한 피할 수 있도록 하는 노력도 병행되어야 할 것이다.

아동학대의 예방에서 가정방문이 강조되기도 한다. 가정방문을 통한 아동학대의 예방은 그 효과성에 있어 뛰어난 것으로 평가되고 있다. 여러 종류의 아동학대 예방프로그램을 조사한 연구에서 가정방문을 주요소로 하는 프로그램들만이 효과적인 것으로 나타났기 때문이다(공계순, 2000). 가정방문은 비자발적인 클라이언트에게 접근할 수 있으며 가족을 총체적으로 이해하고 개별 가족의 욕구에 맞는 서비스를 제공할 수 있어 아동학대 문제에 대한 적절한 접근으로 지적되고 있다. 가정방문은 고위험가정에 대하여 그리고 이미 아동학대의 경험이 있는 가정을 대상으로 아동학대를 예방하는 방안으로 적극 검토해 볼 가치가 있다.

이재연은 아동학대 예방프로그램을 아동, 부모, 가정 그리고 지역사회를 대상으로 분류・구성함으로써 아동학대 예방프로그램의 가능성을 정리한 바 있다. 아동학대 예방프로그램은 다양한 대상에게 다양한 내용으로 구성할 수 있으며 다양한 주체에 의하여 제공될 수 있는 것이다. 즉, 예방을 위한 다각적인 노력이 가능하다. 우리 사회에서 필요한 그리고 가장 선행되어야 할 예방프로그램의 결정과 실시가 이루어져야 할 것이다.

현재로는 중앙아동보호전문기관에서 예방프로그램을 운영 중에 있다. 정보제공, 교육훈련, 인식변화를 위한 행사로 구성되는 1차 예방프로그램과 예비부모와 고위험군 부모를 대상으로 하는 부모교육 실시, 태도개선 프로그램, 행동개선 프로그램, 환경개선 프로그램, 가정방문서비스와 같은 2차 예방프로그램, 그리고 학대가 이미 발생한 가정을 대상으로 하는 가정지원, 상담치료, 일시격리 쉼터 등의 3차 예방프로그램을 실시하고 있다.

2) 아동학대에 대한 대응의 체계적 강화

아동학대 문제에 대한 대응은 우선 아동학대의 신고에서 출발한다. 우리나라 아동학대 신고율은 약 0.9%로 추정되고 있다(보건복지부, 2002). 이러한 추정은 99%의 아동이 아직 아동학대를 당하면서도 아무런 도움을 받고 있지 못함을 의미한다. 아동학대에 대한 신고의식을 강화하여 피학대아동을 보호할 수 있도록 하여야 할 것이다. 긴급전화에 대한 직접적인 홍보와 함께 아동학대에 대한 인식을 높이는 교육을 하여야 하며, 특히 신고의무자에 대한 교육을 의무화하여 실시하여야 한다.

이러한 교육에서는 아동학대 신고에서의 신뢰도를 높일 수 있는 방안이 함께 고려되는 것이 필요하다. 게샤로브와 라우만(Gesharov & Laumann, 1996)은 아동학대 신고에서 좀 더 많은 신고에 강조를 두어 왔던 미국의 과거 방식이 가진 문제로서 신고의 부정확성과 그로 인한 조치들이 관계자에게 주었던 부정적인 영향에 주목하고 좀 더 정확한 신고(better report)의 필요성을 주장한 바 있다.

아직 우리나라에서는 아동학대의 신고율이 매우 낮아 좀 더 적극적인 신고를 강조할 필요가 있지만 신고의 정확성을 높여 신고로 인한 피해도 예방하는 노력이 병행되어야 할 것이다. 게샤로브와 라우만(1996: 269)은 아동 학대와 방임에 대한 신고에서 폐기되어야 하는 경우를 다음과 같이 예시하고 있다.

- 법으로 정해진 아동 학대와 방임의 정의와 같은 기관의 학대 및 방임에 대한 정의에서 진술이 분명하게 벗어나는 경우

- 제보자가 아동이 학대 또는 방임되고 있음을 의심하는 이유에 대하여 분명하게 근거를 제시하지 못하는 경우
- 제보의 사실무근 또는 악의적인 특성을 보이는 증거(익명의 제보자, 헤어진 배우자의 제보, 사실무근의 제보가 동일한 제보자에게서 온 이전 경험 등은 기계적으로 폐기하기보다는 주의하여 검토할 필요가 있음)가 있는 경우
- 아동의 소재 등에 대한 충분한 설명이 주어지지 않은 경우(이 경우의 제보는 자동 폐기하기보다는 다음 동일 아동에 대한 신고 시 고려할 수 있도록 관리함)

아동학대가 신고되고 난 후 아동학대에 대한 전문적 개입이 이루어져야 한다. 우선 전문적 개입은 피학대아동과 학대자를 대상으로 시도될 수 있다. 피학대아동에 대해서는 보호를 강화하여야 할 것이다. 일시보호시설을 위한 위탁가정을 확보하여 학대로부터 안전한 거처를 찾을 수 있도록 하고, 다른 가정에서 보호받는 것을 거부하는 경우 또는 부적절한 경우에는 전문적 상담이 제공될 수 있는 쉼터와 유사한 일시보호시설에서 보호될 수 있도록 하여야 할 것이다. 아직 우리나라에는 전문화된 일시보호시설이 거의 없으므로 이에 대한 검토와 설치방안이 논의되어야 할 것이다.

가해자를 대상으로는 여러 가지 서비스가 제공될 수 있다. 그러나 아직 가해자에 대한 전문적 서비스를 제공할 법적 근거가 미흡하여 적극적인 개입이 어려운 실정에 있다. 따라서 가해자를 대상으로 하는 강제적인 상담, 교육, 치료를 법제화할 필요가 있다. 이 밖에도 위기 시 양육과 관련된 상담을 제공하거나 가해자에 대한 양육지원서비스를 제공하거나 하는 등의 서비스 제공이 고려될 수 있다.

가해자에 대한 사회복지 실천으로 소개된 일부 사례는 좋은 시사점들을 제공하고 있다. 올젠(Olzen, 1985)은 아동을 학대하거나 방임하는 어머니에 대한 집단프로그램을 통해 역량강화(empowerment)를 할 것을 제안하였다. 이

는 대부분의 학대 및 방임 등 부적절한 양육을 하는 어머니들이 생활배경이 열악하고 미래에 대한 기대 등이 낮아 스스로의 양육에서 통제력을 확신하지 못하고 있어 변화의 고리를 자신들에게 두지 않는 경향이 있다는 사실의 검토에서 비롯된 것이다. 따라서 집단을 구성하여 전문가인 사회복지사의 권위를 희석시키고 참여자인 어머니들의 역할 및 지배력을 강화하여 문제해결의 단초를 어머니들 자신에게서 찾을 수 있도록 하자는 것이다. 집단의 구성과 진행에 대한 계약과 합의 등의 과정에서 스스로 방어적이기보다는 문제에 대한 확인과 방안의 모색이 적극적으로 이루어지는 것을 중시한다. 남성 가해자를 위한 교육프로그램인 덜루스(Duluth) 모델(윤경자, 공미혜 공역, 2001)이나 학대부모자조집단 등의 모델도 고려할 수 있다(Levine & Levine, 1992).

피학대아동이나 가해자를 대상으로 하는 전문적 서비스를 제공하는 데는 여러 가지 해결하여야 할 문제들이 있으나 가장 시급한 것 중 하나는 아동학대 관련 인력을 적정규모로 확보하는 것과 전문성을 제고하는 것이다. 현재 아동학대와 관련하여 활동하는 전문가의 수는 매우 적으며 아동학대 문제에 전문적으로 개입하기 위한 충분한 교육도 제공되고 있지 못하다. 따라서 관련 전문가의 확충과 기존 관계자의 아동학대 문제에 대한 이해와 개입기술의 수준을 높이고 아동학대와 관련하여 계속교육을 확충하는 등의 전문성 강화 프로그램을 보완하여야 할 것이다.

끝으로, 아동학대는 다양한 전문직의 협력이 중요하므로 관련 전문가 간의 협력이 강화될 수 있는 전달체계 또는 네트워크를 강화하는 방안이 모색되어야 할 것이다. 미국의 경우 아동학대와 관련하여 다양한 전문직을 대상으로 하는 지침이 마련되고 보급되는데 그 내용에는 전문직 간 협력이 포함되어 이를 이해하고 활동할 수 있도록 하고 있다. 우리나라에서도 사회복지사, 의사, 교사, 법률가 등의 관련 전문가들에게 협력과 관련된 내용을 교육하고, 서비스과정에서의 협력을 체계화해야 할 것이다.

연구문제

1. 주변에서 발생한 아동학대를 알게 된 경우 사회복지사로서 취할 행동에 대하여 생각해 봅시다.
2. 경기변동과 아동학대의 발생은 어떠한 관계가 있을까요?
3. 아동학대와 관련하여 협력을 하여야 하는 시설이나 기관 또는 조직에 대하여 알아봅시다.
4. 피학대아동이 처음으로 사회복지사를 만나게 되었을 때, 아동의 반응은 어떠할지, 그리고 사회복지사는 아동에게 어떠한 자세를 가져야 하는지에 대하여 생각해 봅시다.
5. 아동학대 가해자와 상담하게 된 상황을 상상하고, 가해자에 대한 자신의 감정변화를 살펴봅시다. 그리고 사회복지사로서 자신의 바람직한 접근은 어떠해야 하는지에 대하여 생각해 봅시다.

제9장

아동복지와 비행문제

이 장에서는 아동과 관련된 문제들의 대부분은 아동이 피해자이거나 수동적 존재인 데 반해 문제행위의 직접적 행위자이자 가해자라는 점에서 차이를 갖는 비행문제를 살펴보고자 한다. 우선 점차 저연령화, 여자 아동의 비행참여 증대, 비행의 집단화, 폭력화되어 가는 최근 아동비행의 특성과 추이를 살펴본다. 또한 성인의 범죄행위와는 다른 처우방법이 비행아동에게 이루어지고 있는데, 특히 우리나라의 교정절차에 대해 살펴보고자 한다. 그런 다음 아동비행의 원인을 설명하는 다양한 이론을 살펴본 후, 비행문제에 효과적으로 대처할 수 있는 사회복지 실천접근에 대해 알아보고자 한다.

1. 비행아동의 처우방법과 현황

1) 비행아동의 처우방법과 유형

비행아동이란 용어는 20세기에 접어들어 소년법원이 독립적으로 만들어지면서 등장하였다. 성인과 동일하게 아동과 청소년들을 다루는 것은 인도주의 정신에 위배되는 것으로 여겨졌기 때문이었다. 그 결과, 사회개혁가들의 주장에 힘입어 아동의 비행문제를 전담하는 소년사법체계(juvenile justice system)가 만들어지게 되었다. 이때 만들어진 소년사법체계는 국친사상(parens patriae)에 기반을 두어 운용되었다. 즉, 법을 위반한 행동을 한 아동들을 가정에서 부적절한 보호, 감독, 처우를 받은 희생사로 간주한 것이다. 이에 아동의 위법행위는 비행아동들이 보다 심각한 범죄를 범하기 전에 국가가 개입·통제해야 할 상태에 있음을 알려 주는 신호라고 본 것이다. 따라서 국가는 부모를 대신해 아동의 이익을 최우선으로 하는 개입을 해야만 하였다. 하지만 최근에 들어서는 국친사상이 국가의 비행아동에 대한 무한책임을 의미하지는 않는다. 다만, 아동복지 실현에 관한 국가의 책무를 강조하는 의미로 사용된다. 물론 국친사상에 기반을 두어 성인범죄자에 비해 비행아동에 대한 국가의 간섭은 더 많은 정도로 허용되는 것이 사실이다.

비행아동의 처우방법과 관련해 시도되고 있는 접근들을 소개하면 다음과 같다(조준현, 1999).

첫째, 비공식적 처우(diversion)의 확대이다. 아동비행을 엄격히 법대로 처리할 경우는 오히려 성인범죄자로 전환되거나 범죄예방에 부정적인 결과를 가져올 수 있다. 이에 아동비행에 대해서는 비공식적인 통제방법에 맡겨 놓음으로써 국가의 부담을 더는 동시에 아동의 사회적응을 최대화하자는 것이 이 접근의 의미이다. 즉, 민간이 운영하는 치료교육시설, 시설가정, 집단수용시설, 지역사회상담소 등에 비행아동의 처우를 맡기자는 것이다.

둘째, 비범죄화(decriminalization)이다. 아동의 비행을 비범죄화함으로써 낙인의 부정적 효과를 최소화하자는 것이다. 이 접근은 비공식적 처우와 같이 비행아동에 대한 통제주체를 변경하는 것에 머물지 않는다. 아동비행 중 지위비행을 저지른 아동을 소년사법체계로부터 완전히 자유로운 영역에서 다루자는 것을 의미한다.

셋째, 지위비행의 비형사화이다. 성인에게는 문제시되지 않지만 아동이 범하면 법적으로 문제가 되는 비행에 대해서는 사법적 처리를 절대 해서는 안 된다는 입장이다. 다만 아동에 대한 위험이 분명히 존재하는 경우에 한하여 일시구금 같은 것을 허용하자는 접근이다. 이 접근은 아동은 보호와 감독을 필요로 하는 존재이며, 성인과 동일한 책임을 물어서는 안 된다는 관점에 기반을 두고 있다.

넷째, 비수용화(decarceration)이다. 이 접근은 아동을 보호할 책임이 있는 모든 사회제도, 즉 가족 · 학교 · 사회복지시설 등의 기관이 그 책임을 다하지 못한 실패를 소년원이 고스란히 떠맡는 것은 불합리하다고 본다. 따라서 원하지 않는 아동을 강제로 수용하는 소년원은 폐지하고, 자비롭고 온건하며 지역사회에 뿌리내리는 처우로 대체해야 한다는 주장이다. 하지만 지역사회 안에서 소규모 가정시설을 통해 재사회화를 시도했던 이 접근은 많은 비판과 재범률의 증가라는 장벽에 부딪혀 크게 확대되지는 못하였다.

한편 우리나라의 경우 아동이 범하는 범죄행위란 14세 이상 19세 미만인 소년의 형벌법령에 저촉되는 행위를 말한다. 촉법행위는 형벌법령을 위반하였으나 10세 이상 14세 미만인 형사 미성년자의 행위로 형사책임을 묻지 않는 행위를 말한다. 또한 우범행위는 보호자의 정당한 감독에 복종하지 않는 성격을 지녔거나, 정당한 이유 없이 가정에서 이탈하여 범죄성을 지닌 사람 또는 부도덕한 사람과 교제하거나, 자기 또는 타인의 덕성을 해롭게 하는 성격이 있어 그 자체는 범죄가 아니지만 범죄를 저지를 우려가 있다고 인정되는 행위이다.

아동의 비행을 어떻게 다룰 것인가에 대해서는 국가에 따라 제도가 약간씩 다르나, 비행아동들이 인격형성 과정에 있기 때문에 정신적으로 성숙되지 못하였을 뿐만 아니라 순화 가능성이 있다는 점을 감안하여 형벌보다는 교육에 중점을 두고 있다는 점이 공통적이다. 우리나라도 「소년법」 등에서 소년의 비행을 일반범죄와는 다르게 처리하는 절차를 규정하고 있다.

구체적으로 10세 이상 14세 미만 형사미성년자(촉법소년)가 발견되면, 경찰은 범죄내용과 신상관계, 환경 등을 조사하여 가정법원 소년부에 송치한다. 종래에는 범죄를 저지른 아동을 성인범죄자와 같이 수사경찰이 다루고, 촉법소년과 우범소년만 소년경찰이 다루어 왔으나, 1986년 7월부터 아동의 범죄행위는 소년경찰이 전담토록 소년수사전담반을 설치하고 처리절차도 일원화하였다.

2) 비행아동의 현황

지난 30년간의 아동비행 추이를 살펴보면, 우리나라에서 아동비행의 증가율은 인구증가율의 2.4배에 달한다(문선화, 1998). 이와 더불어 아동비행의 양상은 저연령화, 흉포화 및 강력범죄화되어 가고 있다. 우리나라 아동비행 또는 범죄의 유형은 이제 성인범죄와 별다른 차이를 찾아보기 힘들 정도이다. 이 중 가장 많은 비율을 차지하고 있는 것은 폭력과 상해에 따른 폭력행위인데, 이는 청소년기의 집단화 경향과 순간적 충동을 억제치 못하는 데서 비롯된 것이라 볼 수 있다.

(1) 소년범죄 현황: 인구감소 추세를 고려할 때 실질적 감소라 보기는 어려움

소년범죄는 2000년대 들어 다소 증감의 변동을 거치다 완만한 감소세를 보이고 있다. 소년범죄가 전체 범죄에서 차지하는 비율이 2000년 6.5%에

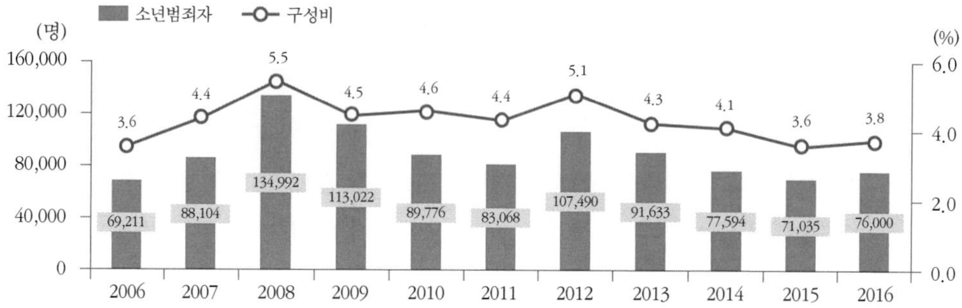

그림 9-1 소년범죄 현황

출처: 대검찰청, 범죄분석(각 연도).

서 2011년 4.4%, 2016년 3.8%로 감소하였기 때문이다. 하지만 소년범죄가 2008년 134,992건에서 2010년 89,776건, 2011년 83,068건으로 감소한 이유는 「소년법」 개정으로 소년범죄의 연령범위에서 19세가 제외되었기 때문이다. 대상연령 범위의 축소와 해당 인구의 감소추세를 고려한다면, 실질적인 소년범죄의 감소가 이루어졌다고 보기는 힘들다.

(2) 학생범죄 현황: 소년범죄 중 학생범죄 비중의 꾸준한 증가

2016년도 학생범죄 발생건수는 56,625건으로 1999년도의 91,942건에 비하여 38.4%정도 감소하였다. 하지만 소년범죄 내에서 학생범죄가 차지하는 비율은 2000년 64.2%에서 2005년 67.4%, 2011년 69.4%, 2012년 68.5%, 2014년 70.0%, 2016년 74.5%로 꾸준한 증가를 보이고 있다.

소년범죄자 3명 중 1명이 학생범죄로 나타나고 있다는 점은 아동비행의 문제를 풀어 나가기 위해서는 학교에 재학 중인 아동의 비행을 예방하고 해결하는 접근이 무엇보다 중요함을 시사한다. 이를 위해 학교기반의 비행예방 프로그램이 적극적으로 도입되고 수행될 필요성이 있다.

(3) 범죄유형별 동향: 폭력범죄의 감소와 재산범죄의 증가

2016년 소년범죄의 유형별 분포 현황을 보면, 총 76,000명의 소년범죄자 중 재산범이 43.5%, 폭력범이 25.6%로 가장 많은 비율을 차지했으며, 교통사범이 13.0%, 강력범이 4.4%로 나타났다. 이는 2002년 소년범죄자 123,921명 중 폭력범이 32.2%, 재산범은 30.6%였던 것과 비교할 때 폭력범의 비율은 점차 줄고 재산범의 비율은 점차 늘어나고 있음을 보여 준다. 소년범죄 중 재산 관련 범죄가 차지하는 비율이 증가하고 있는 현상은 소비문화의 팽배, 물질만능주의, 명품선호주의 등의 영향으로, 소유하고 싶은 물건에 대한 욕구가 좌절되었을 경우 곧장 재산 관련 범죄로 연결되고 있음을 보여 준다.

(4) 연령별 소년범 현황: 소년범죄의 저연령화와 만성화

2008년 「소년법」 개정으로 범죄소년의 연령이 '19세 미만'으로 변경된 이후 소년범의 연령대 분포의 변화를 살펴보면 다음과 같다. 2013년의 경우 14세 미만 소년범이 0.4%를 차지하여 가장 적었고, 16세 소년범이 22.3%로 가장 높은 비율을 보였다. 그다음은 17세 22.1%, 15세 22.0%, 18세 16.8%, 14세 16.4%의 순으로 나타났다.

소년범의 법적 연령이 변화한 이후, 14세 이하 소년범의 비율이 15.5%를 차지하였던 2009년과 비교할 때 2013년 기준으로 1.3%p 증가한 16.8%로 나타났고, 15~18세 소년범은 연령별로 0.25~2.2%p의 증감이 있어 큰 차이는 보이지 않았다. 다만 14세 이하 소년범의 비율에 비해 높은 것으로 나타나 중학교 고학년부터 심각한 비행의 위험에 노출되는 아동을 대상으로 보다 적극적인 개입이 요구된다.

소년범의 재범 현황을 살펴보면, 2016년 초범의 비율이 54.2%였고, 재범 이상이 45.8%를 차지하는 것으로 나타났다. 2007년의 경우 4범 이상 소년범의 비율이 6.8%였던 것에 비해 2016년의 경우 13.5%를 차지하고 있어, 소년범죄가 점차 상습화되어 가고 있음을 보여 준다. 선행연구에서 비행을 경험하는 연령이 적을수록 이후 만성적이고 심각한 비행을 경험할 가능성이 더 높다고 보고하고 있음을 상기할 때, 소념범의 재범방지를 위한 조기개입이 보다 적극적으로 이루어질 필요가 있다.

(5) 성별 소년범 현황: 소년범죄의 여성화 현상 강화

소년범죄자를 성별로 살펴보면 2016년에 남자 소년범은 60,440명으로 84.8%, 여자 소년범은 10,815명으로 15.2%를 차지하였다. 이러한 비율은 2000년과 비교할 때 여자 소년범의 비율은 2.1%p 높아진 것이다. 과거에 비해 여자 아동들의 범죄행위 참여비율이 높아진 것은 소년범죄의 여성화 현상을 보여 주는 것이다. 범죄행위나 비행행동이 남자 아동의 점유물로 여겨졌던 과거와 달리, 다양한 일탈행동에서 여자 아동의 발생률이 높아지고 있어 여성의 발달적 특성을 반영한 예방 및 개입 방법이 고려될 필요가 있다.

(6) 지위비행의 현황

법적 처벌과 보호처분이 부여되는 소년범죄와 달리 아동기 비행행위의 대부분은 지위비행과 관련된다. 지위비행은 미성년자이기에 일탈행위로 규정되는 행위이다. 대표적인 지위비행은 흡연과 음주 행위이다. 「청소년보호법」에 따라 연나이 19세 미만의 아동은 담배와 술을 구매할 수 없지만, 흡연과 음주 행위를 처벌할 수 있는 법적 규정은 없다.

우리나라 청소년의 흡연 및 음주율은 최근 10년간 점차적으로 감소하는 추세를 보인다. 2017년 기준으로 흡연율은 6.4%, 음주율은 16.1%를 보이고 있다. 음주행위에 대해 보다 관대한 사회적 · 문화적 분위기, 여자 아동의 음주경험 비율이 흡연경험 비율보다 높은 점이 음주율이 높게 나타나게 하는 주된 요인으로 볼 수 있다. 흡연과 음주는 지위비행으로 분류되지만, 보다 심각한 비행 및 범죄행위의 관문(gateway) 역할을 한다는 점에서 보다 적극적인 예방 및 개입이 요구된다.

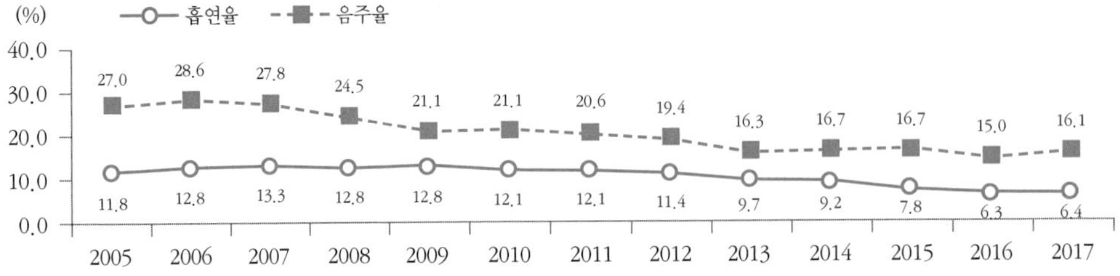

그림 9-2 청소년 흡연 및 음주율 추이

자료: 교육부, 보건복지부, 질병관리본부(2018). 청소년건강행태온라인조사.

3) 소년범죄의 처리

우리나라에서 비행문제에 대한 처리과정은 범죄소년, 촉법소년/우범소년인가에 따라 달리 이루어진다. 경찰은 10세 이상 14세 미만 형사미성년자(촉법소년)를 발견하면, 범죄내용, 신상관계, 환경 등을 조사하여 가정법원 소년부로 보내고, 14세 이상 19세 미만 범죄소년은 형사사건으로 검찰에 송치한다. 아직까지 우범소년을 가정법원 소년부에 송치한 사례는 없다고 한다.

검사에게 접수된 사건은 수사과정을 통해 범죄성립 여부가 확정된다. 범죄가 성립된다 하더라도, 처벌이 필요없다고 판단되면 불기소나 기소유예 처분을 내리고, 벌금 이하의 형에 해당되거나 보호처분에 해당되는 사유가 있다고 인정하는 경우 가정법원 소년부로 송치한다. 2016년도 검찰이 소년범죄를 처리한 내역을 보면, 전체 소년범죄자 중 기소유예 34.7%, 소년보호 송치 34.1%, 구공판 6.2%, 구약식 3.9%였다. 즉, 소년범죄의 경우 기소율이 매우 낮고, 기소유예 등의 불기소율이 상대적으로 높아 선도위주로 처리하고 비형사사건화하는 경향이 있음을 알 수 있다.

소년분류심사원은 가정법원 또는 지방법원 소년부에서 위탁한 소년을 평균 30일 정도 수용·보호하면서 성격과 행동에서 나타난 여러 문제점을 방치할 경우 범죄로 심화될 위험요인인 요보호성 여부를 판별한다. 소년분류심사원은 위탁받은 소년의 요보호성 여부와 그 정도를 과학적으로 진단하여 그 결과를 법원 소년부에 보내 조사 · 심리 시에 참작하도록 한다. 또한 소년원 · 보호관찰소에 처우지침을 제공하고 보호자에게 사후지도방법을 권고하는 한편, 가정, 학교, 사회단체 등에서 의뢰한 문제소년에 대해서도 비행성향을 규명하여 구체적인 개선지침을 제시하는 기능을 수행하고 있다. 2007년 소년보호기관 조직개편에 따라 서울소년분류심사원을 제외한 나머지 분류심사원은 청소년비행예방센터로 전환되어 운영 중이다.

소년법원은 가정법원 소년부 또는 지방법원 소년부와 가정지원을 말한다. 경찰, 검찰, 법원으로부터 보내 온 소년사건에 대하여 비행원인을 조사 · 심리하여 최적의 보호처분을 행하는 재판기관이다. 현재 소년법원은 가정법원, 지방법원 가정지원, 지방법원 소년부 등 13개소가 있으며, 점차 가정지원이 가정법원과 소년부로 승격되어 소년부 설치가 확대되고 있는 중이다. 소년법원은 소년의 성격, 환경, 비행경위, 재비행성 여부 등에 대한 조사관의 의견과 소년분류심사원 분류심사관의 심사의견, 그 밖에 필요한 경우 관련 전문가의 조언 등을 참고하여 처분결정을 하도록 되어 있다.

처우과정은 「소년법」 개정 이전에 단기과정(6호)과 일반과정(7호)으로 구분하였으나, 개정 이후에는 소년의료보호시설 위탁(7호), 1개월 이내과정(8호), 단기과정(9호), 장기과정(10호)으로 보다 세분화하여 운영하고 있다. 소년보호처분은 범죄경력 자료 기록대상이 되는 성인범죄자에 대한 보호감호, 치료감호, 보호관찰과 다르다. 따라서 소년보호처분은 어떠한 처분이라도 전과자료의 기록대상이 아니다. 아울러 소년범 보호처분을 위한 소년원은 징역 또는 금고형 선고를 받은 소년범죄자를 수용하는 소년교도소와 다르다. 교화와 선도를 목적으로 하는 소년보호처분의 유형은 <표 9-1>과 같다.

표 9-1 소년범 보호처분의 유형과 내용

구분	보호처분 유형	기간 제한	대상연령
1	보호자 또는 보호자를 대신하여 보호할 수 있는 사람에게 감호 위탁	6개월 (6개월 연장 가능)	10세 이상
2	수강명령	100시간 이내	12세 이상
3	사회봉사명령	200시간 이내	14세 이상
4	보호관찰관의 단기 보호관찰	1년	10세 이상
5	보호관찰관의 장기 보호관찰	2년 (1년 연장 가능)	10세 이상
6	「아동복지법」에 따른 복지시설이나 그 밖의 소년보호시설에 감호 위탁	6개월 (6개월 연장 가능)	10세 이상
7	병원, 요양소 또는 「보호소년 등의 처우에 관한 법률」에 따른 소년의료보호시설에 위탁	6개월 (6개월 연장 가능)	10세 이상
8	1개월 이내의 소년원 송치	1개월 이내	10세 이상
9	단기 소년원 송치	6개월 이내	10세 이상
10	장기 소년원 송치	2년 이내	12세 이상

2. 아동비행이론

1) 아노미이론

아노미이론에서 일탈행위는 부, 성공, 권력 등과 같은 문화적으로 규정된 목표와 그 목표를 달성하기 위하여 근면, 교육, 검약과 같은 사회적으로 허용된 수단이 조화롭게 작용하지 않는 경우에 생긴다고 본다(Merton, 1938). 즉, 많은 사람의 공통적인 목표가 한결같은 데 비해 그 목표를 달성하기 위한 합법적인 수단을 얻는 기회는 계층과 지위에 따라 차이를 보인다는 것이다. 이 때문에 수단을 얻을 기회를 제한받는 사람들은 사회적 규범에 대해 정서적으로 공감하거나 지지하지 않게 되고, 분노, 좌절, 아노미를 경험하게 된다. 그 결과, 아노미는 목적의 달성을 위해 비행을 선택하거나 목적을 거부하고 혹은 일탈적인 목표로 대치하는 것으로 연결된다(Siegel & Senna, 2000).

머튼(Merton)은 문화적 목표의 수용과 제도적 수단의 거부로 발생하는 기능장애 상태와 관련해 나타날 수 있는 유형을 다섯 가지로 분류하고 있다(Siegel & Senna, 2000).

첫째, 동조형(conformity)으로 문화적으로 용인된 목표를 법적인 수단을 통해 달성하는 경우이다. 목적과 수단이 균형을 이루며 안정된 사회에서의 전형적인 적응 양태이다. 예를 들어, 대학 진학의 가능성이 높은 중산층의 자녀들은 성실한 학교생활이 향후 성공적인 사회생활을 보장해 준다고 여기기에 법과 규범에 순응적인 모습을 보이기 쉽다.

둘째, 혁신형(innovation)은 개인이 사회의 관습적 목표는 받아들이지만 이를 달성하기 위해 필요한 정당한 방법을 거부하거나 사용할 수 없을 때 발생한다. 목표와 수단의 불균형으로 발생하는 아노미가 혁신적인 행위의 선택을 통해 해소된다는 점에서 혁신형은 비행행위와 가장 밀접하게 관련된 것이라 볼 수 있다.

셋째, 의례형(ritualism)으로 자신이 속한 집단에서 요구하는 의례가 실질적인 효용은 없더라도 엄격하게 설정된 관례와 절차를 따르기 위해 성공의 목표를 낮추는 경우이다. 폐쇄적이고 소수의 성원으로 이루어진 마니아집단이나 서클, 종교집단 등이 이에 해당될 수 있다. 이 유형은 비일탈적인 성향을 가진다고 볼 수 있지만, 간혹 종교집단의 집단자살과 같이 소속집단의 비정상적이고 과도한 요구를 거부하지 못해 비극적인 결과를 가져오는 경우도 있다.

넷째, 도피형(retreatism)은 사회가 요구하는 성취목표와 그 목표를 달성하는 수단을 모두 거부하는 것이다. 이른바 사회 속에 존재하나 사회의 구성원은 아닌(in society but not of it) 사람들로 약물중독, 정신질환, 부랑자 등 정신적 · 육체적 철회를 통해 사회적 압력으로 작용하는 성공의 목표에서 벗어나려는 경우가 이에 해당한다.

다섯째, 반역형(rebellion)은 현존하는 목표와 수단을 거부한다는 점에서 도피형과 유사하지만, 사회가 수용할 수 있는 새로운 목표와 그것을 얻기 위한 새로운 수단을 적극적으로 제시한다는 점에서 차이를 보인다.

아노미이론은 범죄행위와 관련된 사회와 개인 간의 역동적인 관계를 설명하는 데 기여했지만, 수단을 얻을 기회가 제한된 상태인데도 사람들이 서로 다른 적응유형을 선택하는 이유에 대해서는 설명하지 못하는 한계를 가지고 있다. 또한 나이가 들어 감에 따라 비행 · 범죄 발생률이 낮아지는 현상을 설명하지 못했고, 아노미이론이 주로 하층계층의 행위에 초점을 두고 있기에 중산층 또는 화이트칼라 계층의 범죄에 대해서는 설명력이 약할 수밖에 없다.

2) 문화적 일탈이론: 하층계급문화이론

밀러(Miller, 1958 재인용)는 하층계급의 지역이 오랜 기간 동안 안정적이고 독특한 문화적 환경을 가지고 있음에 주목하였다. 이에 그는 '집중적 관심(focal concerns)'이란 개념을 사용하여 하층계급이 독특한 가치와 생활양식을 가지고 있음을 확인하였고, 그들만의 특유한 문화적 규범을 따르는 것은 자동적으로 보다 넓은 사회의 법규범을 위반하는 것이 된다고 보았다. 이에 밀러는 청소년 조직범죄 집단의 형성과 활동은 하층계급 문화의 전통에 따른 것이라 보았다(홍봉선, 남미애, 2000). 즉, 하층계급청소년들에게 조직범죄 집단은 소속감과 더 높은 지위를 획득할 수 있는 가능성을 제공해 줄 수 있다. 이에 범죄나 비행은 하층계급에 현저하게 발생하는 현상이며 그러한 행동에 직접적인 영향을 준 것은 비행문화가 아닌 하층계급이란 공동사회 그 자체이고, 오랫동안 배양된 그 공동사회의 고유한 전통과 가치라고 보았다(홍봉선, 남미애, 2000).

3) 중화기술이론

마차(Matza)와 사익스(Sykes)가 제시한 중화기술이론(techniques of neutralization theory)에서 비행은 일탈적 행동에 대한 합리화를 통해 사회적 가치를 중화시킨 결과로 간주된다. 즉, 비행아동들 역시 법규를 준수하는 일반시민들처럼 사회의 규범을 준수하고 수용하지만, 일시적으로 도덕적 제약에서 벗어나기 위해 중화의 기법을 사용한다는 것이다. 이에 중화기술이론은 주류문화의 가치에 반하는 비행 하위문화가 독립적으로 존재한다는 문화적 일탈이론을 거부하는 것이라 볼 수 있다.

비행행위의 정당화 및 변명을 위해 사용하는 중화기술로 마차와 사익스가 제시한 것은 다음과 같다(홍봉선, 남미애, 2000; Siegel & Senna, 2000).

첫째, 책임의 부정(denial of responsibility)이다. 자신의 비행에 대해 사실상 책임이 없다고 주장하는 것이다. 자신의 비행행동은 자신이 통제할 수 없는 힘 때문이었다거나 사고였다고 주장한다.

둘째, 가해의 부정(denial of injury)이다. 자기의 행위로 말미암아 손상을 입었거나 재산상의 피해를 본 사람이 없다는 것이다. 도둑질은 잠시 빌린 것이라고 하거나 장난으로 여기는 것이 이에 해당된다.

셋째, 피해자의 부정(denial of victim)이다. 자신의 행위로 말미암아 피해를 입은 사람이 있을지도 모른다는 점은 인정하면서도 그런 사람은 피해를 입어 마땅한 사람으로 간주한다는 것이다. 예를 들어, 자신은 부당한 대우를 받았기에 학교기물을 부수었다고 주장하는 것이 여기에 해당된다.

넷째, 비난자에 대한 비난(condemnation of the condemners)이다. 비행아동들은 자신의 비행동기나 비행 그 자체에 대해서가 아니라 비행아동을 비난하는 사람들을 비난한다. 똥 묻은 개가 겨 묻은 개 나무라는 격으로 비행아동은 자신들을 비난하는 학교, 교사, 부모, 경찰 모두를 비리와 혼탁한 체계로 본다. 자신들을 비난할 자격이 없다고 보는 것이다.

다섯째, 상위권위체에 대한 호소(appeal to higher loyalties)이다. 비행아동은 사회의 지배적 가치나 규범의 합법성에 대해 인정하면서, 자신이 속한 집단의 요구에 부응하기 위해서는 위법적인 행위가 불가피하다고 호소한다는 것이다.

중화기술이론은 연령이 증가할수록 비행이 감소하는 현상을 설명하는 데 유용하다. 즉, 대부분의 아동은 주류사회의 도덕적 가치에 대해 절대 거부하지 않기 때문에 성장하면서 비행행위로부터 멀어지게 된다는 것이다. 또한 중화기술이론은 간헐적으로 발생하거나 만성화되지 않은 비행행위를 잘 설명할 수 있다. 즉, 자신이 범한 비행행위에 대한 죄의식을 중화시키기 위해 변명과 정당화를 시도하는데 이것이 주류사회의 가치를 거부하지 않는 자신을 편안하게 만들 수 있기 때문이다.

4) 사회통제론

사회통제론(control theory)은 모든 청소년이 비행을 일으킬 수 있는 소지를 가지고 있고, 사회적 통제를 통해 법과 질서가 유지된다고 가정한다. 만약 사회적 통제가 존재하지 않는다면 모든 아동은 비행행위를 범할 것이라고 본다. 사회통제론은 사회는 모든 사람이 따라야 할 일관된 가치체계가 존재하는데 사회와의 애착 정도가 약한 경우 이러한 도덕률을 거부하게 된다고 본다. 즉, 사회적 규범의 도덕적 타당함에 대한 믿음은 개인이 사회와 맺는 애착관계가 약해질 때 흔들리게 되고, 이때 비행행동이 발생하게 된다고 본다.

사회통제론을 제시한 허쉬(Hirschi)는 개인의 비행을 막는 요인으로서 사회적 결속(social bond)의 네 가지 요소를 제시하고 있다(홍봉선, 남미애, 2000; Siegel & Senna, 2000).

첫째, 애착(attachment)은 개인이 다른 사람이나 집단의 견해와 감정에 대해 관심을 기울이는 한도와 개인이 다른 사람이나 집단에 대해 느끼는 심리적・정서적 관심을 말한다. 허쉬는 부모, 또래, 학교를 개인이 유대관계를 맺어야 하는 중요한 대상으로 보았다. 이 중 부모와의 애착관계가 가장 중요한데, 가족이 해체되더라도 아동이 부모 중 누군가와 강력한 애착관계를 유지할 수 있어야 한다고 보았다. 만약 이것이 불가능하게 된다면 아동은 교사, 어른, 법, 질서 등과 같은 권위적 대상에 대한 존중심을 발전시킬 수 없게 된다는 것이다.

둘째, 헌신(commitment)은 관습적인 규정과 활동을 추구하기 위해 투자하는 시간, 에너지, 노력 등을 의미하며, 주로 대학에 가고 싶은 열망과 높은 지위의 직업을 얻는 것과 관련된다. 즉, 사회적 성공, 재산, 명예의 획득과 같은 사회의 관습적 가치에 대해 헌신하고 있다면 이러한 노력을 위협할 수 있는 비행행위에는 참여하지 않을 것이라는 것이다.

셋째, 관여(involvement)는 사회적으로 성공과 지위를 확보하는 데 필요한 관습적인 활동에 참여하는 것을 말한다. 이러한 관습적인 활동에 깊이 참여하면 비합법적인 행동을 할 여유를 갖지 않게 된다. 허쉬는 학교와 여가활동 등에 대한 관여는 나태함이 가져올 수 있는 비행행위의 유혹에서 멀어지게 할 수 있다고 보았다.

넷째, 신념(belief)은 중심 사회가치관인 인습적 가치관의 수용을 말한다. 사람들은 나눔, 타인의 권리에 대한 존중, 법규정 준수와 같은 도덕적 원칙과 가치를 공유하며 살아간다. 만약 이러한 믿음이 약해지거나 없다면 반사회적 활동에 참여할 가능성이 높아질 것이다.

사회통제론에 대한 경험적 연구에서 확인할 수 있는 사실들은 다음과 같다. 부모 및 학교와 맺는 유대관계가 비행을 예측하는 데 중요한 요인이 될 수 있다. 빈약한 학업수행능력은 낮은 학업수행 결과를 가져오고, 이는 학교에 대한 혐오와 학교의 권위에 대한 거부로 이어지며, 최종적으로는 비행행동을 초래한다. 아울러 친구와 친밀한 관계를 갖는 아동은 비행행동을 적게 하는데, 확실히 비행아동의 친구관계는 소원하고 약하다. 또한 비행아동이

'착한' 아동을 자신의 집단으로 끌어들이거나 '나쁜' 아동으로 물들게 만들지는 않는다. 사회의 관습적인 가치와 규범을 유지하고 있는 아동은 친구들이 비행을 범하더라도 그로 인한 부정적 영향을 적게 받을 수 있다.

5) 차별접촉이론

차별접촉이론에서는 비행행동이 일차적으로 대인관계를 맺는 집단으로부터 학습된다고 본다. 이때 그 집단에서 학습하는 규정이 법의 준수보다는 법의 위반을 더 선호하는 것이라면, 그 집단과 접촉한 아동은 비행을 저지르게 된다는 것이다.

서덜랜드(Sutherland)가 주장한 차별접촉이론의 기본원칙은 다음과 같다(홍봉선, 남미애, 2000; Siegel & Senna, 2000).

첫째, 범죄행동은 학습된다. 둘째, 범죄행동은 다른 사람들과의 상호작용을 통해 학습된다. 단순히 범죄우발 지역에 산다고 해서 비행아동이 되는 것은 아니며, 비행행동을 안내하고 가르쳐 주는 타인과의 상호교류에 참여할 때 범죄행동의 학습이 이루어진다. 셋째, 범죄행동의 학습은 일차적으로 친밀한 사적 집단에서 이루어진다. 넷째, 범죄행동의 학습은 범죄를 수행하는 기법의 학습까지 포함한다. 또 비행아동은 또래나 선배로부터 비행행동의 방법뿐만 아니라 비행행동과 관련한 태도도 배운다. 즉, 자신의 비행행동을 합리화시키거나 자랑하고 싶을 때 혹은 죄책감을 보여 주거나 반항해야 할 때 어떻게 반응해야 하는지까지도 배운다. 다섯째, 비행행동의 동기 및 충동은 법규범에 대해 우호적이고 비우호적인 다양한 규정으로부터 학습된다. 아동은 옳고 그름에 대한 정의가 자신이 접한 사람들에 따라 극단적으로 달라지거나 모순되고 혼돈스러울 때 문화적 갈등을 경험하게 된다. 여섯째, 법위반을 선호하는 규정이 법준수를 선호하는 규정을 압도할 때 비행을 저지르게 된다. 일곱째, 차별적 접촉은 빈도, 기간, 접촉시기, 강도에 따라 다양할 수 있다. 아동이 법규정에 대한 준수 혹은 위반을 학습하는 것은 이들이 맺는 사회적 상호작용의 질에 따라 달라질 수 있다. 오랫동안 빈번하게 접촉한 상호작용이 더 많은 영향을 미치며, 비행에 대한 규정을 최초로 접한 시점이 어릴 때일수록 훨씬 강한 영향을 미친다. 따라서 법에 대한 규정을 학습한 개인이나 집단이 부모나 친구일 때 강도가 크다. 여덟째, 범죄적 행동형 또는 비범죄적 행동형과의 접촉으로 이루어지는 범죄행동의 학습과정은 다른 행동의 학습과정에서 나타나는 기제와 동일하다. 아홉째, 범죄행동은 비범죄적 행동을 설명할 수 있는 일반적인 욕구나 가치로 설명할 수 없다. 차별접촉이론은 비행행동의 동기는 관습적 행위의 동기와 논리적으로 동일할 수 없다고 본다. 그래서 돈, 사회적 지위, 개인적 좌절감, 낮은 자존감 등의 요인을 비행행동의 동기에서 배제하고 있다. 이들 요인이 더 나은 교육이나 근면과 같이 비범죄적 행동을 가져올 수 있는 동기이기도 하기 때문이다. 결국 차별접촉이론은 비행행동이 오직 범죄에 대한 우호적인 규정과 접촉하면서 일탈적인 규범을 학습한 결과라고 본다.

6) 낙인이론

낙인이론에서는 일탈행위에 책임이 있는 것이 사회통제 그 자체라고 본다. 예를 들면, 많은 국가에서 한때는 동성애나 낙태가 형법으로 지배하고 유죄선고를 내려 처벌할 수 있는 범죄였지만, 일단 반형벌적인 것이 되면서 이제는 완전히 합법화되고 있다.

낙인이론에서 일탈은 일차적 일탈과 이차적 일탈로 구분된다(홍봉선, 남미애, 2000; Siegel & Senna, 2000).

일차적 일탈(primary deviance)은 일탈 수행자에 대한 자기상과 대중의 상을 재규정하지 않는 일탈행위를 의미한다. 예를 들어, '나쁜 행동'에 참여했지만 '나쁜 사람'이라고 간주되지는 않는 경우를 말한다. 즉, 가게에서 음반을 훔쳤지만 들키지 않았을 경우, 다른 사람으로부터 절도범이라고 비난을 듣거나 스스로 낙인을 찍지 않는다. 시간이 지날수록 자신의 행동에 대해서 합리화할 뿐이다.

반면 이차적 일탈행위(second deviance)는 일탈 행위자의 자기개념을 형성하는 자기상과 대중의 상을 재규정하는 일탈행위를 의미한다. 이는 일탈행위에 대한 사회적 반응이 동시에 시작된다. 일탈행위에 대한 모든 사회적 반응의 연쇄는 특정 개인으로 하여금 부착된 낙인에 부합되는 행위를 하게 만드는 원인이 된다(홍봉선, 남미애, 2000).

낙인이론의 특징은 다음의 다섯 가지이다. 첫째, 낙인이론은 유전적 · 심리학적 · 다원론적 범죄원인론을 배척한다. 둘째, 전통적 범죄학 이론에서 등한시되어 온 낙인의 주체인 법집행기관의 자의성을 중시한다. 셋째, 일탈행위를 주어진 규칙에서 벗어난 행위로만 보는 것에 그치지 않고, 오히려 한 걸음 더 나아가 규칙 자체의 형성근거를 문제로 한다. 넷째, 일탈행위를 행위의 낙인으로 분석하지 않고 상호작용의 낙인으로 분석한다. 다섯째, 공식통계에만 의존하던 일탈행위 분석법에 자기보고나 참여관찰을 포함시킬 필요성을 강조한다.

7) 사회발달모형

사회발달모형(social development model)은 개인적 · 심리적 · 지역사회 수준의 위험요인들이 생애경로를 통해 특정 아동들을 반사회적 행동의 발달에 취약하게 만든다고 본다. 이미 존재하고 있는 위험요인에 노출된 아동의 반사회적 행동은 그들의 지역사회 및 개인적 수준의 상호작용을 통해 강화되거나 중화된다는 것이다. 비행예방의 중요한 지점은 사회화 경험에서 찾아볼 수 있는데, 사회발달모형은 사회와의 친사회적 유대를 형성하는 것을 강조하고 있다. 이를 위해 가족은 일관된 긍정적인 환류를 통해 아동을 강화하고 친사회적 기회를 제공해야 한다. 이러한 과정은 아동이 그들의 부모와 애착관계를 형성할 때부터 시작된다. 애착은 전 생애를 통해 아동의 행동에 뿌리 깊은 영향을 미치게 되는데, 개인적 신념과 가치뿐만 아니라 학교경험의 성격에도 영향을 미친다. 강한 가족관계를 형성하고 있는 아동의 경우, 학교는 학업성취와 교육에 대한 헌신이라는 의미 있는 경험을 제공할 수 있다. 이러한 아동은 관습적 신념과 가치를 발전시킬 가능성이 크며, 관습적 활동에 헌신하고, 의미 있는 타자와 애착관계를 형성할 가능성이 클 것이다(Siegel & Senna, 2000).

아동의 반사회적 행동은 가족 이외의 사람들과의 애착관계가 가진 질에 따라 달라질 수 있다. 만약 다른 사람들과 애착관계를 형성하지 않거나 일탈적 타자와 애착관계를 형성할 경우, 아동은 반사회적 행동을 경험할 가능성이 높다. 사회발달모형은 반사회적 또래와 성인과의 상호작용은 비행행동과 약물남용에의 참여를 촉진시킨다고 본다.

사회발달모형은 친사회적 · 반사회적 행동에 대한 관여가 애착관계의 질을 결정한다고 본다. 반사회적 행동의 기회와 보상을 받아들인 아동은 일탈적 또래와 깊은 애착관계를 형성하게 되고, 비행행동의 생활양식에 동조하게 된다. 반대로 친사회적 행동의 기회를 받아들인 아동은 상이한 경로를 가게 되는데, 이것은 관습적 활동에의 참여를 촉진시키고 친사회적 활동 및 사람들과의 애착관계를 형성하게 만든다(Siegel & Senna, 2000).

8) 상호작용이론

손베리(Thornberry)의 상호작용이론(interactional theory) 역시 발달론적 관점에 기반을 두고 있다. 손베리는 범죄의 발생은 청소년기의 사회적 유대가 왜곡되는 곳에서 그 뿌리를 찾아볼 수 있다고 주장한다. 그것은 부모와의 허약한 애착관계, 학교에 대한 낮은 헌신, 관습적 가치에 대한 낮은 신념 등이라 할 수 있다. 사회발달모형과 비슷하게, 상호작용이론은 하위계층과 같은 위험요인이 비행에 영향을 미칠 수 있다고 본다. 즉, 사회적으로 해체된 지역에서 성장한 아동은 허약한 사회적 유대감을 가질 위험 소지가 크며, 그 결과 비행에 빠져들게 된다는 것이다(Siegel & Senna, 2000).

상호작용이론은 심각한 비행을 경험하는 아동들은 자신의 일탈적 생활양식과 일치하는 신념체계를 형성한다고 본다. 즉, 이들은 자신의 관심사를 공유할 수 있는 동료들을 찾게 되며, 자신의 세계관을 강화시켜 줄 수 있고 비행행동을 지지하는 사람들을 찾게 된다는 것이다. 상호작용이론에 따르면, 게임 마니아가 자신과 동일한 취향을 가진 사람을 찾아 나서듯이 비행청소년도 비행또래집단을 찾아 나선다는 것이다. 비행을 저지르는 아동들이 선량한 아동을 비행아동으로 만드는 것은 아니라는 것이다. 즉, 이미 비행의 생활양식을 받아들인 아동들의 행동을 지지하고 증폭시킨다는 것이다.

이 이론의 중심적인 가정은 비행에 대한 인과적 영향이 순환적이라는 것이다. 사회와의 허약한 유대감이 일탈적 또래와의 관계를 발전시키고, 비행행동의 발생으로 연결된다. 아울러 비행행동의 빈번한 경험은 사회적 유대감을 더욱 취약하게 만들고, 비행을 범하지 않는 또래와 관계를 재수립하는 것을 어렵게 만든다. 비행을 촉발시키는 요인은 끝이 없는 순환과정을 통해 서로를 강화시키고, 그 결과 만성적인 범죄경력을 유지하게 만든다.

상호작용이론은 아동이 성장함에 따라 추론과 지적 세련화와 관련되어 상이한 발달단계를 거친다는 점에서 발달적 관점을 가지고 있다고 볼 수 있다. 이 관점에 따르면 청소년기 초기에는 가족과의 애착관계가 인습적 사회에 적응하고 비행으로부터 보호할 수 있는 가장 중요한 결정요인이다. 청소년 중기에는 가족의 영향이 친구, 학교, 청소년 문화로 대체된다. 성인기에 있는 사람들의 행동선택은 인습적 사회와 자신의 가족 속에서 차지하고 있는 위치에 따라 형성된다. 이러한 과정은 상호적이다. 사람들은 사회적 세계의 질에 따라 형성되고, 이러한 사회적 세계의 질은 그들의 행동에 따라 영향을 받는다(Siegel & Senna, 2000).

발달적 관점의 이론들은 아동과 이들의 사회화에 일차적인 책임을 지고 있는 사회제도와의 관계를 강화함으로써 비행을 예방할 수 있다고 본다(Siegel & Senna, 2000). 이러한 목표는 사회적 제도 자체를 강화하거나 아동들이 기존의 조건들을 보다 잘 활용할 수 있도록 도와줌으로써 달성할 수 있다. 예를 들어, 거주지역의 학교는 교사들이 모든 학생이 교육받아야 함을 깨닫도록 하고, 학령전 교육프로그램을 제공한다. 또 학생들의 삶과 관련된 교과과정 및 교육자료, 학생들에게 적합한 교습방법, 개별화된 교육과정, 교사 등을 개발하여 개선시킬 수 있다(Siegel & Senna, 2000). 동시에 학교기반의 비행예방 노력은 학교에서 많은 문제를 경험하고 있으며 학업실패를 경험하거나 학교와의 유대감에 손상을 입은 아동들을 도와줄 수 있다.

예방프로그램은 위기에 처한 가족의 내부 구조를 강화하도록 도와줄 수 있다. 적절한 사회화를 제공할 수 있는 부모와의 애착관계가 모든 사회적 과정이론의 주춧돌이기에, 좋은 가족관계를 발전시켜 나가는 것은 비행예방의 필수적인 요소이다. 하지만 이것이 모든 가족이 특정한 생활양식이나 유형으로 일치되어야 함을 의미하는 것은 아니다. 중요한 것은 가족이 그들 성원들에게 보호와 지지를 제공하는 삶의 단위가 되어야 한다는 것이다. 따라서 아동들이 비행을 촉발시키는 요인에 저항하는 데 필요한 긍정적 자기상을 가질 수 있도록 가족구조를 개발시켜 주어야 한다.

3. 아동비행과 관련된 체계요인과 사회복지 실천접근

아동비행에 영향을 미치는 개인, 가족, 또래집단, 학교체계의 요인에 대해 살펴보면 다음과 같다.

1) 개인특성 요인

아동비행에 영향을 미치는 요인으로 개인적 특성을 강조하는 입장은 이른바 모집단이질론(population heterogenety)에 기반을 두고 있다. 범죄학에서 나온 이 용어는 범죄를 저지를 잠재력은 사람마다 다르게 분포되어 있고, 결국 범죄잠재력이 높은 사람이 범죄를 저지른다는 것을 의미한다(김지은, 1998; Nagin & Farrington, 1992). 이러한 시각에 기초할 때 아동비행은 결국 특정한 성향을 가진 아동들이 비행을 경험할 가능성이 높고, 이들 집단을 선별해 내어 비행을 예방하는 것이 그 대응책이 될 것이다.

비행 잠재력과 관련하여 많이 언급되는 요소가 자아통제력인데, 자아통제력이 높은 사람은 범죄나 비행을 저지를 가능성이 낮다고 보고되기 때문이다(김지은, 1998; Gottfredson & Hirschi, 1990). 지이통제력의 하위요소로는 공격성과 충동성, 자아존중감 등을 들 수 있다. 자아통제력이 낮은 사람은 미래보다는 눈앞의 상황에 몰두하기 쉽고, 좌절감을 참기 힘들어서 자신이 경험하는 좌절감이 분노로 연결되며 이것이 공격적 행위로 이어질 수 있다. 그리고 자신의 욕구충족을 지연시킬 수 있는 능력이 부족하기에 미래의 만족보다는 현재의 욕구충족을 위해 충동적이고 즉흥적으로 행동을 하는 것이다.

또한 자신의 능력에 대한 확신과 결과에 대한 자기통제감을 기반으로 하는 자아존중감이 낮을 경우에 비행을 경험할 가능성이 높다고 보고된다(민수홍, 1996). 즉, 자아존중감이 낮은 청소년들은 욕구충족을 위해 필요한 자신의 노력과 능력에 대한 확신이 부족하고, 자신과 관련된 일들의 원인을 자신보다는 상황 탓으로 돌리는 경향이 높다는 것이다. 그렇기에 자신이 원하는 결과를 얻기 위해 노력하기보다는 포기하기 쉽고, 어려운 과정보다는 손쉬운 방법을 선택할 가능성이 높아 비행행동의 유혹에 빠지기 쉬울 것이다. 비행행동의 경험은 주위로부터의 비난과 처벌이 뒤따르기에 자아존중감이 계속 훼손되어 낮아지므로 비행의 악순환에 빠질 수 있다.

한편, 부모와 교사로부터 폭력적 훈육을 경험한 아동들은 폭력에 대해 우호적인 정의(favorable definition)를 발전시키는데, 이것이 폭력문화에 대한 허용도를 높이게 만든다. 폭력의 문화는 결국 법규의 준수보다는 완력의 행사를 선호하게 만드는 태도로 연결될 수 있다. 즉, 폭력문화의 허용은 폭력의 행사를 긍정적으로 받아들이게 하고, 법규의 준수를 하찮게 여기는 것을 하나의 생활양식으로 자리 잡게 한다. 이에 법규의 위반에 대해 긍정적인 사람은 비행이나 폭력적 행위를 하게 될 가능성이 높다고 보고되고 있다(김준호, 1997).

이상의 개인특성 요인을 살펴볼 때 모집단이질론에서 가정하는 특정한 잠재력의 경우 선천적이라기보다는 후천적으로 학습되면서 강화될 가능성이 높고, 적절한 통제와 훈육을 통해서 충분히 조절될 수 있는 부분이 많다. 따라서 모집단이질론은 고정적이고 불변적인 특성을 의미하는 것으로 받아들이기보다는 아동의 발달과정 속에서 강화되거나 퇴거될 수 있는 개념으로 보아야 한다.

2) 가족체계 요인

아동비행과 관련하여 많이 언급되는 가족 관련 요인은 가족의 구조적 결손과 기능이다. 먼저 가족구조의 결손과 관련하여 부모의 부재, 한부모, 이혼 및 별거 등 전형적인 가족구조로부터 이탈된 가족에서 성장한 아동들이 비행을 경험할 가능성이 높다고 보고되고 있다. 이러한 설명이 타당해 보이는 이유는 가족구조의 결손이 경제적 궁핍과 심리적 지지의 부족 등과 맞물리면서 부모와 자녀 간의 긍정적인 정서적 접촉이 부족해지고, 적절한 감독과 훈육이 어려워져 비행행동을 촉발시킬 수 있기 때문이다. 특히 학교 관련 비행과 관련하여 결손가족의 경우 부모들이 자녀의 학교활동에 대해 관심을 보이기 힘들기에 자녀들의 학교비행을 제대로 감독하기 힘들다고 지적된다(Jenkins, 1997).

하지만 가족구조의 결손은 비행에 직접적인 영향보다는 간접적인 영향을 미친다고 보고된다(Rankin & Wells, 1995). 부족한 경제적 · 사회적 지지를 보충하기 위해 다양한 가족외부체계로부터 지원을 받을 수 있고, 친척이나 이웃들로부터 긍정적인 사회화를 위한 역할모델을 제공받을 수도 있기 때문이다. 그래서 부모의 부재보다는 가정의 평화(domestic tranquility)가 아동의 비행을 예측하는 주요 변인이라고 지적되고 있다. 선행연구들을 재분석한 연구(Free, 1991)에서는 결손가정과 비행은 항시적으로 인과적 관계를 갖는 것이 아니라 성, 인종, 사회경제적 지위, 이웃관계에 따라 상이한 관계를 가진다고 결론짓기도 하였다.

부모와 자녀 간의 관계, 부모의 양육태도, 가족성원 간의 갈등경험 등과 밀접한 관련성이 있는 가족기능은 비행의 주요한 예측요인으로 보고되고 있다. 가족기능이 원활하지 못한 가정의 경우 자녀의 훈육수단으로 물리적 방법을 선호하고, 자녀들에게 거부적이며, 비일관적인 양육을 하고, 지도감독을 소홀히 하는 경우가 많다. 아울러 자신에게 해를 입히는 대상에 대해 보복하라고 가르치는 부모가 있는 가정환경은 비행행동과 높은 정적 관계를 보인다고 보고된다(Frazer, 1996). 특히 어머니의 무관심, 냉대, 거부, 자녀양육에 대한 아버지의 비참여, 공격적 행위에 대한 어머니의 허용적 태도, 자녀에 대한 신체적 처벌, 협박, 폭력적인 분노폭발 등과 같은 부모의 권력주장적(power-assertive) 훈육방법은 자녀에게 공격적인 행위를 촉발하게끔 만드는 중요한 원인으로 지적되고 있다(Olweus, 1994).

결국 가족성원 간의 갈등적 관계를 많이 경험한 아동은 공격적 행위를 강화받게 되고, 이는 다시 학교로 전이되어 또래와 교사에 대한 행동목록으로 자리 잡게 된다(Frazer, 1996). 부모 간의 갈등이 많은 가정에서 자라난 아동들은 구조적으로는 결손의 형태를 보이지 않지만 화목한 가정에서 자란 아동들에 비해 비행에 참여할 가능성이 높다고 보고되고 있다(Emery, 1982).

3) 또래집단 요인

아동의 비행문제를 또래집단의 접촉을 통해 설명하는 이론인 차별접촉이론(Sutherland & Cressey, 1974)은 기본적으로 사회학습이론과 그 맥을 같이하고 있다. 비행행동을 긍정적으로 정의하는 타인들과 접촉함으로써 비행행동을 수용할 만한 행위로 스스로 규정하게 된다는 것이다. 결국 비행을 경험하는 또래들과의 접촉 가능성은 아동의 비행행동을 유발할 가능성을 높이게 된다. 특히 청소년기에 비행을 경험하는 후기출발자(later starter)는 개인 및 가족 요인에 많은 영향을 받는 조기출발자(early starter)에 비해 또래집단의 영향력이 크다고 보고된다. 즉, 중・고등학교 시기에 비행을 경험하는 청소년들은 다른 또래집단으로부터의 거부나 학업실패를 경험할 가능성은 높지 않지만, 부모의 이혼, 실업, 정체성 혼란 등의 위기를 경험하면서 비행또래집단과의 접촉이 늘어나고 그 속에서 표류할 가능성이 높다(노성호, 1994).

4) 학교 관련 요인

전통적으로 학교는 '부모를 대신하는 곳(In Loco Parentis)'으로 여겨질 정도로 아동의 발달과정에 중요한 부분을 차지하고 있다. 이에 사회적 발달을 촉진시키는 학급활동의 경험은 다양한 능력과 배경을 가진 아동들에게는 인정과 성공의 기회를 제공할 수 있지만, 이러한 기회를 제약하는 학급활동은 보상을 받지 못한 아동들에게는 일상적인 학교활동에 참여할 동기를 저하시키고 사회적 발달을 손상시키는 결과를 가져올 수 있다(Office of Juvenile Justice & Delinquency Prevention, 1997).

학교에서의 부정적인 경험이 학교비행에 미치는 영향은 사회통제이론(social control theory)으로 설명될 수 있다. 학교에서의 사회통제를 구성하는 중요한 요소는 교사, 교장 등 학교의 지도자라는 관습적 타자와 관습적 제도에 대한 헌신(commitment)이다(김준호, 1997; Hirschi, 1969). 따라서 학교는 아동들이 학교에서 관습적인 사회에 대한 투자를 발전시켜서 관습적 제도에 대해 헌신하도록 제약한다. 이때 헌신이란 성원들이 교육, 직업 등 기존의 관습적 행위에 투자한 정도를 의미하는데, 학생들의 헌신의 구체적인 양태는 학업성취와 성적이다. 따라서 성적이 낮은 학생들은 성적이 높은 학생들에 비해 잃을 것이 적기 때문에 비행이나 부적응적인 행동을 저지를 가능성이 높아지게 된다.

동조에 대한 헌신(commitment to conformity) 역시 통제이론에서 중요한 요소로 등장하고 있는데(Brian & Piliavin, 1965), 이는 어떤 아동이 문제학생으로 밝혀졌을 때 뒤따르는 물질적 박탈이나 처벌에 대한 두려움뿐만 아니라 지속적인 자아성의 유지, 가치 있는 인간관계의 지속, 현재 그리고 미래의 지위나 활동의 고수를 하지 못하게 되는 해로운 결과에 대한 두려움까지 포괄하는 개념이다. 즉, 일탈하고자 하는 욕구가 같다고 했을 때 동조에 대해 강한 헌신을 보이는 아동들은 이러한 헌신이 낮은 아동들보다 문제행동에 참여할 가능성이 적다고 할 수 있다. 이에 아동이 교육과 학업에 대해 높은 가치를 부여하지 않을 때 문제행동에 빠질 가능성이 높다고 볼 수 있다. 결국 학교에서의 학업활동에 대해 부정적인 태도를 가진 아동들이 폭력의 행사, 약물의 남용 및 피해를 입을 가능성이 높다고 볼 수 있다(Beauvais, Chavez, Oetting, Deffenbacher, & Cornell, 1996; Kingery, Biafora & Zimmerman, 1996).

한편 학교환경 역시 아동의 비행에 많은 영향을 미칠 수 있다. 이와 관련하여 교사의 무관심, 학교의 태만한 대응, 학교에 대한 지역사회의 무관심, 통솔력과 지도력의 유형 등이 학교폭력에 영향을 미칠 수 있는 요인으로 보고되고 있다(Harootunian & Apter, 1983; Meyer, Butterwirth, Nafpaktitis, Sulzer-Azanoff, 1983). 즉, 임의적이고 지나치게 엄격한 지도력보다는 일관된 지도력 유형이 학생들의 낮은 공격성과 관련이 있다는 것이다. 따라서 학생과 교사 간 갈등이나 학생 간 갈등의 수준을 증폭시키는 학교환경, 억압적이고 비일관적인 교칙, 비참여적이고 과도한 규제 등은 학생들에게 관리할 수 없는 스트레스를 유발시킴으로써 학교에서 비행을 양산할 수 있다.

결국 학업 관련 시간의 투여, 과제물의 강도와 이에 대한 교사의 관심, 과업지향적 분위기가 지배적인 학교환경은 아동의 비행을 억제하는 효과가 있을 수 있다. 하지만 학생과 교사 간의 갈등적 관계가 두드러지게 나타나는 학교환경은 반대의 효과가 있을 것으로 예측할 수 있다. 실제로 갈등적 관계가 높게 나타나는 학교환경에서 과잉행동과 반사회적 문제가 증가한다고 보고되고 있다(한국형사정책연구원, 1993; Kasen, Johnson, & Cohen, 1990; Ouston, Maughan, & Mortimore, 1985).

5) 아동비행과 관련된 사회복지 실천접근

아동의 비행문제를 해결하기 위한 사회복지 실천에서 고려해 볼 수 있는 접근은 다음과 같다.

첫째, 개인특성 중심의 개별 접근보다는 또래집단과 학교환경을 고려한 동시적이고 포괄적 접근이 유용할 수 있다. 비행아동의 공격성, 충동성, 자존감 등 개인특성 변화를 목표로 한 개별상담과 집단상담은 일시적인 효과는 있을 수 있지만, 아동 개인이 관계를 맺고 있는 또래집단의 성향과 학교환경이 개선되지 않는다면 다시 원래의 모습으로 돌아갈 가능성이 크기 때문이다. 이에 아동비행에 대한 사회복지적 개입은 포괄적이고 동시적이며 다면적인 특성을 가져야 할 것이다.

둘째, 비행문제에 대한 포괄적이고 동시적인 개입은 사후적 개입뿐만 아니라 조기예방이라는 차원으로 확대될 필요가 있다. 연령이 낮은 아동일수록 비행에 참여하는 정도가 낮고 가족요인의 영향력이 청소년기에는 약하게 작용한다는 점을 고려할 때, 초등학교와 중학교를 중심으로 비행예방 프로그램을 실시하는 것이 효과적일 수 있다. 특히 예방프로그램은 개인단위가 아닌 학급 및 학교 단위로 수행되어야 하므로 생태체계적 관점의 사회복지 실천전략과 밀접하게 부합될 수 있다.

셋째, 비행아동에 대해 효과적인 개입을 하기 위해 학교체계를 변화의 대상뿐만 아니라 개입의 주체로 포함시키는 전략이 필요하다. 학령기 아동이 대부분의 시간을 보내는 학교는 지금까지 지역사회와의 관계에서 폐쇄적인 태도를 고수함으로써 물리적으로 장소가 구분되어 있었고, 학교 내에서 발생하는 학생들의 문제에 대해서도 외부 전문기관의 도움을 청하기보다는 스스로 해결하고자 해 왔다. 하지만 이러한 자기고립적인 태도로 인해 청소년과 외부사회의 급변하는 상황에 효과적으로 대처하지 못하였고, 심지어 학생들의 문제를 봉합하거나 은폐하려는 모습마저 보이고 있다. 이에 분명 학교를 변화시키려는 노력이 필요한 것은 틀림없다.

하지만 환경의 변화가 단기간 내에 이루어지기 힘들다는 짐을 고려할 때 학교를 단순한 변화의 대상으로만 상정하는 개입전략은 성공하기 힘들 수 있다. 따라서 학교체계를 개입의 주체에 동참시켜 나가면서 변화를 모색하는 전략이 필요하다. 이를 위해 학교가 지역사회 속에서 물리적 공간만 점유하고 있음을 의미하는 '지역사회 속의 학교(school in community)'에서 벗어나 다양한 지역사회 자원을 학교로 끌어들일 수 있는 '학교 속의 지역사회(community in school)'를 지향해야 한다. 이를 위해 학교 사회복지사가 학교 안에서 활동하면서 문제해결자뿐만 아니라 자원동원가, 중계자, 연계자로서의 역할을 수행하는 접근이 유용할 것이다.

연구문제

1. 국친사상(parens patriae)은 소년범죄뿐만 아니라 아동복지 전반에 대해 중요한 영향을 미치고 있다고 평가됩니다. 이러한 국친사상의 흔적을 현재 아동복지서비스에서 찾아본다면 어떠한 것이 있는지 논의해 봅시다.
2. 여자 아동의 비행참여율이 증가하고 있는 주요한 원인은 무엇인지 논의해 봅시다.
3. 비행을 설명하는 여러 이론 중 하나씩을 선택한 후, 그 이론이 갖고 있는 장점과 단점에 대해 비평해 봅시다.
4. 학교부적응과 비행문제에 대한 사회복지적 실천방법으로 예시되는 학교사회복지의 주요 특성과 접근방법은 무엇인지 논의해 봅시다.

제 10 장

장애아동

모든 아동은 건강하게 성장하여 행복한 생활을 누리는 데 필요한 욕구를 충족할 권리를 가진다. 그런데 장애아동의 경우 그들이 지니고 있는 독특한 심신의 장애로 인해서 정상적인 사회참여에 제한을 받고 있고, 독립된 인격체로서 존엄성을 침해당하고 있기 때문에 이들의 복지증진을 위한 대책이 필요하다. 장애아동 복지사업이란 장애아동의 발생을 예방하고, 장애아동이 가지고 있는 잠재능력과 잔존능력을 최대한 발휘하여 발달의 신장과 함께 정상적인 생활이 가능하도록 지원하는 제반 사회적 활동을 말한다. 장애아동을 위한 복지가 중요한 이유는 인간발달 과정에서 유아 및 아동기에 가장 빠른 성장이 이루어지기에, 아동의 잠재능력과 잔존능력을 최대한으로 개발하고 장애로 인한 심리사회 및 발달적 손상을 최소화하기 위해서는 장애아동의 예방 및 재활을 위한 개입이 가능한 한 빨리 시작되어야 하기 때문이다. 이 장에서는 장애아동의 개념, 장애아동의 현황과 장애아동의 욕구 그리고 장애아동을 위한 사회복지서비스와 개선방안에 대해 검토해 보고자 한다.

1. 장애아동의 정의

1) 장애의 개념

장애아동을 정의하기 위해서는 무엇보다 장애에 대한 개념정의에서부터 출발하는 것이 바른 순서일 것이다. 그러나 장애에 대한 개념을 보편화시키기란 쉬운 일이 아니다. 그것은 장애의 양태나 그것이 지니는 문제의 양상이 다양할 뿐 아니라 사회적인 관념의 차이에 따라 장애를 규정하는 기준이나 관심이 상이하게 나타나기 때문이다.

1975년 12월에 있었던 유엔의 장애인 권리선언에서는 "선천적이든 후천적이든 신체적 · 정신적 능력의 결여 때문에 개인 혹은 사회생활에 필요한 것을 자기 스스로 완전히 혹은 부분적으로 확보할 수 없는 사람"을 장애인으로 정의하고 있다. 또한 1979년 유엔총회에서는 "장애는 개인과 그 환경 간의 관계로 파악되어야 한다."라고 정의함으로써 장애의 정의에 기능상의 장애뿐만 아니라 사회적인 불리도 포함되어야 함을 명시하고 있다.

이렇게 장애의 개념은 크게 협의의 개념인 의학적인 개념과 광의의 개념으로 나누어 볼 수 있다. 먼저 협의의 개념인 의학적 개념에서는 장애 인식에 있어서 가장 전통적인 관점으로 장애를 신체 또는 정신의 기능저하, 이상, 상실 또는 신체 일부의 훼손 등으로 지칭한다. 이는 장애를 개인의 비극적인 문제로 간주하는 개별적이고 의학적인 관점이다.

그러나 시대의 흐름과 아울러 장애는 더 이상 한 개인의 문제가 아니라 신체적인 불편함과 서비스에 대한 욕구가 있는 집단에 대한 사회적 대응의 실패로 보는 사회적이고 소수집단운동적인 시각이 더욱 힘을 얻어 가고 있다. 이러한 관점이 장애에 대한 광의의 개념이다. 세계보건기구(WHO)가 국제질병분류(International Classification of Diseases)를 근간으로 하여 1980년에 장애를 이해하는 새로운 접근으로 제안한 ICIDH(International Classification of Impairments, Disabilities, and Handicaps)가 바로 이러한 광의의 개념에 기반을 두고 있다.

이러한 광의의 개념에 따르면 장애는 세 가지 차원인 기능장애와 능력장애 그리고 사회적 불리의 개념으로 정의된다(아산사회복지재단, 1997: 718-721).

첫째, 기능장애(impairment)는 '심리적 · 생리적 또는 해부학적 구조나 기능의 상실 또는 비정상'을 뜻한다. 일시적 또는 영구적인 손실이나 비정상이 특징이며, 사지, 기관, 피부 또는 정신적 기능체계를 포함한 신체의 다른 구조의 비정상, 결손 또는 손실의 발생이나 존재를 포함한다. 이는 질병을 다른 사람이 인식할 수 있게 됨을 의미하며, 원칙적으로 기관수준에서의 장애를 반영하는 것이다. 기능장애에는 지적장애, 언어장애, 청각장애, 시각장애, 내과적 장애, 골격계 장애, 신체기형, 전신적 장애 등이 포함된다.

둘째, 능력장애(disability)는 '기능장애로부터 야기된 것으로서 인간에게 정상적인 것으로 간주되는 범위 내에서 또는 그러한 방식으로써 활동을 수행하는 능력의 제약 또는 결여'를 뜻한다. 능력장애는 기능장애의 직접적 결과로서 일상적으로 기대되는 활동수행 및 행동의 과다 또는 결핍이 특징이다. 이는 개인의 활동상의 능력제한이 발생하여 여러 가지 생활능력, 예를 들면 신변처리능력이나 운동활동능력이 떨어지게 됨을 말한다. 능력장애에는 태도장애, 의사소통장애, 개인 일상생활동작장애, 운동장애, 가사활동장애, 상황적 장애 등이 포함된다.

셋째, 사회적 불리(handicap)는 사회적 차원에서의 장애의 개념으로 '기능장애나 능력장애로부터 야기되는 것으로서 연령성, 사회적 · 문제적 요인에 따른 정상적인 역할의 수행을 제약 또는 방해하는 개인에 대한 불이익'을 의미한다. 이는 기능장애나 능력장애가 사회화된 것으로서, 개인의 손상이나 기능제약으로 인해 사회생활에 대한 참여에서 제한을 받거나 지장을 초래하는 것을 말한다. 불이익은 개인이 속한 사회의 기대나 규범을 따르는 데에 실패하거나 따를 능력이 없는 데서 발생한다. 따라서 사회적 불리는 불이익이나 개인들의 분류가 아니라 사회의 규범 면에서 볼 때 동료들에 비하여 장애를 가진 사람을 상대적 불이익에 처하게 하는 상황들의 분류이다. 사회적 불리에는 신체적 자립 핸디캡, 이동성 핸디캡, 직업상 핸디캡, 사회통합 핸디캡 등이 포함된다.

2) 장애인의 정의

장애인의 정의는 「장애인복지법」에 따른 복지적 관점과 「장애인 등에 대한 특수교육법」에 따른 교육적 관점에서 나누어 살펴볼 수 있다.

(1) 「장애인복지법」의 정의

「장애인복지법」에서는 장애인을 "신체적 · 정신적 장애로 인하여 장기간에 걸쳐 일상생활 또는 사회생활에 상당한 제약을 받는 자"로 정의하고 있다. 장애는 신체적 장애와 정신적 장애의 두 가지로 구분하고, 신체적 장애는 외부신체기능의 장애와 내부기관의 장애로 구분하였다. 외부신체기능의 장애는 다시 지체장애, 뇌병변장애, 시각장애, 청각장애, 언어장애로 구분하고, 내부기관장애는 신장장애, 심장장애로 분류하였다. 정신적 장애는 지적장애, 정신장애, 발달장애로 분류하였다. 「장애인복지법 시행령」 제2조에 나타난 장애유형에 따른 장애인의 종류와 기준을 구체적으로 살펴보면 다음과 같다.

① 지체장애인

• 한 팔, 한 다리 또는 몸통의 기능에 영속적인 장애가 있는 사람

- 한 손의 엄지손가락을 지골관절 이상 부위에서 잃은 사람 또는 둘째손가락을 포함하여 한 손의 두 손가락 이상을 각각 제1지골관절 이상 부위에서 잃은 사람
- 한 다리를 리스프랑(Lisfranc)관절 이상 부위에서 잃은 사람
- 두 발의 모든 발가락을 잃은 사람
- 한 손의 엄지손가락의 기능에 영속적인 현저한 장애가 있거나, 둘째손가락을 포함하여 한 손의 두 손가락의 기능을 잃은 사람
- 왜소증으로 인하여 키가 심하게 작거나 척추에 현저한 변형 또는 기형이 있는 사람
- 지체에 위 각 목의 1에 해당하는 장애 정도 이상의 장애가 있다고 인정되는 사람

② 뇌병변장애인

뇌성마비, 외상성 뇌손상, 뇌졸중 등 뇌의 기질적 병변에 기인한 신체적 장애로 보행 또는 일상생활동작 등에 제한을 받는 사람

③ 시각장애인

- 나쁜 눈의 시력(만국식 시력표에 의하여 측정한 것을 말하며 굴절이상이 있는 사람에 대하여는 교정시력을 기준으로 한다. 이하 같다)이 0.02 이하인 사람
- 좋은 눈의 시력이 0.2 이하인 사람
- 두 눈의 시야가 각각 주시점에서 10도 이하로 남은 사람
- 두 눈의 시야의 2분의 1 이상을 잃은 사람

④ 청각장애인

- 두 귀의 청력손실이 각각 60데시벨(dB) 이상인 사람
- 한 귀의 청력손실이 80데시벨(dB) 이상, 다른 귀의 청력손실이 40데시벨

(dB) 이상인 사람
- 두 귀에 들리는 보통 말소리의 명료도가 50퍼센트 이하인 사람
- 평형기능에 현저한 장애가 있는 사람

⑤ 언어장애인

음성기능 또는 언어기능에 영속적인 현저한 장애가 있는 사람

⑥ 신장장애인

신장의 기능부전으로 인하여 혈액투석이나 복막투석을 지속적으로 받아야 하거나, 신장의 기능에 영속적인 장애가 있어 일상생활 활동에 현저한 제한을 받는 사람

⑦ 심장장애인

심장의 기능부전으로 인하여 일상생활 정도의 활동에도 호흡곤란 등의 장애가 있어 일상생활 활동에 현저한 제한을 받는 사람

⑧ 지적장애인

정신발육이 항구적으로 지체되어 지적 능력의 발달이 불충분하거나 불완전하고 자신의 일을 처리하는 것과 사회생활에의 적응이 현저히 곤란한 사람

⑨ 정신장애인

지속적인 정신분열병, 분열형 정동장애, 양극성 정동장애 및 반복성 우울장애에 의한 기능 및 능력 장애로 인하여 일상생활 혹은 사회생활을 영위하기 위한 기능수행에 현저한 제한을 받아 도움이 필요한 사람

⑩ 발달장애인

소아기 자폐증, 비전형적 자폐증에 의한 기능 및 능력 장애로 인하여 일상생활 혹은 사회생활을 영위하기 위한 기능수행에 제한을 받아 도움이 필요한 사람

⑪ 호흡기장애인

폐나 기관지 등 호흡기관의 만성적 기능부전으로 인한 호흡기능의 장애로 인하여 일상생활을 하는 데 있어 상당한 제한을 받는 사람

⑫ 간장애인

간의 만성적 기능부전과 그에 따른 합병증 등으로 인한 간기능의 장애로 인하여 일상생활을 하는 데 있어 상당한 제한을 받는 사람

⑬ 안면장애인

안면부위의 변형 또는 기형으로 인하여 사회생활을 하는 데 있어 상당한 제한을 받는 사람

⑭ 장루 · 요루장애인

배변기능 또는 배뇨기능의 장애로 인하여 장루(腸瘻) 또는 요루(尿瘻)를 시술하여 일상생활을 하는 데 있어 상당한 제한을 받는 사람

⑮ 간질장애인

간질에 의한 뇌신경세포의 장애로 인하여 일상생활 또는 사회생활을 하는 데 있어 상당한 제한을 받아 다른 사람의 도움이 필요한 사람

이러한 「장애인복지법」상의 정의를 살펴볼 때, 장애아동이란 18세 미만의

아동으로서 「장애인복지법」에 규정된 장애를 가진 아동으로 정의할 수 있다. 「장애아동복지지원법」에서도 18세 미만의 사람 중 「장애인복지법」에 따른 등록한 장애인을 장애아동으로 규정하고 있으며, 다만 6세 미만의 아동으로서 장애가 있다고 보건복지부 장관이 별도로 인정하는 사람을 장애아동으로 포함하고 있다.

(2) 「장애인 등에 대한 특수교육법」의 정의

「장애인 등에 대한 특수교육법」에서는 ① 시각장애, ② 청각장애, ③ 정신지체, ④ 지체장애, ⑤ 정서・행동장애, ⑥ 자폐성 장애(이와 관련된 장애를 포함한다), ⑦ 의사소통장애, ⑧ 학습장애, ⑨ 건강장애, ⑩ 발달지체, ⑪ 그 밖에 대통령령으로 정하는 장애 등을 가진 사람을 특수교육 대상자로 정의하고 있다. 이러한 특수교육 대상자의 선정기준을 살펴보면 〈표 10-1〉과 같다.

표 10-1 특수교육 대상자 선정기준(2016. 6. 21. 개정, 장애인 등에 대한 특수교육법 시행령)

특수교육 대상자 선정기준(제10조 관련)

1. 시각장애를 지닌 특수교육 대상자
   시각계의 손상이 심하여 시각기능을 전혀 이용하지 못하거나 보조공학기기의 지원을 받아야 시각적 과제를 수행할 수 있는 사람으로서 시각에 의한 학습이 곤란하여 특정의 광학기구・학습매체 등을 통하여 학습하거나 촉각 또는 청각을 학습의 주요 수단으로 사용하는 사람

2. 청각장애를 지닌 특수교육 대상자
   청력 손실이 심하여 보청기를 착용해도 청각을 통한 의사소통이 불가능 또는 곤란한 상태이거나, 청력이 남아 있어도 보청기를 착용해야 청각을 통한 의사소통이 가능하여 청각에 의한 교육적 성취가 어려운 사람

3. 지적장애를 지닌 특수교육 대상자
   지적 기능과 적응행동상의 어려움이 함께 존재하여 교육적 성취에 어려움이 있는 사람

4. 지체장애를 지닌 특수교육 대상자
기능・형태상 장애를 가지고 있거나 몸통을 지탱하거나 팔다리의 움직임 등에 어려움을 겪는 신체적 조건이나 상태로 인해 교육적 성취에 어려움이 있는 사람

5. 정서・행동장애를 지닌 특수교육 대상자
장기간에 걸쳐 다음 각 목의 어느 하나에 해당하여, 특별한 교육적 조치가 필요한 사람
가. 지적・감각적・건강상의 이유로 설명할 수 없는 학습상의 어려움을 지닌 사람
나. 또래나 교사와의 대인관계에 어려움이 있어 학습에 어려움을 겪는 사람
다. 일반적인 상황에서 부적절한 행동이나 감정을 나타내어 학습에 어려움이 있는 사람
라. 전반적인 불행감이나 우울증을 나타내어 학습에 어려움이 있는 사람
마. 학교나 개인 문제에 관련된 신체적인 통증이나 공포를 나타내어 학습에 어려움이 있는 사람

6. 자폐성 장애를 지닌 특수교육 대상자
사회적 상호작용과 의사소통에 결함이 있고, 제한적이고 반복적인 관심과 활동을 보임으로써 교육적 성취 및 일상생활 적응에 도움이 필요한 사람

7. 의사소통장애를 지닌 특수교육 대상자
다음 각 목의 어느 하나에 해당하여 특별한 교육적 조치가 필요한 사람
가. 언어의 수용 및 표현 능력이 인지능력에 비하여 현저하게 부족한 사람
나. 조음능력이 현저히 부족하여 의사소통이 어려운 사람
다. 말 유창성이 현저히 부족하여 의사소통이 어려운 사람
라. 기능적 음성장애가 있어 의사소통이 어려운 사람

8. 학습장애를 지닌 특수교육 대상자
개인의 내적 요인으로 인하여 듣기, 말하기, 주의집중, 지각(知覺), 기억, 문제해결 등의 학습 기능이나 읽기, 쓰기, 수학 등 학업 성취 영역에서 현저하게 어려움이 있는 사람

9. 건강장애를 지닌 특수교육 대상자
만성질환으로 인하여 3개월 이상의 장기입원 또는 통원치료 등 계속적인 의료적 지원이 필요하여 학교생활 및 학업 수행에 어려움이 있는 사람

10. 발달지체를 보이는 특수교육 대상자
신체, 인지, 의사소통, 사회・정서, 적응행동 중 하나 이상의 발달이 또래에 비하여 현저하게 지체되어 특별한 교육적 조치가 필요한 영아 및 9세 미만의 아동

2. 장애아동 현황

1) 장애인 실태조사에 따른 장애아동 출현율

우리나라에서 전국적으로 장애아동의 실태를 조사한 결과는 매우 드물다. 전수조사는 정확한 자료를 얻게 하는 장점이 있지만, 투입되어야 하는 인적 · 물적 자원의 방대함이나 장애라는 특성의 노출을 기피하는 현실적인 제한점 등의 문제 때문에 실제로 시행하기에는 어려움이 너무나 많다. 따라서 대부분의 조사가 표본조사를 통해 장애아동의 비율을 추정하고 있다.

장애아동 출현율 조사를 통한 장애아동 수의 산출은 장애아동을 위한 복지정책을 수립하는 데 토대가 된다. 장애아동의 수가 산출되어야만 장애아동복지를 구성하는 제반 분야의 정책들이 합리적으로 수립될 수 있고, 효율적으로 추진될 수 있다. 그러나 우리나라는 정부수립 이후 장애아동 수의 파악을 위해 전국을 대상으로 조사한 일이 한 번도 없다. 따라서 이 절에서는 보건복지부에서 실시한 2014년 전국 장애인 실태조사를 중심으로 장애아동의 출현율을 살펴본다.

2014년도 장애인 실태조사 결과에 의하면, 우리나라 전국 장애인 수는 총 2,726,910명이며 출현율은 5.59%인 것으로 추정되었다. 이는 2005년 2,148,700명이며 출현율은 4.59%였던 것에 비해 1.0% 증가한 것이다. 장애에 대한 인식개선, 장애인 복지서비스시책의 다양화 등으로 인하여 장애인 등록이 많아지고 있으며, 인구고령화 및 각종 사고의 증가, 만성질환 증가 등으로 인하여 장애발생률 자체도 높아지는 것으로 추정된다.

0~17세의 장애아동 출현율을 살펴보면 총 추정 장애아동 수는 93,127명으로 전체 장애인의 3.4%를 차지하고 있으며, 0~9세 장애출현율은 0.47%, 10~19세 장애출현율은 1.18%로 나타났다. 가장 높은 출현율을 보인 장애

유형은 지적장애로서 0~9세에서는 0.16%의 출현율을 보였으며, 10~19세에서는 0.69%의 출현율을 기록하였다. 연령구간별 출현율을 보면, 0~9세에서는 지적장애 다음으로 뇌병변장애 0.15%, 자폐성 장애 0.007%, 청각장애 0.04%, 언어장애 0.02% 순의 출현율을 보이는 것으로 나타났다. 10~19세의 경우에는 지적장애 다음으로 자폐성 장애 0.16%, 뇌병변장애 0.09%, 지체장애 0.07%, 청각장애 0.05% 순의 출현율인 것을 확인할 수 있다. 한편 2000년도 조사에서 장애를 갖고 있는 0~9세는 0.60%, 10~19세 0.89%로 나타나고 있는데 2014년 조사에서는 0~9세는 0.47%, 10~19세는 1.18%의 출현율을 기록하여 지난 10년간 10~19세에서의 장애출현율이 급격한 증가추세를 보이고 있다.

17세 이하 장애아동의 장애인 등록 여부를 조사한 결과, 97.5%는 등록한 것으로 나타났으며, 3.8%는 미등록, 0.5%는 장애등록 신청 중으로 조사되었다. 장애등급을 살펴보면 1급 29.6%, 2급 31.8%, 3급 28.6%, 4급 2.9%, 5급 3.2%, 6급 3.9%이다.

2) 등록장애인 중 아동의 비율

2014년 전국의 장애인 등록 현황을 살펴보면 2,501,112명이 등록하였다. 이 중 지체장애가 1,309,285명, 52.3%로 가장 높은 비율을 차지하고 있으며, 청각장애 255,399명(10.2%), 뇌병변장애 253,493명(10.1%), 시각장애 253,095명(10.1%) 순으로 나타나고 있다.

전체 등록장애인 중 19세 이하 아동의 비율을 살펴보면 90,522명으로 전체 등록장애인의 3.62%를 차지하고 있다. 등록 장애아동 중에서는 지적장애가 44,640명, 49.3%로 가장 높은 비율을 차지하고 있으며, 뇌병변장애가 13,723명으로 15.2%, 자폐성 장애가 13,203명으로 14.6%, 지체장애가 6,273명으로 6.9%, 청각장애가 5,279명으로 5.8% 순으로 나타나 전체 등록장애인과 다른 순위를 보여 주고 있다.

한편, 전체 등록장애인 중 19세 이하 장애아동의 비율을 살펴보면 자폐성 장애가 전체의 72.8%를 차지하여 대부분이 아동에게서 나타나고 있으며, 지적장애 24.9%, 언어장애 9.5%, 심장장애 7.8% 순으로 나타나고 있다.

표 10-2 전국 장애인 등록 현황 및 실태조사 결과

구분	2014년 전국 장애인 등록 현황					2014년 장애인 중 아동 출현율					
	등록 장애인 수*	추정 수	등록률*	0~19세 등록장애인 수	0~19세 등록장애인의 비중	0~9세			10~19세		
						추정 수	구성비	출현율	추정 수	구성비	출현율
지적	178,866	207,703	86.1	44,640	24.9	7,455	34.5	0.16	41,784	58.4	0.69
뇌병변	253,493	308,100	82.3	13,723	5.4	6,722	31.1	0.15	5,214	7.3	0.09
자폐성	18,133	19,868	91.3	13,203	72.8	3,183	14.7	0.07	9,482	13.3	0.16
청각	255,399	281,983	90.6	5,279	2.1	2,000	9.3	1.14	3,215	4.5	0.05
언어	17,830	21,700	82.2	1,691	9.5	917	4.2	0.02	860	1.2	0.01
시각	253,095	278,172	91.0	3,819	1.5	402	1.9	0.01	4,366	6.1	0.07
뇌전증(간질)	7,271	9,841	73.9	220	3.0	387	1.8	0.01	528	0.7	0.01
심장	6,928	8,499	81.5	538	7.8	336	1.6	0.01	118	0.2	0.00
지체	1,309,285	1,353,753	96.7	6,273	0.5	195	0.9	0.00	4,300	6.0	0.07
정신	95,675	117,428	81.5	136	0.1	0	0.0	0.00	1,210	1.7	0.02
안면	2,696	3,019	89.3	96	3.6	0	0.0	0.00	452	0.6	0.01
신장	66,551	72,132	92.3	329	4.9	0	0.0	0.00	0	0.0	0.00
장루 · 요루	13,546	16,815	80.6	74	0.5	0	0.0	0.00	0	0.0	0.00
호흡기	13,150	16,055	81.9	59	0.4	0	0.0	0.00	0	0.0	0.00
간	9,194	11,842	77.6	442	4.8	0	0.0	0.00	0	0.0	0.00
합계	2,501,112	2,726,910	91.7	90,522	3.6	21,598	100.0	0.47	71,529	100.0	1.18

* 등록장애인 수: 2013년 4/4분기 등록장애인 수(보건복지부).
* 등록률: (등록장애인 수/장애인실태조사 추정 장애인 수)×100
출처: 김성희 외(2014). 2014년 장애인실태조사, 보건복지부(2015). 2014년 장애인 등록현황.

3. 장애아동 · 청소년의 생활실태 및 복지욕구[1)]

1) 장애아동 · 청소년의 특성 및 욕구

장애아동은 외부세계에 대한 적극적인 탐색이 제한되며 다른 아동에 비해 활동이나 선택이 제한된다. 특히 신체적 장애를 가진 아동은 신체적 능력의 제한뿐만 아니라 치료 상황이 주는 제한에 직면하게 될 것이며, 다른 경험을 시도할 수 있는 기회를 박탈당하는 상황에 놓일 수 있다. 그리고 새로운 것을 시도하고 다소간의 위험을 감수하는 도전적인 행동이 차단되며, 자신의 장애를 부적절한 행동의 결과로 받은 벌이라는 부정적인 느낌을 가질 수 있다(변순옥, 2000).

또한 다른 아동들과 어울려 놀 수 있는 기회가 적고 친구들을 사귀는 데 어려움이 따르게 된다. 이런 문제들은 장애아동이 아동기에 나타나는 발달이나 역할들을 제대로 수행할 수 없게 하며, 장애에 대한 적응도 현저히 감소시키고 그로 인해 자기개념의 형성에 부정적인 영향을 끼칠 수도 있다. 그 결과, 비장애아동과의 상호교류가 적어지고 사회활동의 감소로 인해 사회에 재진입할 수 있는 기회를 상실하게 된다.

한편 학령기 아동의 경우는 학령기 전기(6~12세, 초등학생기) 장애아동과 학령기 후기(13~18세, 중고등학생기) 장애청소년으로 나누어 볼 수 있다. 먼저 학령기 전기의 장애아동의 특성을 살펴보면, 이 시기는 비장애아동과 마찬가지로 장애아동에게 있어서도 전 생애주기에 걸쳐 가장 크게 성장하는 시기이다. 학교와 동료의 수가 증가하고 사회적 · 지리적으로 아동의 세계는

1) 이 절은 한국보건사회연구원의 생애주기별 장애인의 복지욕구 분석연구(2006)의 제3장을 요약한 것임. 2011년 조사는 아직 미분석됨.

확장된다. 구체적인 문제를 풀어 가는 기술의 증가는 아동이 새로운 상황에 대해서 대처하는 데 도움을 준다는 측면에서 중요하다. 특히 이 시기는 장애아동이 가족으로부터 떨어지는 최초의 시기이기 때문에 많은 기회를 얻는 시기일 수도 있지만 발달이 제한될 수 있는 문제의 시기이기도 하다. 이러한 관점에서 이 시기의 교육적 환경은 장애아동에게 매우 중요하다.

학령기 후기의 장애청소년에게 있어 개인의 삶에 대한 의미와 개성에 대한 연구는 비장애아동과 마찬가지로 이 시기의 주요한 요소들이다. 장애를 가진 청소년들도 장애를 가지지 않은 청소년들과 같은 변화를 갖게 되지만, 정체성의 발달은 장애와 동반되는 문제들로 인하여 곤란을 겪게 된다. 또래와의 관계와 장애에 대한 역할방식, 장애를 가진 사람이 무능하다는 인식, 그들의 장애를 판단하는 환경 등에 따른 상황은 자신의 이미지에 대해 장애를 확신하게 하고 수치심을 기반으로 하여 정체성을 거부하게 한다.

2) 인구사회학적 특성

2014년도 장애인실태조사 결과, 분석대상인 24세 미만의 장애 아동 및 청소년은 총 136,844명으로 전체 장애인의 5.1%를 차지한다. 장애아동 · 청소년의 연령별 출현율은 9세 미만은 0.47%, 10~19세는 1.15%이며, 남아가 여아보다 출현율이 2배 정도 높으며, 전국 추정 수는 85,218명이다. 장애 종류별로는 장애아동 · 청소년 중 지적장애가 58.4%를 차지하여 가장 많고, 자폐성 발달장애는 13.3%로서 과반수가 이 두 가지 장애에 해당하고 있다.

교육 정도는 고등학교가 28.1%로 가장 많고, 초등학교 28.8%, 중학교 16.2% 등의 순으로 전체 장애인의 교육 정도에 비해 다소 높은 비율을 보인다. 그렇지만 성년전환기임에도 불구하고 무학(학교를 다니지 않음)이라고 응답한 경우도 있어서 정규 학교교육을 받지 못한 사례도 있다.

장애아동 · 청소년 가구의 주된 수입원은 주로 부모의 근로소득으로 평균

232만 9천 원이다. 하지만 추가적인 비용지출 부담이 있다고 응답한 17세 이하의 아동 · 청소년이 85.9%로 전체 장애인(75.3%)에 비해 높게 나타나 장애로 인한 경제적 부담이 큰 것으로 나타났다. 장애아동 · 청소년의 총 추가비용은 42만 8천 원으로 다른 장애인의 추가비용보다 높았다.

3) 진단 및 치료

주된 장애에 대한 진단 여부에 있어서는 진단받은 비율이 97.8%로 거의 대부분 장애에 대해 진단을 받았으며, 장애진단을 받은 곳은 주로 종합병원이 75.4%로 가장 많았고, 다음으로는 병의원 20.1%, 재활병의원 0.3% 순이다.

처음 진료한 시기에 있어서는 장애진단을 받은 지 1개월 이내에 치료받은 경우가 전체의 73.7%였으나 치료시기를 놓친 경우도 5.6%이다. 즉시 치료받지 않은 이유로는 '곧 나을 것 같아서'가 22.2%, '장애에 대한 무지'가 20.0%, '경제적으로 어려워서'가 15.6%의 순으로 장애에 대한 이해 부족과 경제적 이유가 큰 비중을 차지하고 있다.

4) 일상생활

장애아동 · 청소년은 혼자 외출이 가능한 경우가 62%, 불가능한 경우는 38%로 성인에 비해 혼자 외출하기가 어렵다. 연령이 낮을수록 혼자 외출하기가 어려우며, 전혀 외출하지 않는 경우 '장애 때문에 불편해서'가 주된 이유로 나타나고 있다.

일상생활을 도와주는 사람이 있는 경우는 95.6%로 다른 연령층에 비해 많았으며, 주로 도와주는 사람은 부모, 조부모, 형제의 순이다. 도움을 주는 사람이 소득활동에 지장이 있는지에 있어서는 50.8%가 지장이 있다고 응답하였으며, 일상생활을 도와줄 사람을 고용할 의향이 있는 경우는 무료인 경우

50.4%이다.

장애아동 · 청소년이 가족들로부터 무시당하거나 폭력을 당한 경험은 가끔 있다가 9.4%, 자주 있다가 2.2%로서 11.6% 정도는 가족으로부터 무시당한 경험이 있다. 이 결과는 전체 장애인에 비해 2배 정도 높으며, 폭력의 내용은 언어폭력 50.0%, 정신적 폭력 26.2%, 신체적 폭력 11.9%, 방임 및 유기 9.5%의 순이며, 폭력의 주 가해자는 부모 46.3%, 형제 · 자매 34.1%, 조부모 12.2%의 순이다.

장애를 이유로 차별받고 있다고 생각하는지에 대해서는 가끔(38.2%) 또는 항상(14.4%) 느낀다고 응답하여 절반 이상의 장애아동 · 청소년이 차별받는 것으로 인식하고 있다. 학교생활에서의 차별에 있어 교사로부터 차별받은 경험은 22.2%이며, 또래학생들로부터의 차별경험은 48.7%로 다른 영역의 차별보다 매우 높았다. 그리고 학급 학생의 부모들로부터 차별을 받은 경험은 16.8%이며, 청소년기의 경우 학부모로부터 차별받은 경험이 많은 것으로 나타났다.

5) 장애가족의 욕구

장애아동과 그 가족을 효과적으로 원조하기 위해서는 장애아동에 대한 이해뿐만 아니라 장애아동 가족이 경험하는 스트레스와 욕구에 대해 이해할 필요가 있다. 장애아동의 탄생은 가족의 생애주기 전반에 걸쳐 부부관계와 장애를 지니지 않은 다른 자녀와의 관계에 영향을 미치게 된다. 부모가 가지는 장애아동에 대한 심리적 반응은 개인의 성격이나 결혼생활의 질, 사회적 지위 등의 여러 가지 요인에 영향을 받으나 죄의식 · 절망 · 분노 · 수치심 · 슬픔 등의 감정은 누구에게나 나타나는 일반적인 감정이며, 이러한 감정을 적절하게 극복하지 못할 때 가족 긴장과 갈등이 만성화되고 극단적인 경우에는 아동에 대한 유기나 가족의 해체가 일어날 수도 있다. 이렇듯 장애아동이 있는 가정은 장애아동에 대한 수용의 어려움, 아동에 대한 적절한 대처 지식과 능력의 결여 그리고 아동에게 투하되는 시간 및 신체적 · 정신적 한계와 보호 능력의 탈진에 따른 스트레스로 가족 긴장 및 갈등을 공유하고 있는 등 여러 가지 문제로 인해 큰 고통을 당하고 있다.

(1) 장애아동 가족의 스트레스

장애아동 가족이 경험하는 스트레스는 가족구성원의 정서적 긴장, 가족 내 하위체계 간의 갈등, 발달단계에 따른 긴장의 반복, 부적절한 서비스 전달 체계, 아동의 미래에 대한 불안, 경제적 부담 등 매우 다양하다(이지수, 1999: 357-359).

첫째, 정서적 긴장은 정상적인 아동이 태어나지 않은 것에 대한 슬픔, 우울, 거부 등을 포함한다. 가족은 장애아동의 요구에 반응하면서 변화 · 적응해 간다. 경제적 부담의 증가, 가족수입 경감, 특히 일차 보호부담자의 직업 생활의 유예, 가족역할의 재구조화 등의 문제가 발생한다. 이 과정에서 정서적 긴장이 반복되어 나타난다.

둘째, 부부간 불화이다. 조사결과에 따르면 전통적인 부부중심의 가족에서는 장애아동이 발생하더라도 일반가족과 비슷한 수준의 스트레스만을 경험한다. 그러나 한부모가족이나 기존의 부부간, 가족원 간의 갈등을 경험하고 있던 가족에서는 장애아동으로 인해 갈등이 더 악화될 가능성이 있다.

셋째, 형제간 갈등이다. 장애아동은 가족의 자원을 독점하는 경향이 있으므로 형제간 갈등의 원인이 된다. 특히 장애아동의 누이들은 장애아동에게 엄마와 같은 보호자의 역할을 하도록 기대받는다. 일반적으로 정상아인 형제들의 불만, 투정 등 부정적인 감정에 대해서는 부모가 관대하지 못하므로 형제들의 죄의식이나 불안 등 내적 갈등이 커질 수 있다.

넷째, 발달단계에서 반복되는 긴장이다. 장애아동으로 인한 가족의 스트레스는 아동이 발달단계들을 통과할 때마다 반복된다. 예컨대, 취학과 졸업에서 장애아동의 출생 시 가족이 경험했던 긴장이 다시 나타난다. 그러므로 이전의 발달단계에서 이러한 스트레스에 어떻게 대처했는지가 현 단계의 적응에 중대한 영향을 미친다.

다섯째, 장애인복지 전달체계에서 비롯되는 스트레스가 있다. 가족들은 장애아동으로 인한 스트레스뿐 아니라 부적절한 서비스 전달체계로 인한 스트레스도 경험한다. 즉, 욕구에 부합하지 못하고 분절적이고 비인간적인 서비스 전달체계로 인한 스트레스가 바로 이것이다. 장애아동의 부모들은 서비스를 받을 때 자신들까지도 낙인을 부여받는 듯한 느낌을 받는 것으로 보고한다. 서비스의 계획과 전달의 전 과정에서 부모가 충분히 참여하는 것이 효과적이라는 견해가 지배적임에도 불구하고, 현실적으로 부모의 참여에는 몇 가지 제한점이 있다. 시간과 경비 등 자원의 부족, 계획과정에 적절히 참여할 수 있는 지식과 기술의 부족, 전문가에게 자신들의 경험과 기대를 전달할 수 있는 의사소통기술의 부족 등이다. 따라서 이러한 제한점에 대한 고려가 없는 전문가와의 접촉은 가족에게 부가적인 스트레스를 줄 수 있다.

여섯째, 장애아동의 미래와 관련된 스트레스가 있다. 장애인들의 수명이 길어짐에 따라 부모나 형제의 사망 후 장애인보호 문제가 가족들의 스트레스가 된다. 이것은 사회 일반의 장애인에 대한 스티그마와 깊은 관련이 있다. 최근의 장애아동 가족에 대한 욕구조사에 따르면 미래의 장애아보호에 대한 걱정이 높은 수준으로 나타났다.

일곱째, 경제적 부담이 크다. 달링(Darling, 1987)은 장애아동의 경제적 부담을 직접적 비용과 간접적 비용으로 나누어 설명한다. 직접적 비용으로는 일시보호나 탁아, 의료비, 특수치료비, 특수장비 구입비, 그 외에 장애아동이 이용할 수 있는 가옥구조를 마련하기 위한 비용 등이 있다. 간접적 비용은 장애아동으로 인해 직업기회를 상실하는 데에 따른 손실을 의미한다. 실제로 장애아동을 갖게 됨으로써 어머니들은 사회활동을 포기하는 일이 빈번하다.

(2) 생애발달단계에 따른 장애아동 가족

장애가족은 장애아동의 성장에 따라, 즉 가족의 생활주기에 따라 영향을 받게 된다. 가족의 스트레스는 아동이 각 발달단계를 통과할 때마다 반복된다. 장애아동의 생애발달단계는 크게 3단계로 나누어 살펴볼 수 있다. 첫째는 학령전 아동기로서 조기교육에 대한 욕구가 매우 큰 시기이다. 이 시기에 있어서 부모의 일차적인 문제는 장애에 대해 대처하고 자기 자신을 장애아동의 부모로 재정의하는 것이며, 여기에는 불안과 죄책감, 분노 등의 갖가지 부정적 반응이 나타난다. 또한 장애아동의 특별한 요구를 일상에 통합시키려는 시도들이 주된 관심사라고 할 수 있다. 그러나 이러한 장애가족이 경험하는 문제들은 일반아동의 부모들이 갖게 되는 문제와 크게 다르지 않다.

둘째는 학령기로서 주로 특수학교나 일반학교의 특수학급 등에서 교육을 받으며 재활치료 및 방과후 교실, 사춘기에 따른 상담에 대한 욕구가 큰 시기이다. 이 시기에 장애아동 부모들은 새롭고 다양한 문제를 경험하게 된다. 취학으로 인해 부모들은 일시적인 휴식을 갖게 되지만, 아동들이 지닌 장애의 가시성 때문에 아동들이 특수학교나 특수학급에 들어가면 더 큰 사회적 결과가 파생될 수 있다. 이처럼 밖으로 나타나는 장애의 가시성이 커짐에 따라 장애아의 형제와 부모들은 사회적 영향을 아동기 때보다 더 크게 받을 수 있다.

셋째는 아동기 후기로서 장래의 직업이나 고등교육에 대한 욕구에 따라 상담 및 직업훈련, 취업정보 등에 대한 욕구가 큰 시기이다. 또한 신체적인 성숙이 완전히 이루어지기 때문에 청소년기에 장애아동의 부모들은 자기 자녀의 의존성을 인식하게 되고, 장애아동의 또래아동들과의 불균형이 훨씬 커지게 된다. 청소년들은 장애의 수준에 따라 사회적 관계나 성적인 측면 등에 있어서 욕구가 존재할 수 있지만 사회적 기능이 결여되어 이러한 욕구에 따라 행동하지는 못한다고 할 수 있다. 청소년기에는 성욕의 등장과 독립성의 문제, 더 나아가 장애의 영속성에 대한 인식과 관련된 특정한 문제들이 다른 시기와는 달리 존재한다고 할 것이다.

따라서 장애아동을 가진 부모들은 다음과 같은 욕구를 가지고 있다. 첫째, 자녀가 갖고 있는 장애의 성질과 그들의 발달에 대한 필요한 정보, 둘째, 부모들이 느끼는 감정을 공감할 수 있고 상호 의존할 수 있는 지지집단, 셋째, 양육책임으로부터 일시적인 휴식을 가능케 해 줄 수 있는 기관 또는 사람, 넷째, 원만한 가족관계를 형성 · 유지하는 방법과 효과적인 자녀양육방법에 대한 교육과 훈련, 다섯째, 장애아동을 교육 · 치료하는 전문가들과의 편안한 접촉 등이다.

4. 장애아동을 위한 복지대책

1) 「장애아동복지지원법」

장애아동의 개인적인 존엄성과 가치가 인정되고, 스스로 사회에 참여하고 적용할 수 있는 가운데 만족된 삶을 영위할 수 있도록 해 주려는 것이 장애아동복지의 이념이라 할 수 있다.

이러한 이념을 실현하는 것은 어떠한 특정인의 노력만으로는 불가능하다. 우선 장애아동의 문제는 장애를 가진 아동 자신의 문제인 동시에 소속 가족 전체의 문제이기 때문에 가족의 참여가 필요하며, 그러한 문제의 형성에 영향을 주고 또 그것으로부터 영향을 받기도 하는 지역사회가 관여해야 한다. 더불어 장애아동을 중심으로 한 제반 문제에 전문적으로 접근하는 전문가들이 중요한 기능을 행하는가 하면, 이 모든 활동을 제도적 · 기술적 · 재정적으로 뒷받침해 줄 책임을 지니는 지방정부와 중앙정부의 개입도 필요하다.

선진국에서는 장애아동과 관련된 여러 입법적 조처가 일찍부터 진행되어 왔다. 일본의 경우 1940년대의 「아동복지법」「학교교육법」「심신장애자복지법」 이래 1976년의 「심신장애자대책기본법」 등에 이르기까지 많은 법체계를 발전시켜 왔다. 그러나 우리나라는 장애인에 대한 법 제정이 매우 늦게 이루어졌으며, 장애아동에 대한 구체적인 규정은 1961년에 제정한 「생활보호법」과 「아동복지법」에 의해 이루어졌다. 이후 1977년에 제정된 「특수교육진흥법」에 의해 특수교육 규정이 명문화되었으며, 장애인복지의 경우 1981년에 「심신장애자복지법」이 제정되고 1989년에 「장애인복지법」으로 전면 개정되면서 장애아동과 관련된 서비스를 제공하여 왔다.

한편 장애아동의 복지정책은 생애주기에 따른 장애예방, 보건의료, 교육, 직업, 주거, 정보 등의 다양한 서비스가 필요하며, 필요한 정책 주관부서가 보건복지부, 교육부, 고용노동부, 과학기술정보통신부, 국토교통부 등 매우 다양하여 종합적이고 통합적인 대책을 수립하는 것이 필요하다. 이러한 장애아동에 대한 종합적인 서비스를 통합적으로 제공하기 위한 기반을 마련하기 위해 「장애아동복지지원법」이 제정되어 2012년 9월 1일부터 시행되게 되었다.

(1) 주요 내용

「장애아동복지지원법」은 국가와 지방자치단체가 장애아동의 특별한 복지적 욕구에 적합한 지원을 통합적으로 제공함으로써 장애아동이 안정된 가정생활 속에서 건강하게 성장하고 사회에 활발하게 참여할 수 있도록 하며, 장애아동 가족의 부담을 줄이는 데 이바지함을 목적으로 제정되었다.

이 법에서는 장애아동의 이익을 최우선적으로 고려하고 장애아동이 자신의 견해를 자유로이 표현할 권리를 최대한 보장하는 것을 기본이념으로 설정하고 있다. 장애아동의 권리로는 ① 모든 형태의 학대 및 유기 · 착취 · 감금 · 폭력으로부터 보호받을 권리, ② 부모에 의해서 양육되고 안정된 가정환경에서 자라날 권리, ③ 인성 및 정신적 · 신체적 능력을 최대한 계발하기 위하여 적절한 교육을 제공받을 권리, ④ 가능한 한 최상의 건상상태를 유지하고 행복한 일상생활을 영위하기 위한 의료적 · 복지적 지원을 받을 권리, ⑤ 휴식과 여가를 즐기고 놀이와 문화예술활동에 참여할 수 있는 기회를 제공받을 권리, ⑥ 의사소통능력, 자기결정능력 및 자기권리 옹호능력을 향상시키기 위한 교육 및 훈련 기회를 제공받을 권리 등이 규정되어 있다.

이러한 장애아동의 권리를 보장하기 위해서 장애아동에게 다양한 복지서비스를 제공하는 복지지원의 내용이 규정되고 있는데, 구체적인 복지지원의 내용으로는 ① 의료비 지원, ② 보조기구 지원, ③ 발달재활서비스 지원, ④ 보육지원, ⑤ 가족지원, ⑥ 돌봄 및 일시적 휴식지원, ⑦ 지역사회 전환서비스

표 10-3 복지지원서비스 내용

복지지원	내용
의료비 지원	「국민건강보험법」과 「의료급여법」에 따라 제공되는 의료에 드는 비용 중 장애아동의 부담을 지원
보조기구 지원	장애아동의 학습과 일상생활 활동에 필요한 보조기구를 교부 · 대여 또는 수리하거나 구입 또는 수리에 필요한 비용을 지급
발달재활서비스 지원	장애아동의 인지, 의사소통, 적응행동, 감각 · 운동 등의 기능향상과 행동발달을 위하여 적절한 발달재활서비스를 지원
보육지원	어린이집 이용대상이 되는 장애아동에 대하여 보육료를 지원 어린이집 또는 유치원을 이용하지 아니하는 장애영유아에 대한 양육수당 지급
가족지원	장애아동의 가족이 장애아동에게 적합한 양육방법을 습득하고 가족의 역량을 키울 수 있도록 가족상담 · 교육 등의 가족지원을 제공
돌봄 및 일시적 휴식지원	장애아동 가족의 일상적인 양육부담을 경감하고 보호자의 정상적인 사회활동을 돕기 위하여 돌봄 및 일시적 휴식지원 서비스를 제공
지역사회 전환서비스 지원	장애아동이 18세가 되거나 고등학교, 이에 준하는 각종학교 또는 특수학교 전공과를 졸업한 후 주거 · 직업체험 등의 지역사회 전환서비스를 제공
문화예술 등 복지지원	문화 · 예술 · 스포츠 · 교육 · 주거 등의 영역에서 장애아동에게 필요한 서비스가 지원되도록 최대한 노력

지원, ⑧ 문화예술 등 복지지원의 여덟 가지이다.

(2) 전달체계

「장애아동복지지원법」에서는 장애아동의 복지지원을 위해 보건복지부에 중앙장애아동지원센터를, 시 · 군 · 구에 지역장애아동지원센터를 설치 · 운영하도록 규정하고 있다.

지역장애아동지원센터에서는 장애의 조기발견을 위한 홍보, 장애아동의 복지지원사업에 관한 정보 및 자료 제공, 장애아동과 그 가족에 대한 복지지원 제공기관의 연계, 장애아동의 사례관리, 장애아동 및 그 가족을 지원하기 위한 가족 상담 및 교육의 실시, 기타 업무 등을 실시하게 된다.

중앙장애지원센터에서는 장애아동의 복지지원에 관한 조사연구, 지역장애아동지원센터에 대한 평가 및 운영지원, 장애아동의 복지지원정책에 관한 정보 및 자료 제공, 장애아동의 장애유형별 지원프로그램의 개발, 가족지원업무 수행기관에 대한 운영지원 및 평가, 지역장애아동지원센터 · 복지지원 제공기관 등 복지지원 관련 기관에 대한 정보의 수집 및 제공 등의 업무를 수행한다.

보건복지부에서는 장애아동 및 그 가족의 복지지원과 관련된 실태조사를 매 3년마다 실시하도록 규정하고 있다. 또한 시장 · 군수 · 구청장은 장애아동에게 적합한 복지지원을 제공하기 위하여 장애아동 개인별 지원계획을 수립할 수 있다.

2) 보육지원정책

장애아동의 보호와 양육을 지원하기 위해서 정부에서는 장애아동 보육지원서비스를 제공하고 있다. 장애인복지카드를 발급받은 어린이집을 이용하는 만 12세 이하의 장애아동에 대한 보육료를 지원하며, 발달지체를 보이는 특수교육 대상자인 만 3세에서 만 8세 이하의 아동도 보육료를 지원하고 있다. 또한 어린이집 및 유치원을 이용하지 않는 취학 전 만 5세 이하 장애아동에게는 소득수준에 관계없이 양육수당을 지원하고 있다.

장애아동 보육서비스 이용 현황을 살펴보면, 2017년 12월 말 기준 178개 장애아동 전담보육시설에서 6,161명의 장애아동이, 946개소의 장애아동 통합보육시설에서 4,066명의 장애아동이 보육서비스를 받고 있다.

3) 교육정책

교육정책은 장애아동들이 가지고 있는 잔존능력을 최대한도로 개발하고 보호하여 실질적인 재활이 이루어지도록 하기 위해 그 바탕이 되는 각종 교육적 조치와 방법을 총칭하는 것으로서 이른바 특수교육으로 표현되고 있다. 특수교육은 일반아동에게 실시되는 교육프로그램을 어떤 특정한 조건에 놓여 있는 아동에게 실시하는 교육이다.

장애아동을 위한 교육정책으로 가장 기본적인 법률은 2007년에 제정된 「장애인 등에 대한 특수교육법」으로서, 이 법은 「특수교육진흥법」을 대체한 법이다. 이 법에서 특수교육은 특수교육 대상자의 교육적 요구를 충족시키기 위하여 특성에 적합한 교육과정 및 특수교육 관련 서비스 제공을 통하여 이루어지는 교육으로 규정되고 있다.

또한 동법에서는 유치원·초등학교·중학교 및 고등학교 과정의 교육은 의무교육으로 하고, 고등학교 과정을 졸업한 특수교육 대상자에 대한 진로 및 직업 교육과정인 전공과와 만 3세 미만의 장애영아교육은 무상으로 한다고 규정하고 있다.

이 외에도 장애학생에 대한 차별금지, 특수교육운영위원회 구성, 특수교육지원센터의 설치·운영, 특수교육 실태조사, 장애 조기발견, 통합교육, 개별화 교육, 진로 및 직업 교육지원, 순회교육, 방과후 과정 운영, 가족을 위한 가족지원 및 물리치료 · 작업치료 등의 치료지원 등의 특수교육 관련 서비스 등을 규정함으로써 장애아동에 대한 특수교육이 실제적으로 이루어지도록 지원하고 있다.

(1) 특수교육 현황

① 특수학교

특수학교 교육 현황을 살펴보면, 2018년 기준 175개 특수학교에서 25,919명의 특수교육 대상학생이 특수교육을 받고 있다. 설립별로 살펴보면, 국립 5개교에서 857명, 공립 78개교에서 14,091명, 사립 92개교에서 10,971명이 특수교육을 받고 있어, 사립학교가 전체 특수학교의 52.6% 이상을 차지한다.

장애영역별로 학교 수를 살펴보면, 시각장애 13개교, 청각장애 14개교, 지적장애 121개교, 지체장애 20개교, 정서장애 7개교로 나타나고 있다.

또한 학교과정 설치별 특수학교를 살펴보면 영아학급 26개교, 유치원 125개교, 초등학교 161개교, 중학교 164개교, 고등학교 163개교, 전공과 143개교로 나타나고 있으며, 전공과 설치학교가 크게 증가하였다.

② 특수학급 교육 현황

2018년 기준 전국의 7,954개 유치원, 초 · 중 · 고등학교에 설치된 10,676개 특수학급에서 48,848명의 특수교육 대상학생이 특수교육을 받고 있다. 구체적으로 살펴보면, 유치원 853학급에서 3,058명, 초등학교 5,480학급에서 24,169명, 중학교 2,372학급에서 9,990명, 고등학교 1,938학급에서 11,422명이다.

③ 일반학급 통합교육(전일제 통합학급)

일반학급에 전일제로 통합되어 생활하는 학생으로 특수학급 소속이 아닌 장애학생을 대상으로 하는 통합교육 현황을 살펴보면, 유치원 1,628명, 초등학교 6,617명, 중학교 3,264명, 고등학교 4,086명 등 총 15,595명이 통합교육을 받고 있다.

(2) 교육지원정책

정부는 지체 · 시각 · 청각장애인에 대한 대학 및 전문대의 특례입학제도를 도입하여 1995년부터 각 대학이 정하는 방법에 의하여 정원 외 입학을 할 수 있도록 하였으며, 2002년에는 장애인들의 전문적인 대학교육을 위해 국립한국재활복지대학을 개교하여 운영 중에 있다.

4) 소득보장정책

장애아동을 위한 소득보장정책은 장애아동이 최소한도의 인간적인 생활을 유지할 수 있도록 경제적인 지원을 하는 정책이다.

장애아동을 보호 · 양육하는 보호자의 경제적 생활을 원조하기 위해 장애아동수당을 지급한다. 2012년 말 기준 장애아동수당을 지급받을 수 있는 가구는 국민기초생활보장수급자 및 차상위계층의 18세 미만의 등록장애아동으로서 수급자 여부 및 장애 정도에 따라 월 2만 원에서 20만 원을 지급하고 있다.

기초수급 중증장애인 월 20만 원, 기초수급 경증장애인 월 10만 원, 차상위 중증장애인 월 15만 원, 차상위 경증장애인 월 10만 원, 보장시설 입소 중증장애인 월 7만 원, 보장시설 입소 경증장애인 월 2만 원 등이다.

두 번째 소득보장정책은 장애인 자녀교육비 지원사업이다. 장애인 자녀교육비는 장애인이 부양하는 자녀 또는 장애인인 자녀의 교육비를 지원하는 것이다. 교육비 지원수준으로는 중학교와 고등학교 그리고 특수학교의 입학금 · 수업료 · 기타 교육에 소용되는 비용이 포함된다. 지급대상은 소득인정액 최저생계비 130% 이하인 가구의 1~3급 장애인, 초 · 중 · 고등학생 장애인 본인 및 1~3급 장애인의 초 · 중 · 고등학생 자녀이다.

지원내용으로는 고등학생의 입학금 및 수업료 전액, 고등학생의 교과서대 및 초 · 중학교의 부교재비 지원, 중학생 고등학생의 학용품비 등이 있다.

5) 의료보장정책

장애아동을 위한 의료재활정책은 임산부의 임신 중에 취하는 장애아동 발생 사전예방대책에서 출발해서, 출산 직후에도 행할 수 있는 모자보건 등의 예방대책과 산업재해나 일반사고를 예방하기 위한 교육 · 계몽 등의 대책이 있는가 하면, 조기치료를 비롯하여 국가의 치료비 보조 등에 이르는 치료적 대책까지 포함된다.

정부에서는 1994년 의료비 부담이 과중한 장애인들이 저렴한 요금으로 의료재활서비스를 제공받을 수 있도록 국립재활병원을 개원하였다. 또한 장애인복지시설에 부설된 재활의료기관의 활성화를 위해 운영비를 지원하고 있으며, 종합병원에 재활의학과를 설치하는 등 전문의료기관을 확대해 나가고 있다.

선천적 장애발생을 예방하기 위한 사업으로는 임산부 및 영유아에 대한 검진 및 건강관리사업 등을 강화하고 있고, 1991년부터는 정신지체아동의 발생예방을 위해 선천성대상이상검사사업을 실시하고 있다.

6) 장애아동가족지원사업

보건복지부에서는 성장기의 정신적 · 감각적 장애아동의 기능 향상과 행동발달을 위한 적절한 재활치료서비스 지원 및 정보를 제공하고 높은 재활치료 비용으로 인한 장애아동 양육가족의 경제적 부담을 경감하기 위하여 장애아동가족지원사업을 제공하고 있다.

장애아동가족지원사업으로는 장애아동재활치료와 장애인 부모를 둔 비장애아동의 언어발달 지원서비스 그리고 장애아가족 양육지원사업 등이 있다.

먼저, 장애아동재활치료 지원사업은 전국 가구평균소득 100% 이하의 가구 중 만 18세 미만 장애아동(뇌병변 · 지적 · 자폐성 · 언어 · 청각 · 시각 장애)을 둔 가구를 대상으로 언어치료, 청능치료, 미술음악치료 등 원하는 재활치료 서비스를 선택하여 이용할 수 있도록 매월 16~22만 원의 재활치료 바우처를 지원하는 사업이다.

둘째, 언어발달 지원사업은 전국 가구평균소득 100% 이하의 가구 중 양쪽 부모가 시각 · 청각 · 언어 · 지적 · 뇌병변 · 자폐성 장애인인 만 18세 미만 비장애아동들을 대상으로 언어발달 진단서비스, 심리상담서비스, 언어치료, 청능치료, 언어재활서비스 및 독서지도, 놀이지도, 수화지도 등 원하는 서비스를 선택하여 이용할 수 있도록 매월 16~22만 원의 재활치료 바우처를 지원하는 사업이다.

셋째, 장애아가족 양육지원사업은 상시적인 돌봄이 요구되는 장애아 가정의 돌봄부담을 경감하고 이를 통해 가족안정성을 강화화기 위한 사업이다. 크게 돌봄서비스와 휴식지원 프로그램 사업이 지원되고 있다. 돌봄서비스는 만 18세 미만의 자폐성 · 지적 · 뇌병변 장애아 등 중증장애아와 생계 · 주거를 같이하는 전국 가구평균소득 100% 이하 가정을 대상으로 양육자의 질병, 사회활동 등에 따라 일시적 돌봄서비스가 필요할 시 일정한 교육과정을 수료한 돌보미를 파견하여 장애아동 보호 및 휴식지원을 하는 서비스이다. 아동 1인당 연 320시간범위 내에서 지원한다.

휴식지원 프로그램은 소득기준에 상관없이 만 18세 미만의 모든 장애아 가족으로 돌봄서비스를 받지 않는 가정도 참여 가능하지만 돌봄서비스를 받는 가정을 우선 지원하며, 가급적 돌봄서비스 대상가정 50% 이상에게 휴식지원 프로그램을 제공한다. 내용으로는 가족관계 회복 및 돌봄노동 분담을 위한 장애아가족 문화 · 교육 프로그램, 휴식박람회, 가족캠프 등의 제공이 있다.

7) 사회환경적 대책

사회환경적 대책은 장애아를 둘러싼 생활환경, 사회적 편견 등을 개선하려는 목적을 지니는 것으로 앞서의 사회적 재활서비스와 연관이 있다. 사회가 올바른 장애인관을 정립하도록 작용하고, 장애자를 위한 정책을 재평가하며, 건물 등의 구조와 설비 등의 장애인을 위한 편의시설을 설치하며, 장애인구를 전제하여 공공시설, 교통체제 등에 관한 도시계획을 수립하도록 하는 노력이 이에 속한다. 이를 위해서 광범위한 사회교육과 계몽활동을 행하기도 하며, 사회의 다양한 주민이 참여하는 주민활동을 벌이기도 한다.

5. 장애아동 복지증진을 위한 정책과제

1) 장애발생 예방정책의 강화

장애아동의 발생을 예방하는 정책은 기초적이면서도 가장 효과가 있는 정책이다. 따라서 우선적으로 후천적 장애를 예방할 수 있는 교통사고의 예방정책으로부터 선천적 장애를 예방할 수 있는 임산부에 대한 교육과 모자보건사업을 강화하는 것이 필요하다. 무엇보다 장애의 예방이 중요하기 때문에 산모의 약물남용, 음주, 흡연 등에 대한 산전 · 산후 교육 및 관리의 강화와 영유아에 대한 건강진단의 내실화를 통한 질병의 조기발견 및 조기치료가 이루어질 필요가 있다.

2) 치료 · 재활서비스시설의 확대

장애아동이 가장 당면하고 있는 문제는 장애의 치료와 재활이다. 성인장애인과 달리 장애아동의 경우 조기의 치료와 재활훈련을 통해 상당 부분 장애상태가 호전될 수 있지만, 장애아동에 대한 전문적인 치료재활시설이 부족하여 적절한 재활서비스를 받기가 어려운 실정이다. 따라서 장애아동들을 적시에 치료할 수 있는 재활시설이나 클리닉을 장애인복지관, 사회복지관, 재활병의원에 확대 설치하는 것이 필요하다.

3) 소득보장정책의 강화

장애아동가구의 경우 장애아동으로 인해 경제적 어려움이 가중되는 것으로 나타나고 있다. 그러나 우리나라에서 소득보장정책은 매우 제한적으로 제공되고 있다. 2010년 7월 도입된 장애인연금은 중증장애인의 안정적 생활을 보장하기에는 지급금액이 2012년 15만 4천 원으로 미흡한 수준이다. 따라서 장애아동을 양육하는 장애가족에 대한 소득지원을 확대할 필요가 있다.

두 번째로, 장애아동부양수당 또한 지급대상을 단계적으로 확대하고, 실질적인 보호비용까지 지급수준을 현실화하는 것이 필요하다. 또한 명목상으로 규정되어 있는 중증장애인 보호수당제도를 현실화하는 것이 필요하다.

세 번째로, 자녀교육비 지원대상 계층을 확대하고 대학재학 장애인들을 위한 교육비지원도 검토할 필요가 있다.

4) 특수교육의 확대와 다양화

장애인의 주요한 특성 중의 하나는 장애로 인해 취업이 어려운 것인데, 그 이유 중의 하나가 교육수준이 낮다는 것이다. 따라서 장애로 인하여 교육받을 기회를 갖지 못하는 경우가 없도록 하기 위해 장애특성에 적합한 교육이 필요하다.

만 3세 이상 유치원 과정 및 고등학교 과정에 의무교육이 전면 실시되었으나, 의무교육을 위한 특수학급 교육인력은 부족한 상황이다. 따라서 장애학생 수요에 적합한 지원을 제공하기 위해 특수교육지원센터 운영을 확대하며, 일반교육 및 특수교육 교원을 대상으로 특수교육 전문성을 강화할 필요성이 있다.

또한 특수교육 대상학생이 일반학생과 동일한 교육환경에서 학교교육 기회를 보장받을 수 있도록 재택 장애아동 학교교육을 지원하고, 유아 특수교육을 지원하며, 모든 유치원, 초 · 중 · 고등학교에 특수학급을 증설하는 등의 대책이 필요하다.

더 나아가 특수교육 대상학생의 진로 및 직업 교육체계를 확립하기 위해 현장실습 위주의 직업교육을 제공하는 고등학교 특수학급을 확대하며, 직업재활훈련 강화를 위한 전공과를 지속적으로 확충할 필요가 있다.

5) 장애아동을 위한 재가복지서비스 및 가족지원서비스의 확대

장애아동에 대해서는 주의 깊은 보호가 필요하지만 맞벌이 등으로 여성의 경제활동이 증가함에 따라 장애아보호를 위한 서비스 욕구가 증가할 것이므로 장애아동의 문제를 전문적으로 상담하고 도움을 제공할 수 있는 재가복지기관을 확충할 필요성이 있다.

이를 위해서는 시 · 군 · 구 1개소에 설치하게 되어 있는 장애아동 전담보육시설을 확충하고 모든 장애인복지관에 주 · 단기보호시설을 확충하는 것이 필요하다.

또한 장애아동 가족을 위한 재활치료 및 가족지원 서비스가 제공되고 있으나 서비스 대상자가 한정되어 있으며, 연간 지원대상 및 지원시간도 충분하지 못한 실정이다. 따라서 장애아동 재활치료서비스 대상 장애유형을 확대하고 연간 지원대상도 확대하는 것이 필요하다. 특히 장애아동 가족의 양육 및 돌봄 수요증가에 따라 서비스의 대상을 확대할 필요성이 있다. 이를 위해 서비스 이용대상에 대한 소득기준 제한을 완화하여 더 많은 장애아동 가족이 이용할 수 있도록 하여야 한다.

6) 장애아동 가족 프로그램의 개발

현재 재활프로그램으로 부모교육이나 가족상담, 형제캠프 등 다양한 프로그램이 개별적으로 제공되고 있으나 장애아동 가족중심의 프로그램은 미흡한 실정이다. 따라서 장애아동 가족 스스로가 자기 자신과 아이를 도울 수 있도록 하기 위해 가족의 능력을 고취시킬 수 있는 장애아동 가족중심의 지원 프로그램을 개발하는 것이 필요하다. 이를 위해서는 재활프로그램 운영에 있어서 가족체계적 관점의 반영과 장애가족에 대한 종합적인 사례관리를 할 수 있는 체제의 구축, 사회통합적 관점에서의 장애아동과 가족에 대한 서비스 제공, 가족중심의 지원프로그램을 운영하기 위한 각종 기술과 기법의 개발 등이 필요하다.

7) 발달장애인 지원강화

장애아동 중 발달장애(자폐성 장애)의 비율이 매우 높게 나타나고 있어 이들에 대한 지원을 강화할 필요성이 있다. 먼저 발달장애에 대한 조기발견을 위해 영유아 건강검진 결과 발달지연 의심대상자에 대한 진단비지원을 확대하며, 발달장애인에 대한 적절한 재활치료서비스를 제공할 필요가 있다.

특히 발달장애인을 보호하면서 많은 스트레스를 경험하는 발달장애가족에 대한 정서적 지원 및 역량강화를 하는 방안도 모색할 필요가 있다. 가족지원서비스가 제공되고 있으나 재활치료서비스 대상자가 한정되어 있으며, 연간 지원대상 및 지원시간도 충분하지 못한 실정이다. 따라서 장애아동 재활치료서비스 대상 장애유형을 확대하고 연간 지원대상도 확대하는 것이 필요하다. 특히 장애아동 가족의 양육 및 돌봄 수요증가에 따라 서비스의 대상을 확대할 필요성이 있다. 이를 위해 서비스 이용대상에 대한 소득기준 제한을 완화하여 더 많은 장애아동 가족이 이용할 수 있도록 하여야 한다.

연구문제

1. 장애아동 가족이 경험하는 가족부담에 대해 생각해 봅시다.
2. 사회복지기관의 장애아동을 위한 사회복지서비스에 대해 알아봅시다.
3. 장애아동어린이집에서 실시되고 있는 장애아동 보육프로그램에 대해 조사하고 발표해 봅시다.
4. 장애아동을 위한 통합교육의 필요성에 대해 토론해 봅시다.

제 11 장

이혼가정과 아동

이혼이나 재혼은 더 이상 새로운 사회현상이 아니다. 이혼이 '또 다른 삶의 선택'으로 논의될 정도로 사회적 인식도 달라지고 있다. 그러나 아동의 관점에서 보면 좀 다를 수 있다. 부모의 이혼은 자녀가 부모의 부부갈등에 노출되기 시작한 시점부터 이혼이라는 생활의 변화에 적응해 나갈 때까지 정서적 · 사회적으로 영향을 미치기 때문이다. 특히 우리 사회는 이혼율이 서구 선진국 수준으로 높아졌음에도 불구하고 이혼가정의 아동문제는 개별적인 가족수준에서만 다루어지고 있고, 사회적 서비스나 프로그램이 상당히 부족한 형편이다. 이러한 상황에서 부모의 이혼으로부터 오는 혼란이 고스란히 자녀의 발달에 악영향을 미치고 있음에도 불구하고 아동복지적 관점에서 이혼이라는 이슈를 중요하게 다루지는 않았다.

이에 이 장에서는 현대사회에서의 이혼개념, 이혼에 대한 아동의 적응과정과 대처, 이혼 및 재혼 과정에서의 자녀의 반응, 한국의 이혼 관련법 현황과 문제점, 이혼가정의 자녀를 돕기 위한 실천전략을 살펴보기로 한다.

1. 이혼의 개념정의

이혼에 대한 연구가 이루어지기 시작한 1950년대에는 이혼을 하나의 일탈로 규정했다. 그러다가 1970년대 이후부터는 이혼을 불행한 결혼관계로부터의 해방과 새로운 자기발견의 기회라는 긍정적인 측면으로 인식하기 시작했다. 최근에는 우리나라에서도 이혼을 하나의 사회현상으로 간주하고, 결혼에서 생기는 문제를 해결하기 위한 하나의 과정으로 인식하는 경향이 강하다. 이는 이혼이 심리적인 측면과 건강에 영향을 미치는 위기사건임에는 분명하지만 시간이 지나면서 그 영향이 감소되는 일종의 전이상태이며, 성인의 입장에서는 새로운 인생을 선택함으로써 성장을 가져올 수 있다는 이중성을 가지고 있기 때문이다(김인숙 외, 2000).

이혼의 가장 명료한 정의는 법적인 정의이다. 이혼은 법률상으로 완전 유효하게 성립된 혼인에 있어 당사자인 부와 처가 살아가는 동안 결혼관계를 해소시킴으로써 혼인으로 발생하는 일체의 효과를 소멸시키는 것이라고 개념화된다. 그러나 법적으로 이혼했다고 해서 결혼에 관한 모든 것이 없어지는 것은 아니다. 자녀들이 있는 한 부모세대의 결혼관계는 종결되었을지라도 자녀들로 인한 인간관계는 깨질 수 없기 때문이다.

이러한 맥락에서 보나한(Bonahan, 1973)은 이혼의 과정을 다음과 같이 단계로 구분하여 설명하고 있다.

- **감정적인 이혼**(emotional divorce): 부부 사이의 불화가 짙어지면서 결혼에 대한 불만도 쌓이고 상대방에 대한 배신감, 실망감을 갖는 단계이다. 이

렇게 감정의 골이 깊어지는 시기가 오기 전에 적극적인 중재가 필요하다. 그러나 장기화되면 점차 법적인 이혼으로 진행된다.

- **법적인 측면에서의 이혼**(legal divorce): 법을 통해 하게 되는 일종의 보복단계이다. 상대로부터 받은 상처에 대해 보상받고 복수하려는 동기가 강하고 상대방에게 모든 책임을 전가하기 위해 애쓰는 시기이다.
- **경제적 측면에서의 이혼**(economic divorce): 재산분배, 자녀양육비 분담 및 조정, 위자료 수수 등 부부간의 경제적 분리가 이루어진다.
- **부모역할 측면에서의 이혼**(coparental divorce): 누가 자녀를 양육할 것인지, 면접교섭권은 어떻게 행사할 것인지, 양육비는 어떻게 지급될 것인지에 대해 결정함으로써 공동으로 책임졌던 부모로서의 역할을 분리하는 단계이다.
- **사회적 측면에서의 이혼**(community divorce): 이혼을 하면 이혼 전에 부부가 함께 어울렸던 친구들과 더 이상 관계를 갖지 못하고 사회적으로 고립되기 쉽다. 친한 친구와 다시 만나서 사회적 관계를 갖는다고 해도 화제가 다를 뿐만 아니라 이혼이라는 사회적인 낙인 때문에 쉽게 어울리지 못한다는 것이다.
- **심리적 측면에서의 이혼**(psychic divorce): 함께 살아오면서 의지하고 밀착해 왔던 상대방의 자아와 본인의 자아를 분리하는 것이다. 진정한 의미에서의 새로운 삶을 시작할 수 있도록 준비하는 단계이다.

이와 같이 이혼은 단기간의 생활위기나 사건이라기보다 다양하고 복합적인 심리사회적 과정으로 개념화할 수 있다.

2. 이혼가정 아동의 적응

1) 이혼가정 아동의 적응에 영향을 미치는 요인

이혼 후 아동의 적응에 영향을 미치는 요인은 크게 부모 관련 요인과 아동 관련 요인으로 대별된다(정현숙, 1993).

(1) 부모 관련 요인

① 부부갈등 및 부모의 정신병리

이혼 전후에 부부갈등의 정도가 심하거나 알코올중독, 도박, 아내 구타, 가출 등 부모의 정신건강 문제가 심각할수록 아동들의 적응에 부정적인 영향을 미친다.

② 부모의 적응 정도

부모 자신들이 이혼 후 후유증에서 빨리 회복되면 자녀들의 적응도 빨라지고 곧 안정이 된다(Kelly, 1988). 즉, 부모가 이혼을 기정사실로 수용하고 새로운 삶을 위해 스스로를 동기화하려고 노력할 때 자녀들의 적응을 촉진할 수 있다.

③ 비동거부모와의 관계

비동거부모와의 관계 단절은 아동의 적응에 부정적인 영향을 미친다. 일반적으로 아동의 적응에는 비동거부모와의 접촉빈도보다는 일관성이 더욱 중요하다. 비동거부모가 이혼 후에도 일정하게 방문하면 그 아동은 또래관계에 대한 적응력이 뛰어나고, 학업성적 등에서 좋은 점수를 얻는 것으로 나타나고 있다.

④ 동거부모의 양육태도

양육권을 가진 부모가 양육행동에 자신감이 있으며 민주적일 때 아동의 적응에 긍정적으로 기여한다. 반대로 양육방식이 지나치게 통제적이거나 지나치게 방임적일 때는 아동의 적응에 부정적인 영향을 미치게 된다.

⑤ 부모에 대한 사회적 지지

부모가 이혼을 했을 때 주위의 친척들이나 친구들이 얼마나 긍정적 · 정서적으로 지지해 주는가가 이혼부부 당사자뿐 아니라 자녀들이 적응하는 데도 영향을 미친다. 특히 이혼부모가 친정이나 친구들한테 정서적인 지지를 받는 것은 다시금 안정된 생활을 시작하는 데 절대적인 도움이 된다.

(2) 아동 관련 요인

아동 관련 요인으로는 아동의 성별이나 연령, 성숙도, 기질 등을 들 수 있다. 어머니가 양육하는 남아는 아버지의 부재에서 어려움을 겪기도 한다. 학령전의 어린 아동들은 청소년기의 아동들에 비해 이혼문제를 보다 개인화하기 때문에 부정적인 영향이 더욱 커질 수 있다. 특히 기질이 까다로운 아동은 변화에 적응하는 데 더디고 변화로부터 더 많은 영향을 받는다.

2) 발달단계별 이혼에 대한 적응과정

(1) 학령전기

부모의 이혼을 경험한 6세 이하의 아동은 두려움, 슬픔, 분노 등의 감정을 빈번하게 드러내며 부모에게 정서적인 요구가 많아지고 달라붙는 등의 모습을 보인다. 배변훈련에서 퇴행을 보이고, 짜증이 늘고, 칭얼거리며, 격리불안을 보인다. 따라서 이 시기에는 그 어느 시기보다도 성인의 일관된 관심과 반응이 요구된다(Hodges, 1986).

이러한 정서적 · 인지적 특성은 이혼을 결정하는 단계나 초기 상심의 단계에서 모두 나타나며 이혼 후 1년까지 계속되지만 1년 후에는 점차 이러한 모습이 사라지는 것이 일반적이다. 그 이후에도 아동이 부적응을 경험하는 것은 대부분 지속적인 부부갈등이나 부적절한 부모양육에서 비롯되는 것이라는 견해가 많다(Wallerstein & Kelly, 1980).

(2) 학령기

이 시기의 아동은 유아기에 비해 자신의 감정을 인식하는 능력은 증대되지만 여전히 다른 사람의 행동이나 감정을 충분히 이해하는 능력은 부족하다. 학령기 초기인 만 6~7세의 아동들은 부모의 이혼을 자기 탓으로 돌리는 모습을 보이는데, 이는 이 시기의 아동이 자기중심적 사고에서 자유롭지 않기 때문에 생긴 결과이다(Longfellow, 1979). 자기중심성에서 탈피하지 못한 학령기 초기 아동은 결혼관계와 부모-자녀관계가 별개의 관계임을 이해하지 못하기 때문에 이혼을 자신의 책임으로 돌리게 된다. 예컨대, 아동은 부모의 이혼을 자신이 말썽을 부려서 한쪽 부모가 자신을 버린 것으로 이해하고 위기로 받아들이는 것이다.

8세 정도의 아동들은 자신들이 거부당하거나 유기되었다고 느끼지만 자신을 비난하지는 않는다. 함께 사는 부모가 다른 한쪽 부모를 못 오게 하거나 다른 곳으로 보냈다고 믿기 때문에 함께 사는 부모에 대해 분노를 느낀다. 부모의 재결합을 열망하지만 이러한 자신의 생각이나 행동이 부모를 화나게 하므로 표현하기를 두려워한다(Hodges, 1986).

한편 9~12세의 아동들은 이혼에 대해 좀 더 현실적으로 이해하며 자신들의 감정이나 강렬한 분노를 잘 표현할 수 있다. 이혼에 대해 더 이상 책임감은 느끼지 않으나 부모의 행동에 대해 창피함을 느끼며 도덕적인 면에서 분노를 느낀다(Guttmann, 1993).

(3) 청소년기

부모의 이혼은 청소년 자녀들에게는 성인으로서의 역할과 책임을 부여한다. 예컨대, 동생을 보살피고 가사를 돌보는 등의 역할을 떠맡게 되는 것이다. 또한 부모의 상담자나 친구의 역할을 하는 경우도 있다. 이와 같이 의존의 욕구가 충족되어야 할 시기에 부과되는 성인역할 부담은 정작 성인기에 독립을 성취하는 데는 저해요소가 된다.

일반적으로는 청소년기에 부모의 이혼을 경험한 아동들이 충족되지 못한 의존적 욕구를 다음과 같은 행동으로 표출한다. 첫째는 퇴행적 행동을 보이는 유형으로, 자신보다 어린아이들과 어울리고 학교에 결석하거나 성적이 떨어진다. 둘째는 의존적 욕구를 또래에게 전이하는 유형으로, 친구들과 어울리며 비행을 저지르고 조기 이성관계를 갖는 등 반사회적인 양상으로 표출된다(Guttmann, 1993).

그러나 점차 사회인지적 능력이 발달하면서 부모에 대한 이해의 폭이 커지고 부적응 양상은 줄어들게 된다. 즉, 청소년기의 자녀는 학령전기나 학령기 아동에 비해 부모의 이혼에 대해 비교적 객관적인 입장을 취할 수 있게 된다. 청소년기에는 타인에 대한 이해능력이 향상되고 독립적인 존재로서 자신을 인식할 수 있을 정도로 성숙하기 때문이다. 따라서 이 시기의 문제는 부모가 이혼했다는 사실 자체에서 초래된다기보다 이혼 후에도 지속되는 부모 간의 갈등이 더욱 문제가 되는 경우가 많다(Hodges, 1986).

3) 재혼을 통한 새로운 문제

이혼가정 아동의 적응을 논의할 때 재혼가정에 대한 논의는 매우 중요하다. 이혼한 부모가 다른 배우자와 재혼하면 재정적인 면이나 부부 사이는 안정되지만 자녀 입장에서는 계부모나 형제들과 서로 적응해야 한다는 새로운 과제를 안게 되기 때문이다(Hetherington, Stanley-Hagan, & Anderson, 1989).

재혼하는 당사자들의 전혼경험 여부, 전혼자녀 여부, 재혼 시 자녀의 발달단계, 자녀의 양육권 소재 및 동거 여부, 재혼부부의 전 배우자와의 관계, 전혼자녀의 비동거 친부모와의 접촉빈도 등에 따라 각 재혼가정의 문제가 다양하지만, 일반적으로 경험하는 가족문제는 다음과 같다(한경혜, 1997).

(1) 전혼관계로 인한 정서적 부담

재혼가족은 가족형성기부터 이혼과정에서 겪은 상실감과 심리적 고통을 가지고 시작한다. 또한 전혼가족과의 경험, 기억, 가족문화, 익숙해진 생활방식 등이 있을 것이며, 이혼 후 재혼까지 한부모로 살면서 갖고 있던 문제들을 가지고 있다. 또한 재혼에 대한 사회의 부정적 인식, 편견, 선입관 등도 재혼가족의 정서적 부담이다.

(2) 계부모 역할의 모호성

계부모 역할의 어려움과 모호성은 자녀가 있는 재혼가족의 가장 큰 긴장원으로 보고되고 있다. 예컨대, 많은 계부모가 자녀의 양육 및 훈육에서 어느 정도 엄하게 혹은 허용적으로 행동하는 것이 적절한가를 찾는 데 어려움을 느낀다. 이에 대한 가족원 간의 의견 차이가 있을 경우에는 그로 인한 갈등으로 보다 많은 스트레스를 받는 것으로 나타난다.

(3) 가족 경계의 모호성

재혼가족은 가족을 어떻게 정의하느냐에 따라 구성원 간의 의식 차이가 존재할 수 있으며, 가족의 경계설정 자체가 명확하지 않다는 문제가 있다. 특히 자녀가 있는 경우 재혼부모와 친부모 사이를 오가게 되면 가족 경계가 불명확하다는 문제가 커진다. 부모의 재혼 결정과정에서 자녀가 발언권을 가지지 못하고 비자발적으로 재혼가족의 일원이 된 경우는 가족 범주의 모호성 문제가 더욱 심각해질 수 있다. 재혼가족의 자녀들은 친부모에 대하여 갖게 되는 양가감정에서 정서적 혼란을 느끼는데, 계부모에게 거리를 둠으로써 그 혼란을 줄이고자 하는 경향이 있다. 또한 함께 살지 않는 친부모에 대한 분노, 실망, 상처 등을 계부모 탓으로 돌리거나 계부모에게 발산하여 문제를 일으키기도 한다.

3. 이혼의 실태와 관련법 현황

1) 이혼의 실태

오늘날 가치관과 생활양식의 변화는 이혼을 바라보는 사회의 시각을 다양하게 변화시켰다. 혹자는 이혼과 같은 사적인 선택문제를 사회문제화하는 것에 대해 반대하는 입장을 취하기도 한다. 그러나 아동복지적 관점에서 볼 때, 자녀양육기 가정의 이혼은 성인 당사자의 선택에서 나아가 자녀의 복지에 직간접적으로 다양한 영향을 미칠 수 있는 중대한 생활위기임을 간과해서는 안 된다.

우리 사회의 이혼율은 1970년대부터 지속적으로 증가해 오다가 1997년의 경제위기를 계기로 더욱 급격하게 증가했다. 즉, 국가의 경제위기가 가계의 재정난을 유발하고, 이것이 가족 갈등과 해체로 이어진 것으로 보인다. 그러나 최근 통계청 자료에 따르면 계속 증가추세에 있던 이혼율이 2003년 167,096건으로 정점에 이르렀다가 2004년부터 계속 감소해 왔다. 2011년 기준 15세 이상 배우자가 있는 인구를 기준으로 하는 유배우 이혼율도 4.7건으로 2001년 이후 최저치이다. 협의에 의한 이혼건수도 지속적으로 감소하고 있고, 미성년 자녀가 있는 부부의 이혼도 60,100건으로 지속적으로 감소하여

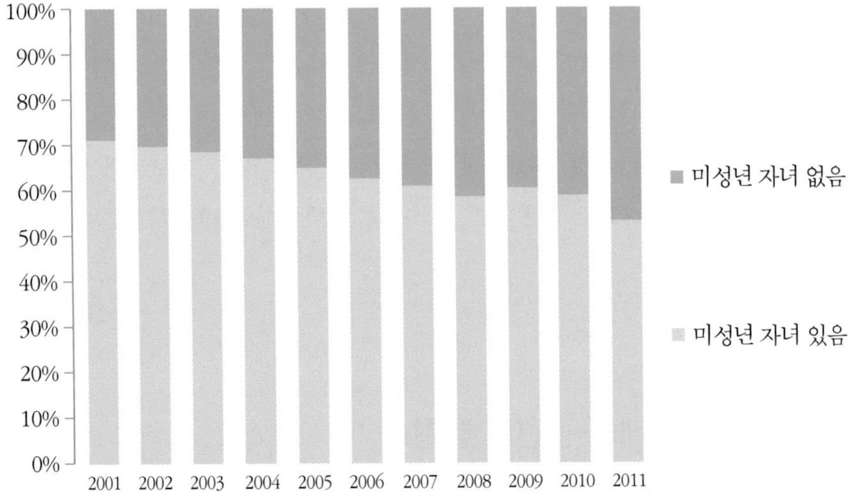

그림 11-1 미성년 자녀 유무별 이혼구성비

출처: 통계청(2012). 2011 혼인이혼통계.

전체 이혼의 52.6% 수준이다. 이는 IMF 외환위기 국면의 진정, 2008년 이혼 숙려제도와 같은 이혼방지책의 도입, 15~49세 유배우 인구의 감소 등의 요인들이 복합적으로 작용한 것으로 보인다.

이혼문제는 양적으로는 감소추세에 있지만 질적으로는 상당히 새로운 국면을 맞이하고 있다. 2011년 기준으로 이혼부부의 평균 혼인 지속기간은 13.2년으로 전년 대비 0.2년, 10년 전 대비 2.1년 길어지는 등 지속적인 증가세로 나타났다. 전체 이혼 중 혼인 지속기간 4년 이하의 비중이 가장 많은 26.9%를 차지했지만, 최근 그 비중이 급증한 층은 혼인 지속기간이 20년 이상인 경우로 나타났다. 이는 중년이혼이나 황혼이혼이라는 새로운 이혼 관련 문제 양상을 보여 준다고 하겠다.

다문화가정의 증가도 이혼문제의 새로운 양상에 기여하고 있다. 우리나라에서 외국인과의 결혼은 2007년 최고조에 달했다가 다소 감소추세에 들어간 반면, 외국인과의 이혼은 2010년 감소한 이후 다시 증가추세로 전환되었다.

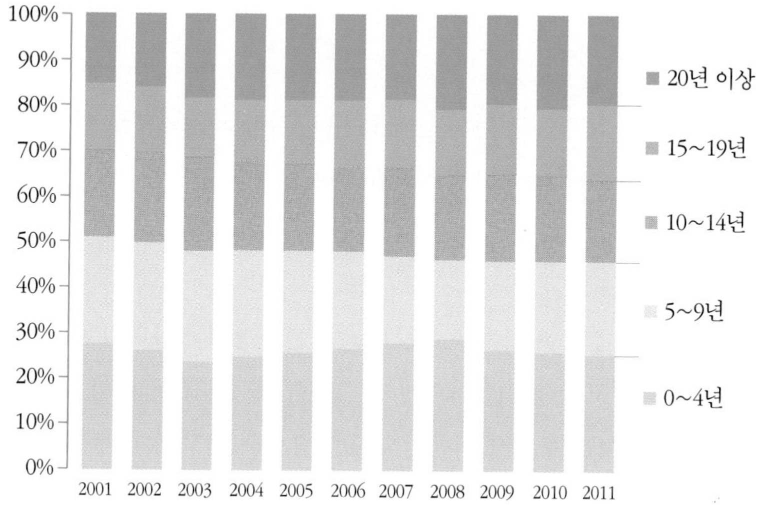

그림 11-2 혼인 지속기간별 이혼구성비

출처: 통계청(2012). 2011 혼인이혼통계.

이러한 증가추세에는 주로 한국 남성과 외국 여성의 이혼이 기여한 것으로 집계되고 있어서 결혼이주여성가족의 이혼문제가 보다 심각해지고 있음을 보여 주고 있다.

2) 관련법 현황과 이슈

우리 이혼법제는 재판상 이혼, 협의상 이혼과 조정에 의한 이혼을 인정하고 있는데, 그중 협의상 이혼은 그 원인 여하를 묻지 아니하고 부부의 협의에 의하여 이루어지는 이혼으로서 이혼에 있어서 가장 자유로운 제도이다. 2011년 통계로 살펴본 이혼 종류를 보면 협의이혼 75.6%, 재판이혼 24.4%로 구성비 면에서 협의이혼이 이전에 비해 다소 감소추세에 있지만 여전히 대부분을 차지하고 있는 것으로 나타났다. 이는 재판상 이혼에서는 배우자의 유책행위와 혼인파탄 책임에 대한 구체적인 입증이 어렵기 때문에 쉽고 빨리 헤어질 수 있는 협의이혼을 선호한다는 데에 기인한다(한국가정법률상담소, 2001).

그러나 이혼은 당사자 개인의 문제일 뿐 아니라 가정해체로 인한 다양한 문제점을 파생할 수 있는 중요한 사회문제라는 차원에서 협의상 이혼요건의 지나친 완화가 자칫 높은 이혼율로 이어질 것을 우려하는 사회 각계의 목소리가 있어 왔다.

이에 성급하고 경솔한 이혼을 예방하고 이혼과정에서 자녀의 복지를 무엇보다 우선적으로 고려하자는 취지에서 '이혼숙려기간제도'와 '의무상담제도'가 도입되었다. 이는 부부가 이혼합의서를 작성해 판사에게 제출하기만 하면 곧바로 이혼할 수 있는 기존의 협의이혼제도가 회복 가능성이 남아 있는 가정조차도 쉽게 이혼으로 유도해 왔다는 지적에 따른 대안이다.

이혼숙려기간제도 및 의무상담제도는 2004년 12월 서울 가정법원 가사소년제도개혁위원회 전체회의에서 도입하기로 의결하고, 2005년 3월부터 서울가정법원을 시작으로 전국 법원으로 확대되어 3년간의 시범실시 기간을 거쳤다. 시범실시 결과, 2004년에 10%였던 협의상 이혼 취하율이 이혼숙려기간제도가 시범 실시된 2005년에는 15.8%로 증가했고, 2006년에는 19%, 특히 2007년에는 21.1%로 증가해서 이 제도를 도입하기 전인 2004년과 비교하면 2배 이상 증가했음을 알 수 있었다.

이러한 제도의 도입으로 2008년 6월 22일부터는 협의이혼 의사가 있는 부부는 가정법원에서 이혼에 관한 안내를 받을 '의무'가 있게 되었고, 안내를 받은 날부터 '숙려기간'을 갖게 되었다. 숙려기간은 양육해야 할 자녀(임신 포함)가 있는 부부의 경우는 3개월, 자녀가 없는 부부는 1개월이다. 그러나 가정법원은 당사자 일방에게 참을 수 없는 고통이 예상되는 등 이혼을 해야 할 급박한 위험상황이 있는 경우에는 숙려기간을 단축 또는 면제할 수 있도록 함으로써 가정폭력과 같은 고위험 상황에서의 피해를 최소화하고자 했다.

또한 가정법원은 필요한 경우 당사자에게 이혼상담에 관해 전문적인 지식과 경험을 갖춘 전문상담인의 상담을 받을 것을 권고할 수 있다. 전문상담인으로는 대학교수, 의사 등의 전문가를 법원에서 위촉한다. 이혼 전 상담제도는 전문가의 상담을 통해 이혼에 대해 객관적으로 되돌아보게 하고, 이혼 후 파생되는 자녀양육 등의 문제에 있어 부작용을 최소화하기 위한 것이다. 특히 양육해야 할 자녀가 있는 부부의 경우 자녀의 양육과 친권자 결정에 관한 협의서나 이를 대신할 수 있는 가정법원의 심판정본을 제출해야 한다. 협의서에는 양육자는 누구로 할 것인지, 양육하지 않는 일방이 얼마씩, 어떠한 방법으로 양육비를 지급할 것인지, 면접교섭권 행사 여부 및 방법의 세 가지가 포함되어야 한다.

4. 이혼가정 아동을 위한 사회복지 실천

1) 아동중심 개입

(1) 이혼에 대해 설명해 주기

아동의 연령과 발달단계에 근거하여 아동에게 부모의 이혼을 설명해 줄 필요가 있다. 예컨대, 아동의 나이가 초등학교나 유치원 정도에 다니는 6~7세 이후의 아동이라면 친한 친구끼리도 때로는 싸우고 서로 헤어지듯이 부모도 서로 어울릴 수 없어 헤어지기로 결정한 것이라고 알려 줄 수 있다. 그러나 청소년기의 자녀라면 이혼 자체에 대한 설명보다는 이혼에 대한 자신의 생각이나 걱정거리를 말할 수 있게 함으로써 이혼에 대한 잘못된 생각과 신념, 두려움 등을 다루도록 원조하는 것이 바람직하다(채규만, 1997).

(2) 라포 형성하기

부모의 이혼문제로 상담하러 오는 아동들은 기분이 우울하거나 화가 나 있는 경우가 많다. 또는 두려운 감정 때문에 집에서 부모의 말을 안 듣거나 학교에 가서 말썽을 부리기도 한다. 대체로 어른들을 불신하고, 자신이 믿었던 부모마저도 자신을 떠났다는 배신감을 느끼기 때문에 상담자에게도 자신의 마음을 쉽게 개방하지 않는 경향이 있다. 그러므로 상담 초기에는 아동과 라포(rapport)를 형성하기 위해 상당 부분 노력해야 한다(Kaslow, 1981).

(3) 이혼에 대한 아동의 느낌 다루기

아동중심의 개인상담을 수행할 경우 개입의 초점은 아동이 부모의 이혼에 대해 느끼는 감정을 표현할 수 있도록 하고, 아동이 자신의 행동 때문에 부모가 이혼했다는 죄책감을 가지고 있는지 확인하고, 부모의 이혼은 전적으로 부모의 책임이지 아동의 책임이 아니라는 것을 강조해 주는 데 있다. 이혼을 한다고 해도 부모는 결코 자신을 버리지 않을 것이며, 계속해서 부모를 방문할 수도 있고, 부모-자녀관계가 유지될 것이라는 확신을 주어야 한다. 또한 나이가 어릴수록 이혼에 대해 느끼는 감정과 생각을 그림 등을 통해 표현하도록 하고 그림에 대해 설명할 수 있도록 하는 것이 좋다(채규만, 1997).

청소년들의 경우 부모의 불화와 이혼을 앞두고 비행행동을 하거나 학교에서 문제를 일으키는 경우가 많다. 이러한 청소년들은 마음속의 분노나 두려움 등의 감정을 알아주고 지지해 주어야 한다. 또한 부모의 영역에서 자녀가 할 수 있는 것은 한계가 있다고 알려 주는 것이 필요하며, 부모의 이혼을 현실로 받아들일 수 있도록 설득해야 한다. 이 외에도 부모의 이혼이 자신들의 가정 또는 학교 생활에 미치는 영향을 표현하도록 해 주고, 초기일수록 그들이 느끼는 감정이 정상적이라고 강조해 줌으로써 과도한 죄책감을 갖지 않도록 해 주어야 한다(Kaslow, 1981).

(4) 새로운 가족성원 간의 관계 다루기

이혼 후 새롭게 함께 살게 된 가족과의 관계를 다루어 주어야 한다. 아동이 조부모나 친인척과 함께 살 수도 있고, 동거부모가 재혼을 했다면 계부모나 의붓형제와 살 수도 있다. 특히 재혼가정에서는 계부모나 의붓형제에게 자신의 친부모를 빼앗겼다고 느낄 수도 있고, 친부모를 사이에 두고 삼각관계가 형성되기도 한다. 극단적으로는 특정 자녀가 희생양이 되어 신체적·성적 학대의 대상이 되는 경우도 있으므로 가족관계에 대한 심층적인 사정이 필요하다. 여기에서는 정확한 객관적 사실을 수집하는 것도 중요하지만 이러한 가족관계에 대한 아동의 감정을 적절하게 표현하고 논의할 수 있는 기회를 주는 것이 중요하다(Hodges, 1986).

(5) 집단을 통해 원조하기

아동을 위해 비교적 구조화된 집단상담을 계획할 수도 있다. 이러한 집단상담에서는 이혼이라는 동일한 사건에 대한 느낌을 공유함으로써 아동의 발달과 적응에 긍정적으로 기여할 수 있다. 일반적으로 이혼가정 아동을 위한 집단에서는 부모의 이혼에 대한 긍정적 또는 부정적인 느낌, 부모의 이혼 후 친척에게서 또는 학교에서 겪게 된 경험이나 그에 대한 느낌, 부모의 이혼 결정을 알게 되고 나서 겪게 된 충격, 꿈, 반복되는 생각들, 이혼 후 새로이 맺게 된 계부모나 친인척과의 관계 등을 다룬다. 이러한 주제는 아동이 관심 있어 하는 활동을 통해서 다루어 주는 것이 효과적이다. 만들기, 그림 그리기, 몸으로 표현하기, 이야기 만들기 등의 활동중심, 참여중심의 접근이 이루어져야 할 것이다(김명권 외 공역, 2001).

2) 가족체계 중심 개입

(1) 이혼가족에 대한 개입목표

이혼가정의 상담에서는 부부 사이의 관계와 부모 및 자녀 사이의 관계를 재정립하는 데 개입목표를 두어야 한다. 상담은 이혼의 현실을 다루어야 하며 그러기 위해서는 이혼가족을 하위체계별로 다룸으로써 그들이 이혼 후 겪게 되는 새로운 현실을 인정하도록 해야 한다. 이혼이란 옛 가족체계의 해체와 새로운 하위체계의 창설을 의미한다. 그러므로 상담은 어떤 하위체계가 왜 강화 · 유지되어야 하고 어떤 하위체계는 왜 약화되어야 하는가를 매우 중시한다. 즉, 부모자녀나 형제 하위체계는 유지되어야 하지만 부부체계는 무너져야 하고, 아이들과 계부모와의 하위체계는 새롭게 생성되어야 한다(엄예선, 2002).

(2) 이혼가족을 대상으로 하는 개입활동

이혼가족 상담의 일차적인 초점은 이혼과정에서 가장 상처받기 쉽고 희생되기 쉬운 자녀들의 안녕과 복지에 두어야 한다. 이혼 후에도 지속적으로 자녀들에게 책임감 있는 부모역할을 할 수 있도록 하고, 새로운 조건에서의 부모역할에 적응하도록 하는 것에 초점을 두어야 할 것이다. 이러한 과정은 부모 입장에서도 자녀에 대한 죄책감을 덜 수 있으며 자신들의 상처를 회복하는 데도 도움이 되기도 한다. 그러나 이혼한 배우자에 대한 적대감이나 애증의 문제가 충분히 해결되지 않아 정서적으로 이혼이 되지 않은 경우는 보다 큰 고통과 어려움을 경험하기도 한다.

자녀를 둔 이혼가정을 상담하는 사회복지사의 주요 활동을 정리하면 다음과 같다(채규만, 1997).

- 부모들이 자녀들에게 이혼한다는 사실을 솔직하게 말하는 것은 좋지만 상대방을 비방하는 내용이나 태도는 바람직하지 않다는 것을 강조해 준다.
- 가족, 특히 자녀들 앞에서 부모의 이혼은 전적으로 부모 둘이서 결정한 사항이라는 것을 분명히 밝혀 둔다.
- 이혼은 수용해야 할 현실이며 자녀들이 부모를 서로 화합시키려고 노력하지 말아야 할 것이라고 알려 준다.

- 이혼하게 되면 어머니 집이나 아버지 집에 새로운 규칙이 있을 수 있으며 한쪽 부모의 집에 거주하는 한 그 가정의 새로운 규칙에 따를 것을 강조한다.
- 이혼 후에도 두 부모가 자녀를 위해 최대한 협력할 것도 알려 준다.
- 이혼한 부모가 자녀들을 통해 상대방의 사생활에 대한 정보를 얻어내려 하지 말아야 할 것도 강조한다.

이 외에도 이혼가정의 다양한 욕구에 근거한 상담과 다양한 서비스가 필요하다. 일반적으로 이혼가정의 욕구로 논의되는 내용은 부부관계 교육, 이혼 예방 및 결과에 대한 교육, 이혼 조정 및 법률 상담, 직업훈련 및 취업정보, 부모역할 및 자녀교육, 재혼에 대한 정보와 기회 마련 등이다(김순옥, 1993).

연구문제

1. 이혼가정 자녀에 대한 사례분석을 통해 이혼이 아동에게 미치는 심리사회적 영향에 대해 생각해 봅시다.
2. 이혼가정을 원조하기 위한 다양한 개입방법을 브레인스토밍해 봅시다.
3. 신문이나 인터넷 검색을 통해 우리나라 이혼문제를 조사해 보고 심각성에 대해 토론해 봅시다.

제12장

아동양육시설보호

우리나라에서 아동을 보호하는 대표적인 시설은 아동양육시설이다. 오랫동안 '고아원'으로 불리던 아동시설은 정확하게는 아동양육시설로 구분할 수 있다. 아동양육시설은 보호를 필요로 하는 아동을 입소시켜 보호·양육하는 것을 목적으로 하는 시설이다. 일반적으로 아동양육시설에서 아동을 보호하는 것을 시설보호라 한다.

우리나라에서 시설보호는 요보호아동을 보호하는 대표적인 대리적 서비스이다. 아동에게는 가정보호가 무엇보다도 우선되어야 하나, 여러 요인으로 인하여 아동이 태어난 가정에서 살아갈 수 없게 되었다면 입양이나 가정위탁 등 가정과 유사한 방식으로 보호되어야 한다. 그러나 이러한 보호도 불가능한 경우 시설보호에 의존하게 된다.

아동양육시설은 요보호아동을 보호하는 방식들 중 가장 마지막에 선택되는 것이어야 한다. 그 이유는 가정을 대신하여 아동을 보호하는 여러 방식 중 아동양육시설은 가정과 거리가 먼 환경을 제공할 가능성이 높기 때문이다. 그럼에도 불구하고 우리나라의 아동보호에서 아동양육시설은 중심적인 역할을 하여 왔으며 현재도 그 비중이 크게 줄어들지 않고 있다.

아동양육시설의 존재배경과 기능, 현황, 관련된 문제를 살펴보고 아동양육시설의 대안을 모색하여 보는 것은 보호를 필요로 하는 아동에 대한 바람직한 보호를 구상하는 데 있어 의미 있는 시사점을 제공할 것이다.

1. 아동양육시설의 배경과 의미

아동은 가정에서 보호를 받으며 성장하는 것이 가장 바람직하다. 아동의 양육환경으로서 가정의 중요성에 이의를 제기하는 사람은 없을 것이다. 그러나 가정에서 양육될 수 없는 아동이 있으며, 이러한 아동에게는 사회에서 적절한 양육환경을 마련하여 주는 것이 필요하다.

우리나라에서 요보호아동의 발생은 계속되어 왔다. 요보호아동의 규모는 2003년까지는 계속 증가세를 보이다 감소세로 전환되었으나 아직도 그 규모가 작지 않다. 2011년에도 8,436명의 요보호아동이 발생하였다. 요보호아동의 발생원인은 비교적 크게 변화하여 왔다. 1950년대까지는 식민지 통치와 전쟁 등으로 인하여 발생한 기아 및 미아가 요보호아동의 주를 이루었으며, 1970년대까지는 경제적 어려움으로 인하여 가정에서 아동을 양육할 수 없는 경우가 요보호아동 발생의 주원인이 되었다. 1980년대 이후에는 빈곤문제 외에 가족해체와 가족기능의 약화 그리고 성문화의 변화가 요보호아동을 발생시키는 주요 원인이 되었다. 핵가족화, 가족 유대의 약화, 또한 그로 인한 이혼이나 별거를 포함하는 가족해체의 증가와 미혼모의 증가, 가장의 사망이나 사고 또는 질병으로 인한 가족기능의 약화 등으로 인해 가족 내 아동양육

능력은 떨어지고 있다. 이 밖에도 아동 방임 및 유기·학대 등으로 인해 가정에서 아동을 양육하는 것이 부적절한 경우가 적지 않다. 1990년대 중반 경제위기는 다시 한 번 경제적 요인으로 인한 요보호아동의 발생을 크게 증가시키는 계기가 되었다.

경제위기가 가족 내 갈등을 증폭시키고 가정의 해체를 초래하여 아동의 보호를 어렵게 하거나 또는 가정의 경제적 여건으로 아동의 양육을 포기하는 등의 사례들이 증가하였다. 결과적으로 최근의 요보호아동이 발생하는 이유 중에는 미혼모의 증가, 부모의 이혼, 부모의 학대 등이 차지하는 비율이 높다. 부모의 빈곤이나 실직이 원인이 된 비율은 2011년 기준으로 약 5% 정도이지만 부모의 이혼이나 학대도 경제적 이유와 무관하지는 않다.

요보호아동의 발생에는 여러 가지 요인이 함께 작용하고 있지만, 결과적으로 최근에는 과거와 달리 부모가 생존해 있음에도 요보호상태에 처한 아동이 증가하고 있다. 가정의 기능을 유지하거나 강화하는 정책적인 노력으로 요보호아동의 발생을 예방하여야 하지만 그러한 정책에 미흡하여 요보호아동을 위한 이상적인 보호환경을 조성하는 노력이 여전히 중요한 과제이다. 2003년 이후로 요보호아동의 발생건수가 다소 감소국면으로 바뀌었지만 귀가 및 연고자 인도의 비율은 더 크게 감소하였으며(2011년 기준 귀가 및 연고자 인도는 약 11% 정도에 그치고 있다), 반면 양육시설 입소는 크게 줄어들지 않아서 50%를 상회하고 있다.

아동양육시설은 가족이 양육할 수 없는 아동을 대리 양육하는 시설로서 지금까지 가장 대표적인 아동복지시설이 되어 왔다. 아동시설 하면 아동양육시설을 떠올리게 되었으며, 아동양육시설은 우리나라 사회복지의 역사에서 상당 기간 동안 대표적인 사회복지시설로 인식되기도 하였다. 그러나 이러한 아동양육시설의 위상은 그 자체로 우리 사회의 바람직하지 못한 아동보호의 방식을 대변한다.

물론 출생한 가정에서의 아동보호가 가장 바람직하지만 그것이 불가능할 경우 가정과 유사한 환경을 제공할 수 있는 가정위탁이나 입양을 먼저 고려하게 된다. 미국의 경우 친부모와 헤어져 있는 동안 아동의 보호형태로 친척에 의한 위탁, 일반위탁, 그룹홈을 찾고, 이러한 보호형태가 적용되기 어려운 특별한 문제를 갖고 있는 아동의 경우에 시설보호를 선택하고 있다.

프리들랜더(Friedlander, 1974: 변용찬, 이상헌, 1998: 36-37에서 재인용)는 시설보호가 필요한 아동을 다음과 같이 들고 있다. ① 부모의 심한 질병 또는 상해로 인하여 더 이상 가정에 머무를 수 없게 된 아동으로서 친부모와의 정서적인 밀착관계로 인해 부모나 자신이 다른 가족과는 같이 지내기를 거부하는 아동, ② 가족의 역기능, 긴장 또는 이혼에서 비롯된 아동의 문제가 가정에 남아 있을 수 없을 정도로 심각하나 위탁가정에서도 건전한 정서적 관계를 맺을 능력이 없는 아동, ③ 이전의 위탁가정에서 크게 실망하였거나 깊은 마음의 상처를 입어 아직 새로운 가정에 적응하기 어려운 아동, ④ 위탁가정이 수용하기 곤란한 건강 또는 행동상의 문제를 갖고 있어 전문적 관찰 및 지도와 통제된 환경하에서 의료 또는 정신과적 치료가 필요한 아동, ⑤ 형제가 너무 많아 몇몇 위탁가정으로 분리되어야 하지만 서로 헤어지길 원치 않는 형제집단, ⑥ 원가족으로부터도 독립하고자 하였고 위탁가정으로부터도 독립하려는 경향을 보이는 아동 및 청소년, ⑦ 가족 내의 문제로 인하여 단기간의 보호가 필요하나 그 기간 동안 집단생활을 경험하는 것이 보다 유익할 것으로 판단되는 청소년이다.

우리나라와 같이 혈연을 중시하는 문화에서는 요보호아동을 위한 위탁가정이나 입양과 같은 이상적인 선택이 어렵다. 즉, 시설보호가 특별한 사유가 인정되는 요보호아동에 대한 보호방식으로 선택되기보다는 일반 요보호아동의 피할 수 없는 대안이 되고 있다. 아동양육시설에서 생활하는 아동의 수는 1980년 20,908명에서 2005년 17,729명으로 감소하였지만(보건복지부, 2006) 아직도 요보호아동에 대한 보호조치로 시설입소는 큰 비중을 차지하고 있는 반면, 입양이나 위탁 등의 보호방식은 적은 수의 요보호아동에게 한정되어 있다. 2010년 발생한 요보호아동으로 귀가하지 못하고 보호조치를 하여야 하는 아동 중 약 36.6% 이상이 아동시설 중에서도 아동양육시설에 입소하였다.

시설보호가 위탁가정을 찾는 것보다 우선될 수 없으나 우리나라의 문화적 특성에서 시설보호를 피할 수 없었으며, 당분간 시설보호 중심의 틀을 벗어나기 어려울 것으로 전망된다. 결국 요보호아동에 대한 이상적인 보호형태가 정착되기 전까지는 시설보호의 개선이 시급하다.

2. 아동양육시설의 기능과 분류

1) 아동양육시설의 목적과 기능

아동양육시설의 목적에 대한 정리는 적지 않다. 변용찬과 이상헌(1998)은 아동양육시설을 아동복지시설이라 하면서, 아동복지시설의 목적은 가정에서 자신의 욕구를 제대로 충족할 수 없는 아동들에 대하여 집단보호와 치료서비스를 제공해 주는 것이라고 설명하였다. 한편, 카두신(Kadushin, 1980: 583)은 아동복지시설을 아동과 무관한 성인들의 보호하에 아동집단의 공동생활을 위한 하루 24시간의 서비스를 제공하는 주거시설로 정의하고 있다. 즉, 아동양육시설은 부모를 잃었거나 여러 가지 이유로 부모 및 기타 보호자의 보호를 받을 수 없는 고아, 기아, 장애아, 결손가정 및 빈곤가정 아동 등과 같은 요보호아동을 대상으로 이들에게 보호, 치료 및 재활 등의 서비스를 제공하는 생활의 장이라고 정의할 수 있다.

아동양육시설의 목적은 포괄적인 것이지만 우리나라 상황에서 보면 그 초점에서는 변화가 필요하다. 아동시설 운영의 목적이 요보호아동들을 장기적으로 집단 수용하는 것에서 아동을 일시적으로 보호하면서 아동과 그 가족에 대한 치료서비스 등의 전문적인 서비스를 제공하여 아동을 가족으로 복귀시키는 것으로 변화되어야 한다는 점이 강조되고 있다.

아동은 양육시설을 통하여 정상적으로 성장할 수 있어야 하고, 불만족스러웠던 경험의 영향을 교정 · 변화시킬 수 있어야 하며, 아동의 인격발달이나 기능에 장애를 가져오게 한 사회적 · 정서적 문제를 개선할 수 있어야 한다(장인협, 오정수, 1999). 시설에서 양육되고 있는 아동들은 시설입소 전에 가족원 간의 갈등이나 부모의 학대 · 유기 등으로 인해 보다 많은 심리적인 상처를 안고 있을 것이라는 점을 쉽게 추측할 수 있다. 따라서 이들의 의식주를 해결하는 것도 중요하지만 이들이 안고 있는 사회 · 심리적인 문제를 해결하는 것이 무엇보다 중요하다고 여겨진다(노혜련, 장정순, 1998: 46). 이러한 시설의 목적을 달성하기 위하여 시설은 아동의 건전한 인격발달과 성장에 필요한 프로그램 및 서비스를 제공할 수 있어야 한다.

아동양육시설이 아동을 보호함에 있어 견지하여야 하는 원리는 아동보호의 방향을 설정하는 데 유용한 기준이 된다. 아동에 대한 시설보호의 원리는 다음과 같이 정리된다(최영욱 외, 1990; 김현숙, 1997: 변용찬, 이상헌, 1998: 39-40에서 재인용).

- **인간생명의 절대적 존중 원리**: 적절한 생활수준을 누릴 권리, 의료서비스를 받을 수 있는 권리 등 생존의 권리, 발달의 권리, 보호받을 권리, 의사표현의 권리, 사회활동 참여의 권리 등 아동의 인권을 보장받을 수 있어야 한다.
- **인간성 회복 · 형성의 원리**: 이전의 부정적인 경험이 주는 영향에 대한 전문적인 접근이나 아동과 보호자 사이의 신뢰관계를 통한 인간성과 주체성 회복을 위한 노력이 있어야 한다.
- **친자관계 존중 · 조정의 원리**: 부모와의 관계를 회복시키고 강화할 수 있는 각종 노력을 하여야 한다.

- **개별화와 사회화 과정의 조화원리:** 모성결핍으로 인한 부정적 증상에 대하여 전문적 개입을 통하여 아동을 따뜻하게 수용하고 그들의 가치를 발견할 수 있도록 노력하여야 한다.
- **사회참여 회복촉진의 원리:** 사회생활의 능력을 향상시켜 사회의 일원으로 성장할 수 있도록 하여야 한다.

시설아동에 대한 시설보호는 이와 같은 원리에 입각하여 시설아동의 삶의 질을 높일 수 있는 기능을 수행하여야 할 것이다.

2) 아동양육시설의 분류

아동양육시설은 보호를 필요로 하는 아동에 대한 주거 및 전문적 보호의 제공을 목적으로 하지만 몇 가지 기준에 따라 시설의 분류가 가능하다. 시설의 분류는 각 시설이 갖는 한계와 의미를 파악하는 데 도움이 되며, 아동시설의 향후 발전방향을 모색하는 데 단서를 제공하게 된다.

(1) 보호아동의 연령에 따른 구분

우리나라에서 아동양육시설은 보호아동의 연령에 따라 크게 세 가지로 구분된다. 영아시설과 육아시설 그리고 영육아시설이 그것이다. 아동의 연령에 따라 아동양육시설을 구분한 배경은 아동의 연령에 따라 필요한 시설의 물리적 조건이나 양육방식, 적절한 보육사의 수 등 제반 사항이 다르다는 것이다.

영아시설은 만 3세 미만의 아동들을 양육 · 보호하는 아동복지시설을, 육아시설은 만 3세 이상 18세 미만의 아동들을 양육 · 보호하는 아동복지시설을, 그리고 영육아시설은 18세 미만의 전 연령의 아동들을 양육 · 보호하는 아동복지시설을 의미한다. 대부분의 아동양육시설은 육아시설이며 영아시설과 영육아시설의 수는 많지 않다.

연령에 따른 시설의 구분은 시설을 설치 · 운영하는 측면에서는 편의성이 있을지라도 시설에 거주하는 아동에게는 좋지 않은 영향을 주었던 것이 사실이다. 아동양육시설이 연령에 따라 구분되어 있다 보니 3세 미만까지는 영아시설에서 지내던 아동이 3세가 되면 육아시설로 옮겨야 하는 상황이 발생한다. 시설을 옮긴 아동이 새로운 시설에서 기존의 아동들과 새롭게 적응하여야 하는 심리적 부담을 갖게 될 뿐 아니라 보호의 지속성이 떨어져 가정과 유사한 환경을 제공한다는 견지에서도 좋지 않은 결과를 초래하고 있다. 실제 육아시설에서 3세 아동들은 기존의 육아시설 아동들과 달리 주변적인 존재로 한참의 시간을 외롭고 우울하게 지내는 경우가 적지 않다. 또한 연령의 차가 있는 형제, 자매, 남매의 경우에 자칫 서로 떨어져 다른 시설로 보호 조치되는 경우조차 발생하게 된다. 시설에 따라 형제의 경우 시설에서 보호하는 해당연령의 아동이 아니어도 동일 시설에서 생활할 수 있도록 배려하기도 하지만, 연령에 따른 시설의 구분이 보호되는 아동에게는 긍정적인 영향보다는 부정적인 영향을 미칠 수 있다는 점이 문제로 지적되고 있다.

영육아시설은 18세 미만의 전 아동을 보호대상으로 하고 있어 이러한 문제로부터 다소 벗어나 있으나, 그 수가 적어 영아시설과 육아시설에 대한 연령기준 적용을 재고할 필요가 있는 상황이다. 가정과 유사한 형태의 주거조건인 소숙사방식으로 시설을 운영하는 일부 시설의 경우 한 숙사 내에 아동의 연령을 비교적 고르게 분포하도록 하고 있는데, 이러한 구성이 오히려 아동들에게 가정과 같은 분위기를 제공하는 데 긍정적인 기여를 한다. 좀 더 연령이 높은 아동들은 연령이 낮은 아동을 동생으로 보살피는 경험과 그로 인한 긍정적인 자아개념 형성의 기회를 갖게 되고, 연령이 낮은 아동은 연령이 높은 아동들에게 보호를 받으면서 심리적 지지를 얻고 또한 연령이 높은 아동들과의 관계에서 형과 언니 등에 대한 관계형성의 방식을 익히게 된다.

(2) 주거형태에 따른 구분

아동양육시설은 아동의 주거형태에 따라서도 구분할 수 있다. 주거형태에 따라 아동양육시설을 구분하면 집단기숙사형(dormitory system), 유사소숙사형, 소숙사형(cottage system)으로 분류할 수 있다.

집단기숙사형은 과거 아동양육시설의 전형적 주거형태였다. 한 방에 일정한 수의 아동이 기거하면서 세면, 식사 및 여가 등 기타의 생활은 공동의 장소를 활용하는 것으로, 방들의 배치와 방의 구성은 일반적인 기숙사와 유사하다. 집단기숙사형의 경우 한 방에서 생활하는 아동을 비슷한 또래의 아동으로 구성하여 생활에 대한 관리에서 편의성을 도모하는 경향도 있었다. 소숙사형은 거실과 침실 그리고 별도의 식당과 화장실 등으로 구성된 일반 가정집과 유사한 공간에서 가정의 규모와 유사한 일정한 수의 아동이 함께 생활하는 형태로, 취사와 식사 그리고 여가 등 거의 모든 생활이 그 공간 내에서 이루어진다. 동일 시설의 일정 울타리 내에서도 여러 개의 소숙사가 만들어지고 소숙사별 생활은 일반가정과 같이 보육사와 몇 명의 아동으로 제한되어 이루어진다. 최근 우리나라 아동양육시설들은 소숙사와 같은 형태로 시설을 보수하고 아동들에게 좀 더 가정과 유사한 환경을 제공하고자 하는 경향이 있다. 유사소숙사형은 소숙사와 유사하게 일반 가정집과 같은 구조로 시설을 구성하고 한 숙사 내 보호아동과 보육사의 구성도 소숙사형과 같지만 취사와 여가생활 등은 공동식당, 공동의 장소를 이용하는 형태이다. 현재 아동양육시설 중 적지 않은 시설들이 소숙사 형태를 지향하나 완전한 소숙사형으로 변화시키기보다는 유사소숙사형을 취하여 보육사의 취사에 대한 부담을 줄이고 운영비의 압박 등을 피하고 있다.

시설이 아동에게 주는 부작용을 줄이는 좀 더 바람직한 방법은 입양이나 위탁보호를 활성화하는 것이지만, 아동양육시설에서 아동을 보호하여야만 하는 상황이 당분간 유지된다면 아동양육시설을 소숙사 형태로 전환하여 아동들에게 그나마 가정과 유사한 환경을 제공하여 시설의 일률적인 생활방식에서 벗어나고 아동들 간 그리고 아동과 보육사 간에 좀 더 긴밀한 정서적 관계를 형성할 수 있도록 하는 것이 바람직할 것이다.

(3) 규모에 따른 구분

아동양육시설은 규모에 따라 대규모시설과 소규모시설로 구분할 수 있을 것이다. 시설의 규모는 시설에서 생활하는 아동의 수, 즉 정원으로 대변되는데, 대규모시설과 소규모시설을 구분하는 보호아동의 수를 단언하기는 어렵지만 현재 아동양육시설이 30인 이상의 시설을 표준으로 하고 200인까지의 아동보호가 가능하도록 법으로 규정한 것은 우리나라의 아동양육시설이 대체로 대규모시설임을 단적으로 시사한다.

오히려 정부로부터 지원을 받고 있지 않은 시설들 중에는 30인 이하의 소규모시설이 적지 않은 것으로 알려져 있다. 그룹홈이 5~7인의 아동을 보호하는 것이 일반적이므로 소규모시설은 30인 미만, 8인 이상의 규모로 구분하여 볼 수 있을 것이다. 시설의 규모도 가정과 같은 환경조성이라는 아동양육시설의 당면 과제 또는 지향과 밀접한 관련을 갖는다. 시설이 대규모일수록 가정과 거리가 먼 시설환경이 될 가능성이 높기 때문이다.

물론 대규모시설의 경우라 하더라도 주거형태나 아동에 대한 프로그램 운영을 비롯한 시설의 운영방식이 가정과 유사한 환경을 제공하는 데 긍정적인 것이 되도록 노력하고 성공적으로 그러한 노력이 결실을 맺고 있다면, 규모만으로는 아동에 대한 시설규모의 영향을 일반화하는 것이 부적절할 수 있다. 그러나 규모가 시설의 분위기에 영향을 주는 그 개연성에 대해서는 주목할 필요가 있으며, 향후 우리나라 아동양육시설의 규모를 좀 더 소규모로 변화시키고자 하는 다양한 노력이 이루어져야 할 것이다. 아동양육시설의 신고기준을 소규모시설에 좀 더 유리하게 하거나 시설에 대한 지원을 소규모시설에 강화하는 등 제도적 변화를 도모할 수도 있을 것이다.

(4) 신고 여부에 따른 구분

우리나라에서 사회복지시설의 설치 관련 제도는 신고제이며, 사회복지시설은 신고 여부에 따라 신고시설과 미신고시설로 구분되어 왔다. 신고를 위해서는 적절한 시설의 조건을 갖추고 있어야 하므로 신고시설의 경우는 30인이라는 일정 규모 이상의 시설이 대부분이었다. 그러나 30인 이상의 시설의 경우에도 미신고시설로 남아 있는 시설이 없지 않았다. 미신고의 원인은 신고를 위한 적정기준의 미달에만 있는 것은 아니다. 재정적인 자립을 통하여 자율성을 확보한 상태에서 시설을 운영하고자 하는 운영자의 의지도 원인 중 하나가 되었기 때문이다.

미신고시설은 정부로부터 정해진 지원을 받지 못하였던 대신 관리와 평가 등에서 배제되어 있었다. 이러한 상황은 자율적이면서 이상적인 시설운영을 지향하였던 뜻있는 시설운영자에게는 재정적인 어려움을 주는 것이었으나 외부의 개입을 배제하는 데 긍정적인 것이었다. 반면, 일부 시설의 경우는 보호아동에 대한 어떠한 파악이나 기준의 적용도 이루어지지 못하여 보호아동의 복지를 적절한 수준으로 확보하였는가에 대한 의문이 제기되기도 하였다.

2005년에 파악된 자료에 의하면 전국의 미신고시설 총수는 1,209개소인데, 이 중 아동시설은 138개소로 총 미신고시설은 11.4%를 차지하고 있다. 미신고 아동시설을 신고시설화하고 보호아동의 삶의 질을 보증할 방안이 필요하였다. 보건복지부는 2002년 미신고시설을 우선 조건부신고시설로 전환하도록 하고 이들 시설에 대하여 적절한 지원과 관리를 하는 방안을 마련한 바 있다. 조건부신고시설은 미신고시설 중 개별 법령에 따른 신고요건을 갖추어 사회복지시설로 신고할 수 있는 시설로 신고에 앞서 3년간 신고유예기간을 부여받은 시설이다.

조건부신고제도에 따라 조건부신고시설로 신고를 한 시설 수는 2003년 기준으로 962개소였다. 이후 1년간 신고시설로 전환된 시설은 26개소, 폐쇄 등의 조치가 이루어진 시설은 34개소로, 60개 시설이 감소하여 2004년에는 조건부신고시설은 902개소로 감소하였다. 신고시설로서의 기준을 충족할 수 있도록 하는 지원이 이루어졌으며 시설의 증·개축 등을 거쳐 조건이 충족된 시설은 적극적으로 신고시설화하도록 권장하였다. 당시 아동양육시설이 미신고시설의 약 12%를 차지하였으므로, 이러한 변화는 아동양육시설의 서비스 질을 제고하는 데 일부 긍정적인 영향을 미쳤을 것으로 예상된다.

3. 양육시설 아동의 특성

요보호아동을 보호하는 방식으로서 양육시설 내 보호는 가장 바람직하지 않은 대리적 서비스인 것으로 인식되고 있다. 이러한 인식의 요체는 양육시설의 아동이 경험할 수 있는 부정적인 측면과 그로 인해 발생하는 아동의 사회·심리적 문제이다.

시설아동의 임상적 증상은 시설아동의 높은 사망률과 함께 17세기경부터 주목되어 왔다. 17세기 프랑스에 육아원을 설립했던 뱅상 드 폴(St. Vincent de Paul)은 시설의 열악함에 놀라 집단적 육아를 중지하고 양자제도의 채택, 양부모 주거의 방문 및 감독 등에 관한 주장을 전개했다고 한다(장영인, 1995: 73: 노혜련, 장정순, 1998: 47에서 재인용).

아직도 시설보호의 영향에 대한 주장은 하나의 결론으로 모아지지 않고 있다. 1979년 루터(Rutter)는 "잘 운영되고 있는 시설에서 자란 아동은 일반지능에 아무런 손상이 없었다."라고 하면서 시설보호에서 가장 중요한 요인은 많은 대화와 다양하고 능동적이며 의미 있는 경험을 하는 것이라고 하였다. 그러나 시설에서 생후 2년간 수용되어 4세 이후까지 입양되지 않은 아동은 시설이 좋은 상태일지라도 친구를 사귀고 친밀한 관계를 형성하는 데 문제를 겪는 경우가 많은 반면 후기에 시설에 수용된 아동이나 입양기관에 배정된 아동에게는 이러한 문제가 적다고 지적하기도 하였다(Rutter, 1979: 노혜련, 장정순, 1998: 48에서 재인용). 루터는 시설아동의 심리적인 손상은 부모와의 격리 자체보다는 격리의 원인에 더 큰 영향을 받는다고 보았다.

시설보호의 부정적인 영향에 대해 루터와 다른 의견을 가진 이들도 있지만 대부분은 시설보호가 아동에게 심리 · 사회적인 악영향을 미치고 있으며 따라서 요보호아동에 대한 시설보호를 바람직하지 않은 대안으로 바라보고 있다. 이러한 견해는 오래전부터 다양한 연구자에 의하여 지적되어 왔다. 1945년 스피츠(Spitz)는 건강한 아동을 시설에서 오랜 기간 동안 수용함으로써 초래되는 심각한 영향을 '시설병'이라고 명하고, 육아시설에서 자란 아동이 신장과 체중 그리고 지능에서 탁아시설의 아동에 비하여 좋지 않은 상태가 됨을 밝혔다. 볼비(Bowlby, 1951: 1-14)는 시설아동의 심리적 문제가 모성적 양육의 상실에서 기인한다고 해석하고, 모성적 양육의 상실을 경험한 아동들의 자아와 초자아가 제대로 발달하지 않으며 그들의 행동이 충동적이고 통제가 안 되고 즉흥적이어서 장기적 목표를 향하여 처신하는 것이 어렵다고 주장한 바 있다(노혜련, 장정순, 1998: 47-48에서 재인용).

위태커(Whittaker, 1985: 621-622)는 시설의 아동들이 보이는 여러 가지 문제가 되는 습관들을 정리하였는데, 이러한 습관은 대인, 가족, 정서, 교육적인 것들로 다음과 같다.

- **빈약한 충동통제의 발달**: 욕구불만을 참지 못하고 만족을 유예하는 능력이 제한되어 있다. 미국에서는 이러한 특성으로 인해 아동이 시설에 입소하게 되기도 한다. 이러한 특성을 가진 아동은 주변의 자극을 분별할 능력이 부족하고 쉽게 집단적인 흥분을 하게 되고 다른 아동의 나쁜 행동에 쉽게 전염된다.
- **낮은 자아상**: '나쁜' '바보 같은' '문제를 유발하는'과 같은 표현들은 시설아동이 스스로를 보는 방식을 대변하는 것들이다. 가정, 학교 그리고 친구들과의 성공적이지 못한 경험들이 변화잠재력에 대한 포기와 같은 숙명

적인 입장을 갖게 한다.

- **감정조절의 미숙**: 시설에 들어온 아동들은 화, 공포, 사기, 슬픔과 같은 감정들을 효과적이고 적절하게 다루는 기술이 부족하다. 또한 화나 슬픔과 같은 감정을 구분하여 표현하지 못한다.
- **관계형성의 결함**: 대인관계에서 타인을 기피하거나 타인에게 함몰되는 등의 극단적인 범주가 나타난다. 동료집단에 참여하거나 그것을 떠나는 데 어려움을 겪게 되며 타인을 스테레오타입화하는 경향이 강하고, 선생님 등과의 관계로 확산하는 데 순조롭지 못하다.
- **특정의 학습장애**: 대부분의 시설아동은 원인을 정확하게 밝히기 어려운 학습의 장애를 경험한다. 이는 대인관계와도 관련이 있는데 관계의 장애로 적절한 능력을 얻을 가능성을 박탈당하고 학교에서 승인을 얻는 데 실패하게 된다.
- **놀이기술의 제한**: 놀이가 아동의 발달에 중요함에도 불구하고 시설아동들은 놀이의 종류가 제한되어 있고 한두 가지의 활동에 집중하는 경향이 있다. 또한 함께 놀이를 하거나 또는 혼자 노는 데 어려움을 겪는다.

우리나라에서도 아동양육시설의 아동들이 부정적인 경험을 하고 좋지 않은 심리·사회적 문제들을 겪고 있다는 것이 보고되고 있다. 아동들이 시설에서 생활하게 되면서 자아개념을 상실하고 슬픈 감정에 빠지게 되며, 게으름, 주의산만, 약한 발표력, 거짓말, 고마움을 모름, 정서불안, 창의력 부족, 파괴적 행동, 사고의 단순함, 낭비, 도벽 등의 부정적 습관을 형성하게 된다고 주장되기도 한다(김기환, 1996; 표갑수, 1994). 또한 시설아동에 대한 실증적 연구에서는 시설아동이 정신적 문제를 보이고 있어 일반아동에 비하여 전문적인 치료를 요하는 상태의 시설아동 비율이 약 15배가 되고 거의 모든 문제행동에서 일반아동과 차이가 있는 것으로 보고되기도 하였다(노혜련, 장정순, 1998).

노혜련과 장정순(1998: 49-50)은 지금까지의 시설아동에 대한 자료와 연구 결과를 종합하여 시설아동이 심리 · 사회적 문제를 겪게 되는 요인을 몇 가지로 정리하였다. 첫째, 시설아동은 부모와의 분리로 인해 심리 · 사회적 문제를 안고 있다. 둘째, 시설아동은 일반가정과 형태나 규모가 다른 시설에 수용됨으로써 사회적 낙인에 대한 두려움을 가질 수 있다. 시설아동은 이러한 차이로 자신들을 무언가 부족한 사람으로 인식하게 되어 자아개념이 저하될 수 있다. 셋째, 시설의 여건상 시설아동의 개별적인 욕구가 수용될 수 없다. 보육사 1인이 담당하는 아동 수는 일반가정에 비하여 훨씬 커서 아동 개개인의 욕구를 충족하는 것이 쉽지 않다. 넷째, 시설아동에 대한 지속적인 보호와 양육이 어렵다. 열악한 근무조건으로 보육사의 이직이 많고, 이는 아동에게 잦은 단절감이나 분리감을 경험하게 한다. 또한 다른 양육방법이나 생활태도를 가진 보육사들로 인하여 아동들은 가치혼란에 빠질 수 있으며 대인관계에서 신뢰를 갖기 어렵다. 마지막으로, 시설아동은 집단생활을 하게 되므로 집단 특유의 사회적 역할을 수행하게 되고 특유의 행동규범을 갖게 된다. 이러한 집단화는 유연성과 개성의 상실을 초래할 가능성이 있다.

시설아동의 이러한 심리 · 사회적 문제들의 배경은 시설아동의 부정적인 특성의 근원이 아동 자신에게 있다기보다는 시설입소의 원인과 시설의 환경 특성에 있다는 점을 이해하게 한다는 점에서 주의해 볼 필요가 있다. 한편 시설아동의 시설보호로 인한 특성 또는 문제는 시설의 향후 개선방안을 모색하는 데 있어 중요한 정보가 되고 있으며 궁극적으로 시설보호 외의 다른 보호방식을 찾게 하는 근거가 되고 있다.

4. 아동양육시설의 변천

1) 외국의 아동양육시설 변화 경향

아동의 시설보호 역사가 우리 사회보다 오래된 외국의 경험은 우리에게 아동보호의 방향을 모색하는 데 유용한 시사점을 제공한다. 외국의 시설보호는 아동에게 보다 바람직한 양육환경을 제공한다는 목적을 지향하며 일정한 변화를 겪어 왔다.

시설보호 역사의 초기에는 시설이 억압과 격리의 원칙을 기본으로 하여 운영되었다. 이 시기에는 입소자가 시설에 있는 것을 혐오스럽게 생각하도록 열악한 서비스를 제공하여 수용보호서비스를 제공받으려는 요보호자를 줄이려고 하는 의도에서 시설이 운영된 것이다. 그 이후 시설 내 수용보호는 사회보장적 단계에 이른다. 이 단계에서 시설보호는 요보호자에게 필요한 최저의 생활을 보장하는 단순수용을 중심으로 운영된다(박태영, 1991: 180).

최근 선진 복지국가에서는 입소자의 인격적 삶을 보장하는 최적의 생활보장으로 시설보호의 기능이 변화되어 왔다. 영국, 미국 등 선진국의 시설보호에 관한 최근의 발전과정을 검토해 보면 시설의 감소와 위탁보호의 증가 등 탈시설화 현상이 나타나고 있으며, 수용시설은 일반아동의 보호보다는 문제아에 대한 치료서비스 제공 등 전문화되어 간다는 사실을 발견할 수 있다. 아울러 시설의 규모가 소규모화되어 가고 있으며, 시설서비스가 다양하게 분화되어 가고 있다(김융석 외, 1995; Pecora, Whittaker, & Maluccio, 1992).

변용찬과 이상헌(1998: 41-42)은 외국 시설보호의 최근 변화를 다음과 같이 정리하고 있다. 첫째, 수용시설의 수와 수용대상 아동인구가 감소하고 위탁가정에의 배치 비중이 증가하였다. 둘째, 시설아동 중의 특성변화가 나타나고 있다. 시설아동 중에서 가족상황에 문제가 있는 아동의 비중이 증가하였고 유아보다는 청소년기 아동의 비율이 증가하였다. 셋째, 시설의 소규모화가 나타나고 있다. 대규모시설들은 소규모 주거시설로 나뉘어 일정한 장소에 같이 위치하거나 여러 지역에 분산되기도 하였다(Kadushin, 1980). 특히 미국의 경우 정원이 25명 이상인 공립 아동시설에 대해서는 연방보조금의 지급을 중단하는 등 시설의 소규모화를 적극 추진하고 있다. 넷째, 다양한 보호서비스의 분화가 있었다. 수용시설은 다목적 시설, 소규모 호스텔, 가정형태의 그룹홈 등으로 나누어졌으며, 수용시설을 대체하여 발전한 가정위탁의 경우에도 장기의 가정위탁, 단기의 가정위탁, 치료목적 또는 전문적인 특수가정위탁이 분화되어 발달하였다. 미국의 경우 이를 전환시설화라고 표현하고 있다(김융석 외, 1995). 전환시설화란 일반 수용시설은 감소하는 대신 특수한 욕구를 지닌 아동의 치료에 초점을 두어 정서장애아시설, 청소년교호시설 등의 시설이 늘어난 현상을 말한다. 다섯째, 전문가주의가 발전하였다. 수용대상 인구의 특성변화와 함께 아동의 개별적 욕구에 기초한 전문적 접근방법이 적용되면서 수용인구 대비 전문가의 비율과 자격기준이 향상되었다.

미국의 집단 또는 시설형태의 아동보호(group and institutional child care)는 이러한 변화결과를 단적으로 보여 준다(배태순, 1996: 112-113). 미국의 경우에 아동이 자신의 신체적·정신적·정서 및 행동 문제 등으로 인해서 치료가 필요치 않은 경우에는 집단보호시설에서 보호를 받지 않고 영구적 가정을 발견할 때까지 가정에서 개별적인 보호를 받을 수 있는 위탁가정에 임시적으로 의뢰하는 것을 원칙으로 하고 있다. 즉, 아동들 중에서 단지 지체부자유 등의 신체적 장애나 또는 정신적 지체 등의 정신적 장애가 있는 아동, 정서적으로 심한 상처를 받은 정서적 장애가 있는 아동, 혹은 재활훈련이 필요한 비행청소년들만이 집단으로 거주하면서 계획적인 치료 및 보호를 받게 된다.

그러나 이 경우에도 대부분이 임시적이며 치료나 훈련이 끝나면 가정에서 개별적인 보호를 받을 수 있도록 조치하는 것을 원칙으로 하고 있다. 비상시에 위탁가정을 물색하는 과정 중의 짧은 기간 동안에 아동의 보호를 의뢰하는 일시적인 보호시설은 있으나, 아동에게 치료가 요구되는 문제가 없는 경우에는 집단보호시설에 거주시키지 않고 반드시 위탁가정에 아동의 양육보호를 의뢰한다. 이것은 건전한 아동의 성장 · 발달을 위해서는 성인으로부터의 개별적인 보호와 접촉을 갖는 것이 아동복지에 필수적인 요소라 믿기 때문이다.

미국 일리노이주의 경우(Stagner et al., 1990; 배태순, 1999: 21에서 재인용) 시설보호와 같은 집단보호 형태의 보호를 받고 있는 요보호아동은 12%에 불과하고 나머지는 대부분 친척에 의한 가정위탁이거나 일반 위탁가정 보호를 받고 있다. 또한 집단보호 형태 12% 중 2%는 그룹홈에 거주하는 아동이다. 따라서 10% 정도를 제외한 대부분의 요보호아동이 가정위탁보호를 받고 있다. 한편 12%의 아동을 보호하는 집단보호시설을 위해 사용하는 정부의 비용은 전체 아동보호비용의 39.4%를 차지한다. 집단보호시설에서 보호되는 아동들이 치료가 필요한 아동들로서 전문적인 상담과 보호를 필요로 하기 때문인데, 아동 1명을 돌보는 전문가의 비율이 0.85명에서 1.4명에 이르고 있다. 이는 시설보호가 일반아동을 대상으로 하는 값싸고 편리한 보호방식이라기보다는 특별한 경우의 아동들을 대상으로 전문적인 필요성에 대응하는 고급의 보호가 되었음을 의미한다.

선진 외국의 아동보호는 보호를 필요로 하는 아동에 대한 일반적인 보호방식이 시설보호인 우리나라의 경우와 비교하여 매우 상이한 상황에 있다. 그러나 아동에 대한 보호가 무엇을 지향해야 하는지와 관련하여 외국의 변화 경향이 나침반과 같은 의미를 갖는다는 것은 분명하다.

2) 우리나라 아동양육시설의 변천

우리나라 아동양육시설의 시작은 1888년에 프랑스 신부가 명동 천주교회에 현대적인 시설로 고아원이라 불리는 아동시설을 설치한 것이었고, 이어서 선교사와 민간인들이 고아원을 설립하기 시작하였다. 1934년에는 전국에 국 · 공립시설이 23개소 있었으며, 1945년에는 아동시설(감화시설, 정박아시설 포함)이 42개소가 되었다. 미군정기를 맞아 1949년에는 101개로 증가하였으며, 한국전쟁 이후 발생한 수많은 전쟁고아를 보호해야 한다는 사회적 요구에 따라 외원기관에 의한 아동복지 생활시설이 급격하게 증가하기 시작하였다(류진석, 1989: 443: 정진영, 1996: 11에서 재인용; 변용찬, 이상헌, 1998). 1959년 통계에 의하면 영아와 육아 시설이 475개로, 전체 시설 가운데 약 70%가 아동시설이었다.

늘어나던 아동양육시설의 수는 1970년 이후 변화를 보이게 된다. 정부의 가족계획사업에 따른 출산율의 감소로 아동의 비율이 낮아지면서 시설에 수용되어 있는 아동의 수도 감소하는 추세를 보였고, 보호되던 아동의 수도 1970년에 비하여 1980년에는 약 절반으로 감소하였다. 이러한 배경 등으로 1970년부터 1980년까지의 10년 동안 아동시설이 220개소나 감소하였다. 1980년대에는 시설에서 보호받는 아동의 수에 큰 변화가 없었으나 시설의 수는 감소추세를 지속하였다. 1990년대에는 시설 수는 변화가 없으나 보호받는 아동의 수는 서서히 감소하였다. 이러한 현상에 대하여 1970년대와 1980년대에 시설의 구조조정이 마무리되어 타목적의 시설로 전환하려는 시설이 전환을 완료한 반면, 아동양육시설로 남고자 한 시설만 1990년대에 아동시설로서의 운영을 유지하였기 때문인 것으로 해석되기도 한다(변용찬 외, 1998: 46).

아동양육시설에 대한 정부지원은 1970년대까지는 매우 방임적인 것으로 외원기관에 주로 재정적인 의존을 하였다가 외원이 줄면서 아동양육시설에 대한 국가의 책임이 보다 강화되었다. 1990년대 들어서면서는 아동시설의 운영에 대한 대안들이 적극적으로 모색되는데 그룹홈의 실험과 도입, 위탁보호의 도입과 활성화 시도 등이 이루어졌다. 대안적 보호형태가 등장하기는 하였으나 아직도 비교적 대규모의 아동양육시설이 시설보호의 주를 이루고 있는 상황이다.

단, 아동양육시설의 보호의 질을 향상시키기 위한 노력으로 보육사 2교대제가 2002년부터 부분적으로 실시되기 시작하였고 2007년부터는 계속 2교대제 확대를 추진하고 있는 상황이다. 아동양육시설의 보육사들은 하루 24시간 근무하면서 다른 보상의 측면에서도 열악한 처우를 받아 이직률이 높고 결국 아동에게 부정적인 영향을 미치는 것으로 지적되었다. 보육사 2교대제는 보육사의 스트레스를 비교적 줄이고 자기개발을 가능하게 하였다. 아동과의 애착관계 형성에는 다소 부정적인 측면이 없지 않으나 아동에 대한 개별적인 배려와 시설의 인적 자원을 양적 · 질적으로 향상시켰다는 평가를 받고 있다(권지성 외, 2006).

5. 아동양육시설의 현황

1) 정원과 현원

아동양육시설의 정원은 시설의 규모를 나타낸다. 아동양육시설의 규모를 일정 수준 이하로 제한하였다 하더라도 그 상한기준이 너무 컸고 시설규모의 하위기준이었던 30인 이상도 아동시설의 규모를 대규모로 유지하는 데 영향을 주었던 것으로 보인다.

이러한 배경으로 인해 우리나라의 아동양육시설은 대규모시설이 대부분이다. 1970년대 이후 시설의 아동 수는 계속 감소되어 왔으나 아직도 아동양육시설의 규모를 대변하는 정원의 규모는 매우 크다. 2007년 기준 아동복지시설의 평균정원은 90.5명, 아동양육시설 평균 아동의 수는 70.6명에 이르렀다(보건복지부, 2008). 아동시설의 소규모화는 당면한 과제라는 점을 새삼 확인할 수 있다.

아동양육시설의 정원 대비 현원은 다른 생활시설에 비하여 적다. 장애인 생활시설이나 노인생활시설은 입소대기자가 있는 경우가 많지만 아동양육시설은 현원이 적다. 2007년 말 기준 전 양육시설의 정원은 23,359명이지만 현원은 17,161명으로 정원 대비 현원은 약 73.5% 정도이다. 이는 다른 대안적 시설의 활성화에서 기인한 것이라기보다는 요보호아동의 규모감소가 더 크게 영향을 준 것이라 추정된다. 정원 대비 현원의 감소는 아동양육시설의 소규모화 또는 다른 시설로의 전환이 가능하다는 점을 시사한다. 아동양육시설의 보호방식을 전환하는 방안을 적극적으로 검토할 단계에 있다.

2) 주거형태

아동양육시설의 주거형태에 대한 조사자료는 최근의 것이 없는 상태이다. 1997년 조사를 통해 보면 영아시설 21개 중 집단기숙사 형태가 9개소, 몇 개의 가정형태로 분리하였으나 공동 취사하는 유사소숙사 형태가 12개소인 것으로 나타났고, 소숙사 형태의 영아시설은 없었다. 육아시설의 경우는 211개소 중 유사소숙사 형태가 106개소, 집단기숙사가 94개소 그리고 소숙사 형태가 11개소였다. 영육아시설은 7개소 중 유사소숙사 형태가 4개소, 집단기숙사 형태가 3개소였다(변용찬, 이상헌, 1998). 최근에는 소숙사 형태의 시설이 증가하여 2006년 기준 집단 아동복지생활시설 186개소 중 소숙사 형태는 73개소이다.

이러한 조사결과는 아직 아동양육시설의 주거형태로 소숙사는 일반적이지 않다는 것을 보여 준다. 단, 집단기숙사 형태에서 변화를 시도하고 있는 상태임을 시사한다. 아동양육시설에서 그룹홈이나 소숙사 형태 그리고 유사소숙사 형태가 바람직한 주거형태이며 향후 이러한 주거형태로 전환하고자 하는 시설이 적지 않아 시설의 주거형태에 변화가 이루어지지 않을까 하는 기대를 갖게 한다.

3) 입소

아동양육시설은 보호자가 없거나 이에 준하는 18세 미만의 아동을 입소시켜 보호·양육하는 것을 목적으로 하는 시설이다. 시설의 입소는 도지사 또는 시장, 군수가 그 관할지역 안에서 시설에 입소시켜야 할 요보호아동이 발생하면 시설에 의뢰하여 입소하게 되며, 보호자가 있으면 그 의견을 들어야 한다. 구체적인 아동입소 과정을 보면 각 시·도의 아동상담소에서 상담을 한 후 판정에 의하여 아동의 입소 여부가 결정되며, 시장·군수의 명의로 해당 관청을 경유하여 시설에 위탁된다. 「아동복지법 시행령」 제8조(시설보호조치)를 개정하여 보다 원활한 시설운영을 위하여 '입소 후 보고' 체계를 구축하여 1994년부터 시행에 들어갔다. 이는 아동의 보호를 지체 없이 적시에 할 수 있도록 하는 보완조치였다.

입소대상아동은 보호자가 없거나 보호자로부터 이탈된 아동, 보호자로부터 학대받은 아동, 보호자의 학대로 아동학대예방센터에 신고되어 동 센터가 시·도지사에게 보호조치를 의뢰한 아동, 기초생활보장수급자로서 보호자의 질병, 가출 등으로 가정 내에서 보호하기 어려운 아동, 시·도지사 또는 시·군·구청장이 특별히 보호가 필요하다고 결정한 아동이다.

아동양육시설은 요보호아동에 대한 보호조치이지만 구체적인 아동입소의 원인은 변화하여 왔다. 과거 입소원인은 고아이거나 빈곤으로 인한 아동양육의 불가능 상황에서 비롯된 것이 많았으나 최근에는 가족기능의 약화에서 비롯된 사례가 증가하였다. 1960년대에는 시설보호아동들 중 고아 40.3%, 기아 14.4%, 미아 8.1%로 구성되어 대부분이 부모가 없는 아동들이었다(김영모, 1996). 그러나 최근에는 입소의 원인 중 유기와 미아의 비중은 적은 반면 부모의 학대, 부모의 빈곤, 실직 등과 같은 가족기능상 문제가 원인의 상당 부분을 차지하고 있다. 부 또는 모, 부모가 생존한 아동의 비중이 상당한 수준이다(보건복지부, 2017).

표 12-1 요보호아동 발생원인

구분 (연도)	계	요보호아동 발생원인				
		유기	미혼부모 (혼외자)	미아	비행, 가출, 부랑아	학대, 부모빈곤, 실직 등 기타
2016	4,592	264	856	10	314	3,148
2015	4,503	321	930	26	360	2,866
2014	4,994	282	1,226	13	508	2,965
2013	6,020	285	1,534	21	512	3,668
2012	6,926	235	1,989	50	708	3,944
2011	7,483	218	2,515	81	741	3,928
2010	8,590	191	2,804	210	772	4,613
2009	9,028	222	3,070	35	707	494
2008	9,284	202	2,349	151	706	5,876

출처: 보건복지부(2017a).

4) 퇴소

퇴소는 시설아동이 18세에 달하거나 보호의 목적을 달성하였다고 인정될 때 이루어진다. 해당 시설의 장은 입소의 조치를 취한 도지사 또는 시장, 군수의 승인을 얻어 그 보호 중인 아동을 퇴소시켜야 하며, 다만 시설에서 계속적인 수용보호가 필요한 아동에 대해서는 대통령령에서 규정한 바에 따라 그 보호기간을 연장할 수 있다. 보호기간이 연장 가능한 경우는 ① 대학 이하의 학교에 재학 중인 자, ② 아동직업훈련시설 또는 직업능력개발훈련시설에서 교육 · 훈련 중인 자, ③ 학원에서 교육 중인 20세 미만의 자, ④ 질병 · 장애 등을 이유로 시 · 도지사 또는 시장 · 군수 · 구청장이 보호기간의 연장을 요청하는 자이다.

보호아동은 빠른 시간 안에 시설을 벗어나 출생가정과 위탁가정 등으로 퇴소하는 것이 이상적이다. 그러나 우리나라 아동양육시설의 아동들이 시설에서 보내는 기간은 외국의 경우와 비교하여 길다. 1997년 조사에 의하면 3세까지로 입소가 제한된 영아시설을 제외하고 퇴소아동 중 5년 이상 수용되었던 아동의 비중이 육아시설은 61.8%, 영육아시설은 39.8%였다(변용찬, 이상헌, 1998).

아동의 퇴소사유를 보면 영아시설의 경우 연고자 인계가 많고 연령의 상한기준으로 이루어진 타 시설 전원이 많다. 그리고 아직 연령이 낮아 입양이나 위탁이 된 경우도 비교적 적지 않다. 반면 육아시설의 경우 연장아 퇴소가 가장 많았고 다음 연고자 인계도 적지 않았다. 육아시설의 경우는 무단퇴소도 거의 10%에 이르고 있다. 연고자 인계와 입양·위탁 외의 퇴소사유는 모두 바람직하지 않은 경우로 가족과의 연계 강화, 새로운 가정 찾기를 위한 노력이 더 강화될 필요가 있다.

아동시설에서 사회로 퇴소하는 아동의 경우 그 퇴소가 바람직한 독립으로 이어지도록 하는 것이 매우 중요하다. 이러한 의미에서 시설퇴소연장아동에 대한 관심이 크다. 시설퇴소연장아동의 개념은 법적인 수용한계 연령인 18세 이상 20세 미만의 아동으로서 가까운 장래에 퇴소하여 독립적인 사회생활을 하여야 할 시설보호와 독립생활의 과도기에 있는 청소년기의 아동을 말한다.

시설퇴소연장아동은 경제적 독립이 가능하도록 준비가 되는 것이 관건이다. 그러나 시설아동들은 대부분 실업계 고등학교를 졸업하므로 시설퇴소 시 기능 또는 기술 자격증을 취득하여 퇴소를 하나, 자격증들의 활용도가 낮으며, 적성과 장래성을 신중히 고려한 것이 아니다. 이들은 18세에 퇴소해야 한다는 심리적 압박감과 정부와 시설의 일률적인 직업훈련정책에 의하여 상당 부분 선택된 것이기 때문에 이직률 또한 높다. 시설퇴소연장아동들에게 가장 어려운 문제 중 하나로 대두되고 있는 것은 주거문제로, 기존의 정부시책 중의 하나인 자립생활관이 있으나 자립생활관의 부족, 직장과의 거리문제 등으로 100% 활용이 어려운 현실이다. 자립생활관은 육아시설 퇴소아동의

2.0%만이 선택한 퇴소 후 주거형태이다(변용찬, 이상헌, 1998).

아동이 시설을 퇴소할 때 자립정착금으로 일정액을 지방비로 보조받으나 무연고의 아동이 독립된 성인으로 성장하기에는 부족한 금액이다. 시설퇴소를 예정하는 연장아동의 경우 상당기간에 걸쳐 체계적인 독립준비가 이루어지도록 시설 내 프로그램을 개발할 필요성이 있다.

5) 사업과 프로그램

아동양육시설은 단순히 보호를 제공하는 것으로 기능을 다한 것이라 할 수 없다. 아동양육시설은 아동에 대한 전문적 서비스를 함께 제공하여야 한다. 이러한 노력은 아동이 사회 · 심리적으로 건전한 성인으로서 성장하도록 하기 위하여 반드시 필요한 것이라 할 수 있다.

서울시 관할 아동양육시설을 대상으로 1997년 조사한 자료를 활용한 연구결과(이현주, 1999)에 따르면, 아동시설의 프로그램 중 대부분은 신체단련 프로그램, 종교활동 프로그램, 예능교육 및 학습 관련 프로그램, 퇴소아동을 대상으로 하는 직업 및 취업 관련 프로그램 등이었으며, 아동양육시설에서 중요하게 고려될 필요성이 인정되는 연고자와의 관계향상 프로그램, 입소아동 적응프로그램, 퇴소아동 대상 사후관리 프로그램을 운영하는 시설은 각각 29.4%, 50%, 35.3%로 그리 활발하지 않은 것으로 나타났다.

또한 프로그램의 수행주체 중 53.3%만이 직원이고 나머지는 대부분 무급 자원봉사자에 의해 수행되고 있었다. 무급 자원봉사자에 의해 수행되는 프로그램의 경우 전문성을 확보하기가 어렵고 자원봉사자의 개인 사정에 따라 프로그램이 일시 중단되거나 완전히 중단되는 경우가 비일비재하여 프로그램의 안정성도 확보하기 어려운 문제에 봉착하고 있다. 시설의 재정적인 취약성으로 안정성과 전문성을 겸비한 유급 자원봉사자를 프로그램에 투입하기는 어려운 실정에 있다. 시설 내 직원 수도 부족하여 프로그램을 수행할 적절한 시간적 여유를 확보하기 어려우며, 직원들의 프로그램 기획과 수행을 위한 기술과 지식도 부족하여 프로그램 활성화에 장애가 되고 있다. 그렇다고 기존의 시설에 대한 지원으로는 양질의 전문가를 고용하여 프로그램 운영을 활성화하기도 쉽지 않다. 1998년 그 실시가 예정되었던 '시설 프로그램 지원사업'의 내용을 보더라도 프로그램 운영은 시설의 유휴시설을 활용하고 강사진으로 지역 내의 자원봉사자를 활용하여 인건비 사용은 지양하도록 하고 있다(보건복지부, 1998: 35; 이현주, 1999: 68에서 재인용).

현재 우리나라 아동양육시설의 프로그램 운영은 매우 취약한 상태에 있다. 종전과 같이 의식주의 제공만으로 아동양육시설의 기능수행을 한정할 수 없는 상황에서 이러한 현실은 숙고할 문제가 된다. 아동양육시설의 프로그램은 아동이 건전한 사회인으로 성장하도록 하는 데 있어 큰 의미를 갖고 있기 때문이다.

6) 종사자 현황

아동양육시설의 경우 종사자는 대개 정부의 지원기준에 의거하여 그 규모가 결정된다. 2007년 개정된 「아동복지법 시행령」에 따르면 아동양육시설의 종사자 배치기준은 그 규모에 따라 달라지는데, 30인 이상의 시설에는 시설장 1인, 사무국장 1인, 의사 또는 촉탁의사 1인, 간호사 또는 간호조무사 1인, 사무원 1인, 영양사 1인을 두도록 하고 있다. 보육사는 아동의 연령에 따라 다른데, 3~6세의 아동에 대해서는 5인당 1인의 보육사를 두도록 하고 있다. 과거에 비하여 종사자 배치기준은 개선되었으나 전체적으로 종사자의 규모가 아동과 대비하여 충분하다고 보기 어렵다. 특히 외국의 아동시설과 비교하면 종사자의 수는 매우 부족하여 아동의 욕구에 충분히 반응하기 어려울 것으로 짐작된다. 특히 보육사의 경우는 아동의 학습지도와 상담, 일상생활에 대한 지도와 보호 제공, 각종 일지 작성과 기록 등 본인의 업무가 적지 않

표 12-2 2018년 종사자 지원기준

구분	기준
시설장	1인
사무국장	1인
의사(또는 촉탁의사)	1인
간호사(또는 간호조무사)	1인
사무원	1인
영양사	1인
보육사	• 0~2세까지: 아동 3인당 1인 • 3~6세까지: 아동 5인당 1인 • 7세 이상: 아동 7인당 1인
생활복지사	아동 30인 이상 1인
직업훈련교사	필요인원
상담지도원	필요인원
임상심리상담원	1인
조리원	1인(30명 초과 시 1명 추가)
위생원	1인
자립지원전담요원	1인(100명 초과 시 1명 추가)

음에도 불구하고 시설운영과 관련된 잡무를 분담하고 있는 상황이 일반적이어서 아동에 대한 충분한 관심을 갖고 반응하기 어렵다.

시설종사자의 보수는 동일 직종의 국·공립시설과 비교하여 연평균 약 70% 정도에 불과하여 전문가 확보가 쉽지 않고, 기존 종사자도 과중한 업무를 감내할 동기가 부족하여 이직이 적지 않다. 조사자들 중 해당 직종 자격증을 소지한 경우가 전체의 32.4%에 불과하고 근무 연수도 3년 이하인 경우가 전체의 45.8%에 달하고 있는 실정이다. 종사자들의 학력도 고등학교 이하가 전체의 67.1%에 달하고 있다(변용찬, 이상헌, 1998). 이는 종사자들의 인건비가 타 직종에 비해 상대적으로 낮기 때문에 나타난 결과이므로 종사인력의 인건비를 상향 조정하고 적정인력을 확보함으로써 아동보호의 질을 보증하여야 할 것이다. 최근 도입되고 있는 2교대제의 경우 종사자의 업무부담을 줄이는 등 근무조건을 개선한다는 취지에서 반가운 변화로 받아들여지고 있다. 아동의 양육에서 일관성을 확보하는 기제를 보완하는 것이 필요하지만 급여, 근무시간 등 종사자의 근무조건 개선은 보호대상아동에게 긍정적인 영향을 미칠 것으로 기대된다.

7) 재정

현재 아동양육시설에 대한 재정적인 지원은 국민기초생활보장제도에 근거하여 아동 1인당 지급되는 생계급여와 교육급여, 의료보호에 따른 의료급여와 부가급여로 구성된다. 부가급여는 관리운영비로 2017년 기준 개소당 월 50만 원, 아동 1인에 대해 월 12만 1,700원이 지원되고 있다(보건복지부, 2017).

아동양육시설의 경우 인건비와 운영관리비 등 시설소요비용의 약 90%를 정부가 지원하는 것으로 되어 있으나 정부지원금은 실제 시설수입의 90%에 미치지 못하고 있다. 1997년에도 정부지원금이 시설 총재정에서 차지하는 비중은 영아시설 71.2%, 육아시설 78%, 영육아시설 60.2%에 그치고 있다. 국가지원의 부족은 아동양육시설이 기존의 한계를 극복하고 시설의 문제를 최소화하는 방식으로 시설운영을 개선하는 데 하나의 장애요인이 되고 있다.

아동양육시설의 운영지원은 앞서 밝힌 바와 같이 2005년부터 지방정부의 책임하에 놓이게 되었다. 즉, 아동양육시설에 대한 재정적 지원방식은 중앙정부의 가이드는 존재하지만 궁극적으로 지방정부의 결정에 따라 다양해질 수 있다. 지역의 실정에 맞는 재정지원이 될 가능성을 갖고 있는 반면 지역에 따라 재정적 압박이 더 심해지고 지원이 위축될 것이라는 우려도 있다.

6. 아동양육시설의 대안

우리나라 아동양육시설이 당면한 문제는 적지 않다. 지금까지 시설보호는 요보호아동에 대한 주 보호방식이 되어 왔으며 혈연을 강조하고 행정적 편의를 우선하는 문화가 변화되지 않는다면 아동보호에서 아동양육시설의 중요성이 쉽게 약화되지 않을 우려도 있다.

시설보호를 탈피하여 가정과 유사한 환경에서의 아동보호를 모색하는 노력과 함께 일정 기간 시설보호가 상당한 비중의 보호방식이 될 것이 예견되므로 아동양육시설의 운영을 개선하는 노력도 병행되어야 할 것이다.

보호를 필요로 하는 아동에 대한 시설보호와 관련하여 고려할 대안들은 다음과 같이 정리할 수 있다.

1) 가정보호사업의 강화: 입양과 위탁가정의 활성화

시설보호는 입양과 위탁가정과 같은 보호로 대체하는 것이 바람직하다. 사회 및 정부는 친부모가정을 영구적으로 잃은 아동에게 친부모를 대신해서 영구적 가정을 찾아 줄 의무와 책임이 있다. 이것은 입양가정을 제공함으로써 실현된다. 또한 아동에게 입양가정을 찾아 주지 못하는 경우에는 그 차선책으로서 영구위탁가정을 제공해 주는 것이 바람직하다(배태순, 1996: 111).

가정위탁보호란 생부모가 아닌 다른 사람이 임시적으로 아동을 맡아서 일정 기간 동안 자기 집에서 양육하고 보호해 주는 것으로서 양육의 대가를 정부 또는 복지기관에서 받는 것을 의미한다. 가정위탁보호의 필요성은 대리보호가 필요한 아동들에게 대리가정을 제공하여 시설입소를 예방하고 문제부모로부터 아동을 분리할 수가 있다는 것에서 찾을 수 있다(이배근, 1994: 122).

위탁보호의 경우 일시적인 위탁보호도 중요하지만 우리나라의 시설보호

대상아동과 같이 비교적 긴 기간을 시설에서 보내는 경우는 영구위탁가정(permanent foster family)을 함께 활성화할 수 있다. 영구위탁가정은 아동을 보호해 주는 성인과 지속적인 관계를 유지하도록 할 수 있다. 위탁보호에서도 친척에 의한 위탁보호가 더 바람직한 것으로 알려져 있다. 친척위탁보호(kinship care system)는 시설수용이나 양부모에 의한 가정위탁사업보다 행정비용이 적게 들어 예산 절감의 효과도 가져온다. 왜냐하면 양육비는 지불하되 감독의 필요성이 적어지며 임시방편이 아닌 영구성이 있어서 좋다는 것이다.

우리나라에서 과거 몇 십 년간의 가정위탁사업은 해외입양으로 계약 또는 결정된 아이들이 양부모에게 갈 때까지 양육해 주는 프로그램이 주를 이루고 있었다. 최근에는 일반 요보호아동에 대한 위탁보호를 활성화하기 위한 노력이 좀 더 강화되었다. 우리나라에서 가정위탁보호는 15세 미만 또는 부모의 질병, 가출, 학대 등으로 단기보호가 필요한 아동을 우선 대상으로 하고 있으며, 부양의무자인 친·인척에 의한 대리양육가정과 친·인척에 의한 위탁가정 그리고 일반인에 의한 위탁가정으로 구분되어 있다. 그러나 위탁가정에 대한 지원은 2019년 기준 아동 1인당 월 18만 원의 양육보조금을 지원하는 것이 거의 전부이다. 이 밖에는 가정위탁아동의 상해보험료로 1인당 연 65천 원 정도가 지원된다. 사후관리로는 관할 시·군·구청장이 아동복지지도원, 관련 공무원 및 가정위탁지원센터 직원 등으로 하여금 매월 위탁가정을 방문하여 아동의 적응상태 및 양육실태 등을 파악하여 위탁가정방문보고서를 작성하고 양육상 애로점이 있는 경우 필요한 지원을 하거나 위탁가정을 변경토록 하고 있다.

또한 가정위탁지원센터를 전국에 17개소 확대 설치·운영하여 위탁가정의 모집과 가정조사, 그리고 위탁부모 교육 및 상담, 위탁가정 연계 후 사후관리, 가정위탁사업 홍보 등을 함으로써 위탁보호를 지원하고 있다. 아직은 이러한 노력에도 불구하고 실제 지원의 미흡과 문화적인 배경의 이유로 위탁보호가 활발하지 않은 상태에 있다.

2) 시설보호의 형태 개선

입양이나 위탁보호가 빠른 시간 안에 모든 요보호아동에 대한 보호형태로 자리 잡기는 어려울 전망이다. 단, 점차 입양과 위탁보호에 대한 일반의 인식 향상과 참여 그리고 정부의 지원 현실화가 이루어지기를 기대하고 있다. 입양이나 위탁보호가 모든 요보호아동을 보호하지 못하는 상황에서 시설보호의 개선도 병행되어야 할 것이다.

시설보호의 개선은 주거형태의 개선과 소규모화와 같은 규모의 개선을 포함한다. 몇몇 연구자는 법인시설 아동과 소규모 비인가시설 아동의 심리적 환경을 비교한 연구에서 비인가 소규모 공동체의 아동이 법인시설의 아동보다 더 성취적 · 개방적 · 친애적 · 자율적 · 상호친밀적이며 응집력이 있는 성향을 나타내고 있다고 보고하였다. 소규모 공동체의 아동은 양육의 기본적인 조건 면에서도 의식주, 일상생활과 공부 등에서 법인시설 아동보다 더 긍정적인 태도를 갖고 있는 것으로 나타났다(이태수, 함철호, 이용교, 1997). 시설 내 아동과 보육사로 세대를 형성하고 가정생활을 독립적으로 운영할 수 있도록 유도하되, 세대구성은 시설아동의 연령이나 성격을 고려하여야 하고 보육사가 어머니의 역할을 충분히 수행할 수 있는 범위 내에서 아동의 수를 조정할 필요가 있다.

이러한 개선방향과 맥을 같이하여 시설보호이지만 좀 더 가정과 같은 환경에서 아동이 보호받을 수 있도록 주거형태를 변화시켜 나가야 할 것이다. 시설의 주거형태 중 소숙사제는 향후 시설보호의 대안적 주거형태로서 고려할 수 있다. 보건복지부도 시설아동보호에서 시설 내에서 소숙사제도 등 소규모 가정단위의 보호방식으로 전환하여 가정적인 분위기에서 성장을 유도하는 것을 기본방침으로 명시하고 있다(보건복지부, 2017). 기존 시설을 소숙사로 전환할 경우 이에 따른 시설의 재건축비용과 소숙사제도 도입 시 추가로 소요되는 비용에 대한 정부의 재정지원이 뒷받침되어야 할 것이다.

한편, 소숙사제보다 더욱 이상적인 그룹홈의 활성화도 시도할 수 있다. 그룹홈은 가정위탁보호와 시설보호의 중간 형태라 할 수 있다. 보호자가 소규모시설보다 좀 더 적은 수의 아동을 가정과 비교적 유사한 환경에서 보호하는 것으로, 전문가인 보호자를 통하여 전문적 개입이나 서비스 제공 등을 시도할 수 있는 이점을 갖고 있기도 하다.

1995년 대통령의 '삶의 질 세계화 선언'에 의하여 설치된 국민복지기획단에서 마련한 국민복지기본구성에 그룹홈 도입이 논의된 바 있다. 그 후 1996년 12월 그룹홈제도 도입을 결정하여 1997년 시범사업을 실시하였으나 시범사업 자체는 그리 성공적인 평가를 받지 못하였다. 현재는 소수이지만 그룹홈이 운영되고 있는데, 단기보호와 장기보호 그리고 치료보호로 구분되어 아동시설의 입소절차와 동일하게 입주를 하게 되며 사회복지사 자격을 가진 생활지도원으로, 일상생활의 지원·지도에 지장이 없는 심신이 건강한 자를 보호자로 하고 있다.

보호인원은 보호자를 포함하여 5명을 표준으로 하되 7인 이내로 제한하고 있으며 단기보호 및 치료보호 그룹홈의 입주기간은 1년이 원칙이나 1년 단위로 연장이 가능하도록 되어 있다. 장기보호의 경우에는 시설보호와 동일하게 18세 미만까지 보호가 가능하나 연장사유가 인정되어야 한다. 2015년 기준 480세대가 지원을 받고 있으며 보호자 인건비로 1인당 2,255만 4,000원, 세대당 운영비로 월 28만 원 정도를 지원받는다. 그룹홈의 확산을 위해서는 정부지원의 강화가 전제되어야 할 것이다. 보호자 인건비의 상향조정과 관리운영비의 현실화 등이 필요하며, 기타 그룹홈을 운영하는 데 필요한 교육과 서비스 제공 등의 지원이 함께 있어야 할 것이다.

소숙사제와 그룹홈의 활성화와 함께 기존의 영아시설과 육아시설을 구분하였던 연령별 시설분화를 지양하고 아동이 한 곳에서 안정적인 생활을 유지할 수 있도록 영·육아보호를 통합할 필요가 있다.

3) 시설운영의 전문성 제고: 교육 및 프로그램 확충

현재 우리나라의 아동시설보호는 자격을 갖춘 아동에 한하여 최저생활을 보장하는 수준에 있다. 수용아동에 대한 의식주의 제공은 비교적 일정 수준에 이르고 있지만 아직도 의식주 해결 이외의 가족의 유대강화, 교육, 재활, 의료, 사회복귀 프로그램 등 입소아동의 삶의 질을 향상시킬 수 있는 프로그램 운영과 서비스 제공은 취약한 상태이다.

아동의 사회·심리적 문제 예방 및 해소를 위한 프로그램과 가족과의 유대강화 프로그램 그리고 퇴소 관련 프로그램은 그 운영이 절실한 상황에 있다. 친가정을 떠나서 친가정 외에서 보호받고 있는 아동들의 가장 주된 과업은 심리사회적인 대처기술을 발달시키고 가정 외 보호—즉, 위탁보호 및 시설보호—를 받게 만든 상황으로 인해 생긴 마음의 갈등을 해결하는 것이라 하겠다. 따라서 아동의 마음속에 있는 부정적 경험의 흔적을 치유할 수 있는 프로그램의 개발과 보급 그리고 운영의 지원이 이루어져야 한다. 현재 이러한 프로그램의 필요성에 대한 공감대는 형성되었음에도 불구하고 서비스를 구체적으로 지원하는 어떠한 노력도 찾아보기 어렵다.

우리나라 아동양육시설의 경우 입소아동의 상당수가 가족이 있음에도 불구하고 가족과의 재결합을 위한 가족연계 그리고 가족의 문제해결을 위한 상담서비스, 부모교육, 가족치료 등의 서비스를 제공하는 시설은 거의 전무한 실정이다(최현 외, 1990; 정영순, 1999: 37에서 재인용).

퇴소하는 아동의 경우 부모의 집으로 퇴소한 비중은 19.2%로(보건복지부·아동자립지원사업단, 2011) 영아시설인 경우 26.9%, 육아시설인 경우 20.8%, 영육아시설인 경우는 3.6%인데, 부모나 보호자가 있는 아동이 보통 시설아동의 70~80%인 상황을 고려할 때 가족으로 복귀하는 경우는 상당히 적은 편이다(변용찬, 이상헌, 1998).

코스틴 등(Costin, Bell, & Downs, 1991)의 연구에서는 거주시설 입소과정, 수용기간 동안 그리고 퇴소 후 가족 사이를 연결하는 것이 시설보호서비스에서 중요하다고 밝혔다. 김응석 등(1995)의 연구에서도 시설아동과 가족 및 그 친척과의 연대는 아동의 조기 가정복귀 여부에 영향을 미치는 중요한 요인으로 나타났으며, 아동의 부모나 연고자와의 관계에 따라 가정복귀 기간이 달라지는 것으로 나타났다. 실제로 대전의 한 보육시설에서 약 10여 명의 아동을 대상으로 '해체가정 아동을 위한 가족관계 강화 프로그램'을 실시한 결과, 아동과 가족 간의 접촉이 증가하고 가족관계가 개선되어 2명의 아동이 가정에 복귀되었다는 결과가 보고되었다(삼성복지재단, 1995; 정영순, 1999: 31에서 재인용).

연고자가 있는 요보호아동의 시설입소를 위하여 연고자가 그 관계를 단절하는 상황도 적지 않아 연고자가 있는 아동에 대한 시설입소의 가능성도 열어 놓은 상태에 있다. 시설보호 대상자는 보호자가 없거나 보호자가 있어도 양육할 능력이 없는 아동, 보호자의 장・단기 출타, 아동 학대 및 방임 등으로 가정에서 양육하기에 부적당한 아동, 기타 「아동복지법」에 의해 보호를 받아야 하는 아동인데, 시설의 정원범위 내에서 입소가 가능하도록 입소대상아동을 확대하였다.

연고자와의 관계 양성화, 교류강화 등을 통하여 조기 가정복귀를 유도하는 것이 절실하다. 상담서비스, 가족치료서비스, 부모교육 및 부모기술훈련 프로그램, 가족에 대한 지지서비스 제공, 가족방문의 활성화 프로그램 등을 적극적으로 고려하고, 정부도 아동양육시설에서 이러한 프로그램을 운영하도록 권장하는 자세를 보여야 한다.

끝으로, 아동양육시설의 경우 아동이 건강한 사회인으로서 시설을 벗어나서 독립할 수 있도록 하는 퇴소 관련 프로그램을 강화하여야 할 것이다. 아동의 자율성 확립을 위한 프로그램 개발도 아동의 건전육성에 중요한 의미를 지니는데, 미국의 경우에 부모와 헤어진 아동들의 자립을 위해서 청소년기가 아닌 잠재기 때부터, 즉 만 6세 때부터 미래의 자립을 위한 생활기술을 가르치기 시작한다. 많은 연구에서는 아동의 자립을 위한 장기적인 계획은 아동이 고등학생이 되는 만 16세가 되기 훨씬 이전에 시작하여야 한다고 주장하고 있다. 다시 말하면, 자립을 위한 과정이 빠르면 빠를수록 그 결과는 더 효과적이라는 것이다(배태순, 1996: 127).

시설퇴소연장아동에 대한 자립지원 프로그램으로는 시설 내 아동이 주체가 되고 책임을 지는 행동을 장려하는 프로그램, 다양한 직업세계에 대한 탐색을 할 수 있는 프로그램, 진로정보 수집을 위한 견학프로그램 등을 고려할 수 있다(김득린, 1996: 101-102 참조). 또한 시설아동의 자립을 위해서는 지역의 민간기관 지원의 확대와 아동복지자립지원센터의 활성화도 병행되어야 한다. 자립지원전담기관은 취업보도, 취업정보 제공, 고정상담 등 일원화된 사회사업서비스로 건전한 사회자립 정착을 지원하는 의미에서 아동복지 발전에 큰 획을 그었다고 볼 수 있다. 1993년 7월 아동복지자립지원센터 개원 시 중앙센터와 6개 지역의 센터부터 우선 설치하고 단계적으로 전국으로 확대하기로 예정한 바 있으며 2008년 전국에서 16개소가 운영되었다. 2012년에는 자립지원전담기관으로 명칭을 변경하여 2019년 현재 9개 시 · 도에서 운영 중에 있다. 2019년부터는 퇴소아동에 대해 월 30만 원의 자립지원수당을 지급하기로 해, 퇴소아동의 자립지원이 강화되었다.

아동양육시설의 프로그램 개발은 시설설비에 비하여 훨씬 적은 투자로 더 큰 효과를 볼 수 있다. 이제 우리나라 아동양육시설은 프로그램을 통한 시설기능의 변화를 모색하여야 하는 단계에 있으므로 더 이상 시설운영에서 프로그램의 기획과 운영이 2차적인 사안이 되어서는 안 될 것이다. 프로그램이 제대로 운영될 수 있도록 생활지도원 등 전문인 고용확대를 지원하고 일반시설종사자의 법정인원 확보와 처우개선 그리고 운영비지원 향상, 종사자 재교육 등이 도모되어야 한다.

연구문제

1. 아동양육시설과 가정의 차이점은 무엇입니까?
2. 시설보호아동의 시설보호 기간이 장기화되는 이유는 무엇인지 생각해 봅시다.
3. 시설보호아동을 대상으로 프로그램을 운영한다면 우선 어떠한 프로그램이 필요한지 생각해 봅시다.
4. 아동양육시설에서 사회복지사로 활동하려면 어떠한 지식과 능력이 필요한지 생각해 봅시다.
5. 아동양육시설의 환경으로 도시와 농촌을 비교해 봅시다.

제13장

입양과 가정위탁

아동은 가능한 한 가정이라는 건전하고 자연적인 환경 속에서 성장 · 발달해야 한다는 것이 아동복지의 가장 기본적인 원칙이다. 그러나 부모의 사망 · 이혼 · 가출 · 경제적 이유 등으로 가족이 붕괴되거나 가족기능이 약화되면 아동이 원가정에서 보호받을 수 없는 경우가 발생하게 된다. 이때 대리가정의 서비스로서 제2차적인 방어선의 대책으로 제공되는 아동복지서비스가 입양과 가정위탁 서비스이다. 시설보호를 대체하는 서비스로서 입양과 가정위탁의 중요성이 점차 증가하고 있으며, 최근에 가정위탁사업에 대한 관심이 증가하고 있어 아동복지사업의 중요한 부분으로 발전할 것으로 전망된다.

이 장에서는 입양과 가정위탁 사업에 대한 기초적 이해로서 각 사업의 정의와 역사, 사업의 대상, 제공 절차 및 현황 그리고 문제점 및 개선방안에 대해 검토하고자 한다.

1. 입양의 정의와 역사

1) 입양의 정의

(1) 입양의 정의

입양이란 생물학적 과정이 아닌 법적인 그리고 사회적인 과정을 통하여 친권관계를 창조하는 행위를 말한다고 볼 수 있다(Kadushin, 1980). 입양은 친부모가 아동을 돌볼 수 없거나 원치 않을 때 또는 법적으로 어떤 관계에서 벗어나게 될 때 그 아동을 위한 영원한 대리적 보호를 마련해 주는 것이다. 입양이 될 때는 아동의 친부모가 지닌 현재나 미래의 권리나 의무가 종식케 되며 아동과 혈연관계를 갖지 않는 부부에게 이러한 권리와 의무를 행정적 · 법적으로 이전하게 된다. 성인에게는 입양이란 다른 아동을 법적 절차를 밟아서 자기 아이로 삼는 것을 의미하며, 입양되는 아동에게는 입양이란 부모와 동등한 친자의 관계를 맺는 것을 의미한다. 미국의『사회사업백과사전』에서는 "입양이란 부모가 되는 사회적이고 법적인 과정이며, 입양 후에 부모와 아동은 그들이 생물적으로 관련되는 것과 똑같은 상호 권리와 의무를 갖는다."라고 규정하고 있다.

입양은 다른 아동복지서비스와 달리 몇 가지 다른 특성을 가지고 있는데 그 특성을 요약하면 다음과 같다(장인협, 오정수, 2001).

- 아동을 위한 비시설보호의 방법이다.
- 가족관계를 창출하며, 아동을 위하여 항구적인 가정을 제공한다.
- 양부모와 양자 공동적으로 인간적인 욕구를 충족시키려는 노력이다.
- 아동을 위해 보다 큰 안전과 보다 좋은 보호를 위하여 일정한 법적 절차에 따라 이루어진다.

• 양부모는 양자의 양육에 관하여 무제한적인 책임을 장기간 지게 된다.

(2) 입양의 유형

입양은 양부모의 친족 여부에 따라 친족입양과 비친족입양, 입양사업의 주관기관에 따라 단독입양과 기관입양 등으로 나누어진다. 카두신과 마틴(Kadushin & Martin, 1988)에 따르면 친족입양(related adoption)은 아동이 계부모나 큰아버지 등 혈연관계 또는 부나 모의 재혼으로 인해 가족관계를 이루고 있는 사람에 의해 입양되는 경우를 말하며, 비친족입양(nonrelated adoption)은 아동이 전혀 가족관계를 갖고 있지 않은 사람에 의해 입양되는 것을 말한다.

국내에서는 「민법」의 규정에 따른 입양과 「입양특례법」의 규정에 따른 입양으로 구분할 수 있다(김유경 외, 2010). 「민법」상 입양은 기존의 일반양자제도와 2008년부터 시행된 완전양자(친양자)제도로 나뉠 수 있다. 일반양자는 친생부모의 성과 본, 관계유지가 가능하여 친생부모의 친자녀로서의 지위와 양부모의 양자로서의 지위를 모두 갖는다. 반면 친양자는 친생부모와의 관계가 완전히 종료되어 양부모의 완전한 친자녀의 지위만을 갖는다. 「입양특례법」에 따른 입양은 요보호아동의 입양촉진 및 복지증진을 위해 마련된 것으로서 「민법」상 입양에 대한 특례입양이라고 할 수 있다. 즉, 「입양특례법」은 가계와 혈통의 유지보다는 보호가 필요한 아동에게 가정을 제공한다는 아동복지적 차원의 접근이 가능하게 된 입양의 방식이다.

2) 입양의 역사[1)]

(1) 외국의 역사

입양의 역사적 배경은 고대까지 거슬러 올라간다. 입양의 목적은 나라와

1) 이 절은 노혜련(1997: 297-298)의 입양역사 관련 내용을 요약하여 정리한 것임.

시대에 따라 다양하였는데, 예를 들면 가족의 종교적인 전통을 계승하기 위한 목적, 상속을 하기 위한 목적, 부적합한 자녀를 적법한 자녀로 인정하기 위한 목적, 그리고 최근에 이르러서는 가정이 없는 아동에게 가정을 마련하여 주는 목적 등이 있다.

역사적인 기록에 의한 최초의 입양은 기원전 2,800년경 함무라비 법전에서 양자에 대한 법적 근거를 찾을 수 있다. 또한 고대 로마제국에서의 입양은 가계의 혈통을 계승하기 위한 것이었다. 가계의 전통과 가산은 있으나 아들이 없는 남성만이 사내아이를 입양할 권리를 가지며 입양된 아동은 직계 상속자가 되었다. 따라서 여자아이는 입양될 수 없었고 여성에게는 입양의 권리가 부여되지도 않았다. 따라서 입양은 단지 입양하는 남성의 지위를 강화시켜 주는 수단이었으며 아동의 복지는 고려되지 않았다. 이러한 로마의 전통은 프랑스의 나폴레옹 법전에서 발견된 입양에 관한 조항에 영향을 미쳤으며, 이후 이 법전의 내용은 서구 각국의 입양에 관한 법률의 기원이 되고 있다. 미국에서는 1851년 매사추세츠주에서 최초로 「양자법」을 제정하였고, 스위스와 스웨덴은 1907년에 「양자법」을 제정하였으며, 영국은 1926년에 「입양법」을, 그리고 프랑스는 1928년에 「양자법」을 제정하였다.

입양이 전문적인 사회복지서비스 분야로 발전한 것은 제2차 세계대전 이후이다. 전쟁고아의 발생은 입양서비스에 대한 수요를 증가시켰으며, 입양서비스를 제공하기 위해서는 특수한 훈련과 준비를 갖춘 전문가가 필요하다는 인식이 생기기 시작했고, 사회복지기관들은 입양서비스를 자신들의 책임으로 인식하기 시작하였다.

(2) 한국의 역사

우리나라에서의 입양의 역사도 오래되었으며, 양자제도에 대한 역사는 삼국시대까지 거슬러 올라간다. 고려시대에는 가부장적 대가족제도가 확립되어 동성 양자제도가 행해졌고, 조선시대부터는 가계의 계승과 조상의 제사를 위한 가본위 양자제도가 확립되었다.

우리나라에서 현대적 의미의 입양이 이루어진 것은 한국전쟁으로 인하여 발생한 전쟁고아와 혼혈아를 국외로 입양시키기 시작한 1950년대 중반부터라고 할 수 있다. 이 시기에는 입양에 관한 법규정이 없었기 때문에 위탁형식의 국내입양이 이루어졌고, 자녀가 없는 친척의 입양이 국내입양의 한 방법으로 이루어졌다. 해외입양은 전쟁고아대책의 일환으로 주로 영문번역 사무실에서 개인적으로 이루어지다가, 1954년 정부가 사회부 산하에 설립한 혼혈 전쟁고아들의 국외전담기관을 통해 이루어지기 시작했다.

1961년 국외입양의 법적 근거를 마련하기 위해 「고아입양특례법」이 제정되었으며, 입양이 국가의 허가를 받은 입양알선기관에 의해서만 가능하도록 하는 규제를 중심으로 1966년 개정되었다. 국외입양을 통해 전쟁고아의 수는 많이 감소하였으나, 1960년대 이후 경제발전에 따른 사회변화의 영향으로 아동을 유기하는 경우가 증가하였다. 그 결과, 1950년대 중반 이후 고아나 혼혈아 중심의 요보호아동이 기아나 미아, 미혼모 아동 등으로 점차 변화되었다. 한편 아동복지시설에 대한 외국의 원조가 감소되어 정부가 아동복지시설 정비책을 실시했으나 대안 없이 이루어져 국외입양이 더욱 증가하였다.

1970년대 국외입양에 대한 우려의 목소리가 높아지는 가운데 정부는 북구 유럽 국가들에 대한 입양을 중단하였으며, 국내입양의 부양을 위해서 1976년 「입양특례법」을 제정 · 공포하였고, 1985년에 국외입양 전면 중단계획을 수립하였다. 또한 국내입양을 활성화하기 위해 입양기관과 상담기관을 설치해 입양을 담당하도록 하고, 국외입양에 대한 쿼터제를 적용하여 국내입양의 실적에 따라 국외입양을 할당해 주었는데, 이는 입양의 질적 저하와 아동복지의 손상을 가져와 실패하였다. 그리하여 다시 1980년대에 들어와 이민확대와 민간외교 활성화를 위하여 국외입양을 전면 개방하였다. 그러나 1988년 서울올림픽 당시 우리나라의 국외입양에 대한 비판 여론이 대두되자, 정부는 다시 1989년 '입양사업 개선지침'을 마련하여 입양정책을 다시 국내입양을 활성화하는 방향으로 전환하였다. 또한 국외입양을 연차적으로 감축하여 장애아동과 혼혈아동의 입양을 제외한 국외입양을 전면 중단할 계획을 수립하였다. 그러나 국내입양이 활성화되지 못하여 1994년 국외입양의 중단정책을 취소하였다. 1994년에는 국내입양의 활성화를 위해 「입양특례법」이 「입양촉진 및 절차에 관한 특례법」으로 전면 개정되어 1996년 1월부터 시행되었다.

이후 입양 아동 및 가정에 대한 사후관리를 강화하며, 국내입양을 활성화하기 위하여 2011년 「입양특례법」으로 법명을 변경하여 2012년 8월부터 시행되고 있으며, 2015년 일부개정을 통해 국외입양 사후관리를 강화하였다.

2. 입양의 기본 원리

1) 입양의 기본 원리

입양은 다음과 같은 원리들을 기준으로 제공되어야 한다(Kadushin, 1980).

첫째, 아동은 자신의 가족, 지역사회 그리고 국가에서 양육되는 것이 최우선이고 가장 바람직하다. 입양은 아동의 가족을 지키고자 하는 모든 노력을 기울이고 난 후에만 고려해야 한다. 입양은 언제나 아동의 원가정을 대신해서 이루어지는 것이기 때문에 아동의 가족이 아동이 필요로 하고 받을 권리가 있는 보호를 제공할 수 없다는 것이 명백할 때에만 적용하여야 한다.

둘째, 대리모가 필요할 경우에는 아동이 속해 있는 인종집단, 국가, 문화집단과 종교집단에서 가정을 찾는 노력이 우선되어야 한다. 아동이 속한 지역사회 밖에서 입양가정을 찾는 노력은 그것이 불가능하다는 것이 명백해졌을 때에만 시도되어야 한다.

셋째, 입양의 일차적인 목적은 친부모에 의해 양육될 수 없는 아동에게 영구적인 가족을 제공하는 것이다. 따라서 입양사업은 아동의 복지, 욕구, 관심을 기초로 해야 효과적으로 이루어질 수 있다. 가정은 아동을 위해서 선택되어야 하며 가정을 위해 아동이 선택되어서는 안 된다.

넷째, 아동의 가족을 대신할 영구적인 보호가 필요할 경우에는 입양이 가장 바람직한 방법이다. 입양은 가정위탁보호보다 안정된 영구적인 대리보호의 형태이다. 입양은 가정위탁보호나 시설보호보다 동일한 부모가 아동에게 필요한 장기적 안정과 애정 있고 친밀한 보호를 제공해 줄 가능성이 높다.

다섯째, 아동의 복지를 위해서는 영구적 대리보호의 필요성 여부에 대한 결정이 가능한 한 빨리 내려지고 지체와 주저함 없이 이행되어야 한다. 또한 입양의 완결도 가능하면 빨리 달성되어야 한다.

2) 입양의 구성요소

입양의 구성요소는 입양대상아동, 친부모, 양부모의 세 체계가 포함된다.

(1) 입양아동

입양대상이 되는 아동은 고아나 미아와 같이 입양이 아니면 건전한 가정을 가질 수 없는 아동, 혼외자녀로 출생하여 부모가 돌볼 수 없는 아동, 합법적으로 결혼한 부모가 다양한 이유로 입양을 의뢰한 아동, 그리고 아동의 문제로 인해 법적으로 친권을 상실한 부모의 아동이다(표갑수, 2000).

우리나라 「입양특례법」 제9조에서는 입양대상아동을 다음과 같이 규정하고 있다.

- 보호자로부터 이탈된 자로서 시 · 도지사 또는 시장 · 군수 · 구청장이 「국민기초생활보장법」에 의한 보장시설에 보호 의뢰한 자
- 부모(부모가 사망 또는 기타 사유로 동의할 수 없는 경우에는 다른 직계존속) 또는 후견인이 입양을 동의하여 보장시설 또는 입양기관에 보호 의뢰한 자

- 법원에 의해 친권상실의 선고를 받은 자의 자로서 시 · 도지사 또는 시장 · 군수 · 구청장이 보장시설에 의뢰한 자
- 기타 부양의무자를 알 수 없는 경우로서 시 · 도지사 또는 시장 · 군수 · 구청장이 보장시설에 보호 의뢰한 자

보건복지부의 입양통계를 살펴보면 입양아동의 경우 대부분이 혼외자녀로 미혼모가 낳은 아동이 절대다수인 70% 이상을 차지하고 있으며, 다음이 기아로 약 19%, 결손가정 출신아동은 10% 정도이다.

한편 입양가정을 필요로 하는 아동들은 주로 건강한 아동과 특수한 욕구를 가진 아동으로 분류할 수 있다. 특수한 욕구를 가진 아동에는 인종이 다른 아동, 혼혈아동, 동일한 가정에 함께 입양되고자 하는 2명 이상의 형제, 장애아동, 연장아동 등이 포함된다. 장애아동의 경우 국내입양보다는 국외입양이 주로 이루어지고 있다.

(2) 입양부모

입양부모는 생물학적 과정이 아닌 사회적 · 법적 과정을 통한 부모이다. 입양부모가 되려는 사람들은 불임 때문에 자녀가 없는 부부, 자녀가 있지만 현재 불임이며 자녀를 더 원하는 부부, 임신 가능하지만 요보호아동의 인도적인 보호 그리고 인구증가 등에 대한 관심으로 입양하기를 선택하는 부부의 가정에서 발생한다.

우리나라 「입양특례법」 제10조에서는 양친이 될 자격을 다음과 같이 규정하고 있다.

1. 양자를 부양하기에 충분한 재산이 있을 것
2. 양자에 대하여 종교의 자유를 인정하고 사회의 구성원으로서 그에 상응하는 양육과 교육을 할 수 있을 것

3. 양친이 될 사람이 아동학대 · 가정폭력 · 성폭력 · 마약 등의 범죄나 알코올 등 약물중독의 경력이 없을 것
4. 양친이 될 사람이 대한민국 국민이 아닌 경우 해당 국가의 법에 따라 양친이 될 수 있는 자격이 있을 것
5. 대한민국 국민인 경우 25세 이상으로서 양자가 될 사람과의 나이 차이가 60세 이내일 것, 대한민국 국민이 아닌 경우는 25세 이상 45세 미만일 것

(3) 친부모

친부모는 입양대상아동의 생물학적 부모로서 합법적인 결혼절차를 거친 부모와 그렇지 않은 혼외부모로 구분될 수 있다. 입양대상아동의 친부모는 아동에 대한 친권포기를 자발적으로 또는 비자발적으로 할 수 있다. 부모가 자신의 자녀를 위해 자발적으로 친권을 포기하는 경우는 혼외정사로 인해 비합법적으로 아기를 낳게 되는 경우나 가정의 빈곤, 부모의 사망이나 이혼 등으로 인해 가정 내에서 아동을 더 이상 보호 · 양육할 수 없는 경우이다. 비자발적으로 친권을 포기하는 경우는 부모가 아동학대로 친권을 박탈당한 경우 등이 포함된다.

「입양특례법」에 따르면 아동을 입양하기 위해서는 친부모의 동의를 구하여야 하며, 입양기관은 입양동의 전에 친생부모에게 아동을 직접 양육할 경우 지원받을 수 있는 사항 및 입양의 법률적 효력 및 파양, 입양동의의 요건 및 입양동의의 철회, 입양절차, 입양정보공개청구 등에 관한 충분한 상담을 제공하여야 한다고 규정하고 있다.

3) 입양의 주요 과정

「입양특례법」이 실시된 이후 입양대상아동에 대한 자격증명과 양친이 될

요보호아동 발생

- 친생부모: 입양숙려기간(7일) 준수
  - –양육에 관한 정보, 사회적응서비스, 정부지원 정보 제공
  - –기아: 기아발견신고 및 조서 작성, 부양의무자 공고, 후견인지정, 가족관계등록창설가정법원 성 · 본 창설허가재판

↓

입양동의 및 아동인수

- 친생부모 및 양자될 사람(요보호아동)에게 입양의 동의, 입양의 효과 및 파양, 입양정보공개청구 관련 입양동의의 철회 등에 대한 충분한 상담 제공

↓

입양대상아동확인서 발급

- 보장시설의 장 또는 입양기관의 장이 작성 → 아동 거주지 관할 시 · 군 · 구청에 제출(별지 제4호)
- 입양정보통합관리시스템(ACMS) 등록

예비양부모 입양신청

- 전화, 내방 등 개별 부부상담 진행(입양기관)
- 법 제10조(양친이 될 자격 등) 충족
- 양친가정조사 신청서(별지 제5호) 제출

↓

양친 가정조사

- 가정조사 실시(「입양특례법」 제10조, 같은 법 시행규칙 제8조 제2항)
- 예비양부모 교육: 보건복지부령으로 정하는 소정의 교육 이수(별지 제1호 양친교육이수증명서 발급)
- 범죄경력조회 요청(경찰관서)

↓

양친가정조사서 발급

- 「입양특례법 시행규칙」 제8조 제2항에 따른 양친가정조사서(별지 7호) 발급

↓

결연

- 국내입양우선추진(5개월/ACMS 활동)
- 양친 될 자와 입양대상아동 결연

※국내에서 양친 될 자를 찾지 못했을 경우 ↔

국외입양 예비양부모

- 법 제10조에 따르며 해당국에서도 양친이 될 자격을 인정받아야 함
- 국외입양의 가정조사는 입양을 원하는 국가 또는 외국입양기관이 행한 가정조사서로 갈음함

↓

해외이주허가(국외입양)

- 해외이주허가신청서(별지 제11호) 및 해외이주허가신청 제출서류를 구비하여 보건복지부 장관에게 허가신청

→ 법원허가제

※법 제11조 제1항에 따른 서류 구비

↓

법원허가제

- 양자가 될 사람의 등록기준지 또는 주소지 관할 가정법원에 신청
- 가정법원의 인용심판 확정
- ACMS 정보 입력
  - –(입양조치일자) 심판확정문 확정일
  - –그 외: 조치구분에 따른 일자

→ 〈법원의 추가보정 요청이 있을 시〉
- 구비서류 재정비 및 예비 양부모 소환(가사조사관) 등

↓

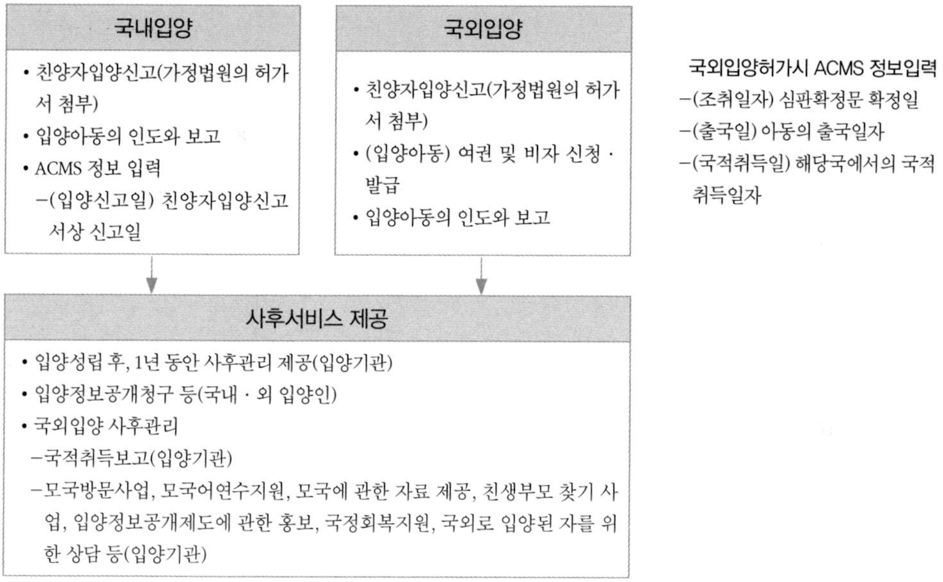

그림 13-1 국내외 입양흐름도

출처: 보건복지부(2017b).

자의 입양준비에 관한 법적 절차 그리고 가정법원 허가 등에 관한 법적 절차가 매우 강화되었는데, 기본적인 절차를 살펴보면 [그림 13-1]과 같다(보건복지부, 2017b).

(1) 국내입양 절차

① 입양대상아동의 입양준비에 관한 법적 절차

첫째, 아동에 대한 보호 의뢰이다. 보장시설에의 보호 의뢰는 시 · 도지사 또는 시장 · 군수 · 구청장이, 입양기관에의 보호 의뢰는 부모 또는 후견인이 실시한다. 보호 확인 의뢰는 입양기관 또는 보장시설의 장이 시장 · 군수 · 구청장에게 의뢰한다.

둘째, 후견인 직무이다. 입양기관의 장은 보장시설의 장, 부모 등으로부터 입양될 아동을 인수한 때에는 그 인수한 날부터 입양완료일까지 후견인 직무를 행한다. 시 · 도지사 또는 시장 · 군수 · 구청장은 친권자 또는 후견인이 없는 아동을 발견한 경우 필요하다고 인정할 때에는 법원에 후견인 선임을 신청한다.

셋째, 부양의무자 확인 공고이다. 친권자 또는 후견인이 없는 경우, 보호시설장 및 기관장은 소재지 관할 시장 · 군수 · 구청장에게 부양의무자 확인 공고를 의뢰하며, 의뢰를 받은 시장 · 군수 · 구청장은 15일간 확인을 공고한다. 기아인 경우, 기아발견신고 및 기아발견조서 작성(입양기관, 지자체)을 한 후 가정법원에 성 · 본 창설 허가재판을 청구하며, 아동의 가족관계등록을 창설한다.

넷째, 입양대상아동확인서 발급이다. 보장시설의 장 또는 입양기관의 장이 작성하여 양자가 될 자의 자격을 확인기관인 아동 거주지 관할 시장 · 군수 · 구청장에게 제출하여 확인을 받는다.

다섯째, 입양정보통합관리시스템 등록이다. 입양기관의 장은 입양기관에 보호 의뢰된 아동 및 친생부모의 정보를 중앙입양원에 제공하여 입양정보통합관리시스템에 등록하여야 한다. 등록사항은 입양기관에 보호 의뢰된 아동의 성명 · 주민등록번호 · 주소, 출생 일시 및 장소, 성별, 장애 또는 질환의 유무와 종류이며, 친생부모의 성명 · 주민등록번호 · 주소 · 연락처, 입양사유와 입양동의 및 입양정보 공개에 대한 동의 여부이다.

② 양친이 될 자의 입양준비에 관한 법적 절차

첫째, 양친가정조사신청서 제출이다. 양친이 되려는 사람은 조사기관(양친이 될 자 거주지 관할 시장 · 군수 · 구청장, 입양기관의 장, 아동상담소의 장)에 양친가정조사 신청서를 제출한다. 국외입양의 경우 입양을 원하는 국가 또는 그 국가의 공인된 입양기관이 국내 입양기관에 입양알선을 의뢰한 것으로 갈음한다.

둘째, 가정조사 및 양친가정조사서 발급이다. 조사기관은 '양친가정조사서'에 따라 가정조사를 실시하고 입양적격 여부를 결정하여 신청인에게 양친가정조사서를 발급한다. 양친가정조사는 직장 · 이웃 · 가정 등을 2회 이상 직접 방문하여 실시하되, 적어도 1회 이상은 미리 알리지 아니하고 방문 조사해야 한다. 국외입양의 경우 입양을 원하는 국가 또는 외국 입양기관이 행한 가정조사서로 양친가정조사서에 갈음한다.

셋째, 범죄경력의 확인 요청이다. 조사기관은 양친이 될 사람이 범죄경력이 있는지 확인하기 위해 범죄경력조회 신청서를 경찰관서의 장에게 제출한다.

넷째, 교육 및 양친교육 이수증명서 발급이다. 입양기관의 장은 양친이 될 사람에게 소정의 교육을 실시하고 양친교육 이수증명서를 발급한다.

③ 가정법원 허가

양자가 될 사람의 등록기준지 또는 주소지의 가정법원(또는 가정법원 지원)에 입양허가신청서를 제출하여 입양허가를 받는다.

④ 친양자 입양신고

입양된 아동은 「민법」상 친양자와 동일한 지위를 가진다. 양친 또는 양자는 가정법원의 허가서를 첨부하여 「가족관계의 등록 등에 관한 법률」이 정하는 바에 따라 친양자 입양신고를 하여야 한다.

⑤ 입양아동 등의 인도 및 보고

법원이 입양을 허가한 경우, 보장시설의 장 또는 입양기관의 장은 입양아동과 그에 관한 기록 및 소유물품을 양친이 될 사람에게 인도하고, 소재지 관할 시장 · 군수 · 구청장에게 아동 인도결과를 보고한다.

양부모에게 양자가 될 자의 기록 및 소유물품을 인계할 시 의료적 필요 등의 특별한 사유가 존재하지 아니하는 한 친부모의 동의 없이 친부모 인적사항이 노출되지 않도록 주의한다.

⑥ 사후관리 제공

입양기관의 장은 입양이 성립된 후 1년 동안 양친과 양자의 상호적응을 위하여 사후관리를 하여야 한다. 사후관리의 내용으로는 양친과 양자의 상호적응 상태에 관한 관찰 및 이에 필요한 서비스, 입양가정에서의 아동양육에 필요한 정보의 제공, 입양가정이 수시로 상담할 수 있는 창구의 개설 및 상담요원의 배치 등이 있다.

(2) 국외입양 절차

① 국내에서의 국외입양(외국인이 국내에서 입양하는 경우)

입양에 관한 일반절차는 국내입양 절차와 동일하다. 국내에서 입양하려는 외국인은 후견인과 함께 양자가 될 사람의 등록기준지 또는 주소지 관할 가정법원에 입양허가를 신청하여야 한다.

② 외국에서의 국외입양

국외에 거주하는 외국인이 국내에 거주하는 아동을 입양하기 위해서는 입양기관을 통하여 입양절차를 진행하여야 한다.

외국인으로부터 입양알선을 의뢰받은 입양기관의 장은 보건복지부 장관이 발행한 해외이주허가서를 첨부하여 가정법원에 입양허가를 신청하여야 한다. 이때 친권자가 확인되지 아니한 요보호아동으로서 보장시설 또는 입양기관에 보호된 기간이 6개월 이내인 기아의 경우는 해외이주허가가 제한된다.

양자 될 자가 해외이주허가를 받고 출국하여 그 국가의 국적을 취득한 경우 입양기관의 장은 국적취득의 사실을 안 날로부터 1개월 이내에 이를 법무부 장관에게 보고하며, 법무부 장관은 직권으로 그의 대한민국 국적을 말소할 것을 등록기준지 관할 가족관계등록관서에 통지한다.

특히 국외입양에 있어서 입양기관의 장은 국외로 입양된 아동을 위하여 모국방문사업, 모국어 연수지원, 모국에 관한 자료제공, 친생부모 찾기 사업과 입양정보공개제도에 관한 홍보, 국적회복지원, 국외로 입양된 아동을 위한 상담 등의 사후관리 사업을 실시하여야 한다.

4) 입양체계가 경험하는 문제

입양사업의 대상이 되는 삼자, 즉 입양아, 입양부모와 친부모는 각각 독특한 심리적인 문제를 경험한다(노혜련, 1997).

(1) 입양아동의 문제

입양아동이 경험하는 심리정서적인 문제는 크게 분리와 애착 문제, 부모 중복의 문제 그리고 자아정체감 등으로 나누어 볼 수 있다. 첫째, 일반적으로 입양아동은 정상적인 상황 속에서 양육되는 아동들보다 많은 분리의 경험을 한다고 볼 수 있다. 아동이 애착관계를 맺고 있던 사람과 분리되는 것은 아동의 신뢰감과 자존심 형성에 해로운 영향을 미치고 다른 사람과 정서적인 관계를 형성하는 능력을 저하시킬 수 있다(노혜련, 1997).

둘째, 입양아동은 자신에게 두 세트의 부모 · 가족이 있다는 사실도 수용해야 하는 문제를 경험한다. 입양 사실이 공개된 가정에서 입양아는 6세 정도부터 출산과 입양의 차이를 이해하기 시작한다. 모든 입양아는 동기가 어떠했든 간에 친부모가 자신을 포기한 현실을 직면하게 한다. 따라서 '나는 왜 포기되었는가?'라는 질문이 반드시 제기되게 된다. 그들에게는 입양이 특히 친모에 대한 상실로 경험되는데 입양부모에 대해 배신하는 것이 두려워 적절하게 애도할 수 있는 방법을 찾는 경우가 거의 없다. 입양아는 입양의 필연적인 패러독스 속에서 살아간다. 즉, 그들이 지금의 가족과 사랑하는 부모를 갖기 위해서는 또 다른 부모로부터 포기되었어야만 하는 것이다. 그들이 이러한 패러독스를 이해하는 능력은 성장과 성숙에 따라 변화하는데, 입양부모는 기회가 있을 때마다 아동에게 이러한 현실을 정직하게 직면할 수 있도록 허락하여야 한다.

셋째, 입양아동은 자아정체감 형성에 있어서 가장 큰 어려움을 경험하게 된다. 자아정체감은 개인의 발달에 있어서 중요한 과업인데, 입양아동의 경우 일반아동과 달리 그들만의 독특한 발달과업을 가지게 된다. 즉, 입양의 의미를 이해하면서 그것을 받아들이는 과정을 통해 자아존중감을 형성하게 되고, 이를 전체 자아정체감에 통합시키게 되기 때문이다. 친부모로부터의 버려짐과 상실은 입양아동에게 무의식적인 마음속에 돌이킬 수 없는 상처를 남기고, 이러한 상처는 입양아동의 자아존중감이나 자기가치관에 부정적인 영향을 미치게 된다. 국외입양아동의 경우 여기에 민족과 문화 그리고 언어의 상실이 더해져서 자아정체감 형성에 더 큰 어려움을 가지게 된다.

국외입양아동의 경우 자아정체감의 혼돈, 친생가족으로부터 버림받은 상실감 및 입양가족으로부터 버림받을 수 있다는 두려움 등 다양한 갈등으로 인해 가족, 또래집단 및 지역사회에서의 부적응을 경험할 수 있다. 실제로 국외입양이 되었으나 인종 및 문화 등의 차이로 인해 취약계층으로 전락하는 사례나 입양국으로 다시 되돌아가는 사례가 발생하고 있다(보건복지부, 2012).

(2) 입양부모의 문제

입양가정은 일반가정보다 극복해야 할 장애물이 더 많다. 입양부모가 자신감을 갖고 입양가정과 일반가정의 차이를 편안하게 수용할 때 아동들도 안정된 상태에서 자라날 수 있다. 입양부모가 가지게 되는 문제는 크게 불임의 문제, 부모로서의 역할문제, 입양아동의 자아정체감 형성과 관련된 문제 등으로 나누어 볼 수 있다.

첫째, 불임으로 입양하게 된 부모의 경우에는 불임과 관련하여 여러 가지 심리적인 어려움을 경험하게 된다. 입양아동과 생물학적으로 연결되어 있지 않은 입양부모는 아동이 실제로 자신들에게 속해 있다고 믿기 어렵기 때문에 불안을 경험한다. 이러한 태도는 아동에게 불안과 긴장감을 유발하여 결과적으로는 전체 가족관계에 영향을 미친다. 이러한 불안은 입양을 자녀의 출산과 양육이라는 사회적 역할수행에 실패했기 때문에 선택해야만 하는 대안이자 낙인으로 받아들이는 경우 더욱더 심해진다. 따라서 불임인 양부모는 자신이 낳았을 아이와 비슷한 모습을 가진 아이를 입양하고, 양육하면서도 아동이 입양된 사실과 아동의 배경에 대해서 부인하거나 다른 사람들이 관심을 갖지 못하게 하는 많은 노력을 하면서 입양과 출산의 차이를 최소화하려는 경향을 보인다. 따라서 입양부모는 적절한 애도의 과정을 통해 불임에 대한 수용의 단계에 이르러야 입양할 준비가 된다.

둘째, 입양부모는 부모역할에 대한 불안감을 갖는 경향이 있다. 이러한 불안감은 완벽한 부모가 되어야 한다는 양부모의 생각 때문에 가중된다. 자신의 인생과 부모로서의 자격이 평가되는 까다로운 입양절차를 거쳐 오래 기다려 얻은 아동이기 때문에 일반적인 부모들과 달리 양육의 어려움을 불평할 권리가 없다고 생각하기 쉽다. 따라서 이러한 생각이 완벽한 부모역할을 요구하게 되고 정상적인 부모역할 수행에 있어서 어려움을 경험하게 한다.

셋째, 입양부모들은 입양아동이 성장하여 자신들의 입양사실을 알고 친부모를 찾아 나서고 친부모를 더 좋아하게 될 것이라는 두려움을 가질 수 있다. 양부모는 종종 아동이 친부모에 대해서 호기심을 갖는 것을 자신들이 부모로서 실패하였거나 아동이 자신들을 사랑하지 않는 증거라고 생각한다. 이러한 생각은 아동에 대한 집착과 입양사실에 대한 비밀로 나타날 수 있다. 그러나 입양아동의 올바른 자아정체감 형성을 위해서는 입양사실에 대한 정확한 정보제공이 필요하다.

입양부모에 대한 조사결과(김유경 외, 2010)에서는 입양부모의 상당수가 입양아동 양육 시 어려움을 경험하는 것으로 나타나고 있으며, 어려운 점으로는 공통적으로 경제적인 이유를 비롯하여 차별이 많은 것, 입양사실의 노출에 대한 두려움과 아동의 장애 · 발달장애 문제 등이 나타나고 있다.

(3) 친부모의 문제

친부모도 입양과 관련해 많은 심리적인 어려움을 경험한다. 먼저 대부분의 미혼부모는 입양 이외의 다른 대안에 대한 정확한 정보, 친부모로서의 권리, 입양과정에 대한 정보 등 아동에 대한 친권포기를 하기 전 친부모에게 필요한 서비스나 정보를 거의 제공받지 못한다. 친부모는 부수적인 존재로 간주되고 친권포기 후에 얼마나 강한 상실감과 심리적 고통을 경험하게 될 것인지, 그런 감정을 표현해도 되는 것인지에 대해 아무런 조언도 듣지 못한다. 또한 친부모에게 친권포기 서류에 서명을 하는 과정은 매우 충격적이어서 운명에 항복하는 느낌을 갖게 한다. 이러한 경험은 사회복지사뿐 아니라 가족과 친구들과의 관계에서도 무력감과 배신감을 느끼게 한다. 따라서 친부모들을 대상으로 이러한 부정적 감정을 표현할 수 있는 정서적 지지를 제공할 필요성이 있다.

3. 입양 현황

1) 입양 현황

우리나라의 입양실적을 살펴보면, 1958년부터 2005년 사이에 공식적으로 국내외에 입양된 아동은 총 224,752명이다. 이 중 국내입양은 67,607명이고 국외입양은 157,145명으로 국내입양 비율은 평균 30.1%로서 국외입양의 1/3 수준에도 이르지 못하고 있다. 최근 10년 동안의 국내외입양 실적과 국내입양 비율은 [그림 13-2]와 같다.

입양실적을 살펴보면 국외입양이 국내입양을 압도적으로 항상 앞서고 있음을 알 수 있으며, 1990년대 이후 입양은 국내외를 막론하고 급격히 감소하고 있는 추세를 보이다가, 2007년 이후 국외입양이 국내입양보다 더 적은 수를 보이고 있다. 그러나 이는 국내입양이 증가한 것이 아니라 국내입양 우선 추진제도를 시행함으로써 국외입양이 감소한 것에 따른 결과로서 국내입양 활성화정책의 효과로 해석하기에는 한계가 있다.

국내입양이 부진한 이유로는 여전히 우리 사회에 깊이 뿌리박힌 혈통을 중시하는 유교적 가족관, 부모중심의 입양, 비밀입양으로 인한 까다로운 아동선정 조건, 국내 입양전문기관의 부족, 입양알선기관의 국외입양에 대한 선호 등을 들 수 있다. 한편 국외입양이 지속되는 사유로는 국내시설보호와 국내입양의 한계, 장애아동에 대한 입양 선호, 입양상대국 양부모의 한국 아동에 대한 선호, 양부모의 친한국 인사로의 전환, 입양아동의 해외진출로 인한 민간외교 증진 및 장래의 잠재적 국력신장에의 기여 등이 있다.

2017년 기준 우리나라의 입양전문기관을 살펴보면, 국외입양의 경우 홀트

(단위: 명)

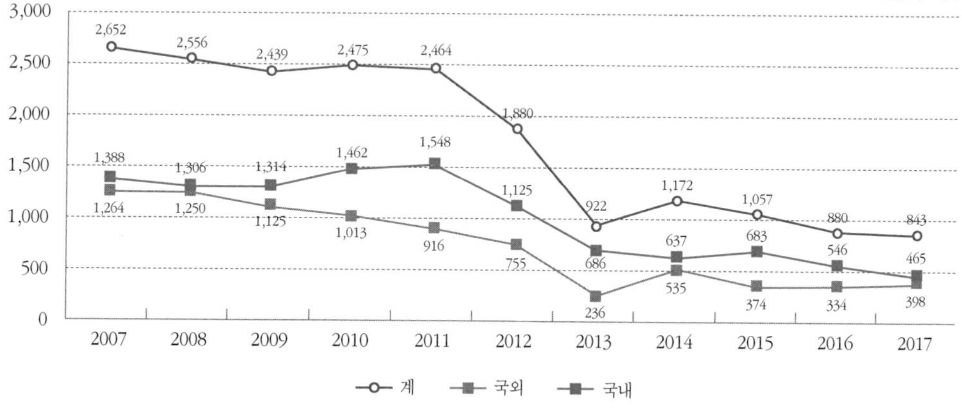

그림 13-2 국내외입양 현황

출처: 보건복지부(2018). 통계로 보는 사회보장 2018.

아동복지회, 동방사회복지회, 대한사회복지회 등의 4개 기관이 있으며, 국내 입양의 경우는 4개 국외입양기관 외에 6개소의 입양전문기관이 있다.

한편 국외입양아동이 성인이 됨에 따라 뿌리 찾기, 관광, 모국어 연수, 행사 참여 등의 목적으로 한국을 방문하는 입양인 수가 매년 3~4천 명으로 점차 증가하고 있으며, 국내에 1년 이상 장기 체류하는 입양인도 2011년 700명으로 추산되므로 국외입양인의 사후관리에 더 많은 관심을 기울일 필요가 있다.

2) 입양가정 및 입양아동에 대한 지원

국내입양을 촉진하기 위하여 정부에서 지원하는 각종 지원책을 살펴보면 다음과 같다.

(1) 장애아동 양육보조금 및 의료비 지원(법 제23조)

장애아동 양육보조금은 「입양특례법」상 허가를 받은 입양기관에 의해, 「입양특례법」의 요건과 절차를 갖춰 장애아동을 국내 입양한 가정에 지급한다. 지급대상이 되는 장애아동의 유형으로는 첫째, 「장애인복지법」에 규정된 장애등록이 된 입양아동, 둘째, 분만 시 조산 · 체중미달 · 분만장애 · 유전 등으로 질환을 앓고 있는 아동, 셋째, 입양 당시 장애 또는 의료적 문제가 없었으나 선천적 요인으로 인해 장애 또는 질환이 발생한 아동 등이며, 이러한 아동에 대해 양육보조금과 의료비를 지원하고 있다. 이러한 요건에 해당하는 경우에는 입양아동이 18세를 초과하더라도 고등학교에 재학 중인 때에는 졸업 시까지 지원 가능하다.

지원 정도를 살펴보면, 양육보조수당은 2017년 기준 중증장애아동 1인당 월 62만 7,000원, 경증장애아동 등 그 외 지원대상은 55만 1,000원을 지급하고 있으며, 의료비는 연간 260만 원 한도 내에서 본인이 부담한 의료비 전액(급여 및 비급여 부분 포함)을 지원하고 있다.

(2) 입양아동 양육수당 지원

「입양특례법」상 허가를 받은 입양기관에 의해, 「입양특례법」의 요건과 절차를 갖춰 국내 입양한 가정에 입양아동이 16세가 될 때까지 아동 1인당 15만 원의 양육수당(2017년 기준)을 지원하고 있다. 장애아동양육보조금과 동시지급이 가능하다.

(3) 입양아동 의료급여

「입양특례법」에 의해 국내에 입양된 만 18세 미만의 입양아동에 대해서는 의료급여 1종으로 지정하여 의료급여를 제공하고 있으며, 중고등학교 재학생의 경우 20세까지 의료급여를 제공한다.

(4) 입양비용 지원

「입양특례법」상 허가를 받은 입양기관에 의해, 동법의 요건과 절차를 갖춰 국내 입양한 가정에 대해 입양에 필요한 비용을 지원하고 있다.

① 입양알선비용 지원

입양알선에 소요되는 인건비, 아동양육비(위탁모비용 포함), 입양알선 절차에 소요되는 비용, 입양기관의 운영비 및 홍보비, 사후관리비 등 입양알선에 실제로 드는 비용으로 2017년 복지부 허가기관 270만 원, 시 · 도 허가기관 100만 원 정액을 지원한다.

② 입양철회비용

입양대상아동의 인수부터 철회 시까지 아동을 보호하는 동안 소요된 비용으로 아동보호 기간에 따라 2주 미만 15만 원에서 8주 이상 73만 원까지 지원한다.

4. 입양사업의 개선방안

1) 입양대상아동의 발생 예방

아동복지의 증진을 위해서는 무엇보다 입양대상아동의 발생을 예방하는 것이 중요하다. 우리나라 입양의 주대상이 되는 아동은 미혼모 아동과 장애아동이다. 따라서 입양아동의 발생을 예방하기 위해서는 청소년들의 성교육을 강화하고 성가치관을 확립함으로써 미혼모의 발생을 예방해야 한다. 또한 신생아에 대한 각종 검사를 실시함으로써 장애아동의 발생을 예방하기 위한 대책을 수립해야 한다.

2) 입양과 관련된 법규의 정비

2012년부터 실시되고 있는 「입양특례법」은 기존의 「입양촉진 및 절차에 관한 특례법」의 문제점을 보완하고 입양아동의 최선의 이익과 욕구중심으로 법적 절차와 내용을 개선한 법이다. 특히 입양숙려기간 도입, 친부모의 입양동의, 법원을 통한 입양허가 그리고 입양인의 입양정보청구제 등의 제도가 정착되도록 더 노력할 필요가 있다.

특히 국외입양아동의 인권을 보장하기 위해서는 헤이그 국제아동입양협약 가입이 조속히 이루어져야 하는데, 협약에 가입하기 위해서는 현재 시설중심의 아동보호체계를 가정보호 중심으로 개선, 협약이행을 위한 이행입법 마련, 국제입양정책을 총괄하고 입양기관을 인증·감독하는 정부 내 입양전담부서 결정, 국내입양 활성화 적극 추진 등의 법률적·제도적 장치가 더 필요하다.

3) 입양사업에 대한 정부지원의 강화

현재 입양기관이나 입양가정에 대한 정부의 재정적인 지원은 취약한 편이다. 그 결과, 입양기관들은 기관운영비를 확보하기 위하여 국외입양에 치중하는 경향이 있어 왔다. 따라서 정부는 국내입양의 활성화를 위해서 입양기관의 설치 및 운영에 관한 비용을 보조할 필요성이 있다. 또한 입양수수료와 양육비에 대한 차액을 정부가 보조하는 방안도 필요하다. 특히 입양가정에 지원되는 지원책을 대폭 확대하여 국민들이 입양에 따른 재정적 부담을 느끼지 않고 아동을 입양할 수 있도록 해야 한다.

4) 입양사업에 대한 홍보활동의 전문화

국내입양을 활성화하기 위해서는 무엇보다 입양에 대한 국민들의 부정적인 태도를 불식시키는 것이 중요하다. 이를 위해서는 입양에 대한 홍보를 적극적으로 실시하여 입양에 대해 긍정적인 태도를 갖게 하여야 한다. 신문, 라디오, TV, 영화, 전시회, 행사, 기관지 등의 여러 가지 방식이 홍보활동에 이용될 수 있다. 특히 생애주기별로 교육기관 중심의 입양교육과 홍보를 실시할 필요가 있으며, 전문가집단을 대상으로 입양에 대한 인식개선교육을 지속적으로 실시할 필요가 있다.

5) 입양 사후관리를 위한 대책 강화

대부분의 경우 우리나라의 입양은 비밀입양으로 입양 후 입양아동에 대한 사후관리가 이루어지는 것은 불가능하며, 해외입양의 경우 더욱더 불가능하다. 「입양특례법」 개정을 통해 입양기관에 대해 1년간의 사후관리 의무가 부가되었지만 사후관리 기간을 확대하고, 전문적인 입양가정에 대한 상담서비스를 제공함으로써 입양가정이 경험하게 되는 다양한 문제에 대한 원조체계를 갖추어야 한다. 특히 2012년 설립된 중앙입양원은 입양아동 가족정보 및 친가족 찾기에 필요한 통합 데이터베이스 운영 등을 통해 입양의 사후관리를 더 완벽하게 수행할 필요가 있다.

6) 국외입양인을 위한 사후 프로그램 확대

국외입양아동의 경우 인종, 문화, 언어의 상이성으로 인해 자아정체감 형성에 어려움을 경험하게 된다. 그렇기에 국외의 입양가정이나 입양아동을 위해서는 어떤 역할모델이나 지원이 필요하게 된다. 따라서 입양가정에게 입양아동이 성장하면서 모국의 문화를 체험하고 모국어를 배울 수 있는 기회를 제공하며, 친가족을 찾는 정보를 제공하는 등의 사후관리서비스가 이루어져야 한다. 따라서 국외입양인들을 위해 한국 소개책자 제작 및 배포, 모국방문 지원프로그램, 한국어 연수, 한국문화 체험프로그램 등 다양한 사후관리 프로그램을 확대 실시하며, 더 나아가 친부모 및 친인척 찾기를 지원하기 위해 중앙입양원 사업을 활성화하여야 한다.

더 나아가 국외입양인의 단기방문을 지원하기 위한 법률지원 및 통번역서비스 지원, 장기체류를 지원할 수 있는 한국어 연수 및 일자리 지원, 영구정착을 위한 한국국적 재취득 지원 등의 방안이 마련되어야 한다.

7) 입양사각지대 아동의 입양제도권 유입 지원

국내입양이 어려운 연장아동, 장애아동 등을 입양제도권으로 유인하기 위한 다양한 제도적 장치를 마련할 필요가 있다. 즉, 입양기관 인프라의 질적 · 양적 확대를 도모하며, 입양 필요성에 대한 홍보 및 예비 입양부모의 교육을 강화해야 한다.

5. 가정위탁서비스의 정의와 역사

개개의 아동은 자기가 태어난 가정에서 자기 가족과 함께 성장·발달해야 한다. 그러나 가정이 아동양육에 적합하지 못하거나, 그의 부모가 아동을 보살필 능력이 없거나, 부모의 이혼, 유기, 사망 등으로 가정이 파괴되어 있거나, 가정환경에서 잘 지낼 수 없는 행동문제 등을 갖고 있는 경우는 부득이 대리가정을 마련해 줄 수밖에 없다. 이렇게 원가정에서 일시적으로 또는 장기적으로 돌볼 수 없는 아동에게 어떤 일정한 기간 동안 보호를 제공하는 서비스가 가정위탁서비스이다. 보호가 필요한 아동에게는 시설보호보다는 가정의 환경이 더욱 유리하다는 점에서 아동복지에 있어서 상당히 중시되고 권장되는 중요한 프로그램으로 등장하고 있다.

우리나라에서는 보호가 필요한 아동을 일시적으로 보호·양육하기를 희망하는 가정에 위탁함으로써 가정적인 분위기에서 건전한 사회인으로 자랄 수 있도록 하도록 하기 위해서 가정위탁서비스를 제공하고 있다.

1) 가정위탁서비스의 정의와 유형

(1) 가정위탁서비스의 정의

미국 아동복지연맹(Child Welfare League of America: CWLA)에서 출판한『가정위탁보호 서비스 교본(Standards of Excellence for Family Foster Care Services)』에 의하면, 가정위탁보호란 아동복지서비스의 하나로서 자기 가정에서는 일시적으로 또는 장기적으로 보호될 수 없는 아동에게 어떤 계획된 기간 동안 주어지는 대리가정에 의한 보호이다. 이 정의의 특색을 요약해 보면, 첫째, 아동 본래의 가정이 아닌 타 가정에 의해서 주어지는 보호이다. 둘째, 계획된 기간의 설정이 필요한데, 이는 영구보호가 아니라는 것을 의미한다. 셋째, 사회기관에서 마련되는 보호이다. 즉, 가정위탁보호는 아동에게나 그 부모에게 가장 적합한 서비스라고 인정하고 계속적인 책임을 지는 사회사업기관에서 마련되는 보호라는 것이다(장인협, 오정수, 2001). 「아동복지법」 제3조에는 가정위탁이 보호대상아동의 보호를 위하여 성범죄, 가정폭력, 아동학대, 정신질환 등의 전력이 없으며 법이 정하는 기준에 적합한 가정에 보호대상아동을 일정 기간 위탁하는 것이라고 규정되어 있다. 가정위탁서비스는 아동에게 가정이나 가족을 대체하는 영구적인 보호를 제공하지 않는다는 점에서 입양과 다르다.

(2) 가정위탁서비스의 유형

① 무료위탁(Free Home)

위탁가정이 보수를 받지 않고 아동을 보호하는 것을 말한다.

② 유료위탁(Boarding Home)

위탁받은 가정이 아동을 보호하고 그 대가로 원가정이나 사회복지기관으로부터 보수를 받는 것으로, 오늘날 가장 많이 활용되고 있다.

③ 고용위탁(Work or Wage Home)

위탁기간 중 아동이 노동을 하여 숙식비나 추가적인 비용을 벌기 위해 어느 정도의 일(work)을 하는 위탁형태이다.

④ 입양위탁(Adoption Home)

입양수속 중인 아동을 일시적으로 보호하는 위탁의 형태이다. 우리나라에서는 국외입양아동을 대상으로 입양위탁을 실시하고 있다.

⑤ **집단위탁**(Group Home)

집단위탁가정은 새로운 위탁가정보호 형태로 시설에서 운영하는 5~12명 이하의 공동생활 소집단가정이다.[2)]

한편 우리나라 「아동복지법」에서는 가정위탁 유형을 친조부모 · 외조부모에 의한 대리양육가정위탁, 친조부모와 외조부모를 제외한 친인척에 의한 양육(「민법」에 의거한 8촌 이내의 혈족에 의한 양육)인 친인척가정위탁 그리고 일반인에 의한 가정위탁의 세 가지로 구분하고 있다. 이렇게 부양의무자를 구분한 이유는 소년소녀가정보호제도를 위탁가정보호로 전환하였기 때문이다.

2) 가정위탁서비스의 역사

우리나라에서 가정위탁보호제도의 역사를 살펴보면 고려시대와 조선시대의 영대노비(永代奴婢)제도를 들 수 있다. 이 제도는 흉년이 들어 그 부모가 자녀를 부양할 수 없어 유기하는 경우 아동을 노비로 삼는 방편으로 보호를 실시한 것이다. 또한 부랑아동, 기아, 빈민아동을 대상으로 사원에서 수용 · 양육하여 승려 또는 사역승으로 양성하는 일이 있었으며, 이를 본받아 민가에서도 이들 아동을 양자녀로 삼거나 노비로 삼는 경우가 있었다(아산사회복지재단, 1997). 이러한 전통사회에서의 가정위탁은 아동의 복지보다는 인명을 구활하는 임기응변적 대책과 이에 참여한 수양자에게 유리한 제도라는 점에서 현대적인 가정위탁제도와는 다르다.

우리나라에서 현대적 의미의 가정위탁제도는 1950년대 이후 추진되어 왔

---

2) 집단위탁을 위탁가정보호서비스의 유형으로 분리해야 하는지에 대해서는 논란의 여지가 있다. 즉, 그룹홈은 시설과 가정의 중간시설로도 사용될 수 있으며, 시설의 개방화정책으로 인해 지역사회 소규모시설로 사용될 수 있다. 따라서 그룹홈은 그 원래 목적에 따라 위탁가정서비스나 시설보호의 종류로 분류할 수 있다.

다. 그러나 정부가 직접 관여하기가 적합하지 않아 민간 사회복지기관을 중심으로 가정위탁사업을 실시하였다. 그 결과, 1965년 홀트아동복지회와 대한사회복지회, 1972년 동방아동복지회, 1990년 한국사회봉사회의 4개 기관에서 입양아동을 대상으로 한 가정위탁사업을 실시하여 왔다. 정부에서는 가정위탁을 활성화하기 위하여 1985년부터 인천과 광주에 시범사업을 실시하였으나, 소기의 목적을 달성하지 못하여 중단한 채 기본 방침만 세워 두고 있었다.

1990년대 후반에 들어서 소년소녀가장제도와 시설보호사업에 대한 비판이 일어나면서 정부에서는 요보호아동 보호방식을 시설보호나 소년소녀가장세대 보호 형태에서 그룹홈이나 가정위탁보호 형태로 전환하는 방향으로 추진하였다. 그 결과 1999년 가정위탁보호에 대한 법적 근거를 마련하였고, 2002년 소년소녀가장보호제도를 보완하면서 친인척과 동거하는 소년소녀가장들을 친인척 위탁가정보호로 분류하여 지원하고 있다. 그리고 2003년에는 가정위탁가정들을 지원하기 위해 시 · 도에 각 1개소씩 가정위탁지원센터를 설치하여 운영하고 있다.

2005년에 「아동복지법」을 개정하여 가정위탁보호의 법적 근거를 규정하였고, 2012년 8월 「아동복지법」 개정에서는 시 · 군 · 구 가정위탁지원센터 설치근거와 가정위탁보호아동의 자립지원 근거 규정을 마련하였다.

이와 같이 가정위탁은 탈수용시설화정책의 하나로서 정책적으로 강조되고 있지만, 우리나라에서는 아직도 이 제도가 활성화되어 있지 못하여 그 실적이 부진하고, 소년소녀가장들에 대한 친인척보호로의 전환에 머무르고 있다.

6. 가정위탁서비스의 기본 원리

1) 가정위탁보호의 조건

가정위탁보호가 필요한 상황은 아동의 부모가 가정에서 아동을 보호할 수 없거나 보호하지 않으려고 할 경우가 해당된다. 가정위탁보호가 필요하게 되는 상황은 첫째로 아동과 관련된 여러 가지 어려움이 발생하는 경우인데, 예를 들어 아동의 신체적 장애, 지적 지체, 사회적인 일탈행위, 정서적 혼란 등으로 인한 문제로 아동을 가정에서 일시적으로 보호할 수 없게 되는 경우이다. 둘째, 부모와 관련된 여러 가지 어려움이 발생하는 경우인데, 예를 들어 부모의 사망 · 이혼 · 별거 등의 가족해체, 신체적 혹은 정신적 질병, 아동에 대한 부모의 학대, 적절한 재정적 자원의 결핍 등으로 아동에게 적절한 보호를 제공할 수 없는 경우이다.

우리나라 「아동복지법」에서는 가정위탁보호 대상아동을 만 18세 미만의 아동으로서 보호자가 없거나 보호자로부터 이탈된 아동, 아동을 학대하는 경우 등 그 보호자가 아동을 양육하기에 적당하지 아니하거나 능력이 없는 경우의 아동으로 규정하고 있다. 특히 요보호아동이 발생할 시 만 2세 미만 아동은 가정위탁으로 우선 배치할 것을 규정하고 있다.

2) 위탁가정의 자격

(1) 양친의 자격

훌륭한 위탁가정이란 아동의 안전과 인정의 욕구를 잘 충족시켜 주는 가정이다. 따라서 이러한 욕구를 충족시켜 주기 위해서는 양친으로서 충분한 자격을 지니고 있어야 한다. 프레드릭슨(Hazel Fredericksen)에 의하면 훌륭한 양친이 될 수 있는 자격은 다음과 같다(장인협, 오정수, 2001에서 재인용).

- 양친은 확고한 인생철학, 건전한 도덕적 · 윤리적 규준 및 정신적 가치 평가를 갖고 있어야 한다.
- 양친은 아동의 성격의 정서적 결함을 채워 줄 수 있을 정도로 민감해야 하며 이해력을 갖고 있어야 한다.
- 양친은 그 아동을 수준에 맞게 다룰 수 있어야 한다. 일반아동들의 수준에서보다는 과거의 기록 등을 참작하여 보살펴야 할 것이다.
- 양친은 행동이나 성격의 결함을 다룸에 있어서 기관의 도움을 받아 기꺼이 활용할 수 있어야 한다.
- 양친은 아동의 활동과 진전에 관심을 두고 있어야 하며, 필요할 때 언제나 도움과 지지를 해 줄 용의를 갖추고 있어야 한다.

(2) 위탁가정 선정기준

우리나라 「아동복지법 시행규칙」에 규정된 위탁가정 선정기준을 살펴보면 다음과 같다. 첫째, 위탁아동을 양육하기에 적합한 수준의 소득이 있을 것, 둘째, 위탁아동에 대하여 종교의 자유를 인정하고 건전한 사회구성원으로 자랄 수 있도록 양육과 교육을 할 수 있을 것, 셋째, 위탁부모의 나이가 25세 이상(부부의 경우 부부 모두 해당)으로서 위탁아동과의 나이 차이가 60세 미만일 것(다만, 시 · 도지사, 시장 · 군수 · 구청장이 위탁아동을 건전하게 양육하기에 위탁가정의 환경이 적합하다고 인정하는 경우에는 예외도 가능), 넷째, 자녀가 없거나 자녀의 수가 위탁아동을 포함하여 4명 이내일 것(18세 이상 친자녀 제외), 다섯째, 가정에 성범죄, 가정폭력, 아동학대, 정신질환 등의 전력이 있는 사람이 없을 것(본인의 동의를 받아 가정위탁보호를 희망하는 사람이 거주하는 소재지 관할 경찰관서의 장에게 범죄경력 조회를 요청하고 회신결과를 반영하여 위탁가정 선정) 등이다.

이 외에 위탁가정 선정 시 추가로 검토해야 할 사항은 다음과 같다.

- 위탁아동을 자기 자녀처럼 양육하기에 필요한 성품 · 경험 · 지식을 갖춘 자를 위탁부모로 선정
  - 혼인관계를 유지하고 자신의 아이를 키워 본 경험이 있는 자를 우선하되, 시장 · 군수 · 구청장, 가정위탁지원센터의 장이 위탁아동을 건강하게 양육하기에 적합하다고 인정하는 경우에는 양육경험이 없는 자도 선정 가능
- 가정이 화목하고 정신적 · 신체적으로 위탁아동을 양육함에 현저한 장애가 없을 것
- 위탁아동을 건강하게 부양하기에 어려움이 없을 정도의 재산이 있을 것
  - 경제적인 목적이 아닌 선의의 동기로 위탁아동 양육을 결정한 것에 대한 확인이 필요함
  - 기초생활수급자는 충분한 재산이 있다고 볼 수 없음
- 위탁가정으로 적합한지 여부를 가정조사 시 이웃 등을 통해 확인
  - 공립아동상담소 또는 이웃주민의 추천 등
- 위탁부모가 될 자가 대한민국 국민이 아닌 경우 해당 국가의 법에 따라 위탁부모가 될 자격이 있을 것

(3) 위탁가정 교육

가정위탁을 희망하는 사람은 반드시 기본 4시간의 위탁부모 양성교육을 이수해야 한다. 다만, 대리양육가정 및 친인척 위탁가정의 경우에는 가정위탁 후 6개월 이내에 교육을 이수한다.

또한 가정위탁을 하고 있는 일반위탁부모, 대리양육 · 친인척 위탁부모는 매년 4시간 이상의 보수교육을 받아야 한다. 교육내용으로는 위탁양육에 대한 이해, 위탁양육의 절차, 위탁아동의 특성, 좋은 부모의 역할 등이다.

그리고 대리양육 · 친인척 위탁가정의 경우 교육이수 대상자가 노령이거나 질병이 있는 등 불가피한 경우에는 직접 가정을 방문하여 교육을 실시할 수 있다.

3) 가정위탁보호의 절차

(1) 신청

가정위탁의 첫 번째 단계는 가정위탁에 대한 신청이다. 읍 · 면 · 동에서는 보호대상아동이 발생하면 아동과 그 가정을 조사하여 대리양육, 친인척양육이 불가할 경우 보호대상아동 조사서, 아동카드, 가족관계부를 첨부하여 시 · 군 · 구에 일반가정위탁을 의뢰한다.

시 · 군 · 구(위탁아동 거주지)에서는 지역가정위탁지원센터에 아동과 관계된 서류를 첨부하여 위탁가정 발굴을 의뢰하며, 읍 · 면 · 동은 보호대상아동이 위탁가정에 배치되면 기초생활수급자로 조사 및 책정한다.

위탁부모가 되고자 하는 자는 아동의 거주지를 관할하는 읍 · 면 · 동 또는 지역 가정위탁지원센터에 가정위탁보호신청서를 작성하여 제출한다.

(2) 아동 및 위탁가정환경 조사

가정위탁지원센터는 가정위탁보호가 의뢰된 아동에게 적합한 위탁가정을 선정한 후, 선정된 위탁가정에 대한 가정위탁보호 신청인 가정조사서, 일반위탁부모추천서를 작성하여 시 · 군 · 구에 제출한다.

시 · 군 · 구는 가정위탁지원센터에서 추천한 일반위탁부모에 대한 범죄경력 조회를 실시한다.

가정위탁지원센터의 장은 위탁아동, 가정위탁보호를 희망하는 사람, 위탁아동의 부모 등의 신원확인 등의 조치를 위해 시 · 도지사 또는 시 · 군 · 구청장에게 협조를 요청할 수 있다.

(3) 가정위탁보호 결정 통보

시 · 군 · 구에서는 가정위탁지원센터에서 제출한 가정위탁보호(대리양육) 신청서, 가정위탁보호(대리양육)신청인 가정조사서, 일반위탁부모 추천서와 읍 · 면 · 동에서 받은 보호대상아동 조사서, 범죄경력조회 회신서를 검토하여 가정위탁보호를 결정한다.

시 · 군 · 구에서는 가정위탁보호를 결정한 후 해당 가정위탁지원센터에 통보하고 아동카드를 센터에 발송한다. 가정위탁지원센터의 가정위탁보호 신청자 가정조사가 없거나, 가정위탁지원센터에서 가정조사 후 위탁가정으로 부적절하다고 판단하면 시 · 군 · 구에서 가정위탁보호를 결정하는 것이 불가하다.

한편 위탁아동 소재 시 · 군 · 구와 위탁가정 소재 시 · 군 · 구가 다른 경우, 위탁아동 소재 시 · 군 · 구에서는 관련 서류를 첨부하여 보호 결정된 사항을 위탁가정 소재 시 · 군 · 구에 통보하여 양육보조금, 기초생활수급지원, 상해보험 지원 등의 사후관리가 이루어질 수 있도록 하고 위탁아동의 전입절차를 진행한다. 위탁가정 소재 시 · 군 · 구에서는 관할 지역가정위탁지원센터에 보호 결정된 사항을 통보하고 아동카드를 센터에 발송한다.

(4) 위탁가정 사례관리

위탁아동 발생 소재지 시 · 군 · 구는 아동카드를 세 부 작성하여 한 부는 위탁부모, 한 부는 가정위탁지원센터, 한 부는 자치단체에 비치하여 관계공무원이 대리양육 또는 가정위탁보호에 관한 사후지도 상황과 그 아동에게 지급되는 금품의 급여상황을 기록하도록 한다.

가정위탁보호 결정 통보를 받은 가정위탁지원센터는 아동을 위탁가정으로 배치하고, 관할 행정기관과 협조하여 위탁아동 및 위탁가정을 사후 관리한다.

(5) 가정위탁보호 종결(친가정 복귀 및 위탁종결)

보호아동의 보호자가 직접 아동을 양육(친가정 복귀)하려는 경우 시 · 군 · 구청장에게 아동귀가신청서를 제출하여야 한다. 아동귀가신청서를 제출받은 시 · 도지사 또는 시 · 군 · 구청장은 해당 가정위탁지원센터장의 의견을 들어 아동을 귀가 조치할 수 있다. 단, 아동학대로 인해 가정위탁보호 중인 아동을 귀가 조치할 경우, 센터장은 아동보호전문기관으로부터 소견서를 송부받아야 한다.

보호대상아동이 만 18세 이상이 되면 시 · 군 · 구청장은 해당 아동의 보호조치를 종료한다. 그러나 「아동복지법」 제16조 제2항에 따라 「고등교육법」 제2조에 따른 대학 이하의 학교에 재학 중인 경우, 「근로자직업능력 개발법」 제2조 제3호에 따른 직업능력개발훈련시설에서 직업 관련 교육 · 훈련을 받고 있는 경우는 보호기간 연장이 가능하다.

형제 · 자매가 한 가정에서 위탁보호를 받다가, 형제 · 자매 중 1인이 만 18세 이상 등의 사유로 가정위탁보호가 종료되더라도 동생(나머지 형제 · 자매)에 대해서는 계속해서 가정위탁보호가 유지되어야 한다. 또한 18세 이후 가정위탁이 종결되는 형제 · 자매를 보호자로 하여 친인척 위탁가정으로 책정하고자 할 때에는 양육을 지원해 줄 주변 지원체계를 충분히 고려하여야 한다. 18세 이후 종결된 자가 「민법」상 성년이 아니더라도 위탁부모 자격이 있는 것으로 간주한다.

일반가정위탁 절차를 도식화하면 [그림 13-3]과 같다.

신청

보호필요아동 의뢰

(신청)
친권자, 후견인, 아동을 보호·양육·교육하거나 그러한 의무가 있는 자 또는 업무·고용 등의 관계로 사실상 아동을 보호·감독하는 자가 관할 아동거주지 시·군·구 또는 읍·면·동에 신청

위탁보호 희망자

(신청)
관할 아동거주지 시·군·구, 읍·면·동 또는 가정위탁지원센터에 신청

아동 및 위탁가정환경 조사

① 읍·면·동

(조사·상담)
의뢰된 아동
(서식작성)
- 보호대상아동 조사서(시행규칙 별지 3호)
- 아동카드(시행규칙 별지 4호)
- 가정위탁보호동의서, 지침서 서식 2호
- 가족관계부 첨부

(서식제출)
시·군·구에 제출

② 시·군·구

(위탁부모 의뢰)
센터에 관계서류 첨부하여 의뢰

① 가정위탁지원센터

(위탁부모 선정)
시·군·구에서 의뢰된 아동에 맞는 위탁부모를 찾아 선정
(서식작성)
- 가정위탁보호(대리양육) 신청서(시행규칙 별지 1호)
- 가정위탁보호(대리양육) 신청인 가정조사서(시행규칙 별지 2호)
- 일반위탁부모 추천서(지침서식 1호)
- 가정위탁 가족 동의서(지침서식 3호)

(서식제출)
시·군·구에 제출

② 시·군·구

(위탁부모 범죄경력 조회)
위탁부모 거주 소재지 관할 경찰관서의 장에게 범죄경력 조회
(서식작성)
범죄경력 조회 요청서(시행규칙 별지 8호)

가정위탁보호 결정·통보

시·군·구

(위탁보호 결정)
조사결과를 토대로 결정
(결정 통보 및 관련 서류 발송)
- 관할 가정위탁지원센터 및 위탁가정 소재 시·군·구(도는 시·도) 통보
- 관할 센터에 아동카드 등 관련 서류(시행규칙 별지 3, 4호) 7일 이내 발송

사례관리

읍·면·동 & 시·군·구 가정위탁지원센터

(아동카드 관리)
아동카드 기재·관리
(상담 및 관리)
위탁아동, 위탁가정, 친가정 상담
(업무지원)
복지서비스 제공 등 업무지원
(교육)
공무원, 종사자, 위탁부모교육

가정위탁보호 종결

시·군·구 & 가정위탁지원센터

(서식작성)
시·군·구에 아동 귀가 신청서(시행규칙 별지 5호) 제출
(종결 또는 연장)
시·군·구는 종결 또는 보호기간 연장
(통보)
가정위탁지원센터에 통보
(사후관리)

그림 13-3 일반가정위탁 절차

출처: 보건복지부(2017b). 아동분야 사업안내.

7. 가정위탁 현황

1) 가정위탁 현황

가정위탁을 통해 보호를 받은 아동을 살펴보면, 전체 위탁아동은 2003년 7,565명에서 2009년 16,608명으로 2배 이상 증가하였으며, 2010년부터 약간 감소하여 2010년 15,486명, 2017년 11,983명을 기록하였다. 이러한 가정위탁보호아동 수의 감소는 아동인구 및 요보호아동의 감소세에 따른 것이라 볼 수 있다. 그럼에도 아동복지원칙에 반한다는 비판을 받은 소년소녀가정보호를 대체하였고, 시설보호보다는 가정위탁을 강조하는 정책흐름 속에서 가정위탁보호는 보호대상아동의 주요한 보호조치로 자리잡고 있다.

위탁유형별로 살펴보면, 조부모가 아동을 양육하는 대리양육은 2003년 3,458명(45.7%)에 불과했으나 2017년 7,950명(66.3%)으로 2배 정도 증가하여 조부모가 보호하는 아동이 크게 증가하고 있음을 보여 준다. 친인척 위탁아동은 2003년 3,541명(46.8%)에서 2017년 3,100명(25.9%)으로 나타나 보호아동은 약간 감소하였으나 보호비율은 20% 감소되었음을 보여 준다. 일반위탁아동은 2003년 566명(7.5%)에서 2017년 933명(7.8%)으로 나타나 인원은 2배 증가하였으나 비율은 그대로다.

이러한 위탁아동 보호 현황은 우리나라 가정위탁의 대부분이 조부모가 보호하는 대리양육임을 보여 준다. 이는 우리나라 가정위탁제도가 소년소녀가정제도를 전환하여 도입하였기 때문이다.

한편 위탁가정 아동을 보호하기 위해 2017년 기준 전국에 9,575세대의 위탁가정이 있으며, 대리양육 6,207세대, 친인척 2,605세대, 일반 763세대이다. 그리고 가정위탁을 전담하는 가정위탁지원센터는 중앙가정위탁지원센터 1개소와 전국에 17개소가 설치되어 있으며, 2016년 총 명의 상담원이 근무

표 13-1 연도별 위탁아동 수

연도	총계	대리양육		친인척		일반	
		인원	비율	인원	비율	인원	비율
2003	7,565	3,458	45.7	3,541	46.8	566	7.5
2006	14,465	9,062	62.6	4,160	28.8	1,243	8.6
2007	16,200	10,112	62.4	4,850	29.9	1,238	7.7
2008	16,454	10,709	65.0	4,519	27.5	1,226	7.0
2009	16,608	10,947	65.9	4,503	27.1	1,158	7.0
2010	16,359	10,865	66.4	4,371	26.7	1,123	6.9
2011	15,486	10,205	65.9	4,260	27.5	1,021	6.6
2012	14,502	9,732	67.1	3,831	26.4	939	6.5
2013	14,596	9,776	67.0	3,843	26.3	977	6.7
2014	14,385	9,550	66.4	3,816	26.5	1,019	7.1
2015	13,728	9,127	66.5	3,556	25.9	1,045	7.6
2016	12,896	8,578	66.5	3,348	26.0	970	7.5
2017	11,983	7,950	66.3	3,100	25.9	933	7.8

출처: 보건복지부(각 연도). 보건복지통계연보.

하고 있다. 상담원 1인당 담당하고 있는 위탁아동 수는 131명, 위탁가정 수는 103세대, 지원서비스는 431명에게 3,837건 제공, 교육은 14회에 걸쳐 109명 대상으로 실시, 홍보는 28,972건으로 업무가 과중한 것으로 나타나고 있다(보건복지부, 중앙가정위탁지원센터, 2017).

2) 가정위탁 아동 및 가정에 대한 지원

(1) 「국민기초생활보장법」에 따른 지원

위탁보호아동에 대해서는 「국민기초생활보장법」의 수급자 선정기준에 따라 생계 · 의료 · 교육 등의 해당 급여를 별도가구로 보장하는 개인단위로 실시한다. 위탁보호아동에게 부양능력이 있는 부양의무자가 존재하는 경우에도 읍·면·동의 사회복지 전담공무원과 협의하여 위탁아동과 실제 부양의무자 간의 실질적인 가족관계의 단절로 보아 급여를 실시한다. 특히 부모로부터 학대받은 아동의 경우 부양능력이 있는 부양의무자가 있어도 부양을 거부하거나 기피하는 것으로 인정하여 기초생활수급자로 보호한다.

(2) 양육보조금

2017년 기준 아동 1인당 월 15만 원의 양육보조금을 지원한다.

(3) 상해보험료 지원

위탁아동의 후유장애, 입원·통원 의료비 등을 지원하기 위하여 1인당 연 6만 5,000원 이내의 상해보험료를 지원한다.

(4) 전세자금 지원

위탁가정의 월평균소득이 전년도 조시근로자 가구당 월평균 이하로서 무주택인 대리양육·친인척 위탁가정에게 일반주택 전세자금 및 공공임대주택 임대보증금을 지원한다.

(5) 가정위탁아동에 대한 자립지원정착금 지원 권고

위탁아동 종결 시 아동복지시설 퇴소아동에 준하여 자립지원정착금 지급이 필요한데, 지방이양사업인 자립지원정착금을 아동 1인당 300만 원 이상 지급할 것을 권고한다.

(6) 가정위탁아동에 대한 대학진학자금 등 지원 권고

아동 1인당 300만 원 이상의 대학등록금을 지급할 것을 권고한다.

(7) 가정위탁아동 심리치료비 지원

가정위탁아동의 심리정서치료비 월 20만 원 이내, 심리검사비 20만 원(1회), 교통비 월 2만 원 이내의 심리치료 관련 비용을 지원한다.

(8) 후견인 지정을 통한 정서적 후원

대리양육, 친인척 위탁가정 등 가정위탁보호 아동의 경우 가까운 이웃에 거주하는 아동위원, 종교인, 지역 여성지도자, 공무원, 가정위탁지원센터 상담원 등을 후견인으로 지정하여 고충이나 애로사항을 상시 의논 · 해결하도록 지원한다.

8. 가정위탁서비스의 개선방향

1) 가정위탁보호사업의 문제점

아동복지의 기본 전제로서 아동들은 가정의 환경에서 건전하게 양육받아야 한다는 원칙에 따라 가정위탁보호 프로그램은 선진 각국에서 널리 권장되고 활용되어 왔다. 그러나 그 성과는 기대했던 것보다는 낮은 것으로 나타났다. 또한 우리나라에서는 가정위탁서비스에 대한 국민들의 인식이 매우 낮은 실정이며 대부분의 사람이 입양전 위탁사업을 가정위탁으로 인식하고 있다.

우선 미국에서 가정위탁서비스의 문제점으로 제시된 것은 다음과 같다(Pecora et al., 2000).

첫째, 가정위탁사업의 '일시적인 보호' 개념에도 불구하고 대부분의 아동에게는 영구적인 보호가 되고 있다. 즉, 일정 기간 내에 원가정으로의 귀가나 입양조치 등이 취해지지 못했다는 것이다. 장기간의 가정위탁 보호는 아동들에게 '생활의 고독감' '인간에 대한 정서적 결합의 결여감'을 조장해 주었을 뿐이다.

둘째, 일시적인 보호체계로 인해 가정위탁보호 대상아동들이 위탁가정을 자주 변경하고 있다. 이러한 빈번한 위탁가정의 변동은 아동들에게 부적응의 증상, 일체감의 혼돈, 인간에 대한 불신 및 생활의 단절을 초래케 했다.

셋째, 아동들이 부적절하게 가정위탁보호를 받고 있다. 친부모들이 자녀들을 보호하려는 노력을 거의 시도하지 않고 있으며, 오히려 가정위탁보호제도가 아동을 포기하도록 조장하는 경우도 있다는 것이다.

넷째, 가정위탁보호 대상아동은 대부분이 빈곤가정의 아동들이며 소수민족 아동들이다.

다섯째, 가정위탁보호의 효과에도 불구하고 일부 아동에게서는 부모의 분리, 형제자매관계의 단절, 계획되지 않은 학교의 전학, 교우관계 단절 등의 부작용이 나타나고 있다.

우리나라에서도 가정위탁보호를 적극적으로 확산시키고자 하고 있으므로 선진국에서 경험하고 있는 실패나 문제점 등을 고려하여 가정위탁보호사업의 합리적인 운영방안을 모색해야 할 것이다.

2) 가정위탁보호의 개선방안

(1) 가정위탁보호사업에 대한 국민의 인식제고

우리나라에서는 가정위탁보호는 국외입양 전에 아동을 일시적으로 위탁가정에서 보호하는 것으로 인식되고 있어 가정위탁보호서비스에 대한 인식이 전혀 이루어지지 못하고 있다. 즉, 그동안 민간 사회복지기관에서 자신들에게 필요한 위탁가정을 일부 모집하여 활용하였으나 앞으로는 정부의 주관하에 아동복지의 중요한 서비스인 가정위탁보호사업에 대한 국민들의 인식을 제고하기 위해 더 적극적인 홍보가 필요하다.

(2) 위탁가정의 양적 확대

현재 우리나라 위탁가정의 현황을 살펴보면, 입양전 위탁보호제도와 소년소녀가정보호제도를 대신한 친인척 위탁가정과 대리양육가정을 제외하면 엄밀한 의미의 위탁가정이라 할 수 있는 일반위탁가정 수는 극히 적은 실정이다. 일반위탁가정의 비율이 전체 가정위탁의 7%에 불과하여 보호가 필요한 아동에게 적절한 가정위탁보호를 제공하지 못하고 있다. 따라서 언론매체를 활용한 지속적인 홍보를 통해 일반위탁가정의 수를 증가시킬 필요성이 있다.

(3) 위탁가정에 대한 지원확대

현재의 아동양육수당 지원으로는 가정위탁사업을 활성화하는 데 매우 부족한 실정이다. 따라서 현재의 입양가정에 지원하는 수준으로 지원책을 확대할 필요성이 있다. 또한 「국민기초생활보장법」에 따른 생계비를 지원받지 못하는 위탁아동도 1.5%나 되는 것으로 나타나고 있어 이들에 대한 생계비도 지원할 필요가 있다.

(4) 위탁가정에 대한 전문적 지원프로그램의 실시

위탁가정의 부모나 아동을 위한 심리사회적 적응지원 프로그램은 매우 제한적으로 실시되고 있다. 가정위탁보호의 경우 중도포기로 인한 아동의 잦은 이동, 아동에 대한 방임 및 학대, 부적절한 보호, 아동의 부적응 등 다양한 문제가 발생할 수 있다. 따라서 이러한 문제에 대처하기 위해서는 가정위탁지원센터와 지역사회복지관을 중심으로 위탁가정에 대한 사후관리를 실시하며, 전문적인 원조프로그램을 실시해야 한다. 이를 위해서는 무엇보다 가정위탁지원센터의 확대설치 및 상담원의 추가배치가 필요하다.

(5) 자립지원 프로그램의 활용

위탁가정의 아동 중 고등학교에 재학 중인 아동이 많아지고 있어 이들의 자립을 촉진할 수 있는 프로그램을 적극 실시할 필요성이 있다. 특히 「아동복지법」에서 규정한 대로 15세 이상의 아동을 대상으로 자립지원계획을 수립하여야 하며, 이러한 프로그램을 실시할 수 있도록 가정위탁지원센터 상담원들에 대한 적절한 교육을 제공할 필요성이 있다.

(6) 장기위탁보호의 해소

가정위탁은 아동의 보호를 위하여 일정 기간 위탁하는 것을 의미하고 있으나, 우리나라 일반위탁가정 아동의 보호기간이 평균 5년을 넘고 있으며, 6년 이상 보호를 받고 있는 아동의 비율도 1/3이 넘고 있는 것으로 나타나 위탁아동의 보호기간을 단축할 수 있는 방안을 모색할 필요성이 있다. 이를 위해서는 친가정복귀를 촉진하기 위한 영구계획을 수립하고 이행방안을 모색할 필요가 있다.

(7) 가정위탁업무와 관련된 공무원 교육 및 협조체계 강화

우리나라 가정위탁보호제도는 위탁아동의 지정권한을 지방자치단체의 사회복지 전담공무원이 맡고 있다. 그러므로 가정위탁지원센터와 사회복지 전담공무원 간의 협력은 매우 필수적이다. 따라서 가정위탁업무 절차를 수행하는 데 있어서 가정위탁지원센터와 담당공무원이 상호존중을 바탕으로 서로 긴밀한 의사소통을 함으로써 위탁아동을 건강하게 보호·육성하도록 하여야 한다.

연구문제

1. 해외입양아동들이 경험하는 어려움에 대해 토론해 봅시다.

   *참고 시청자료: 〈수잔 브링크의 아리랑〉

2. 미혼모의 사회적 적응을 위한 사회복지서비스에 대해 조사하고 발표해 봅시다.
3. 국내입양의 활성화 방안에 대해 논의해 봅시다.
4. 가정위탁지원센터의 사업에 대해 조사하고 발표해 봅시다.

제14장

아동보육

보육서비스는 기혼여성의 취업확대와 더불어 그 중요성이 증대해 왔다. 오늘날 보육서비스는 탁아의 보호기능과 함께 양육과 교육의 기능을 동시에 포함하고 있다. 가족 구조와 기능이 변화하고 여성의 사회진출이 늘어나는 추세에 비추어 앞으로 보육서비스에 대한 수요는 더욱 증가할 것이며, 아동에게 미치는 영향과 공익성으로 인하여 아동복지사업의 중요한 부분으로 발전할 것으로 전망된다.

이 장에서는 보육서비스에 대한 기초적 이해로서 보육서비스의 개념, 목적, 필요성, 의의, 다양한 보육의 모형을 알아보고, 보육종사자의 역할은 무엇인지도 살펴본다. 그리고 우리나라 보육사업의 현황을 살펴보고 문제점과 개선방안을 검토해 보기로 한다.

1. 보육서비스의 개념과 목적

보육서비스의 개념은 시대와 상황에 따라 다소 다르게 규정되어 왔으나 그 출발은 기존의 탁아서비스의 개념에서 찾아볼 수 있다. 탁아서비스는 아동이 가정에서 정상적인 양육을 받기 어려운 경우에 하루 중 일정 시간 동안 보호자 외의 다른 사람이 보호하는 것을 뜻하였다. 역사적으로 초기의 아동보육은 사회경제적 지위가 낮은 가정을 대상으로 근로, 질병, 기타 사유 등 때문에 부모가 자녀를 돌볼 수 없을 때 가정 밖에서 부모를 보완하여 당면한 아동의 안전과 건강에 대한 욕구를 만족시키는 보호의 문제에 국한되었다. 그러나 취업모의 증가와 가족구조의 변화 등으로 보육문제는 저소득층에게 한정된 것이 아니라 모든 가정의 아동을 대상으로 사회나 국가 차원에서 다루어져야 할 것으로 변화되었으며, 종전의 단순보호 차원에서 벗어나 아동의 성장과 발달을 촉진하기 위한 사회적 서비스로서 아동의 보호와 교육을 동시에 중시하는 것이 강조되었다. 우리나라에서 「영유아보육법」이 제정된 1991년부터 탁아라는 용어 대신 보육이라는 용어를 사용하고 있는데, 이는 아동보육이 지향하는 바의 이념과 실제적인 면에서의 변화를 그 용어에 반영하고 있는 것이다. 윌슨(Wilson, 1986)은 보육에 대한 인식의 변화를 〈표 14-1〉과 같이 비교 정리하였다.

보육의 개념은 변화하고 있지만 전통적인 탁아서비스나 오늘날의 보육서비스에서 공통적으로 함축되어 있는 것은 두 가지이다(유가효 외, 1997). 하나는 하루 중 일정 시간 동안 발생하는 부모의 양육상의 부적절함에 대한 사회의 보충적 지원체계라는 것이다. 다시 말해서, 보육서비스는 부모의 역할을 전적으로 대리하는 것도 아니며, 부모의 양육상의 능력을 강화 또는 지지하는 것을 주목적으로 하는 것도 아닌 것이다. 즉, 보육서비스는 부모가 수행해야 할 양육의 역할을 보충해 주는 것이다. 다른 하나는 보육서비스를 통해 아

표 14-1 보육에 대한 인식의 변화

과거의 인식	오늘날의 인식
• 보육은 사회적 서비스이다. • 보육은 국가의 책임이다. • 보육은 저소득층 가정을 대상으로 한다. • 보육시설을 이용하는 사람은 수령자이거나 수혜자이다. • 보육시설은 공공기금으로 이루어진다. • 보육시설 허가제도는 아동을 위한 국가의 법적 규제장치이다. • 보육프로그램을 통하여 빈곤가정에서 요구하는 모든 서비스를 전달한다. • 가족의 문제와 무능은 보육시설을 이용하는 사람들의 주요 특성이다. • 보육시설은 가정에 문제가 있을 때 요구되는 필요악이다. 보육시설보다는 하루종일 일하지 않는 부모가 아동을 돌보는 것이 이상적이다. • 보육시설은 학교나 사회적 서비스체계 안에 있어야 한다.	• 대중사회의 공익사업이다. • 부모와 공적 · 사적 지원체계의 공동책임이다. • 필요로 하는 모든 계층의 자녀를 대상으로 한다. • 소비자인 동시에 후원자이다. • 공공기금으로만 이루어지는 서비스가 아니다. • 부모들이 보다 나은 보육시설을 선택하는 데 도움을 주기 위해 만들어진 소비자 보호제도이다. • 빈곤가정의 요구뿐만 아니라 사회계층과 무관하게 모든 부모들의 요구에 서비스를 제공한다. • 기본적인 가정기능의 원활한 수행에 도움이 될 뿐만 아니라 치료적 역할을 하기도 한다. • 부모의 취업유무와 상관없이 아이들에게 유익하기 때문에 보육시설을 이용한다. • 모든 가정이 이용할 수 있는 보육시스템은 공영 또는 사립 기관이 운영하는 가정보육시설, 유아원 종일반 등 다양한 종류의 보호형태를 포함한다.

출처: Wilson(1986): 서영숙, 김경혜(1996), p. 24에서 재인용.

동의 전인적인 발달을 돕고 복지를 향상시킨다는 것이다. 즉, 단순한 아동의 보호에 그치지 않고 아동이 지닌 발달특성과 처한 생활환경을 고려한 넓은 의미에서의 교육적 활동을 포함한 교육보호(educare)의 개념을 바탕으로 하는 것이다.

우리나라의 「영유아보육법」에서 정의하는 보육사업의 목적은 영유아의 심신을 보호하고 건전하게 교육하여 건강한 사회구성원으로 육성함과 아울러 보호자의 경제적 · 사회적 활동이 원활하게 이루어지도록 함으로써 영유아 및 가정의 복지증진에 이바지하는 것이다(제1조).

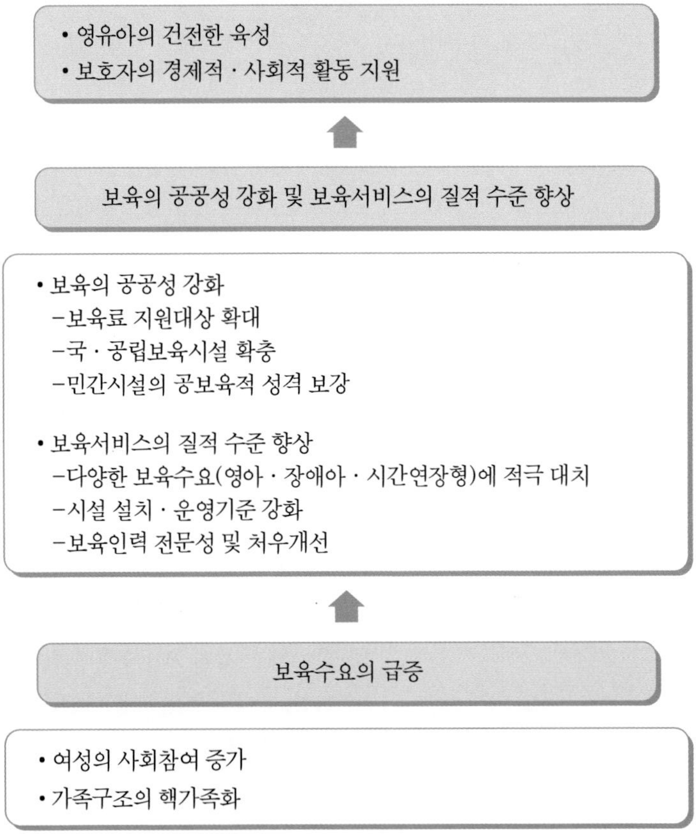

그림 14-1 우리나라 보육서비스의 개념

출처: 여성가족부(2006), p. 3.

2. 보육서비스의 필요성과 기능

1) 보육서비스의 필요성

현대 산업사회에서의 다양한 사회변화는 가족구조의 변화와 사회구성원들의 가치관에 영향을 미쳤으며 이는 보육서비스의 필요성을 야기했다. 출산율의 저하, 취업모의 증가, 가족구조의 핵가족화 및 결손가정의 증가, 자녀양육에 대한 가족기능의 약화, 여성의 가치관 변화 등으로 인해 보육이 사회적 관심사가 되었다.

(1) 출산율의 저하와 소자녀화

현재 우리나라 여성의 합계출산율은 1.05명(통계청, 2017)으로 지속적인 저출산의 영향으로 총인구에 대한 아동인구의 비율은 감소하는 반면 노인인구의 비율은 급증하고 있다. 아동인구의 감소는 앞으로 노동력 부족 및 사회보장 비용부담의 증가로 이어질 것이다. 여성이 출산을 꺼리는 요인 중 하나인 사회적으로 적절한 보육서비스가 미진하다는 점과 아동은 우리 사회의 미래를 이끌어 갈 주역이라는 점에서 다음 세대를 보호하고 교육하는 데 필요한 보육서비스가 요구된다.

(2) 취업모의 증가

우리나라 여성의 경제활동 참여 정도는 계속적인 증가추세를 보이고 있다. 미혼여성들이 결혼 전에 일시적으로 취업하는 형태가 주를 이루던 데서 이제는 결혼 후에도 계속 취업을 하는 추세다. 여성의 경제활동 참가율이 높아지고 있는 것은 여성이 가정주부로서 자녀양육과 가사노동에 전념하던 시대와는 달리 사회적 존재로서의 의식이 강화되면서 경제적 이유와 더불어 자신의 발전을 위해서 취업을 원하고 있기 때문이다. 기혼여성의 취업증가로 아동은 이전처럼 자신의 집에서 어머니의 직접적인 양육을 받기 어려워졌으며, 자녀를 돌봐 주는 이가 없을 경우 방치되어 아동의 전반적인 발달에 위협이 될 가능성이 높아졌다. 따라서 어머니와 가족의 양육을 보충해 줄 사회적 서비스가 필요하게 되었다.

(3) 가족 구조 및 기능의 변화

우리 사회는 급속한 경제발전과 더불어 핵가족화가 심화되었다. 전통적인 대가족이 핵가족화되면서 예전처럼 도움을 줄 수 있는 친척이 줄어들었고 지역 간 이동의 증가로 그나마 가능한 친인척의 도움도 받기 힘들어졌다. 조모나 이모 등도 자기 직업을 가진 경우가 많아져서 아이를 돌볼 가능성이 줄어들었다. 또한 대부분의 가족이 한두 명의 자녀를 두기 때문에 어린 동생을 돌볼 수 있을 정도의 형제자매도 없는 실정이다. 조모나 이웃어른이 없어 아동양육에 대한 지원을 가족 외부에서 찾고 있고, 한두 명의 자녀뿐인 가정에서는 자녀들이 다른 아이와 어울릴 수 있는 기회를 가정 밖에서 마련하고 있다.

부모의 이혼, 별거, 가출, 수형 등으로 맞벌이가 아닌 경우에도 친부모의 자녀양육이 어려운 불안정한 가정이 증가하고 있는 것도 보육의 필요성을 증대시킨다. 현재 배우자의 사망이나 이혼 등의 사유로 한부모가 미혼자녀를 양육하고 있는 한부모가구는 2017년 전체 가구의 10.9%에 이르고 있어서(통계청, 2017), 혼자된 부나 모가 아이를 양육하면서 경제적 활동도 해야 하므로 보육서비스의 필요성은 더욱 절실한 형편이다.

(4) 가치관의 변화

적절한 부모-자녀 역할에 대한 사회적인 가치관의 변화가 새로운 보육수요를 불러일으키는 한 요인이 되고 있다. 이전에는 자녀가 잘되기 위해서 부모가 자신의 편안함이나 사생활을 희생하면서 자녀에게 평생 헌신해야 한다는 생각을 가지고 있었다. 그러나 현재의 부모들은 이전 세대보다 자녀중심적인 경향이 줄어들고 자기중심적인 경향이 높아졌으며, 자신의 발전을 위한 시간을 내기 위해서 보육서비스를 이용하려고 하는 경향이 늘어나고 있다.

(5) 아동 양육과 교육의 전문화에 대한 요구 증가

자녀양육에 대한 부모의 관심이 커지면서 점차 아동 양육 및 교육에 대해 전문적이고 체계적인 보호와 교육서비스에 대한 욕구가 증대하고 있다.

2) 보육서비스의 기능

사회적 변화와 더불어 그 필요성이 증가하고 있는 보육서비스는 아동, 부모, 여성, 사회의 차원에서 그 기능과 의의를 나누어 볼 수 있다(김의영, 1997; 유가효 외, 1997; 이혜경, 1991).

(1) 아동의 관점에서 본 기능

① 부모가 일하는 동안 신체적으로 안전하게 보호받음과 동시에 필요한 생리적 욕구, 즉 식사와 간식, 낮잠, 배설 등의 욕구를 충족시키며, 또한 정서적으로 안정된 상태에서 보호를 받을 수 있다.

② 부모가 질병으로 입원, 장기요양 중이거나 별거 등 가정적인 문제가 발생되었을 경우도 전문적인 보호와 교육을 받을 수 있다.

③ 교육적인 환경에서 생활함으로써 인지발달을 촉진할 수 있으며, 특히 환경이 불리한 저소득층의 아동에게는 집에서 받을 수 없는 양질의 교육을 받음으로써 보상교육을 겸하게 된다.

④ 또래의 친구 및 다양한 연령의 아동과 접촉함으로써 사회성 발달을 촉진할 수 있다.

⑤ 학령기 아동인 경우 방과 후에 방치되지 않고 다양한 방과후 프로그램

에 따라 안전, 생활지도, 학습지도의 효과를 기대할 수 있다.

⑥ 정서장애아, 심신장애아, 행동장애아 등 특수한 문제를 지닌 아동에게 개개인의 욕구에 맞는 프로그램을 통하여 치료와 재활을 도모한다.

(2) 부모와 가정의 관점에서 본 기능

① 취업부모가 안심하고 직장에서 일할 수 있도록 자녀의 양육기능을 보충해 준다.

② 가정의 육아상담과 조언, 부모 상호 간의 육아방법의 교류, 교육자의 부모회에 대한 교육, 지역사회 자원과의 연계 등을 포함하는 가족지원서비스의 기능을 갖는다.

③ 부모, 특히 어머니가 사회참여를 통하여 자아를 실현할 수 있으며, 이를 통해 부부가 함께 성숙해 가는 생활이 더욱 가능해져서 부부관계의 질적인 향상을 도모할 수 있다.

(3) 여성의 관점에서 본 기능

① 여성의 사회참여 및 노동시장 참여를 보다 용이하게 하며, 이를 통해 자아실현의 기회가 향상된다.

② 여성들이 가정생활과 직장생활을 안심하고 병행하도록 함으로써 여성 경력자를 양성하는 등 여성인력 자원의 개발을 촉진한다.

(4) 사회 및 국가의 관점에서 본 기능

① 인간의 기본 인성 및 잠재력의 개발은 아동기에 확립되므로 아동이 잘 자랄 권리를 보장하여 미래의 국가 인적 자원을 개발하고 준비한다.

② 육아부담의 해소를 통한 여성인력의 경제활동 참가증가로 국가경쟁력을 향상시킨다.

3. 아동보육의 유형

1) 보육 정책 및 제도에 따른 구분

아동에 대한 양육, 보호 및 교육에 대한 사회적 책임의 표현형태는 그 나라의 정치, 경제, 사회, 문화의 이념과 상황에 영향을 받으며 보육 정책과 제도를 통해서 드러난다. 육아의 책임, 보육문제의 원인, 보육서비스의 수급자격, 재원 등에 따라 자유주의형, 보수주의형, 사회민주주의형으로 나뉜다. 각 모형의 특성은 〈표 14-2〉와 같다.

표 14-2 보육제도모형

구분	자유주의형	보수주의형	사회민주주의형
육아책임	가족책임 강조	가족책임 많음	사회책임 강조
문제원인	개별가족의 문제, 빈곤, 계층 격차	개별가족의 문제, 여성참여	사회적 문제, 아동기본권
급여대상	제한적이며, 요구호자 및 빈곤취업모 우선	피용자 중심, 취업모 우선	모든 국민, 모든 아동
급여수준	최저수준, 양적 선별주의	계층에 따른 차이, 양적 보편주의	보편적, 평균수준, 질적 보편주의
본인비용부담	많음	많음	적음

출처: 김의영(1997), p. 129.

2) 보육의 질에 따른 구분

보육의 질적 수준에 따라 보호적 · 발달적 · 종합적 보육으로 구분할 수 있다(Decker, 1984: 서영숙, 김경혜, 1996에서 재인용). 보호적 보육은 아동들에게 안전한 환경을 제공하고 최소한의 허가기준을 충족시켜 주는 보육을 말한다. 발달적 보육은 안전과 조직화된 환경을 갖추어 아동 개개인의 신체적 · 사회적 · 정서적 · 지적 발달을 자극하기 위한 보육이다. 종합적 보육은 아동과 가족을 위한 보호적 보육과 발달적 보육 외에 건강과 사회적 서비스의 특징을 포함하는 보육이다. 신체검사, 예방접종, 영양, 심리상담, 부모교실 등이 포함된다. 미국의 헤드스타트(Head Start) 프로그램이 대표적인 예이다.

3) 보육장소에 따른 구분

보육이 어디서 이루어지는가에 따라서도 다양하게 분류하는데, 가정보육, 시설보육, 직장보육으로 나눌 수 있다.

(1) 가정보육

가정보육은 시설이 아닌 일반 가정집에서 이루어지는 보육을 말한다. 가정집이란 아동 자신의 집일 수도 있고 타인의 집일 수도 있다. 일반적으로 가정보육은 시설보육에 비해서 보육아동의 연령이 낮은 편이다. 이는 어린 아동을 위한 보육의 가장 적합한 장소로서 가정이 지니는 정서적 속성과 가치에 대한 인식 때문이다.

가정보육은 자기집보육과 타가정보육으로 나뉜다. 자기집보육(in-home care, caregiver in home)이란 아동의 집에서 자신의 가족이나 친척, 이웃, 방문보육모, 그 외 사람이 아동을 보육하는 것을 말한다. 타가정보육(out-home-care, family day care, home-based day care)은 보육교사의 가정에서 소수의 아동에게 하루 중 일정 시간 동안 지속적인 보육을 실시하는 유형을 말한다. 우리나라에서는 놀이방이라 불리는 곳이 이에 해당한다. 자기집보육과 타가정보육의 장단점은 〈표 14-3〉 〈표 14-4〉와 같다(강윤구, 1995; 이재연, 1992).

표 14-3 자기집보육의 장단점

장점	단점
• 부모가 보육모를 선택할 수 있다. • 시간의 융통성이 있다. • 아동이나 부모가 이동해야 하는 번거로움이 없다. • 아동이 친숙한 가정환경에 머물 수 있다. • 성인/아동의 상호작용의 기회가 보육기관보다 훨씬 많고 개별적인 관심을 쏟을 수 있다. • 아동이 이웃의 친한 또래와 계속해서 놀 수 있다. • 자녀가 여럿인 경우는 경제적이다.	• 대리 양육자가 아플 때 대안을 구하기 어렵다. • 대리 양육자가 탁아교육을 받거나 자격증을 소지한 경우가 드물다. • 양육자에 대한 감독이 최소한이거나 거의 없다. • 양육자 개인의 능력에 따라 보육내용이 크게 달라진다. • 양육자가 잠재적인 외로움과 고립감을 가질 수 있다. • 아동에게 계획된 집단경험과 체계적인 교육경험을 제공하지 못한다. • 교재와 교구가 제한되어 있다. • 비용이 비싸다.

표 14-4 타가정보육의 장단점

장점	단점
• 가정적 분위기 때문에 아동이 덜 두려워한다. • 아동이 혼합연령집단으로 구성되어 있어 다양한 연령층의 아동과 매우 긴밀한 접촉을 하며, 형제 사이와 비슷한 경험을 할 수 있다. • 아동은 몇 명의 아동에게 적응해야 한다. • 따뜻하고 아동중심인 가정분위기에서 아동은 자극을 받고 매일의 가정일과 활동을 배운다. • 아동의 가정과 생활양식 및 가치가 비슷한 가정을 선택할 수 있다. • 아동의 가정과 가깝기 때문에 편리하다. • 어머니의 스케줄에 따라 융통성이 있다. • 아버지가 없는 아동에게 가정에서의 성인남자모델을 제공해 줄 수 있다.	• 보육모에 대한 감독이 어렵고, 보육모가 덜 훈련되어 있다. • 보육모가 아플 때는 대안을 찾아야 한다. • 자격증이 없고 등록이 안 된 가정보육일 수 있다. • 일관성이 없는 보육으로 좋지 않은 발달적 결과를 초래할 수 있다. • 제한된 공간과 교육적 환경이 열악할 수 있다. • 기구, 자료, 활동이 다양하지 않다. • 급식과 영양이 시설보육보다 떨어질 수 있다. • 야외학습의 기회가 비교적 적다.

(2) 시설보육

시설보육(center-based day care)은 가정이 아닌 시설에서 이루어지는 보육으로 가장 보편적인 보육형태이며 우리나라에서 어린이집이라 불리는 시설을 말한다. 시설보육의 장단점은 〈표 14-5〉와 같다(서영숙, 김경혜, 1996; 이재연, 1992).

표 14-5 시설보육의 장단점

장점	단점
• 정식으로 인정을 받았고 관련 관청의 허가와 감독을 받는다. • 운영시간이 일정하므로 안정성이 있다. • 전문적인 교육과 훈련을 받은 교사를 채용한다. • 교사는 고립감을 느끼지 않는다. • 교사는 빠지는 날이 없이 항상 있다. • 아동이 안정된 장소에서 일상적인 경험을 한다. • 기구, 자료, 활동과 프로그램이 다양하다. • 교육적인 경험을 제공한다.	• 아동의 개인적 특성을 살릴 수 있는 융통성이 부족하다. • 한 사람의 교사가 아니라 여러 명의 교사가 돌보므로 아동과 교사의 상호작용이 적다. • 아동들은 교사나 다른 아동의 질병과 전염병에 노출되어 있다. • 많은 수의 아동이 함께 있어 아동당 공간이 좁다.

(3) 직장보육

회사 · 공장 · 병원 · 노동조합 등에서 근로자들을 위해 직장이나 직장 가까운 곳에서 보육시설을 운영하는 보육형태이다. 직장보육은 부모에게 아동보호에 대한 심리적 안정을 제공하고 휴식시간에 아이를 돌볼 수 있도록 하고 있다. 이런 점에서 직장보육은 노동인력의 확보와 유지, 생산성 향상 등에 기여한다. 기업이 직접 어린이집을 운영할 수도 있고, 기부형식으로 시설지원을 할 수도 있으며, 기존 시설에 보육서비스를 위탁할 수도 있다. 근로자들을 위한 복지차원에서 보육비를 전담하거나 부분적으로 지원하기도 한다.

전문적인 직원과 시설을 갖출 수 있는 여건이 되기 때문에 대체로 양질의 보육을 제공할 수 있다. 그러나 가정과 직장 간의 거리가 먼 경우나 외근이 잦은 경우에는 직장보육시설을 이용하기가 힘들다.

4) 운영시간에 따른 구분

운영시간에 따라 보육의 유형을 구분하면 종일제, 반일제, 시간제, 방과 전후, 24시간제로 나눈다.

(1) 종일반 보육

맞벌이, 다자녀 등 장시간 어린이집 이용이 필요한 가구의 영유아에게 필요한 만큼 어린이집을 이용할 수 있도록 오전 7시 30분에서 오후 7시 30분까지 12시간 종일반 서비스가 제공된다. 장시간 가정 밖에서 보내야 하는 종일제 보육은 표준보육과정과 누리과정에 따라 보육프로그램이 진행되고 있다.

(2) 맞춤형 보육

종일반 외의 만 0~2세 영아를 대상으로 하는 보육형태로 대개 오전 9시부터 오후 3시까지(하루 6시간) 운영되나, 어린이집에 따라 보호자가 가장 많이 희망하는 시간대를 중심으로 6시간 내에서 이용시간을 결정할 수 있다. 맞춤반 이용시간 동안 낮잠시간 및 급간식시간을 포함하여야 하고, 다양한 활동을 강조하는 발달적 프로그램이 제공되어야 한다. 맞춤형 보육은 주로 외벌이가정 자녀가 이용하도록 짜였다. 긴급보육바우처를 사용할 경우 정해진 시간 이상 아이를 맡길 수 있지만, 매달 최대 15시간까지만 가능하다. 이러한 점 때문에 맞벌이 부모와 외벌이 부모 간에 갈등을 야기한다는 비판이 있어 제도 개선이 이루어질 필요가 있다.

(3) 시간제 보육

하루의 일부분 또는 필요에 따라 아동을 돌봐 주는 보육형태로, 대개 부모에게 긴급한 사정이 생겼을 때 시간제로 아동을 돌보아 준다.

(4) 방과 전후 보육

학령기 아동을 대상으로 등교 전과 방과 후에 아동을 안전하게 보호하고 정서적 · 교육적 격려와 지원을 하는 보육형태를 말한다. 우리나라의 방과후 보육은 지역아동센터, 사회복지관, 어린이집, 초등학교 등에서 실시하고 있다.

(5) 24시간 보육(숙박보육)

24시간 보육은 특별한 도움을 필요로 하는 아동 또는 야근하거나 밤늦게까지 일하는 부모를 위해서 24시간 보육기관이나 가정에서 개방하는 보육이다. 잠자리와 식사가 포함되며 일반적으로 보호적 보육이 제공된다.

(6) 시간연장 보육

기준보육시간(07:30~19:30)을 경과하여 최대 24시까지 시간을 연장하여 보육하는 형태를 말한다. 해당 시설의 종일반 아동을 연장하여 보육하는 것이 원칙이나, 주간에 다른 어린이집 등을 이용한 경우에도 가능하다.

5) 운영주체에 따른 구분

보육을 실시하는 기관이나 시설은 정부, 민간 기관이나 단체, 개인 등 그 주체가 다양하다.

(1) 공공단체시설

국가나 지방자치정부가 설립하여 직접 경영하거나 위탁 운영하는 보육시설을 말한다. 공공단체 보육시설은 국가나 지방공공단체의 개입이 아니면 필요한 보육서비스를 받지 못하는 농어촌, 도서벽지 및 저소득계층의 인구과밀 지역 등에 우선적으로 설립되어야 한다.

(2) 민간기관 및 단체시설

민간단체가 운영하는 보육시설로서 주로 봉사의 성격을 띤다. 영리추구를 목적으로 하는 기관도 있고, 해당 기관의 설립이념이나 특정 모임의 성격 등을 고려해서 비영리적인 차원에서 보육서비스를 제공하는 기관도 있다. 보육서비스를 제공하는 민간기관으로는 기업, 교육 및 사회복지 관련 기관, 종교기관 등이 있다.

(3) 사립시설

개인이 주체가 되어 운영하는 시설로 대부분이 영리성을 띤다.

6) 보육대상에 따른 구분

보육대상을 중심으로 구분하면 일반아동보육과 특수아동보육으로 나눌 수 있다.

(1) 일반아동보육

장애가 없는 아동을 대상으로 하는 보육을 말하며 아동의 연령에 따라 다시 세분된다. 2세까지의 영아를 위한 영아보육, 2세에서 초등학교 취학 전까지의 아동을 대상으로 하는 유아보육 그리고 초등학교에 재학 중인 아동을 위한 방과후 보육이 있다.

(2) 특수아동보육

신체적 · 정서적 · 사회적 장애를 가진 아동이나 영재아가 대상이 되며, 전문자격을 가진 교사의 지도 아래 아동이 특별한 보호를 받는다.

7) 재원에 따른 구분

(1) 유상보육(필요경비)

보육료에 포함되지 않는 현물의 구입비용과 통상적인 보육프로그램에 속하지 아니하는 실비성격의 비용으로 특별활동비, 현장학습비, 차량운행비, 행사비 등 수익자가 부담하는 경비를 말한다.

(2) 무상보육

보육시설의 운영비를 국가나 지방공공단체가 부담하는 것으로 지원대상은 국적과 주민등록번호를 유효하게 보유하고 있는 영유아이다. 해외에 체류하는 아동 혹은 종일제 아이돌봄서비스를 지원받고 있는 아동은 지원대상에서 제외된다.

4. 보육시설 종사자의 역할

보육시설의 종사자는 시설장, 보육교사, 의사, 간호사, 영양사, 사무원, 취사원, 관리인 등 다양하게 구성된다. 보육사업 종사자 중에서 아동의 발달에 가장 영향을 많이 미치는 사람은 보육교사로서 보육교사의 역할과 자질에 대한 이해가 필요하다. 또한 보육시설이 포괄적인 서비스를 제공하기 위해서는 사회복지 전문가의 역할도 중요하다.

1) 보육교사의 역할

일반적으로 보육교사의 역할은 크게 아동에 대한 역할, 프로그램에 대한 역할, 부모 및 지역사회와의 교류에 대한 역할로 나누어진다(보건사회부, 1991: 유가효 외, 1997에서 재인용).

첫째, 아동에 대한 역할로서 보육교사는 아동의 기본적인 물리적 · 정서적 · 생리적인 기본 욕구를 충족시켜 주어야 하며, 아동의 건강을 돌보고 안전을 지켜 주어야 한다.

둘째, 프로그램에 대한 역할로서 보육교사는 교수자의 역할을 담당해야 한다. 이를 위한 보다 구체적인 역할로 아동의 행동특성을 파악하기 위한 관찰자 및 기록자로서의 역할, 보육서비스의 질적 개선을 위한 아동과 프로그램에 대한 평가자로서의 역할, 프로그램을 계획하는 조직자로서의 역할, 일과를 융통성 있게 조정 · 운영하는 운영자로서의 역할, 아동의 학습을 격려하는 촉진자로서의 역할을 수행해야 한다.

셋째, 부모 및 지역사회와의 교류자로서의 역할로서 부모와의 원활한 의사소통이 가능하도록 하며, 부모와 보육시설과의 신뢰감을 형성하기 위해 노력해야 하고, 지역사회에 보육시설을 소개하고 자원봉사자의 선정을 돕고 지역사회로부터 지원을 얻는 역할을 해야 한다.

보육교사들이 이와 같은 역할을 하기 위해서는 여러 가지 자질을 갖추어야 한다. 우선 교사로서의 전문성과 관련된 것으로 교사로서의 교육 정도와 아동에 대한 실제 교육경험이 있어야 한다. 여러 연구에서는 교육과 훈련을 받은 교사일수록 아동발달에 긍정적인 영향을 미치는 것으로 보고하고 있다. 보육교사의 개인적인 특성으로는 건강해야 하고, 동기와 열정을 가지고 있어야 하며, 아이들에 대한 인내심과 이해심이 있어야 하고, 따뜻함, 융통성, 창의성 등이 있어야 한다. 또한 가족생활의 복잡함과 어려움에 대해서 이해하고, 아동에게 가정적인 분위기의 안정감과 신뢰감 및 애정을 느끼게 할 수 있는 긍정적인 자아개념 등이 요구되며, 동료교사 및 부모와 원활한 인간관계를 유지할 수 있어야 한다(서영숙, 김경혜, 1996).

2) 사회복지사의 역할

보육시설에서 일하는 사회복지사는 아동의 보호와 교육에 일차적인 책임을 지는 보육교사와는 다른 업무를 수행하여야 한다. 특히 보육의 일차적인 대상이 되는 빈곤가정이나 결손가정의 아동에게 종합적인 보육서비스를 제공하는 사회복지사의 역할은 매우 중요하다. 사회복지사가 아동, 가족, 교사, 지역사회에 대해서 해야 할 역할은 다음과 같다(김기환, 2000).

보육아동에 대한 사회복지사의 역할은 심리적 · 사회적 · 경제적인 문제로 발달상의 어려움을 겪는 아동을 일차적인 대상으로 하여 이들의 문제와 욕구를 해결하여 궁극적으로 보육의 목적이 달성되도록 하는 것이다. 사회복지사는 아동의 문제와 욕구를 사정하고, 문제를 나타내는 아동을 상담하며, 적합한 지역사회 자원을 개발하고 연계하는 역할을 해야 한다.

가족에 대한 역할은 가정방문을 통하여 가족의 문제와 욕구를 파악하고, 부모교육과 부모상담을 통해 가정의 심리적 · 정서적인 문제를 해결할 수 있도록 하는 것이다. 사회복지사는 경제적인 어려움을 겪고 있는 가정에 정보를 제공하거나 지역사회 자원을 연결해 주도록 한다. 또한 부모가 보육프로그램에 적극적으로 참여할 수 있도록 부모-교사와의 관계를 촉진하는 역할을 해야 한다.

보육교사와는 팀접근을 통하여 보육의 목적이 달성되도록 하여야 한다. 보육아동에 대한 심리 · 사회적 정보나 가정의 정보를 제공하고, 보육교사가 인지하지 못하는 사회복지적인 관점에서 문제해결 방안을 제시하는 역할을 한다. 지역사회에 대한 서비스 제공 역할로서 사회복지사는 보육시설이 보육아동만 보호하고 교육하는 기능을 넘어 지역주민이 시설을 활용하도록 하고, 시설도 지역의 자원활용이나 지역행사에 적극 참여할 수 있도록 한다.

5. 우리나라 보육서비스의 현황과 과제

1) 우리나라 보육서비스의 현황

(1) 근거법 및 보육의 전달체계

우리나라 보육사업에 대한 근거법은 「영유아보육법」이며, 그 외에 「아동복지법」「유아교육진흥법」「모자보건법」「국민기초생활보장법」 등이 적용된다.

보육서비스 전달체계는 크게 보육서비스 행정체계, 보육서비스 지원체계, 보육서비스 집행체계로 나눌 수 있다. 보육서비스 행정체계는 보건복지부 인구정책실의 보육정책관을 정점으로 하여 각 광역시 · 도의 담당부서, 각 기초 시 · 군 · 구 담당부서 그리고 읍 · 면 · 동의 수직적인 체계로 구성되어 있다. 지방자치단체의 담당부서는 각 자치단체별로 그 명칭이 다르다. 보건복지부에 중앙보육정책위원회, 특별시 · 광역시 · 도 및 시 · 군 · 구에 지방보육정책위원회가 운영되고 있다. 보육정책위원회는 보육에 관한 각종 정책 · 사업 · 보육지도 및 시설평가 사항 등을 심의하기 위한 것으로 보육전문가, 보육시설의 장 및 보육교사 대표, 보호자 대표 또는 공익을 대표하는 자, 관계 공무원 등으로 구성되어 있다.

보육서비스 지원체계는 육아종합지원센터, 보육교사 교육원, 보육시설 관련 단체들로 구성되어 있다. 「영유아보육법」에 의거한 육아종합지원센터는 영유아의 보육에 대한 제반 정보의 수집 · 제공 및 상담 업무를 담당하고 있다. 현재 중앙육아종합지원센터 1개소, 특별시 · 광역시 · 도단위에는 경기도에 2개소, 그 외 지역에는 각 1개소씩 총 17개소, 그리고 2018년 기준으로 시 · 군 · 구 단위에는 80개소가 설치되어 있다. 보육교사 교육원은 소정의 교육과정을 실시하고 이를 이수한 자에 대해서는 보육교사 자격을 부여하여 보육사업에 종사할 수 있도록 하는 교육훈련시설이다. 보육시설 관련 단체로는 보육시설연합회, 전국민간가정보육시설연합회, 한국어린이집총연합회, 전국어린이집연합회 등이 있다.

보육서비스 집행체계는 아동과 부모에게 직접적으로 보육서비스를 제공하는 어린이집을 말한다.

(2) 보육대상

어린이집의 이용대상은 보육을 필요로 하는 영유아(만 0세에서 만 5세 취학 전 아동)를 원칙으로 하며, 필요한 경우 어린이집의 원장은 만 12세까지 연장하여 보육할 수 있다(「영유아보육법」 제27조). 2016년 12월 31일 기준으로 어린이집을 이용하는 보육아동은 총 1,451,215명이다. 연령대별로 보면, 영아(만 0~2세)가 2,297,199명이고, 유아(만 3~5세)가 597,880명이며, 만 6세 이상이 7,431명이다(보건복지부, 2016).

대상아동 중 영아, 장애아, 다문화가족의 아동 등에 대해 우선적으로 보육을 실시해야 하며(「영유아보육법」 제26조, 취약보육의 우선 실시), 「국민기초생활보장법」에 따른 수급자, 「한부모가족지원법」에 따른 보호대상자, 「장애인복지법」에 따른 일정 장애등급 이상에 해당하는 자의 자녀 등에 대해서 우선적으로 어린이집을 이용할 수 있도록 하고 있다(「영유아보육법」 제28조, 보육의 우선 제공).

(3) 보육시설(어린이집)

우리나라 「영유아보육법」에서는 어린이집을 국공립어린이집, 사회복지법인어린이집, 법인 · 단체등어린이집, 직장어린이집, 가정어린이집, 협동어린이집, 민간어린이집으로 구분하고 있다(제10조). 각 어린이집의 정의, 규모, 설치기준 등은 다음과 같다(보건복지부, 2019).

① 국공립어린이집

국가와 지방자치단체가 설치·운영하는 어린이집으로, 상시 영유아 11인 이상을 보육하여야 한다. 저소득주민 밀집지역 및 농어촌 등 취약지역과 어린이집이 부족한 지역에 우선적으로 설치하는 등 지역별로 균형 있게 배치하여야 한다.

② 사회복지법인어린이집, 법인·단체등어린이집, 민간어린이집

사회복지법인어린이집은 「사회복지사업법」에 의한 사회복지법인이 설치·운영하는 어린이집이며, 법인·단체등어린이집은 각종법인(사회복지법인이 아닌 비영리법인)이나 단체 등에서 설치·운영하는 어린이집이며, 민간어린이집은 국공립·사회복지법인·법인민간단체 등·직장·가정·협동어린이집이 아닌 어린이집을 말한다. 이러한 어린이집은 상시 21명 이상의 영유아를 보육할 수 있는 시설을 갖추어야 하고, 지역보육 수요와 어린이집의 공급 현황을 감안하여 지역별로 균형 있게 배치되도록 하여야 한다.

③ 직장어린이집

사업주가 사업장의 근로자를 위하여 단독 또는 공동으로 사업장 내 또는 그에 준하는 인근지역과 사원주택 등 사업장 근로자 밀집지역에 설치·운영하는 시설로, 상시 영유아 5인 이상을 보육할 수 있어야 한다. 상시 여성근로자 300인 이상 또는 근로자 500인 이상을 고용하고 있는 사업장에서 반드시 설치하여야 한다.

④ 가정어린이집

개인이 가정 또는 그에 준하는 시설에 설치·운영하는 어린이집으로 영유아 5인 이상 20인 이하를 보육할 수 있다. 지역보육 수요와 어린이집의 공급 현황을 감안하여 지역별로 균형 있게 배치되도록 하여야 한다.

⑤ 협동어린이집

보호자 또는 보호자와 보육교직원 11인 이상이 조합을 결성하여 설치 · 운영하는 어린이집으로 영유아 11인 이상을 보육하여야 한다. 조합원이 최대한 보육과정 및 의사결정에 참여하여 소기의 설립목적을 달성하도록 노력하여야 하며, 주요 사항은 조합원의 과반수 이상 찬성으로 결정한다.

2016년 12월 기준 어린이집의 수는 총 41,084개이며, 이 중 가정어린이집이 50.1%로 가장 많으며, 국공립어린이집은 7.0%, 직장어린이집은 2.3%를

표 14-6 어린이집 현황(2016. 12. 31. 기준) (단위: 개소, 명, %)

구분			계	국공립 어린이집	사회복지 법인 어린이집	법인 · 단체 등 어린이집	민간 어린이집	가정 어린이집	협동 어린이집	직장 어린이집
어린이집 수	개소(A)		41,084	2,869	1,402	804	14,316	20,598	157	948
	(비중)		100.0	7.0	3.4	2.0	34.8	50.1	0.4	2.3
아동 수	정원(B)		1,767,224	197,365	134,189	56,511	927,517	374,907	5,052	69,683
	(비중)		100.0	11.2	7.6	3.3	52.5	21.2	0.3	3.9
	현원 (C)	계	1,451,215	175,929	99,113	45,374	745,663	328,594	4,240	52,302
		남	750,122	91,124	52,038	23,638	385,046	168,970	2,197	27,109
		녀	701,093	84,805	47,075	21,736	360,617	159,624	2,043	25,193
	(비중)		100.0	12.1	6.8	3.1	51.4	22.6	0.3	3.6
	이용률		82.1	89.1	73.9	77.5	80.4	87.6	83.9	75.1
보육 교직원 수	인원 (D)	계	321,766	32,937	18,920	8,436	145,609	101,891	979	12,994
		남	14,124	941	1,928	726	9,013	1,330	29	157
		녀	307,642	31,996	16,992	7,710	136,596	100,561	950	12,837
	(비중)		100.0	10.2	5.9	2.6	45.3	31.7	0.3	4.0
어린이집 1개당 아동 수(C/A)			35.3	61.5	70.7	56.4	52.1	16.0	27.0	55.2
보육교직원 1인당 아동 수(C/D)			4.5	5.3	5.2	5.4	5.1	3.2	4.3	4.0

* 아동 수: 현원(종일, 맞춤, 야간, 24시간, 방과후) 기준.

차지하고 있다(〈표 14-6〉 참조). 민간중심의 보육현장은 그동안 정부의 지원 및 관리가 제대로 이루어지지 않아서 보육서비스의 양적 확대에도 불구하고 다양한 보육수요자의 욕구를 수용하지 못하고 보육의 질이 보장되지 못한다는 문제점이 제기되어 왔다. 특수보육시설의 현황은 〈표 14-7〉과 같으며, 영아전담어린이집, 장애아전담어린이집 등과 같은 특수보육시설이 활성화되어 있지 못하다고 평가되고 있다.

표 14-7 특수보육어린이집 현황(2016. 12. 31. 기준) (단위: 개소, 명)

구분			설립주체별							
			총계	국공립 어린이집	법인 어린이집	민간어린이집		가정 어린이집	협동 어린이집	직장 어린이집
						법인외	민간개인			
영아 전담	어린이집	어린이집 수	453	65	79	16	246	47	0	0
	아동	아동정원	19,403	3,064	4,275	659	10,465	940	0	0
		영아아동 현원	15,759	2,532	3,283	525	8,507	912	0	0
	보육교직원	영아반 보육교사	3,168	501	623	109	1,739	196	0	0
장애아 전담	어린이집	어린이집 수	177	42	103	6	25	1	0	0
	아동	아동정원	8,501	1,714	5,517	270	985	18	0	0
		장애아동 현원	6,158	1,249	3,915	210	767	17	0	0
	보육교직원	장애아반 보육교사 특수교사, 치료사	2,590	521	1,662	86	315	6	0	0
장애아 통합	어린이집	어린이집 수	911	667	37	34	150	15	1	7
	아동	아동정원	84,019	61,079	3,832	3,232	14,177	294	37	1,368
		장애아동 현원	4,049	2,997	174	195	668	20	0	25
	보육교직원	장애아반 보육교사 특수교사, 치료사	1,429	1,082	63	64	208	3	0	9
방과후	어린이집	어린이집 수	294	61	52	68	104	6	1	2
	아동	아동정원	24,455	4,886	5,901	3,991	9,202	118	77	280
		방과후아동 현원	3,075	950	250	1,229	596	8	0	42
	보육교직원	방과후 보육교사	174	61	11	54	45	0	0	3
시간 연장	어린이집	어린이집 수	8,296	1,777	343	166	2,461	3,400	9	140
	아동	아동정원	410,816	132,309	32,981	12,150	156,859	61,406	505	14,606
		시간연장아동 현원	36,367	5,620	1,504	893	13,224	13,575	39	1,512
	보육교직원	시간연장 보육교사	8,349	1,402	379	223	3,192	2,704	7	442

휴일	어린이집	어린이집 수	300	130	44	16	64	36	0	10
	아동	아동정원	21,167	10,681	4,160	1,376	3,388	667	0	895
		휴일아동 현원	311	48	76	39	83	25	0	40
	보육교직원	휴일반 보육교사	184	42	44	25	58	5	0	10
24시간	어린이집	어린이집 수	258	73	15	5	83	77	0	5
	아동	아동정원	13,994	5,612	1,133	463	4,865	1,433	0	488
		24시간아동 현원	701	134	54	14	294	196	0	7
	보육교직원	24시간 보육교사	244	28	12	4	110	79	0	11

* 보육교사: 담임교사, 대체교사, 방과후교사, 시간연장보육교사, 24시간보육교사, 시간제교사, 누리과정보조교사, 보조교사
* 영아아동 현원: 보육나이가 0, 1, 2세인 아동 현원
* 영아반 보육교사 수: 0세반 / 1세반 / 2세반 / 0, 1혼합반 / 1, 2혼합반 / 2, 3혼합반을 담당하는 보육교사 수
* 장애아동 현원: 아동자격이 '(영유아, 누리, 방과후) 장애아'인 아동 현원
* 장애아반 보육교사, 특수교사, 치료사 수: 장애아반을 맡고 있는 일반 보육교사 혹은 특수교사, 치료사의 수
* 방과후: 방과후전담+방과후통합 어린이집
* 방과후 보육교사 수: 아동이 1명 이상 배치된 방과후반을 맡고 있는 보육교사 수
* 시간연장 보육교사 수: 아동이 1명 이상 배치된 시간연장반을 맡고 있는 보육교사 수
* 휴일반 보육교사 수: 아동이 1명 이상 배치된 휴일반을 맡고 있는 보육교사 수
* 24시간 보육교사 수: 보육교사 구분이 24시간 보육교사인 보육교직원 수

(4) 보육교직원

어린이집에는 어린이집의 원장과 보육교사를 비롯하여 보건복지부령에 따라서 해당 기준에 부합하는 시설은 간호사, 영양사, 취사부 등을 두어야 한다(〈표 14-8〉 참조). 현행 규정에 의한 보육교사의 등급별 자격기준은 〈표 14-9〉와 같으며, 보육교사는 매 2년마다 일반직무교육의 보수교육을 받아야 하고, 승급요건을 갖춘 보육교사는 승급교육을 이수해야 한다.

표 14-8 보육교직원

구분	배치기준
어린이집 원장[1]	전 어린이집 1명 ※ 다만, 영유아 20인 이하를 보육하는 어린이집은 어린이집의 원장이 보육교사를 겸임할 수 있음
보육교사	• 만 1세 미만 ⇒ 영아 3명당 1인 • 만 1세 이상 만 2세 미만 ⇒ 영아 5명당 1인 • 만 2세 이상 만 3세 미만 ⇒ 영아 7명당 1인 • 만 3세 이상 만 4세 미만 ⇒ 유아 15명당 1인 • 만 4세 이상 미취학 유아 ⇒ 유아 20명당 1인 ※ 유아 40명당 1명은 보육교사 1급 자격자여야 함 • 취학아동 ⇒ 20명당 1인 • 장애아 3명당 1인 ※ 장애아 9명당 보육교사 1명은 특수교사 자격소지자여야 함
간호사[2]	• 영유아 100명 이상을 보육하는 어린이집
영양사[3]	• 영유아 100명 이상을 보육하는 어린이집
조리원[4]	• 영유아 40명 이상을 보육하는 어린이집

1) 원장이 보육교사 겸직 시 원장자격증과 보육교사 자격증을 모두 소지하여야 함

2) 간호조무사도 가능함

3) 어린이집 단독으로 영양사를 두는 것이 곤란한 때에는 동일 시 · 군 · 구의 5개 이내 어린이집이 공동으로 영양사를 둘 수 있으며, 영양사 채용 시 현원을 기준으로 함

4) 영유아 40명 이상 80명 이하를 보육하는 어린이집의 경우 조리원 1명을 두며, 영유아 매 80명을 초과할 때마다 1명씩 증원함

표 14-9 보육교사의 등급별 자격기준

등급	자격기준
보육교사 1급	가. 보육교사 2급 자격을 취득한 후 3년 이상의 보육업무 경력이 있는 사람으로서 보건복지부 장관이 정하는 승급교육을 받은 사람 나. 보육교사 2급 자격을 취득한 후 보육 관련 대학원에서 석사학위를 취득하고 1년 이상의 보육업무 경력이 있는 사람으로서 보건복지부 장관이 정하는 승급교육을 받은 사람

보육교사 2급	가. 전문대학 또는 이와 같은 수준 이상의 학교에서 보건복지부령으로 정하는 보육 관련 교과목 및 학점을 이수하고 졸업한 사람 나. 보육교사 3급 자격을 취득한 후 2년 이상의 보육업무 경력이 있는 사람으로서 보건복지부 장관이 정하는 승급교육을 받은 사람
보육교사 3급	고등학교 또는 이와 같은 수준 이상의 학교를 졸업한 사람으로서 보건복지부령으로 정하는 교육훈련시설에서 정해진 교육과정을 수료한 사람

(5) 보육과정

「영유아보육법」 제29조에서는 표준보육과정을 개발하여 보급하도록 하고 있으며, 자세한 내용은 「영유아보육법 시행규칙」 제30조에 나타나 있다. 보육과정의 목적은 영유아의 전인적인 성장과 발달을 돕고 민주시민으로서의 자질을 길러 영유아가 심신이 건강하고 조화로운 사회구성원으로 자랄 수 있도록 하는 데 있다. 보육과정의 내용은 기본생활, 신체운동, 사회관계, 의사소통, 자연탐구, 예술경험의 6개 영역으로 구성되어 있다. 각 영역은 영유아가 건강하고 안전하며 바르게 생활하는 데 필요한 내용과 신체, 사회, 언어, 인지, 정서 등의 전인발달을 위해서 영유아가 갖춰야 할 지식, 기술, 태도를 포함한다.

(6) 어린이집 평가인증

어린이집의 평가인증은 「영유아보육법」 제30조에 의거하여 영유아의 안전한 보호와 보육서비스의 질적 수준을 향상시키기 위해서 평가인증지표를 기준으로 보육시설에 대한 객관적인 평가를 통해 일정 수준 이상의 시설에 대하여 국가가 인증을 부여하는 제도이다. 인증과정은 신청–참여확정–현장평가–종합평가의 4단계로 진행된다. 평가인증신청은 모든 종일제 어린이집(방과후전담 어린이집 제외)에서 가능하다. 자체점검은 지방자치단체와 연계하여 필수항목(4항목: 총 정원 준수, 예 · 결산서 및 회계서류 구비, 안전사고에 대한 보험가입, 「영유아보육법」 관련 행정처분)과 기본항목(8항목: 어린이집의 설치기준, 보육실의 설치기준, 교직원 배치기준, 교직원의 정기건강검진, 예 · 결산서 및

표 14-10 40인 이상 어린이집 평가인증지표

평가영역(항목 수)	평가지표	평가항목 수 (평가요소 수)
1. 보육과정 및 상호작용(31)	1-1. 보육 계획 수립 및 실행	4
	1-2. 일과 운영	5
	1-3. 교수-학습방법 및 놀이지원	6
	1-4. 교사-영유아 상호작용	6
	1-5. 영유아 간 상호작용 시 교사 역할	4
	1-6. 평가	4
	1-7. 일상생활	2
2. 보육환경 및 운영관리(19)	2-1. 실내 공간 구성	5
	2-2. 실외 공간 구성	3
	2-3. 기관 운영	4
	2-4. 가정 및 지역사회와의 연계	5
	2-5. 어린이집 이용 보장	2
3. 건강 · 안전(15)	3-1. 실내외 공간의 청결 및 안전	4(14)
	3-2. 급 · 간식	3(16)
	3-3. 건강 증진을 위한 교육 및 관리	3(9)
	3-4. 등 · 하원의 안전	2(8)
	3-5. 안전교육 및 사고 대책	3(9)
4. 교직원(14)	4-1. 원장의 리더십	4
	4-2. 교직원의 근무환경	3
	4-3. 교직원의 처우와 복지	3
	4-4. 교직원의 전문성 제고	4

재무회계 관련, 비상대피시설 설치, 행정처분 및 위반사항)의 준수 여부를 확인하는 것이며, 이를 통해 시설의 우수한 영역과 미흡한 영역을 파악하고 개선방안을 마련하는 과정이다. 평가는 현장관찰자가 어린이집을 방문하여 평가인증지표(〈표 14-10〉 참조)에 따라 어린이집의 질적 수준을 관찰하고 관련 문서 검토, 교직원 면담 등을 통해 평가하는 과정이며, 현장관찰 이후 보고서와 심의위원회의 의견서를 토대로 인증심의가 이루어진다.

(7) 비용의 부담

최근 정부의 보육료 지원대상이 확대되고 있으며, 아동의 연령에 따라 보육료를 차등하여 지원하고 있다. 정부지원보육료는 원칙적으로 부모가 아이사랑 카드로 결제를 하면 어린이집으로 입금이 되는 방식으로 이루어지고 있다. 또한 정부는 일부 교사의 인건비, 교재·교구비, 차량운영비 그리고 보육시설의 개보수비 및 장비비 등 보육사업에 필요한 비용을 지원하고 있다.

2) 우리나라 보육서비스의 과제

출산율 저하에 대한 대책으로 최근 보육서비스를 향상시키기 위해서 다양한 노력이 이루어지고 있다. 우리나라 보육사업의 발전을 위해서 개선되어야 할 과제로서 그동안 제시된 것들은 다음과 같다.

(1) 보육의 공공성 확보

보육이 국가의 책임하에 보편적인 관점에서 추진되어야 함에도 불구하고, 우리나라에서는 민간이 보육현장을 주도하여 왔다. 보육의 공공성 확보를 위해서는 읍·면 지역 및 도시 저소득층 밀집지역에 국공립 보육시설을 확충하고 민간시설에 대한 정부의 지원을 확대하여야 한다.

(2) 다양한 형태의 보육서비스 제공

사회가 다양하게 변화함에 따라 보육서비스에 대한 보육수요자들의 욕구가 다양해지고 있으나 이를 제대로 반영하지 못하고 있다. 기혼여성의 초기 노동단절의 예방과 능력발전의 기회를 보장하기 위하여 영아전담 보육시설이 확충되어야 하며, 취업여성들의 요구에 부합하도록 야간 · 공휴일 · 시간제 · 24시간 보육서비스가 확대되어야 한다. 초등학교 아동의 보호 및 여성의 안정된 취업여건의 조성을 위하여 방과후 보육이 확대되어야 하며, 장애아대상 보육 역시 확대되어야 한다.

(3) 보육교사의 자질 및 근무여건 개선

보육교사의 자격과 대체율이 보육의 질적 수준에 중대한 영향을 미치는 것으로 알려져 있다. 그동안 우리나라는 보육교사에 대한 양성 및 관리가 적절하게 이루어지지 않아서 보육의 질적 수준이 저하되고, 근무조건이 열악하여 교사와 아동 간의 안정된 상호작용이 지속될 수 없을 정도로 이직률이 높은 편이라는 지적이 있었다. 최근 보육교사자격제도를 정비하여 보육교사의 질적 수준을 제고하고 사회적 지위를 확립하기 위한 노력들이 있었는데, 보육교사들의 전문성 향상을 위하여 보수교육이 충실하게 이루어지도록 해야 할 것이다. 보육교사들의 근무여건이 교사와 아동의 상호작용에 영향을 미치므로 적정 근무시간을 확보하고 적정 보수를 수령할 수 있도록 제도화하여야 한다.

(4) 효율적인 보육행정 및 지원체계의 구축

보육서비스 전달체계상의 행정체계 및 지원체계가 제기능을 다하지 못하고 있다는 비판이 있다. 광역 및 자치단체의 보육전담인력의 확충을 통해서 보육전달체계의 효율성을 증대하고 각 지역의 특성에 부합하는 보육발전 중 · 장기계획을 수립할 수 있도록 해야 한다. 보육지원체계 중의 하나인 보육정보센터의 기능을 활성화하고, 보육정보센터의 업무를 효율화하기 위하여 전국 보육정보센터의 네트워크를 구축하고, 보육센터 전문인력과 예산을 증가해야 한다.

(5) 보육서비스의 질적 수준 향상

보육의 물리적 환경과 프로그램의 질을 향상시켜야 한다. 물리적 환경은 보육목표와 연결되어 있을 뿐만 아니라 환경 그 자체가 보육의 수단이 되므로 효율적인 계획과 구성이 요구된다. 매일의 일과활동의 구성은 아동의 기본적인 욕구와 신체적인 보호를 위한 활동과 전인적 발달에 초점을 둔 교육활동이 균형 있게 구성되어야 한다. 대상아동의 발달 정도를 고려하여 인지적 · 사회적 · 정서적 · 신체적 · 언어적 측면에서 발달을 도와주고 촉진할 수 있도록 조직화되어야 하고, 동시에 개인적인 발달의 차이를 고려한 개별적인 접근도 가능하도록 융통성이 있어야 한다. 현재는 각 보육시설의 여건과 판단에 따라 보육과정과 프로그램을 독자적으로 구성하고 있다. 앞으로 보육의 유형 및 대상에 따라서 표준 시설, 설비 및 환경구성, 표준 교재와 교구 등이 확립되어 보육과정의 질이 향상되도록 해야 한다.

연구문제

1. 방과후 보육서비스가 아동에게 주는 긍정적인 효과는 어떤 점이 있을 수 있는지 알아봅시다.
2. 인근 지역사회의 어린이집에서 사회복지사가 근무하는 경우 하고 있는 일과 역할에 대해서 알아봅시다.
3. 우리나라 여성의 취업특성에 비추어 앞으로 보다 발전되어야 할 보육의 종류는 무엇인지 토론해 봅시다.
4. 아동보육기관에서 실시되는 보육프로그램의 내용과 진행과정에 대해서 관찰해 봅시다.
5. 우리나라의 직장보육의 현황을 알아보고 문제점과 발전과제는 무엇인지 토론해 봅시다.

제 4 부

아동복지의 미래

제 15 장

아동복지의 전망과 과제

지금까지 아동복지의 주요 개념 및 원칙, 아동복지 발달의 역사, 아동복지의 대상과 접근방법, 여러 분야에 걸친 아동복지의 실제 등에 대하여 살펴보았다. 그렇다면 앞으로 우리나라 아동복지의 활성화를 위해서 우선적으로 논의되고 검토되어야 할 부분은 무엇이며, 앞으로 나아가야 할 방향은 무엇인지에 대해서 알아보기로 한다.

1. 아동복지의 발전방향

세계적으로 지난 20세기는 아동의 처우에서 많은 변화가 일어났다. 아동기에 대한 관심과 아동의 권리에 대한 인식이 증가하였으며, 아동양육 환경의 변화로 파생된 문제에 대해 사회적으로 대처하려는 노력이 있었다. 우리나라도 1961년「아동복리법」을 만든 이래 요보호아동의 구호에서 시작하여 2002년 유엔아동특별총회에 참가하여 '아동이 살기 좋은 세상(A world fit for children)'이라는 포괄적인 목적에 동의한 일에 이르기까지 아동복지가 사회복지분야의 주요 영역이 되었다. 또한 아동에 관한 각종 사회지표의 단순비교를 보면 보건, 영양, 교육 등 여러 측면에 걸쳐 우리나라 아동의 상태는 짧은 기간 내에 많이 좋아졌으며, 다른 나라에 비해 상당한 수준을 이루고 있는 것으로 나타난다. 그러나 우리나라의 아동복지는 급변하는 가족과 아동을 둘러싼 환경과 그로 인해 생기는 아동 및 가족의 욕구에 대해 국가의 정책이나 실천현장의 서비스가 제대로 대응하지 못했다는 평가를 받고 있다. 아동복지의 향상을 위해 적절한 사회적 대책을 마련하기 위해서는 아동의 권리와 아동복지 실천을 위한 조건 및 원칙에 비추어 본 우리나라 아동의 실제는 어떠하며, 또한 급변하는 아동과 가족을 둘러싼 환경의 변화 속에서 아동들이 직면할 상황은 어떠할지를 고려하는 것이 중요하다. 우리나라 아동복지의 발전을 위하여 나아가야 할 방향을 제시하면 다음과 같다.

1) 아동복지에 대한 새로운 인식

오늘날 아동복지의 개념은 종전의 자선적인 접근과는 달리 사회발전에 호응하는 이념과 목적을 가진 것으로 아동복지사업의 수행을 위해 전문적인 원칙과 지식 및 기술을 확립해야 할 것이다. 아동복지는 이념적으로 아동이 그들의 잠재능력을 실현하며 건전한 성장과 발전을 도모할 수 있도록 사회가 보장해 주는 것이다. 아동복지는 아동의 기본권을 보장하는 것뿐만 아니라 우리 사회를 이끌어 갈 미래의 인적 자원을 개발하는 미래지향적인 목적도 포함하고 있다. 아동복지는 보건과 교육 등을 포함한 다학문적인 접근이 필요하나 실천적인 면에서 사회복지의 한 분야로서 사회복지사의 적극적인 활동이 필요하다. 아동에 대한 이해와 전문적인 개입방법에 대한 지식의 습득과 훈련을 통하여 아동복지 전문가가 사업을 수행하여야 한다.

2) 아동의 권리에 대한 인식과 실제적 보장의 강화

아동복지는 아동이 한 독립된 인간으로서 인간다운 생활을 영위할 권리가 있으며 사회와 국가는 이러한 권리를 보장해 주어야 할 의무가 있다는 데서 출발한다. 무엇보다도 사회구성원들이 이념적으로 아동의 권리를 인정하는 것이 아동복지를 이루기 위한 필수조건이 된다. 그러나 우리 사회에서는 아동을 독립된 인격체로서 권리의 주체로 인정하기보다는 성인에 비해서 열등하여 보호받아야 할 존재이거나 부모가 원하면 어떻게든 할 수 있는 존재로 인식하는 경향이 강하다. 아동의 건전한 성장과 발달을 위해서 보장되어야 하는 권리는 제1장에서 보았듯이 매우 광범위한 영역에 걸쳐 있으며, 이 권리들은 가정을 포함하여 아동이 일상적으로 생활하는 환경뿐만 아니라 아동에게 영향을 미치는 사회의 여러 체계에서 구체적으로 실현되어야만 하는 것이다. 따라서 사회의 모든 성원이 아동권리의 소중함을 알고, 우리 사회의 아동권리 침해의 실태와 문제점을 인식하며, 아동의 권리를 옹호할 수 있도록 교육하고 계몽하는 것이 필요하다.

아동의 권리를 실현하기 위해서는 국가가 정책적으로 아동의 권리를 보장해 주는 법적 장치를 마련하고, 아동복지 정책 및 서비스의 대상과 종류, 정책을 집행할 행정체계, 재원 등을 아동의 권리를 실현하는 데 초점을 맞추어 정책의 틀을 잡도록 해야 할 것이다. 국가는 아동권리 중심의 아동복지서비스의 제공과 서비스 제공조직의 활용에 대해서 실질적인 국가책임을 법적으로 명시하고, 중앙정부와 지방자치단체가 아동권리 증진의 책임을 태만히 이행할 경우에 통제할 수 있는 제도를 도입하여 공공의 책임을 다할 수 있도록 하여야 할 것이다.

3) 지역사회 중심의 재가복지 강화

지금까지 우리나라 아동복지는 요보호아동을 대상으로 한 생활시설 중심의 서비스에 중점을 두어 왔으나 이제는 지역사회를 거점으로 하여 재가아동서비스를 강화하여야 한다. 오늘날 아동복지의 대상은 모든 아동이며, 아동은 책임을 다하는 부모와 안정된 가정 속에서 성장하는 것이 가장 바람직하다. 따라서 국가와 사회는 아동양육의 기본 단위인 가정이 제대로 기능을 수행할 수 있도록 지원하고, 아동이 가정을 이탈하지 않도록 예방하거나 불가피하게 가정이 없을 때는 가정을 만들어 주어야 한다. 또한 아동이 출생가정이나 대리가정에서 생활하면서 서비스를 이용할 수 있기 위해서는 지역사회 단위에서 가족과 아동에게 여러 가지 서비스를 제공할 수 있는 시스템이 확립되어야 한다. 우리나라는 아동을 위한 문화시설이나 사회복지 전문서비스기관이 대도시에 편중되어 있는 편이어서 앞으로 사회복지 기관이나 인력이 지역적으로 균형 있게 발전되어야 한다.

4) 충족되지 않은 욕구의 확인과 새로운 욕구의 예측

아동복지를 향상시키기 위해서는 현재 충족되지 못한 욕구를 확인하고 또한 미래의 새로운 욕구를 예측해야 한다. 현재 추진되고 있는 정책이나 프로그램에 대해 정확하게 조사하고 평가하여 어떤 프로그램과 서비스가 어떤 아동과 가족에게서 문제를 개선하는 데 얼마나 효과적인가를 알 수 있어야 하며, 평가의 결과를 새로운 정책이나 프로그램의 개발에 반영하도록 해야 한다. 또한 급속하게 변화하는 사회 속에서 달라질 아동의 욕구나 문제를 정확하게 예측하여 이에 대한 대책을 사전에 준비할 수 있도록 해야 한다. 앞으로 가족해체의 가속화와 함께 가족의 유형은 이전보다 다양해지고 아동도 가족구조의 변화에 따라 새로운 욕구를 갖게 될 것이며, 주 양육자인 여성의 사회진출이 증가함에 따라 아동보육서비스에 대한 요구도 증가할 것이다. 서구 10대들의 문제를 보면 아마도 청소년 폭력이나 약물오용의 문제도 심각해질 것이다. 북한이탈가족을 비롯하여 외국노동자가정이나 국제결혼으로 이루어진 이중문화가정에서 야기되는 아동의 욕구도 적극적으로 파악하고 다루어져야 한다.

5) 아동복지 실천을 위한 다양하고 새로운 방법의 개발과 활용

선진국들도 아동복지에 관한 제도나 실천방법에서 많은 변화가 있었으며, 앞으로 발생하는 다양한 욕구에 대응하기 위해서는 새로운 실천방법이 끊임없이 연구·개발되고 활용되어야 한다. 불우아동에 대한 의식주 해결의 차원을 벗어나서 모든 아동이 건전하게 성장·발달할 수 있도록 가정생활, 건강, 교육, 오락, 특수보호 등에 걸쳐 종합적으로 고려한 프로그램이나 서비스를 제공하도록 해야 한다. 가정 외의 보호를 받는 아동에게는 큰 규모의 시설보호보다는 가정단위의 소숙사나 그룹홈이 심리사회적 적응에 더욱 바람직하다는 것은 널리 알려진 사실이며, 단순보호의 차원을 넘어서 전문적인 사회복지 실천방법을 활용하여 원가족에서의 부정적인 경험을 극복하는 데 도움이 되도록 하여야 한다. 이전에 우리 사회에서 널리 인식되지 못하고 다루어지지 않았던 아동학대와 같은 문제에서 가해자나 가족과 아동에 대한 접근에서 제도적으로나 임상적인 실천방법은 서구의 경험을 참고로 하되 우리 현실에서의 적용은 비판적인 평가를 토대로 이루어져야 할 것이다.

6) 아동복지의 효과적인 전달체계 구축

아동복지 전달체계의 조직과 기능이 개선되어야 하며, 이 조직체계들에서 일하는 아동복지 종사자들의 자질이 향상되도록 하여야 한다. 아동복지 전달체계는 공적서비스체계와 민간서비스체계로 나눌 수 있다. 우선 중앙정부부터 지방말단에 이르기까지 공적서비스 전달체계가 효과적인 아동복지를 위한 정책서비스 전달체계가 될 수 있도록 개선되어야 한다. 현재 아동복지 정책을 수립하고 실행하는 주무부서가 분산되어 있어서 인력과 예산이 과도하게 들고 정책의 일관성이 부족한 면이 있다. 따라서 정부부처 간의 연계기능을 향상하거나 업무를 통합할 필요가 있으며, 다양한 정부부처에서 운영하는 모든 아동 관련 정책과 프로그램을 조정할 권한을 가진 상설적인 중앙기구의 설립도 검토해 보아야 한다.

공적 전달체계와 민간 전달체계 간의 역할분담이 적절히 이루어져야 하며, 서로 간에 협력관계 속에서 발전해야 한다. 공공이어야 하는 아동복지분야가 지나치게 민간의 책임으로 전가되거나 민간분야의 자율성을 공공이 통제하여 효율성이 떨어지는 문제는 없어야 한다. 일반적으로 모든 아동이 광범위한 대상에 포함되는 보편적인 사업인 경우와 민간기관이 할 수 없는 사업일 경우는 공공부문에서 추진되어야 하며, 그와 반대의 경우는 민간운영이 좋을 것이다.

아동에 대한 전문적인 지식과 기술을 갖춘 아동복지 전문가를 양성할 수 있는 교육훈련체계를 갖추고, 아동복지분야에서 실질적인 신분보장과 생활보장이 될 수 있도록 하여야 한다. 전달체계 내에서 아동복지정책을 수립하고 집행하며, 아동과 가족에게 직접적인 서비스를 제공하는 일선의 종사자들이 아동을 제대로 이해하고 적합한 프로그램을 기획 · 실천하는 것은 무엇보다도 중요하다. 전문성을 갖춘 인력을 조직의 목적에 맞게 배치하고 이들이 계속적인 교육과 훈련을 받을 수 있도록 해야 한다. 또한 보수를 비롯한 근무환경을 개선하여 전문성이 높은 종사자들이 이직을 줄이고 일할 수 있도록 하여야 할 것이다.

7) 재원의 확보

아동의 권리와 복지를 강화하는 법적 장치가 마련되어 있고 전문적인 서비스를 제공할 수 있는 규정이 있다 하더라도 이를 실행에 옮길 수 있는 인력과 시설을 위한 예산의 배당이 없으면 그 의미를 찾을 수 없다. 유엔아동권리위원회에서는 우리나라 정부예산에서 아동에게 할당된 예산이나 지출수준은 우리나라와 비슷한 경제발전 수준에 있는 다른 나라에 비해 적다고 지적하였다. 아동복지 재원을 마련하기 위하여 정부나 민간단체는 다각적인 노력을 기울여야 할 것이다. 정부는 아동복지정책의 재원을 마련하기 위하여 교육세를 아동의 건전육성을 위한 세금으로 전환하거나 민간단체에 필요한 경우는 장기저리융자제도를 도입할 수 있을 것이다. 아동복지의 질적인 향상을 가져오는 사회 전반의 사회보장 및 사회복지 서비스를 확대하기 위해서는 높은 세부담을 동반하지 않을 수 없으므로 사회 전체적으로 고복지 고부담을 수용할 수 있어야 한다.

2. 아동복지의 과제

1) 부모에 대한 교육의 강화

'문제아동에게는 문제부모가 있다.'는 말이 시사하는 것처럼 부모의 역할이 자녀의 발달에 미치는 영향이 매우 지대하다는 사실은 잘 알려져 있다. 오늘날 사회가 급속히 변화되면서 부모역할을 제대로 수행하기가 매우 어려워지고 있으며, 매스미디어에서 쏟아지는 육아정보의 홍수 속에서 그렇게 할 수 없는 부모는 불안해하거나 자신감을 상실하고 있다. 우리 사회는 부모됨을 자연스럽게 생각하는 문화적 풍토를 가지고 있으나, 가족을 사적인 영역으로 인식하고 부모됨을 준비하는 사람이 많지 않다. 그러나 자녀발달에 미치는 부모의 영향력을 고려해 볼 때 가족체계의 건강과 부모 및 자녀의 삶의 질을 높이려면 부모역할도 다른 역할과 마찬가지로 교육과 학습을 통해서 준비하는 것이 필요하다.

각종 사회단체나 교육단체들을 통하여 아동의 기본적인 욕구에 관한 교육과 부모와 자녀 간의 상호작용 등에 대한 훈련을 강화하고, 가정의 기본적인 욕구를 해결하는 데 도움이 되도록 전문기관의 서비스를 효과적으로 이용할 수 있는 체계적인 부모교육 프로그램이 개발되어야 한다. 그동안 우리나라의 부모교육은 대부분 중산층 부모와 자녀로 구성된 가족을 전형적인 대상으로 하여 이루어진 경향이 강하였다. 그러나 다양한 가족구조가 증가하고 사회경제적 여건이 제약됨으로써 부모역할 수행이 어려운 경우도 있으므로 이러한 집단의 특성을 고려하여 부모교육의 내용을 구성하고 부모교육의 참가를 증진할 수 있는 방안을 마련하여야 할 것이다.

2) 보육서비스의 다양화와 질적 향상

아동의 조기교육에 대한 관심과 여성의 사회진출에 따라 증가하는 보육서비스를 보육수요자의 욕구에 맞도록 발전시켜야 한다. 현재 민간에 맡겨져 있는 보육사업이 공공성을 확보하려면 정부의 전폭적인 지원과 대책이 필요하다. 여성들의 취업형태를 반영하여 야간 · 공휴일 · 24시간 보육서비스 등이 확대되어야 하며, 영아전담 보육시설과 장애아 보육시설이 확충되어야 한다. 초등학교 학생들이 방과 후에 방임되는 것을 막을 수 있도록 방과후 보육서비스도 확충되어야 한다.

보육의 질적 수준을 향상하기 위하여 물리적 환경과 프로그램의 질을 향상하도록 해야 한다. 서비스의 질은 보육인력에 따라 좌우되는 정도가 높기 때문에 보육교사의 양성 및 관리가 제대로 이루어질 수 있도록 하여야 하고, 근무여건의 개선을 통해서 전문성을 발휘할 수 있는 인력을 확보해야 한다.

3) 가정위탁과 입양의 활성화와 사후관리

모든 아동은 가능한 한 자신의 가정에서 보호를 받으며 성장해야 하지만 그렇지 못할 경우는 가정과 유사한 환경을 제공할 수 있는 가정위탁이나 영구적인 가정을 마련해 주는 입양을 고려해야 한다. 가정위탁과 입양이 활성화되기 위해서는 사회구성원들의 인식제고가 필요하다. 가정위탁사업에 대해 잘 모르는 경우가 많기 때문에 위탁가정을 개발하기 위해서는 적극적인 홍보가 필요하며, 국내입양에 대해서도 부정적인 태도를 불식할 수 있도록 다양한 홍보활동을 해야 한다. 국내입양을 활성화하기 위하여 입양가정에 대해 입양수수료를 비롯한 정부의 지원책이 확대되어야 할 것이며, 현재 위탁가정에 지원되는 양육수당은 매우 부족하므로 상향 조정해야 할 것이다.

아동이 일시적으로 타 가정에서 서비스를 받는 과정과 영구적으로 새로운 가정을 갖게 된 후에도 아동과 가족에게 필요한 서비스를 제공할 수 있도록 관리를 잘하여야 한다. 위탁부모가 중도에 탈락하여 아동이 위탁가정을 자주 옮기는 사태가 발생하거나 위탁부모로부터 학대나 방임을 겪는 등 부적절한 보호를 받지 않도록 관리해야 하며, 위탁부모가 부모로서의 역할을 잘 수행할 수 있도록 도와주는 전문 프로그램을 실시해야 한다. 국내입양은 사후관리를 의무화하여 입양가정이 경험하는 문제들에 대해서 전문적인 서비스를 제공하는 체계를 확립해야 하고, 해외입양아동에 대해서도 정체감 형성에 도움을 줄 수 있는 사후관리가 필요하다.

4) 아동양육보호시설의 소규모화와 전문화된 서비스

요보호아동을 주로 보호하는 방식이었던 아동양육보호시설이 소규모화되고 주거형태도 개선되어서 가정적인 분위기를 형성할 수 있도록 하여야 한다. 즉, 소숙사제도나 그룹홈을 활성화해야 한다. 특히 그룹홈은 가정위탁보호와 시설보호의 중간형태로 소규모이고, 지역사회 내에 있으면서 가정적 보호가 가능하고, 아동에게 가정과 비슷한 분위기에서 전문적인 서비스를 제공할 수 있다는 이점이 있다. 소숙사제도나 그룹홈의 활성화를 위해서는 정부의 재정적 지원이 뒷받침되어야 한다.

시설에서 보호하는 아동에게는 의식주 해결의 단순보호 차원을 벗어나서 아동의 다양한 욕구를 충족할 수 있는 프로그램과 서비스가 필요하다. 시설아동의 사회심리적 문제는 상당 부분 시설입소 이전의 상황에서 비롯된 것으로, 과거의 경험에서 오는 부정적인 영향을 최소화할 수 있도록 하는 프로그램이 필요하다. 아동에게 전문화된 서비스를 제공하기 위해서는 입소시설이 보다 기능적으로 조정 · 통합될 필요가 있다. 현재 입소하는 아동의 70% 이상이 연고자가 있으므로 가족과의 재결합을 촉진할 수 있는 프로그램이나 가족에 대한 서비스도 제공할 수 있어야 한다. 시설아동이 퇴소 후 자립할 수 있도록 사회적응 및 진로에 대한 준비를 할 수 있어야 하며, 퇴소 후의 자립에 대해서 지원하는 제도가 활성화되어야 한다. 아울러 아동과 가족에게 전문적인 서비스를 제공하기 위해서 인력의 전문성을 높이도록 해야 한다.

5) 장애아동의 조기진단 및 조기치료

아동의 신체 및 정서 장애에 대해서 조기에 발견하고 치료할 수 있는 체계를 확립하는 것이 필요하다. 출생 전부터 장애를 예방할 수 있도록 모자보건사업이 강화되어야 하며, 영유아기에 건강진단 및 성장 · 발달 검사를 통해서 장애를 조기에 발견할 수 있도록 해야 한다. 장애진단 시 조기에 의료, 교육적 재활서비스를 비롯한 각종 서비스를 받을 수 있도록 제도적으로 보장하여야 한다.

행동 및 정서 장애아동에 대한 정신건강서비스의 개발과 이용을 활성화할 수 있는 대책이 필요하다. 불안정한 가정환경과 경쟁적인 학교생활 등으로 분노나 공격적 행동과 같은 문제행동과 신경증이나 열등감 같은 정서장애를 가진 아동이 증가하고 있다. 아동 정신건강의 중요성에 대한 사회적 인식이 고양되어 정서장애 문제를 사전에 예방할 수 있도록 해야 하며, 정신건강복지센터를 비롯하여 정신건강 관련 기관에서 아동의 정신건강에 관한 서비스를 보다 활성화하도록 하여야 한다.

6) 아동학대에 대한 대책의 강화

아동학대는 아동의 권리를 침해하는 가장 대표적인 문제이다. 아동학대를 예방하고 학대가 발생할 시 신고할 수 있도록 대중과 신고의무자의 인식 변화를 위한 홍보 및 교육 활동이 이루어져야 한다. 아동보호전문기관은 인구수에 비해 적으며 기관 내 전문인력의 업무가 과중한 상태로 기관의 수와 인력이 확충되어야 한다. 아동보호서비스를 제공하는 과정에서 관련 기관들이 협력하고 서비스를 통합하기 위해 연계성을 확보하도록 해야 한다. 가해자와 피해자 모두 적합한 치료와 서비스를 받을 수 있도록 가해자 치료명령제가 도입되어야 하며, 아동에게 필요한 전문적인 서비스를 줄 수 있도록 사회복지사의 전문능력을 향상할 수 있는 교육과 훈련의 기회가 제공되어야 한다.

7) 학교사회복지의 제도화

학교는 아동들이 많은 시간을 보내는 학습과 생활의 공간이다. 오늘날 학교폭력, 비행, 약물남용, 이성문제 등 학교를 중심으로 한 아동의 문제가 심각해지고 있어서 교육제도 안에서 학교사회복지를 해결해야 할 필요성이 커지고 있다. 현재 학교와 학생들의 문제에 대한 접근책으로서 상담제도를 실시하고 있으나 진로지도 차원이거나 학생 개인에 대한 상담수준을 벗어나지 못하여서 학생들의 문제에 포괄적으로 접근하지 못한다고 평가되고 있다. 학교사회복지는 학생들이 학교생활을 잘할 수 있도록 심리·정서적 문제를 갖고 있는 학생, 학습부진을 보이는 학생, 가정환경의 문제를 갖고 있는 학생, 비행학생 등을 일차적 대상으로 하여 이들의 문제를 해결하기 위하여 학교와 가족, 지역사회가 협력해서 하는 활동이다. 현재 우리나라의 학교사회복지는 일부 지역사회복지관을 중심으로 학교와 연계하거나 교육복지우선지원사업을 실시하는 학교에서 서비스를 제공하는 형태가 주를 이루고 있다. 학교사회복지는 치료적 차원뿐만 아니라 예방적 차원에서 광범위한 학생들의 문제에 개입하여 학생들의 총체적인 삶을 향상시키고 학교가 전인교육을 실현하도록 도와주는 것으로 제도화되어야 한다.

8) 아동을 위한 건전한 생활환경과 여가시설의 확충

급속한 산업화의 과정에서 우리 아동들은 자연환경과 마음껏 뛰어놀 수 있는 놀이장소를 잃어버렸으며, 각종 사고와 위험에 노출되어 있다. 아동들이 놀 수 있는 지역의 공간이 없어진다는 것은 단순한 물리적인 공간의 축소만이 아니라 민주적인 사회공동체를 경험할 수 있는 기회의 박탈을 의미한다. 아동을 위한 놀이기구나 시설 또한 안전성이 제대로 갖추어지지 않아서 신체적으로 위협이 되거나 심하면 사망을 초래하기도 한다. 오늘날 아동들이 즐겨 이용하는 인터넷이나 전자게임은 아동에게 무차별적으로 유해한 정보를 전달하고 있어서 그 폐해가 심각하다.

모든 아동이 건전하지 못한 매체물과 유해한 환경으로부터 보호받을 수 있도록 가정, 학교, 지역사회 및 국가가 노력을 기울여야 할 것이다. 또한 아동이 건전하게 성장·발달할 수 있는 공간과 시설들을 확충해 나가야 할 것이다.

9) 북한이탈아동 및 결혼이민자가족 아동에 대한 관심과 지원

북한지역을 이탈하여 남한으로 오는 아동이 증가하는 추세인데, 이들은 남한의 학교에서 수업이나 교우관계에서의 어려움을 겪고 있으며, 아동들이 부모가 적응하는 속도를 능가하여 적응하기 때문에 부모의 권위가 제대로 서지 않고, 부모 자신도 적응해야 하는 과정에 있기에 부모로서의 역할을 제대로 하기 어렵다고 한다. 따라서 남한사회에서 이들이 정착하고 적응하는 과정에서 아동 및 가족 단위에서 야기될 수 있는 문제에 대하여 관심을 가지고 적절한 개입과 지원을 해야 한다.

또한 최근 국제결혼이 증가하면서 결혼이민자 가족 및 자녀에 대한 사회적 지원이 강화되어야 할 필요성이 증대하고 있다. 결혼이민자가족은 상당수가 경제적으로 취약한 위치에 있으며, 가족관계에서 어려움을 경험할 수 있다. 이에 아동은 영향을 받을 뿐만 아니라 언어발달이 지체되고 학교생활의 적응에 어려움이 있을 수 있으며, 자아정체감 혼란 등을 경험할 수 있다. 따라서 결혼이민자가족에 대한 사회적 인식의 개선과 더불어 결혼이민자가족에 대한 포괄적인 지원체계를 구축하고, 아동들에 대해 학교, 가정, 지역사회를 중심으로 언어발달과 학습, 심리사회적 서비스 등을 지원할 수 있도록 해야 한다.

연구문제

1. 여러분은 우리나라에서 아동복지의 실현을 위해서 가장 시급히 개선되어야 할 부분은 무엇이라고 생각합니까?
2. 21세기의 사회적 변화에 비추어 아동복지의 방향은 어떠해야 하는지 토론해 봅시다.
3. 지역사회복지관에서 아동과 그 가족을 대상으로 하고 있는 프로그램과 서비스는 무엇이 있는지 알아보고, 앞으로 개발되면 좋을 분야는 무엇인지도 논의해 봅시다.
4. 결혼이민자가정의 아동을 위한 프로그램으로 적합한 내용을 개발해 봅시다.

참고문헌

강수경(2001). 모노톤 자폐아동의 음악치료 효과–음역 및 억양의 변화를 중심으로. 이화여자대학교 대학원 석사학위논문.

강윤구(1995). 영유아보육사업론(3정판). 서울: 도서출판 우등불.

공계순(2000). 아동학대 예방을 위한 가정방문 프로그램의 개발에 관한 서설적 연구. 사회복지연구, 제15호, 1-18.

곽영숙, 홍강의(1987). 아동학대의 개념과 원인. 한양대 정신건강연구, 5.

교육과학기술부(2012). 교육복지우선지원사업 운영매뉴얼.

구로건강복지센터 외(2002). 유엔아동권리협약 이행에 관한 민간단체보고서.

구자헌(1972). 사회복지. 한국사회복지연구소.

국회보건복지위원회(2010). 2011년 예산안 및 기금운용계획안 검토보고.

권지성, 김정득, 상혜진(2006). 아동양육시설 보육사 2교대 제도에 따른 시설 내 변화에 대한 질적 사례연구. 한국사회복지학, 58(1), 115-141.

김경준, 최인재, 조홍식, 이용교, 이상균, 정익중(2005). 청소년복지정책 현황과 개선방안연구. 한국청소년개발원.

김기환(1996). 빈곤아동의 이해와 복지정책. 한국가족단체협의회 학술대회 자료집.

김기환(2000). 저소득층 아동을 위한 포괄적 보육서비스–사회복지서비스 모델개발. 2000년 사업보고서, 1-47. 삼성복지재단.

김득린(1996). 시설퇴소연장아동의 사회적응실태와 활성화방안. 한국아동복지학, 4호, 93-105.

김명권, 김창대, 박애성, 전종국, 천성문 역(2001). 집단상담: 과정과 실제. 서울: 시그마프레스. M. S. Corey & G. Corey(1997). *Group: Process and practice.* CA: Brooks/Cole.

김미숙(2008). 한국의 아동빈곤실태와 정책과제. 보건복지포럼, 139, 5-22.

김상균 외(2001). **사회복지개론**. 서울: 나남출판사.

김성희 외(2014). **2014 장애인실태조사**. 세종: 한국보건사회연구원.

김순옥(1993). 이혼 대책에 관한 요구도 조사연구. 한국가족학연구회 편. **이혼과 가족문제**. 서울: 도서출판 하우사.

김승권 외(2000). **2000년 전국출산력 및 가족보건실태조사**. 서울: 한국보건사회연구원.

김승권 외(2001). **최근 가족해체의 실태와 정책방안에 관한 연구**. 한국보건사회연구원.

김승권 외(2003). **아동학대 사정척도 개발 연구**. 서울: 한국보건사회연구원.

김승권, 조애저(1998). **한국가정폭력의 개념정립과 실태에 관한 연구**. 한국보건사회연구원.

김영모(1984). 아동복지의 일반이론. 복지연구회 편. **현대아동복지론**. 한국복지정책연구소.

김영모(1996). 시설보호사업의 실태와 과제. **사회정책연구**, 17, 61-99.

김응석, 김현옥, 이상헌, 오정수, 이연호, 박광준(1995). **아동복지수용시설 운영평가 및 개선방안**. 한국보건사회연구원.

김의영(1997). **아동보육론**. 서울: 동문사.

김인숙, 김혜선, 성정현, 신은주, 윤영숙, 이혜경, 최선화(2000). **여성복지론**. 서울: 나남출판사.

김재은 외(1997). **청소년 상담 보조전략**. 서울: 청소년 대화의 광장.

김정래(2002). **아동권리향연**. 서울: 교육과학사.

김준호(1997). 한국의 학교폭력에 관한 연구. **청소년개발원 국제학술회의 자료집**.

김지은(1998). 청소년의 재비행에 영향을 미치는 요인. 서울대학교 대학원 석사학위논문.

김현용(1997). 사회변화와 아동복지. 김현용 외. **현대사회와 아동-아동복지의 시각에서**. 서울: 소화.

김현용 외(1997). **현대사회와 아동**. 서울: 소화.

김혜란, 홍선미, 공계순(2001). **사회복지실천기술론**. 서울: 나남출판사.

노성호(1994). 한국의 청소년 비행화에 관한 연구. **형사정책연구**, **5권 2호**, 145-187.

노혁(2002). **청소년복지론**. 서울: 대학출판사.

노혜련(1992). 아동훈련과 아동학대의 구분: 문화적 배경의 영향. **한국사회복지학**, **19**, 113-137.

노혜련(1997). 아동복지서비스. 김현용 외(1997). 현대사회와 아동. 서울: 소화.
노혜련, 장정순(1998). 육아시설아동의 심리사회적 문제에 관한 연구. 한국사회복지학, 34호, 45-67.
대검찰청(2007). 2007년 범죄분석.
대검찰청(2012). 2012 범죄분석.
대구대학교 사회복지연구소(1995). 사회복지사전. 서울: 경진사.
대한민국정부(1999). 아동권리협약에 관한 제2차 보고서.
대한민국정부(2008). 유엔아동권리협약 제3, 4차 통합국가보고서.
류연규, 최현수(2003). 우리나라 아동빈곤율 수준과 변화 경향: 1982~2002년 도시근로자가구를 중심으로. 한국아동복지학, 16호, 135-165.
문선화(1998). 비행/범죄 청소년을 위한 아동복지법의 개선방향. 아동복지학, 7호, 269-315.
민수홍(1996). 개인의 자아통제력이 범죄억제에 미치는 영향. 한국형사정책연구원 보고서.
박영애, 유가효, 최영희, 박인전, 문현주, 이미경 역(2001). 인지행동놀이치료. 서울: 나눔의집. Knell, S. M. (1993). *Cognitive-behavioral play therapy*. MD: Jason Aronson.
박정란, 서홍란(2001). 아동복지론. 서울: 양서원.
박정호(2001). 사회복지정책론. 서울: 학지사.
박태영(1991). 육아시설의 사회화에 관한 연구. 한국청소년연구, 제2권 제4호, 70-85.
배태순(1996). 양질의 아동복지서비스 제공을 위한 국내 아동복지 영육아시설 운영의 내실화 방안. 한국아동복지학, 4호, 109-134.
배태순(1999). 해체된 가정의 아동들, 그들은 어떻게 보호되고 있나: 해체가정의 아동보호 현황. 해체가정의 아동보호. 한국아동복지학회. '99 한국아동복지학회 제11회 학술대회 자료집.
변용찬, 이상헌(1998). 아동복지수용시설 실태조사 결과보고. 한국보건사회연구원.
변화순(1996). 이혼가족을 위한 대책연구. 한국여성개발원.
보건복지가족부(2008). 가족통계현황.
보건복지가족부(2008). 요보호아동 현황.

보건복지가족부(2008). 아동복지시설 현황.
보건복지가족부(2008). 소년소녀가정 현황.
보건복지가족부(2008). 2007년 12월 말 기준 보육통계.
보건복지부(1998). 아동복지사업지침.
보건복지부(2000). 보건복지부백서.
보건복지부(2002). 보건복지통계연보.
보건복지부(2003). 아동복지사업운영 안내.
보건복지부(2003). 제2차 장애인복지발전 5개년 공청회 자료집.
보건복지부(2006). 보건복지통계연보.
보건복지부(2006). 아동복지사업안내.
보건복지부(2007). 보건복지통계연보.
보건복지부(2008). 2008년도 아동복지사업안내.
보건복지부(2008). 2008년도 아동복지시설 현황.
보건복지부(2012). 보건복지통계연보.
보건복지부(2012). 아동분야 사업안내.
보건복지부(2016). 보육통계.
보건복지부(2016). 아동분야 사업안내.
보건복지부(2017). 보건복지통계연보.
보건복지부(2017). 아동분야 사업안내.
보건복지부(2018). 사람중심의 포용적 복지국가 구현을 위한 '19년 복지부예산편성.'
보건복지부(2018). 통계로 보는 사회보장 2018.
보건복지부(2018). 한부모가족지원사업안내.
보건복지부(2019). 2019년도 보육사업안내.
보건복지부 보육정책과(2011). 보육통계(2011년 12월 말 기준).
보건복지부 한국아동권리모니터링센터(2011). 유엔아동권리협약 참고자료.
보건복지부, 아동자립지원단(2011). 2010 아동자립지원 통계현황보고서.
보건복지부, 중앙가정위탁지원센터(2017). 2016 가정위탁보호 현황보고서.
보건복지부, 중앙아동보호전문기관(2006). 전국 아동학대현황보고서.
보건복지부, 중앙아동학대예방센터(2002). 2001년 전국 아동학대현황보고서.

보건사회부(1991). 어린이집 보육교사를 위한 영유아보육프로그램.

빈부격차 · 차별시정위원회(2004). 빈곤대물림 차단을 위한 희망투자전략: 빈곤아동 · 청소년 종합대책. 제49회 국정과제회의자료.

삼성복지재단(1996). 해체가정 아동을 위한 가족관계강화 프로그램.

서봉연, 이순형(1998). 발달심리학. 서울: 중앙적성출판사.

서상목 외(1981). 빈곤의 실태와 영세민 대책. 한국개발연구원.

서영숙, 김경혜(1996). 보육학 개론. 서울: 양서원.

서울시립아동상담소(1992). 아동문제에 관한 연구보고서.

성영혜, 김연진(1997). 아동복지. 서울: 동문사.

송근원, 김태성(1998). 사회복지정책론. 서울: 나남출판사.

송길연, 김수정, 이지연, 양돈규 역(2001). 발달심리학. 서울: 시그마프레스. D. R. Schffer (1999). *Developmental psychology* (5th ed.). CA: Brooks/Cole.

송영혜(1998). 놀이치료 적용. 대구: 대구대학교출판부.

송영혜, 이승희 역(2000). 놀이치료 이론과 실제. 서울: 시그마프레스. K. G. O'Connor & L. M. Braverman (1997). *Play therapy: Theory and practice*. NJ: John Wiley & Sons, Inc.

신영화(1986). 한국 아동학대의 사회, 인구 및 가정 환경적 특성에 관한 연구. 서울대학교 대학원 석사학위논문.

신현덕(1995). 아동학대 방지를 통한 아동보호사업의 활성화 방안. 아동학대 예방대책 및 영유아 보육사업의 활성화 방안. 한국이웃사랑회.

신현순 역(2000). 아동과 청소년의 정서장애. 서울: 이화여자대학교출판부. L. Winkley (1996). *Emotional problems in children and young people*. NY: Cassell.

아산사회복지재단(1997). 한국아동복지편람. 서울: 정문출판사.

안경환(1997). 이혼 법정에서의 아동문제. 이혼과 적응, 52-60. 한국인간발달학회.

엄예선(2002). 이혼가정에 대한 개입방안. 이혼가정에 대한 사회복지적 개입방안. 한국가족복지학회 제11회 춘계학술대회자료집.

여성가족부(2006). 2006년 보육사업 안내.

여성가족부(2012a). 청소년백서.

여성가족부(2012b). 2012년 저소득한부모가족 지원사업안내.

여성가족부(2017). 2016 청소년백서.

여성가족부 보육재정팀(2006). 2005년 12월 말 기준 보육통계.

여유진(2018). 아동빈곤의 현황과 정책과제. 보건복지포럼, 2018. 5.

여유진 외(2016). 아동의 빈곤예방을 위한 실태연구. 보건사회연구원.

연진영(1992). 아동학대의 실태 및 영향. 한국형사정책연구원 보고서.

오승환(1996). 장애가족에 대한 집단사회사업실천에 관한 연구. 사회복지연구, 제7호, 236-264.

오승환(2000). 소년소녀가장의 심리사회적 특성에 관한 비교연구. 한국아동복지학, 제9호, 99-126.

오승환(2001). 저소득 편부모가족의 가족기능과 자녀의 심리사회적 특성 비교연구. 한국아동복지학, 제12호, 77-107.

오혜경(2002). 장애아동복지정책의 문제점과 개선방안. 2002년 한국아동학회 추계학술대회 자료집.

유가효 외(1997). 보육학 개론. 서울: 동문사.

유엔아동권리위원회(2003). 대한민국에 대한 유엔아동권리위원회의 최종견해. 인권운동사랑방 역. www.sarangbang.or.kr.

유엔아동권리위원회(2011). Consideration of reports submitted by states parties under article of the convention. Concluding observations: Republic of Korea.

윤경자, 공미혜 역(2001). 가정폭력 가해자교육 프로그램: 남성가해자를 위한 Duluth모델. 서울: 도서출판 하우.

윤욱(1992). 아동복지. 서울: 수학사.

이경림(2003). '한국지역사회운동과 지역아동센터 공부방의 이해'. 제1회 빈곤가족 아동과 함께하는 지역사회복지사 기초교육 자료집. 서울: 부스러기사랑 나눔회.

이대근(2001). 아동복지론. 서울: 형설출판사.

이배근(1994). 가정위탁 보호사업 운영방안에 관한 연구. 한국아동복지학, 2호, 121-142.

이배근(1997). 아동학대의 문제와 대책 방안. 보건복지포럼, 29-36.

이부덕 외 역(1996). 아동치료의 새로운 접근. 서울: 인간과 복지. S. Spiegel (1989). *An interpersonal approach to child therapy*. New York: Columbia University Press.

이상균, 박현선(2000). 소년소녀가장의 성인역아동부담이 우울에 미치는 영향. 사회복지연구, 16호, 143-164.

이상균, 박현선 역(2000). 사회복지 면접의 길잡이. 서울: 나눔의집. M. Schubert (1997). *Interviewing social work practice.* Washington, DC: CWSE.

이상순(2000). 그룹홈. 한국사법행정학회.

이성식(1995). 청소년비행에 있어서 허쉬의 사회통제론에 대한 수정된 논의. 형사정책연구, 6(4), 183-204.

이소희(2002). 아동복지론. 서울: 양서원.

이영애(1983). 이혼과 자녀양육. 가정법원사건의 제문제(재판자료 제18집), 413. 법원행정처.

이영분(1998). 아동성폭력 현황 및 그 치료와 예방에 관한 연구. 한국아동복지학, 8호, 135-160.

이용교(1993). 성적으로 학대받는 아동을 어떻게 도울 것인가? 한국청소년연구, 제4권 1호, 157-171.

이용교 외 역(2001). 가정위탁보호. 서울: 인간과 복지. C. McAuley. *Children in long term foster care: emotional and social development.* Alder Shot, UK: Ashgate Publishing.

이재연(1992). 탁아의 유형. 한국아동학회 · 한국교육학회유아교육연구회 편. 아동의 권리-가정, 교육, 탁아, 43-56. 서울: 양서원.

이재연(1995). 아동학대 방지를 통한 아동보호사업의 활성화 방안. 한국이웃사랑회. 아동학대 예방대책 및 영유아 보육사업의 활성화 방안.

이재연, 김경희(1989). 부모교육. 서울: 양서원.

이재연 외(2000). 한국의 아동학대 실태에 관한 연구 I. 아동권리연구, 4(2).

이종숙(1997). 이혼가정 자녀의 적응에 대한 사회심리적, 발달적 이해. 이혼과 적응, 26-40. 한국인간발달학회.

이주홍(2002). 한국사회의 이혼율 증가에 관한 연구: 1997년 이후 구조적 요인과 미시적 요인을 중심으로. 연세대학교 대학원 석사학위논문.

이지수(1999). 장애아동과 가족지원. 김용득, 유동철 편. 한국장애인복지의 이해. 서울: 인간과 복지.

이태수, 함철호, 이용교(1997). 소규모 아동복지시설 연구. 서울: 인간과 복지.

이현주(1999). 아동시설의 프로그램 운영실태와 관련요인. **한국아동복지학, 8호**, 159-178.

이현주, 박소영(2000). 경제위기가 저소득가구의 아동학대에 미치는 영향 분석. **보건사회연구, 20권 1호**, 64-85.

이혜경(1991). 탁아정책모델과 재정제도의 선택. 탁아제도와 미래의 어린이 양육을 걱정하는 모임 편. **우리아이들의 육아현실과 미래**, 109-136. 서울: 한울.

이혜경(1993). 경제성장과 아동복지정책의 변용: 한국의 경험. **한국아동복지학 창간호**.

장동일(1996). **사회복지법의 이해**. 서울: 학문사.

장동일(1997). **사회복지법의 이해**. 서울: 학문사.

장인협, 오정수(1999). **아동 · 청소년복지론**(개정판). 서울: 서울대학교출판부.

장인협, 오정수(2001). **아동 · 청소년복지론**. 서울: 서울대학교출판부.

장혜경 외(2001). 실질적인 여성가정가족 및 한부모가족을 위한 가족정책방향과 과제. **여성과 가족정책의 새로운 전망 세미나 자료집**.

정명숙, 손영숙, 양혜경, 정현희 역(2001). **아동기 행동장애**. R. Wicks-Nelson & A. C. Israel (2000). *Behavior disorders of childhood*. Englewood Cliffs, NJ: Prentice-Hall.

정영순(1999). 아동복지시설 관련 아동보호. **해체가정의 아동보호**. 한국아동복지학회. '99 한국아동복지학회 제11회 학술대회 자료집.

정익중(2003). 빈곤아동의 문화생활과 박탈. **2003년 아동복지학회 학술대회 자료집**.

정익중(2004). 청소년비행의 성별차이에 관한 연구. **제1회 한국청소년패널 학술대회 자료집**.

정진영(1992). **아동학대의 실태 및 영향**. 한국형사정책연구원.

정진영(1996). 사회복지시설 퇴소 아동의 사회적응 문제. **한국아동복지학, 4호**, 9-26.

정현숙(1993). 이혼과 자녀문제의 이론적 고찰. 한국가족학연구회 편. **이혼과 가족문제**. 서울: 도서출판 하우.

정현주(2005). **음악치료학의 이해와 적용**. 서울: 이화여자대학교출판부.

조성연 외(2002). **아동학개론**. 서울: 학지사.

조준현(1999). 소년사범의 이념과 원리에 관한 소고. **소년보호연구, 1호**.

조홍식(2000). 아동권리지표에 따른 아동최선의 이익 정책이행분석. **한국사회과학**,

22(3), 187-218.

조희숙, 최인숙, 김경중, 정갑순, 신화식, 류왕효, 조경미, 박은준, 최재숙, 류인숙 (1994). **아동발달심리**. 서울: 학지사.

주영희(1984). 가출아동을 통한 학대에 대한 조사연구. **사회복지, 80**, 71-133.

주정일, 이소희(1992). **아동복지학**. 서울: 교문사.

중앙일보(1999). 유치원서 중학교까지 부모가 알아야 할 모든 것-자녀의 성공적인 학교생활을 위하여 미국선 이렇게 가르친다. **뉴스위크, 특별호 2**. 서울: 중앙일보사.

중앙일보(1999). 태어나서 3세까지의 부모가 알아야 할 모든 것-귀여운 우리 아기. **뉴스위크 한국판, 특별호 1**. 서울: 중앙일보사.

중앙일보(2002. 6. 12). 세계아동 8명 중 1명 고강도 노동혹사.

채규만(1997). 이혼이 자녀에 미치는 영향과 심리치료적 접근 방법. **이혼과 적응**, 41-51. 한국인간발달학회.

천성문, 송재홍, 윤치현, 윤호열, 이영순, 박천식, 김경일, 하영자, 김상희, 원요한 역 (2001). **아동상담의 이론과 실제**. 서울: 시그마프레스. C. L. Thompson & L. B. Rudolph (2000). *Counseling children*. CA: Brooks/Cole.

최선화 외(1999). **사회문제와 사회복지**. 서울: 양서원.

최선희, 김희수(2004). **빈곤아동 · 청소년 실태파악 및 정책방안 연구**. 서울: 빈부격차차별시정위원회.

최성재 외(1998). **서울시 사회복지시설 운영실태 조사 및 사회복지시설 평가지표 개발**. 서울: 서울대학교 사회복지연구소.

최순남(2002). **인간행동과 사회환경**. 서울: 법문사.

최진섭(1988). 이혼절차에서의 자녀보호방안. **현대가족법과 가족정책-야송김주수교수회갑기념논문집**. 삼영사, 198-200.

최진섭(1994). **이혼과 자녀**. 서울: 삼지원.

최현, 이용교, 이명묵, 전병운(1994). **요보호 청소년 지원방안 연구**. 서울: 한국청소년연구원.

통계청(2010). **2010년 출생통계**.

통계청(2011). **인구주택총조사**.

통계청(2012). **2011 혼인이혼통계**.

통계청(2017). 2016 혼인이혼통계.

통계청(2017). e-나라지표.

표갑수(1993). 아동학대의 원인론과 대처방안. 한국아동복지학 창간호, 156-177.

표갑수(1994). 아동 청소년 복지론. 청주대학교출판부.

표갑수(2000). 아동 청소년 복지론. 서울: 나남.

하상락(1989). 한국사회복지사론. 서울: 박영사.

한경혜(1997). 이혼후 재혼가정의 부모-자녀 적응. 이혼과 적응, 61-67. 한국인간발달학회.

한국가정법률상담소(2001). 상담통계 자료집.

한국가족학연구회 편(1993). 이혼과 가족문제. 서울: 도서출판 하우.

한국갤럽조사연구소(1980). 한국의 아동과 어머니 제1권. 서울: 한국갤럽조사연구소.

한국교육개발원(2012). 교육복지투자우선지원사업 이렇게 합니다. 서울: 한국교육개발원.

한국교육개발원(2013). 2012년도 교육복지우선지원사업 현황.

한국보건사회연구원(2001). 2000년도 장애인 실태조사. 한국보건사회연구원.

한국보건사회연구원(2006). 2005년도 장애인 실태조사. 한국보건사회연구원.

한국형사정책연구원(1992). 한국인의 폭력에 대한 태도 연구.

한국형사정책연구원(1993). 학교가 청소년 비행에 미치는 영향에 관한 연구.

한인영(1996). 성 학대 피해아동과 그들의 모에 대한 사회사업 개입의 예. 아동복지학, 4호, 135-158.

허남순(1993a). 가정위탁 보호제도의 활성화 방안에 관한 연구. 해체가정의 아동보호, 23-45. 한국아동복지학회. '99 한국아동복지학회 제11회 학술대회 자료집.

허남순(1993b). 아동학대의 실태 및 대책. 한국아동복지학회. 한국아동복지학 창간호. 23-45.

현외성(2001). 한국사회복지법제론. 서울: 양서원.

홍강의(1987). 아동구타의 대책과 예방. 김광일 편저. 가정폭력: 그 실상과 대책. 서울: 탐구당.

홍봉선, 남미애(2000). 청소년복지론. 서울: 양서원.

Allen-Mears, P., Washington, R. O., & Welsh, B. L. (1996). *Social work services in schools.* Englewood Cliffs, NJ: Prentice-Hall.

Asendorph, J. B., Warkentin, V., & Baudonniere, P. (1996). Self-awareness and other awarness II. *Developmental Psychology*, 32, 313-321.

ASGW. (1989). *Professional standards for the training of group workers.* ASGW/ ACA.

Beaubais, F., Chavez, E. L., Oetting, E. R., Deffenbacher, J. L., & Cornell, G. R. (1996). Drug use, violence, and victimization among White American, Mexican American, and American Indian dropouts, students with academic problems, and students in good academic standing. *Journal of Counseling Psychology, 43,* 292-299.

Bierman, K. L. (1983). Cognitive development and clinical interviews with children. In B. B. Lahey & A. Kazdin (Eds.), *Advances in clinical child psychology* (6th ed. pp. 217-250). New York: Plenum.

Bonahan, P. (1973). The six stations of divorce. In J. Lasswell & T. E. Lasswell (Eds.), *Love, marriage and family: Developmental approach.* IL: Scott, Foresman and Company.

Bowlby, J. (1951). *Meternal care and maternal health.* N.Y.: Basic Books.

Bowlby, J. (1973). *Separation-anxiety and anger.* N.Y.: Basic Books.

Braswell, L., & Kendall, P. C. (1988). Cognitive-behavioral methods with children. In K. S. Dobson (Ed.), *Handbook of cognitive behavioral therapy* (pp. 167-213). N.Y.: Guilford.

Brian, S., & Piliavin, I. (1965). Delinquency, situational inducements, and commitment to conformity. *Social Problems, 13,* 35-45.

Brooks-Gunn, J., & Duncun, G. J. (1997). The effect of poverty on children. *The Future of Children,* 7(2), 55-71.

Bronfenbrenner, U. (1995). The biological model from a life course perspective: Reflections of a participant observer. In P. Moen, G. H. Elder, Jr., & K. Luscher (Eds.), *Examining lives in context.* Washington, DC: American Psychology Association.

Burgess, R. L. (1979). Project interact: A study of patterns of interaction in abusive, neglectful and control families. *Child Abuse and Neglect, 3.*

Burns, E. M. (1961). Social policy: *The stepchild of the urriculum, Proceedings.* N.Y.: Council on Social Work Education.

Buss, A., & Perry, M. (1992). The aggression questionnaire. *Journal of Personality and Social Psychology, 63,* 452-459.

Campbell, S. (1990). *Behavior problems in preschool children.* New York: Guilford.

Caspi, A., Elder, G. H., Jr., & Bem, D. J. (1988). Moving away from the world: Life-course patterns of shy children. *Developmental Psychology, 24,* 824-831.

Conger, R. D., Ge, X., Elder, G. H., Lorenz, F. D., & Simons, R. L. (1994). Economic stress, coercive family process and developmental problems of adolescents. *Child Development, 65,* 541-561.

Costin, L. B. (1985). *The historical context of child welfare. A Handbook of child welfare.* N.Y.: The Free Press.

Costin, L. B. (1992). Cruelty to children: A dormant issue and its rediscovery. *Social Service Review, 66*(2), 177-198.

Costin, L. B., Bell, C. J., & Downs, S. W. (1991). *Child welfare: Policies and practice* (4th ed.). N.Y.: Longman.

Cowley, G. (1999). The language explosion. **뉴스위크 한국판**, 특별호, 1. 서울: 중앙일보사.

Darling, R. B. (1987). The economic and psychosocial consequences of disability: family-society relationships. *Marriage and Family Review, 11,* 45-61.

Decker, C. A., & Decker, J. R. (1984). *Planning and administering early childhood programs* (3rd ed.). Columbus, OH: Charles E. Merrill Publishing Co.

Despert, J. L. (1965). *The emotionally disturbed child-then and now.* N.Y.: Robert Brunner.

Downs, S. W. et al. (1996). *Child welfare and family services.* N.Y.: Longman.

Dunn, J., & McGuire, S. (1992). Sibling and peer relationships in children. *Journal of Child Psychology and Psychiatry, 33,* 67-105.

Emery, R. (1982). Interparental conflict and the children of discord and divorce. *Psychology Bulletin, 92*(3), 310-330.

Finkelhor, D. (1979). *Sexually victimized children.* N.Y.: The Free Press.

Fontana, V. (1973). *Somewhere a child is crying: Maltreatment-causes and prevention.* N.Y.: Macmillan.

Frazer, M. (1996). Aggressive behavior in childhood and early adolescence: An ecological-developmental perspective on youth violence. *Social Work, 41*(4), 347-361.

Fredericksen, H., & Mulligan, R. A. (1972). *The child and his welfare.* San Francisco, CA: W. H. Freeman and Company.

Free, M. D. (1991). Clarifying the relationship between the broken home and juvenile delinquency: A critique of the current literature. *Deviant Behavior: An Interdisciplinary Journal, 12,* 109-67.

Friedlander, W. A., & Apte, R. (1980). *Introduction to social welfare.* Englewood Cliffs, NJ: Prentice Hall.

Garfinkel, I., Hochschild, J. L., & McLanahan, S. S. (Eds.). (1996). *Social policies for children.* Washington, DC: The Brookings Institution.

Gesharov, D. J., & Laumann, L. A. (1996). *Child abuse and neglect: A Montgomery County guide for professionals.* Montgomery County, Office of Children and Youth.

Gesharov, D. J., & Laumann, L. A. (1996). Child abuse reporting: The need to shift priorities from more reports to better reports. In I. Garfinkel, J. L. Hochschild, & S. S. McLanahan (Eds.), *Social policies for children.* Washington, DC: The Brookings Institution.

Gil, D. G.(1970). *Violence against children: Physical child abuse in the United States.* MA: Harvard University Press.

Gil, D. (1971). Violence against children. *Journal of Marriage and the Family, Vol. 33.*

Gil, D. G. (1979). Violence against children. In D. Gil (Ed.), *Child abuse and violence*. N.Y.: Ams press Inc.

Gottfredson, G. (1984). *Assessing school climate in prevention program planning, development and evaluation*. Paper presented at the annual meeting of the American Psychological Association (Toronto, Ontario, Canada, Aug. 24-28).

Gottfredson, M. R., & Hirschi, T. (1990). *A general theory of crime*. CA: Stanford Univ. Press.

Guttmann, J. (1993). *Out of touch*. Oxford: Oxford University Press.

Harootunian, B., & Apter, S. J. (1993). Violence in school. In A. P. Godlstein (Ed.), *Youth violence* (pp. 120-139). Elmsford, NY: Pergamon Press.

Hegar, R. L. (1993). Assessing attachment, permanence, and kinship in choosing permanent homes. *Child Welfare, Vol. LXXII, 72*, 367-378.

Hetherington, E. M., Stanley-Hagen, M., & Anderson, E. R. (1989). Marital transitions: A child's perspective. *American Psychologist, 44*, 303-312.

Hirschi, T. (1969). *Causes of delinquency*. Berkeley, CA: University of California Press.

Hodges, W. F. (1986). *Intervention for children of divorce: Custody, access, and psychotherapy*. N.Y.: John Wiley & Sons.

Hunt, D. (1969). *Parents and children in seventeenth-century france*. N.Y.: Basic Books.

ILO(2017). Global estimates of child labour: Results and trends, 2012~2016. Geneva: International Labour Office.

Jenkins, P. H. (1997). School delinquency and the school social bond. *Journal of Research in Crime & Delinquency, 34*(3), 337-367.

Kadushin, A. (1980). *Child welfare service*. N.Y.: Macmillan Publishing Co.

Kadushin, A., & Martin, J. A. (1988). *Child welfare services* (4th ed.). N.Y.: Macmillan Publishing Co.

Kadushin, A., & Thyer, B. A. (1996). *Child welfare service*. N.Y.: Macmillan Publishing Co.

Kahn, A. J. (1979). *Social policy and social services*. N.Y.: Random House.

Kasen, S., Johnson, J., & Cohen, P. (1990). The impact of school emotional climate on student psychopathology. *Journal of Abnormal Child Psychology, 18*(2), 165-177.

Kaslow, F. W. (1981). Divorce and divorce therapy. In A. S. Gurman & D. P. Kniskern (Eds.), *Handbook of family therapy.* New York: Brunner/Mazel.

Kelly, J. (1988). Long-term adjustment in children of divorce: Converging findings and implications for practice. *Journal of Family Psychology, 2,* 119-140.

Kempe, R. (1976). Arresting or freezing the developmental process. In R. E. Helfer & C. H. Kempe (Eds.), *Child abuse and neglect, the family and community.* Cambridge, MA: Ballinger.

Key, E. (1909). *The century of the child.* N.Y.: G.P. Putnam's Sons.

Kingery, P., Biafora, F. A., & Zimmerman, R. S. (1996). Risk factors for violent behaviors among ethnically diverse urban adolescents: Beyond race/ethnicity. *School Psychology International, 17,* 171-188.

Lemare, L. J., & Rubin, K. H. (1987). Perspective taking and peer interaction: Structural and developmental analyses. *Child Development,* 58, 306-315.

Levine, M., & Levine, A. (1992). *Helping children: A social history.* N.Y.: Oxford University Press.

Lewis, O. (1959). *Five families.* N.Y.: Basic Books.

Lewis, O. (1968). *La Vida.* N.Y.: Panther Books.

Lindsey, D. (2005). *The welfare of children.* N.Y.: Oxford University Press.

Loeber, L., & Farrington, D. P. (Eds.). (1998). *Serious and Violent Juvenile Offenders: Risk Factors and Successful Interventions.* CA: Sage Publications, Inc.

Longfellow, C. (1979). *Divorce and separation.* New York: Basic Books.

Marshall, T. H. (1965). *Social policy.* NY: Hillary House.

Merton, R. K. (1938). Social Structure and Anomie. *American Sociological Review, 3*(5), 672-682.

Mattaini, M. A., Lowery, C. T., & Meyer, C. H. (Eds.). (1999). *The foundations of social work practice* (2nd ed.). Washington, DC: NASW Press.

Meltzer, O. M. (1985). Group work with mothers of mistreated Children: A method of empowerment. In J. Laird & A. Hartman (Eds.), *A handbook of child welfare.* N.Y.: The Free Press.

Meyer, C. (1985). The institutional context of child welfare. In J. Laird & A. Hartman. (Eds.), *A handbook of child welfare* (pp. 100-116). N.Y.: The Free Press.

Meyer, G. R., Butterwirth, T., Nafpaktitis, M., & Sulzer-Azaroff, B. (1983). Preventing school vandalism and improving discipline: A three-year study. *Journal of Applied Behavior Analysis, 16,* 255-369.

Moos, R. H. (1979). *Evaluating educational environments.* San Francisco: Jossey-Bass.

Nagin, D. S., & Farrington, D. P. (1992). The onset and persistence of offending. *Criminology, 30*(4), 501-524.

NASW. (1965). *Encyclopedia of social work.* N.Y.: NASW Press.

Newberger, C. M., & Newberger, E. H. (1981). The etiology of child abuse. In N. S. Ellerstein (Ed.), *Child abuse and neglect: A medical reference.* N.Y.: John Wiley & Sons.

O'Connor, K. (1991). *The play therapy primer.* N.Y.: John Wiley & Sons.

Office of Juvenile Justice of Delinquency Prevention. (1997). *Creating safe and drug-free schools.* Washington, DC: the Author.

Olweus, D. (1994). Bullying at school: Basic facts and effects of a school based intervention program. *Journal of Child Psychiatry, 35,* 1171-1190.

Olzen, M. M. (1985). Group work with mothers of mistreated children: A method of empowerment. In J. Laird & A. Hartman (Eds.), *A handbook of child welfare.* N.Y.: The Free Press.

Ouston, J., Maughan, B., & Mortimore, P. (1985). School influences. In M. Ruttter (Ed.), *Scientific foundations. Developmental psychiatry* (pp. 67-76). Baltimore, MD: University Park Press.

Parish, T., & Dostal, J. (1980). Evaluations of self and parents as a function of intactness of family and family happiness. *Journal of Youth and Adolescence, 9,* 347-351.

Parish, T., & Wigle, S. (1985). A longitudinal study of the impact of parental divorce on adolescents evaluations of self and parents. *Adolescence, 16,* 203-210.

Pecora, P. J. et al. (2000). *The child welfare challenge* (2nd ed.). N.Y.: Aldine De Gruyter.

Pecora, P. J., Whittaker, J. K., & Maluccio, A. N. (1992). *The child welfare challenge: policy, practice, and research.* N.Y.: Aldine de Gruyter.

Picton, C., & Boss, P. (1981). *Child welfare in Australia: An introduction.* Sydney: Harcount Brace Iovanich Group (Australia).

Poole, D. A., & Lindsay, D. S. (1995). Interviewing preschoolers: Effects of nonsugesstive techniques, parental coaching and leading questions on reports of nonexperienced events. *Journal of Experimental Child Psychology, 60,* 129-154.

Prior, M. (1992). Childhood temperament. *Journal of Child Psychology and Psychiatry, 33,* 249-279.

Ramboldt, C. (1998). Making violence unacceptable. *Educational Leadership, 56*(1), 32-38.

Rankin, J., & Wells, L. E. (1995). The preventive effects of the family on delinquency. In R. Berger (Ed.), *The sociology of delinquency* (pp. 201-217). Chicago, IL: Nelson-Hall.

Rose, S. R., & Fatout, M. F. (2003). *Social work practice with children and adolescents.* MA: Pearson Education, Inc.

Rosenberg, M. (1986). *Conceiving the self.* Malabar, FL: Kreiger.

Ruble, D. N., & Dweck, C. S. (1995). Self-perceptions, person conceptions, and their development. In N. Eisenberg (Ed.), *Review of personality and social psychology, 15. Social development* (pp. 109-139). Thousand Oaks, CA: Sage Publications, Inc.

Rutter, M. (1971). Parent-child separation: psychological effects on children. *Journal of Child Psychology and Psychiatry, 2*, 233-260.

Rutter, M. (1979). Separation experiences: A new look at an old topic. *Pediatrics, 95*(1), 147-154.

Rutter, M., Maughan, B., Mortimore, P., Ouston, J., & Smith, A. (1979). *Fifteen thousand hours: Secondary schools and their effects on children.* Cambridge, MA: Harvard University Press.

Sgroi, S. M. (Ed.). (1982). *Handbook of clinical intervention in child sexual abuse.* Lexington, MA: Lexington Books.

Shaffer, D. (1999). *Developmental Psychology: Childhood and Adolescence* (5th ed.). CA: Wadsworth Thompson Learning.

Siegel, L., & Senna, J. (2000). *Juvenile delinguency.* CA: Wadsworth

Skevik, A.(2005). Women's citizenship in the time of activation: The case of lone mothers in "needs-based" welfare states. *Social Politics: International Studies in Gender, State & Society, 12*(1), 42-66.

Smead, R. (1995). *Skills and techniques for group work with children and adolescents.* Illinois: Research Press.

Spitz, R. A. (1945). Hospitalism: An inquiry into the genesis of psychiatric conditioning in early childhood. In D. Fenschel et al. (Eds.), *Psychoanalytic studies of childhood* (pp. 53-74). N.Y.: International Universities Press.

Stagner, M., Merry, S., & Peters, C. (1989). *Group residential care in the Illinois department of children and providers in the 1980s.* Chapin Hall Center for Children at the Unversity of Chicago.

Sutherland, E. H., & Cressey, D. R. (1974). *Criminology.* Philadelphia: Lippincott.

Titmuss, R. M. (1979). *Social policy.* London: George Allen and Unwin.

Urquiza, A. J., & Winn, C. (1999). *Treatment for abused and neglected children: Infancy to Age 18.* US Department of Health and Human Services Administration for Children and Families. In http://www.calib.com/nccanch/pubs/treatmen/intro.htm.

Wadsworth, B. (1989). *Piaget's theory of cognitive and affective development.* N.Y.:

Longman.

Wallersrtein, J., Corbin, S., & Lewis, J. (1988). Children of divorce: A ten year study. In E. M. Hetherington & J. Arasteh (Eds.), *Impact of divorce, single parenting and stepparenting on children* (pp. 198-214). Hillsdale, NJ: Erlbaum.

Wallerstein, J., & Kelly, J. (1976). The effects of parental divorce: Experience of the child in later latency. *American Journal of Orthopsychiatry, 46,* 256-269.

Wallerstein, J., & Kelly, J. (1980). *Surviving the breakup.* N.Y.: Basic Books.

Whittaker, J. K. (1985). Group and institutional care: An overview. In J. Laird & A. Hartman, *A handbook of child welfare.* N.Y.: The Free Press.

Whitehurst, G. J., & Fischel, J. E. (1994). Early developmental language delay: What, if anything, should the clinician do about it? *Journal of Child Psychology and Psychiatry, 35,* 613-648.

Wicks-Nelson, R., & Israel, A. C. (2000). *Behavior disorders of childhood* (4th ed.). Upper Saddle River, NJ: Prentice Hall.

Wilson, S. C. (1986). *Infants and toddlers: Curriculum and teaching.* Albany, N.Y.: Delmar Publishers Inc.

Wingert, P., & Underwood, A. (1999). Hey-Look out, world, here I come, **뉴스위크 한국판**, 특별호 1. 서울: 중앙일보사.

Zuckerman, E. (1983). *Child welfare.* N.Y.: The Free Press.

찾아보기

인명

내용

저자 소개

■ **공계순**(Kong, Gye-Soon)

서울대학교 사회복지학과 졸업 및 동 대학원 석사

미국 오하이오 주립대학교 사회사업대학 박사

현 호서대학교 사회복지학 전공 교수

〈저서〉

사회복지실천론(공저, 나남출판, 2013)

사회복지실천기술론(개정 2판, 공저, 나남출판, 2008)

욕구조사의 이론과 실제(공저, 나남출판, 2004)

〈논문〉

지역아동센터 종사자의 소진관련 요인에 대한 연구(2010)

아동학대예방센터 상담원의 이직의도 관련요인에 관한 연구(2005)

■ **박현선**(Park, Hyun-Sun)

이화여자대학교 사회복지학과 졸업

서울대학교 대학원 사회복지학과 석사 및 박사

전 한강성심병원 정신의료사회복지사

삼성생명 사회정신건강연구소 전임연구원

전북대학교 사회복지학과 교수

현 세종대학교 정책과학대학원 사회복지학과 교수

〈저서 및 역서〉

근거이론의 구성(공역, 학지사, 2013)

사회와 복지(공저, 나눔의 집, 2001)

실직가정 자녀를 위한 심리사회적 지원 프로그램(나눔의집, 2001)

사회복지 면접의 길잡이(공역, 나눔의 집, 2000)

〈논문〉

청소년의 학업중퇴 적응과정에 대한 현실기반이론적 접근(2003)

빈곤 청소년의 학교 적응유연성(1998)

한국인의 아동학대에 대한 태도 연구(1998)

■ **오승환**(Oh, Seung-Hwan)

서울대학교 사회복지학과 졸업

서울대학교 대학원 사회복지학과 석사 및 박사

전 호남대학교 사회복지학과 교수

한국아동복지학회장(2011~2012)

현 울산대학교 사회복지전공 교수

〈저서〉

한국의 학대아동보호정책(나눔의집, 2010)

〈논문〉

결손가족 청소년의 적응결정요인에 관한 비교연구(2001)

■ **이상균**(Lee, Sang-Gyun)

서울대학교 사회복지학과 졸업

서울대학교 대학원 사회복지학 석사 및 박사

현 가톨릭대학교 사회복지학 전공 교수

〈저서 및 역서〉

근거이론의 구성(공역, 학지사, 2013)

빈곤방임아동의 야간보호(공저, 박영사, 2011)

사회복지실천의 효과성 검증과 통계분석(EM커뮤니티, 2006)

사회복지 면접의 길잡이(공역, 나눔의집, 2002)

〈논문〉

사회복지실천 프로그램에 대한 메타분석(2000)

학교에서의 또래폭력에 영향을 미치는 요인(1999)

■ **이현주**(Lee, Hyon-Joo)

서울대학교 사회복지학과 졸업

서울대학교 대학원 사회복지학과 석사 및 박사

현 한국보건사회연구원 선임연구위원

〈저서〉

빈곤에 대한 대안적 접근(공저, 한국보건사회연구원, 2012)

공공부조정책 내용과 집행의 상호조응성 분석(공저, 한국보건사회연구원, 2012)

한국의 가난(공저, 한울, 2009)

〈논문〉

아동복지서비스 전달체계의 복지혼합과 공공의 역할 재구축(공저, 2012)

빈곤층의 근로 동기에 대한 탐색(2012)

아동복지론(5판)

Child Welfare(5th ed.)

2003년 9월 5일 1판 1쇄 발행
2006년 3월 10일 1판 7쇄 발행
2006년 9월 1일 2판 1쇄 발행
2008년 1월 20일 2판 5쇄 발행
2008년 8월 10일 3판 1쇄 발행
2012년 3월 20일 3판 8쇄 발행
2003년 3월 10일 4판 1쇄 발행
2018년 1월 25일 4판 8쇄 발행
2009년 9월 20일 5판 1쇄 발행
2023년 1월 20일 5판 5쇄 발행

지은이 • 공계순 · 박현선 · 오승환 · 이상균 · 이현주
펴낸이 • 김 진 환
펴낸곳 • (주) 학지사
04031 서울특별시 마포구 양화로 15길 20 마인드월드빌딩 5층
대표전화 • 02) 330-5114 팩스 • 02) 324-2345
등록번호 • 제313-2006-000265호

홈페이지 • http://www.hakjisa.co.kr
페이스북 • https://www.facebook.com/hakjisabook

ISBN 978-89-997-1901-1 93330

정가 22,000원

저자와의 협약으로 인지는 생략합니다.
파본은 구입처에서 교환하여 드립니다.

이 책을 무단 전재 또는 복제 행위 시 저작권법에 따라 처벌을 받게 됩니다.

출판미디어기업 **학지사**

간호보건의학출판 **학지사메디컬** www.hakjisamd.co.kr
심리검사연구소 **인싸이트** www.inpsyt.co.kr
학술논문서비스 **뉴논문** www.newnonmun.com
원격교육연수원 **카운피아** www.counpia.com